全国交通土建高职高专规划教材

土质与土力学

Tuzhi Yu Tulixue

（第二版）

孟祥波　主编

高大钊[同济大学]　主审

人民交通出版社

内 容 提 要

本教材为21世纪交通版全国交通土建高职高专规划教材，共九章，包括土质学和土力学两部分内容。土质学部分着重探讨土的物理性质及工程分类，考虑工程实践需要和高职教材的特点，介绍了土的野外鉴别、特殊土简介、土的动力性质和压实性。土力学部分主要介绍了土中应力计算、基础沉降计算、地基承载力计算、土压力计算和土坡稳定分析的基础方法，着重论述了土的压缩性指标和土的抗剪强度指标的测定方法，初浅探讨了有效应力原理、单向固结理论、莫尔—库伦理论破坏准则。

本教材主要作为高职高专道路与桥梁工程技术专业等交通土建类专业的教材，亦可供其他专业师生及工程技术人员参考使用。

本书配有多媒体课件，教师可通过加入职教路桥教学研讨群（QQ群561416324）索取。

图书在版编目(CIP)数据

土质与土力学 / 孟祥波主编. —2版. —北京：人民交通出版社，2005.8(2008.1重印)

全国交通土建高职高专规划教材

ISBN 978-7-114-05683-3

Ⅰ.①土… Ⅱ.孟… Ⅲ.①土质学—高等学校：技术学校—教材 ②土力学—高等学校：技术学校—教材 Ⅳ.①P642.1 ②TU43

中国版本图书馆CIP数据核字(2005)第086657号

书　　名：全国交通土建高职高专规划教材
土质与土力学(第二版)
著 作 者：孟祥波
责任编辑：卢仲贤
出版发行：人民交通出版社股份有限公司
地　　址：(100011)北京市朝阳区安定门外外馆斜街3号
网　　址：http://www.ccpress.com.cn
销售电话：(010)59757973
总 经 销：人民交通出版社股份有限公司发行部
经　　销：各地新华书店
印　　刷：大厂回族自治县正兴印务有限公司
开　　本：787×1092　1/16
印　　张：13.75
字　　数：336千
版　　次：2002年8月　第1版
2005年8月　第2版
印　　次：2020年9月　第27次印刷　总第35次印刷
书　　号：ISBN 978-7-114-05683-3
定　　价：21.00元
(有印刷、装订质量问题的图书由本公司负责调换)

总　序

针对高职高专教材建设与发展问题，教育部在《关于加强高职高专教材建设的若干意见》中明确指出：先用2至3年时间，解决好高职高专教材的有无问题。再用2至3年时间，推出一批特色鲜明的高质量的高职高专教育教材，形成**一纲多本、优化配套**的高职高专教育教材体系。

2001年7月，由人民交通出版社发起组织，15所交通高职院校的路桥系主任和骨干教师相聚昆明，研讨交通土建高职高专教材的建设规划，提出了28种高职高专教材的编写与出版计划。后在交通部科教司路桥工程学科委员会的具体指导下，在人民交通出版社精心安排、精心组织下，于2002年7月前完成了28种路桥专业高职高专教材出版工作。

这套教材的出版发行，首先解决了交通高职教育教材的有无问题，有力支持了路桥专业高职教育的顺利发展，也受到了全国各高职院校的普遍欢迎。

随着高职教育教学改革的深入发展、高职教学经验的丰富与积累，以及本行业有关技术标准、规范的更新，本套教材在使用了2至3轮的基础上，对教材适时进行修订是十分必要的，时机也是成熟的。

2004年8月，人民交通出版社在新疆乌鲁木齐召开了有19所交通高职院校领导、系主任、骨干教师共41人参加的教材修订研讨会。会议商定了本套教材修订的基本原则、方法和具体要求。会议决定本套教材更名为"交通土建高职高专统编教材"，并成立了以吉林交通职业技术学院张洪滨为主任委员的"交通土建高职高专统编教材编审委员会"，全面负责本套教材的修订与后续补充教材的建设工作。

2005年6月，编委会在长春召开了同属交通土建大类、与路桥专业链接紧密的"工程监理专业、工程造价专业、高等级公路维护与管理专业"主干课程教材研讨会，正式规划和启动了这三个专业教材的编写出版工作。

2005年12月，教育部高等教育司发布了"关于申报普通高等教育'十一五'国家级规划教材"选题的通知(教高司函[2005]195号)，人民交通出版社积极推荐本套教材参加了"十一五"国家级规划教材选题的评选。

2006年6月，经教育部组织专家评选、网上公示，本套教材中有十五种入选为"十一五"国家级规划教材，2008年1月，又有六种教材在"十一五"国家级规划教材补报中列选，共计21种，标志着广大参与本套教材编写的教师的辛勤劳动得到了社会的认可、本套教材的编写质量得到了社会的认同。

2006年7月，交通土建高职高专统编教材编审委员会及时在银川召开会议，有24所各省区交通高职院校或开办有交通土建类专业的高等学校系部主任、专业带头人、骨干教师以及人民交通出版社领导共39位代表出席了本次会议。会议就全面落实教育部"十一五"国家级规划教材的编写工作进行了研讨。与会代表一致认为必须以入选的一五种国家级规划教材为基本标准，进一步全面提升本套教材的编写质量，编审委员会将严格按照国家级规划教材的要求审稿把关，并决定本套教材更名为**"全国交通土建高职高专规划教材"**，原编委会相应更名为**"全国交通土建高职高专规划教材编审委员会"**。以期在全国绝大多数交通高职院校和开办有交通土建类专业的高等院校的参与、统筹、规划下，本套教材中有更多的进入"十一五"国家级规划教材行列。

2007 年 5 月，编委会在湖南长沙召开工作会议，就“十一五”国家级规划教材主参编人员的确定和教材的编写原则作出了具体安排，全面启动“十一五”国家级规划教材的编写与出版工作。

2008 年 4 月，编委会在广东珠海召开工作会议，研讨了**“工学结合”**高职高专教材编写思路，决定在“十一五”国家级规划教材编写过程中，注重高职教学改革新方向，注重工程实践经验的引入，倡导**“工学结合”**。

本套高职高专规划教材具有以下特色：

——顺应交通高职院校人才培养模式和教学内容体系改革的要求，按照专业培养目标，进一步加强教材内容的针对性和实用性，适应学制转变，合理精简和完善内容，调整教材体系，贴近模块式教学的要求；

——实施开放式的教材编审模式，聘请高等院校知名教授和生产一线专家直接介入教材的编审工作，更加有利于对教材基本理论的严格把关，有利于反映科研生产一线的最新技术，也使得技能培训与实际密切结合；

——全面反映 2003 年以来的公路工程行业已颁布实施的新标准、规范；

——服务于师生、服务于教学，重点突出，逐章均配有思考题或习题，并给出本教材的参考教学大纲；

——注重学生基本素质、基本能力的培养，教材从内容上、形式上力求更加贴近实际；

——为加强学生的实际动手能力，针对《工程测量》、《道路建筑材料》等课程，本套教材特别配套有实训类辅导教材；

——为方便教学，本套教材配套有《道路工程制图多媒体教材》、《公路工程试验实训多媒体教材》、《路基路面施工与养护技术多媒体教材》、《桥涵设计多媒体教材》、《桥涵施工技术多媒体教材》、《现代道路测量仪器与技术多媒体教材》等。

本套教材的出版与修订再版，始终得到了交通部科教司路桥工程学科委员会和全国交通职教路桥专业委员会的指导与支持，凝聚了交通行业专家、教师群体的智慧和辛勤劳动。愿我们共同向精品教材的目标持续努力。

向所有关心、支持本套教材编写出版的各级领导、专家、教师、同学和朋友们致以敬意和谢意。

全国交通土建高职高专规划教材编审委员会

人民交通出版社

2008 年 5 月

第二版前言

本教材第一版是根据2001年7月在昆明召开的全国交通职教路桥专业教学与教材建设研讨会上讨论的《土质与土力学》教材编写大纲编写的,2002年出版发行。该教材使用近三年了,先后8次印刷,发行量近4万册,使用地域遍及全国各地区,使用对象的类型包括高等专科、成人教育、电大、函大、自考和高等职业教育等。从使用学校师生反馈的信息表明,教材力求达到的针对性与先进性、实用性与可操作性以及综合性与科学性等特点均得到了体现。

2004年8月,在乌鲁木齐召开了交通土建高职高专统编教材修订研讨会,与会成员认真总结了首轮教材取得的经验和存在的问题,提出了第二版的修订意见。本教材正是在此基础上修订再版的。

本教材中着重论述基本概念、基本原理和基本方法,理论内容的深度和广度高于中等职业教育的水平,但又不同于本科教材,力求突出学生实践技能的培养,注重学生综合素质的提高。教材包括土质学和土力学两部分内容。土质学部分着重探讨土的物理性质及工程分类,考虑工程实践需要和高职教材的特点,介绍了土的野外鉴别、特殊土简介、土的动力性质和压实性;土力学部分主要介绍了土中应力计算、基础沉降计算、地基承载力计算、土压力计算和土坡稳定分析的基本方法,着重论述了土的压缩性指标和土的抗剪强度指标的测定方法,初浅探讨了有效应力原理、单向固结理论、莫尔—库伦理论破坏准则。

第二版教材主要做了以下改动:

1.在每章的开头,增加了本章学习要求。

2.原第一版土工试验内容没有,使读者阅读不便,所以在第二版书后附录增加了相应试验内容。

3.将第一版中第四章特殊土简介,调整为第二章,并增加红粘土内容;将冻土内容归到第三章第三节;另外,部分内容做了改动。

4.增加的附录中介绍了本教材的教学大纲、试验大纲和试验指导书,作为教学参考。

5.增加了部分考研习题,便于引导和提高学生的兴趣。

6.更正原第一版中的一些疏漏。

本教材由烟台鲁东大学交通学院孟祥波副教授主编。参与第一版编写的烟台鲁东大学交通学院朱建德同志,在工作繁忙中,对第二版的编写提出了许多宝贵的意见。交通土建高职高专统编教材编审委员会特邀同济大学高大钊教授担任主审,高教授认真审核了本书,对本书的编写给予了很高的评价,并提出许多中肯的意见。在本教材的编写和审稿中,得到人民交通出版社卢仲贤和贵州交通职业技术学院张润虎的帮助。在此对本书出版给予关心和帮助的所有同志表示衷心的感谢。

限于编者水平,书中缺点和错误之处在所难免,敬请读者批评指正。

编　者

2005年8月

第一版前言

本教材根据2001年7月在昆明召开的全国交通职教路桥专业教学与教材建设研讨会上讨论的《土质与土力学》教材编写大纲编写。在编写过程中，遵照路桥专业高职教材编审的原则意见(试行)，体现针对性与先进性、实用性与可操作性以及综合性与科学性。并以现行规范为准则，较全面地反映出本学科的内容。教材中着重论述基本概念、基本原理和基本方法，理论内容的深度和广度高于中等职业教育的水平，但又不同于本科教材，力求突出学生实践技能的培养，注重学生综合素质的提高。

本教材包括土质学和土力学两部分内容。土质学部分着重探讨土的物理性质及工程分类，考虑工程实践需要和高职教材的特点，介绍了土的野外鉴别、特殊土简介、土的动力性质和压实性。土力学部分主要介绍了土中应力计算、基础沉降计算、地基承载力计算、土压力计算和土坡稳定分析的基本方法，着重论述了土的压缩性指标和土的抗剪强度指标的测定方法，初浅探讨了有效应力原理、单向固结理论、莫尔—库伦理论破坏准则。

本教材由烟台师范学院交通学院孟祥波主编，烟台师范学院交通学院朱建德副主编，四川省交通职业技术学院杨甲奇主审。具体编写分工：朱建德编写第一章、第二章、第三章、第四章和第九章；孟祥波编写第五章、第六章、第七章和第八章。在本教材的编写和审稿中，曾得到路桥工程学科委员会副主任张润虎和人民交通出版社卢仲贤的帮助，在此表示感谢。

限于编者水平和出版时间要求紧，书中缺点和错误之处在所难免，敬请读者批评指正。

编　者

2002年4月

目　录

绪　论

本章学习要点：

1. 了解本学科研究的对象和基本内容；
2. 掌握本学科在道路与桥梁工程中的作用及研究的意义。

一、土质学及土力学研究的内容

土质学及土力学研究的对象是土。土是一种天然的地质材料，它是由地壳表层的整体岩石经过风化、搬运和沉积过程后形成的。

土质学属于地质学科的一个分支，它是从土的成因出发，研究土的物理、化学性质和影响土的性质变化的主要原因，并根据土的主要工程特性进行科学的分类。土力学属于工程力学的一个分支，它是从土的力学性能（或称工程特性，包括土的压缩性、渗透性和抗剪强度）角度，研究土在外荷载作用下引起的力学方面的变化规律，讨论地基的承载力、基础的沉降量和作用在建筑物上的土压力等工程实际问题。由于土的非均质性，各向异性，因地而异，带来其学科特点：综合性强，经验性强和地区性强。人们不得不通过建立多种力学模型，并借助大量土工试验来获取对工程实践有用的计算参数或经验公式，因此土力学又是一门实践性很强的学科。

二、研究土质学及土力学的意义

从土质学与土力学研究的对象——土的作用来看，无论是作为土工建筑物本身的构筑材料，还是作为支承建筑物荷载的地基或作为建筑物周围的赋存介质，都具有十分重要的作用。

在道路工程中，路基一般是用土填筑而成。土作为构筑材料，为了满足行车的要求，保证路基的强度及稳定性，必须得到充分的压实。因此需要研究土的压实性，包括土的压实机理、压实方法和压实指标。自然环境的变化将影响路基的稳定性。如我国北方地区的道路，由于温度的强烈变化常常发生冻胀及翻浆现象。而南方地区的道路，由于雨水的侵袭，常常发生坍塌和滑坡破坏。因此需要研究土的冻胀机理，进行边坡的稳定分析，并制定出防治措施。路基是承受车辆荷载重复作用的结构物，因此需要研究土在重复荷载下的变形特性。还有作用于路基挡墙上的土压力，需要计算出符合实际的值，从而保证挡土墙的稳定。

在桥梁工程中，土作为支承建筑物荷载的地基具有非常重要的地位。例如：我国苏州的虎丘塔和意大利的比萨斜塔，都是因为基础的不均匀沉降造成塔身的严重倾斜，危及了塔的安全。因此需要计算出不同时间的基础沉降量，还需确定地基容许承载力，特别对于超静定结构的桥梁更为重要。另外，桥台台背后的土压力等，也需要应用土力学的方法进行计算。

三、土质学及土力学的发展简介

作为本学科理论基础的土力学，始于18世纪兴起了工业革命的欧洲。1773年，法国的库伦(Coulomh)发表了著名的砂土抗剪强度公式和土压力的滑楔理论。其后，英国的朗金(Rankine,1869)又从强度理论方面提出与之结果相同且能应用于粘性土中的土压力理论。此外，法国的布辛奈斯克(Boussinesq,1885)得出了半无限弹性体在竖向集中力作用下的应力与变形的理论解答；法国的达西(Darcy,1856)通过水在砂土中的渗流试验，建立了达西定律；瑞典的费兰纽斯(Fellenius,1922)为解决铁路塌方问题，提出了土坡稳定分析方法。这些古典的理论和方法，为土力学成为一门独立学科奠定了初步的理论基础。

1925年美国著名土力学家太沙基(Terzaghi)的《土力学》专著问世，使土力学成为一门独立的学科。1936年成立了国际土力学和基础工程学会，并举行了第一次国际学术会议，以后每隔四年召开一次，至今已召开了数十次国际会议。每年还有若干次专题讨论会，提出了大量的论文和研究成果报告，使本学科得到了快速发展。特别是现代科技成就，尤其是电子技术渗入到了土力学基础工程的研究领域，使其在基本理论、计算方法、实验技术及设备等诸方面都得到了革命性的发展。基本理论方面，如岩土本构关系的研究，将各种应力——应变——时间的非线性模型应用于实际问题；在计算方法方面，广泛采用计算机，用数值计算方法，如有限元法、差分法等解决以往无法解决的复杂边界和初始条件以及不均匀土层问题；在实验技术和设备方面，采用静、动三轴仪、离心模型机、触探仪、旁压仪等，广泛用计算机程序控制试验过程，并自动采集和加工试验数据。

土质学作为一门独立学科，始于20世纪。早期土质学的著作如 Приклонский 的《土质学》和 Денисов 的《粘性土的工程性质》，系统地论述了土质学的基本原理，为土质学的进一步发展奠定了基础，也对我国土的研究有很大的影响；近代的著作如黄文熙的《土的工程性质》和 Mitchell 的《Fundamentals of SoilBehavior》代表了从两个不同角度深入研究土的工程性质所达到的新水平。

本学科是一门综合性学科，由于土的性质很复杂，目前许多理论尚待今后发展和完善。

第一章 土的物理性质

本章学习要点：

1. 明确土的粒度、粒组、粒度成分的概念及粒度成分的分析与表示方法；

2. 掌握土的物理性质指标和物理状态指标的定义，能够利用绘制土的三相草图，进行指标换算；

3. 完成土的三大指标测定和液塑限测定试验。

土是地壳母岩经强烈风化作用的产物，包括岩石碎块（如漂石）、矿物颗粒（如石英砂）和粘土矿物（如高岭石）。风化作用有物理风化和化学风化，它们经常是同时进行而且是互相加剧其发展的进程。

物理风化是在地表或接近地表条件下，岩石在原地发生机械破碎而不改变其化学成分的过程。引起岩石发生物理风化作用的因素主要是岩石释重和温度的变化。此外，岩石裂隙中水的冻结与融化、盐类的结晶与潮解等，也能促使岩石发生物理风化作用。岩石在这些因素的作用下逐渐变成岩石碎块和细小的颗粒，其粒径大小差别很大，但它们的矿物成分仍与母岩相同，称为原生矿物。所以，物理风化后的土可以当成只是颗粒大小上量的变化。但是这种量变的积累结果使原来的大块岩体获得了新的性质，变成了碎散的颗粒。颗粒之间存在着大量的孔隙，可以透水和透气，这就是土的第一个主要的特征——碎散性。

化学风化是指母岩表面和碎散的颗粒受环境因素的作用而改变其矿物的化学成分，形成新的矿物，也称次生矿物。引起岩石发生化学风化作用的因素主要是水和氧气。化学风化的结果，形成十分细微的土颗粒，最主要的为粘土颗粒（<0.002mm）以及大量的可溶性盐类。微细颗粒的比表面积很大，具有吸附水分子的能力。因此，自然界的土，一般都是由固体颗粒、水和气体三种成分所构成。这是土的第二个主要特征——多相性。

在自然界中，土的物理风化和化学风化时刻都在进行，而且相互加强。由于形成过程的自然条件不同，自然界的土也就多种多样。同一场地，不同深度处土的性质也不一样，甚至同一位置的土，其性质还往往随方向而异。例如，沉积土往往竖直方向的透水性小，水平方向的透水性大。因此，土是自然界漫长的地质年代内所形成的性质复杂、不均匀、各向异性，且随时间而在不断变化的材料。这是土的第三个主要特征——自然变异性。

由此可知，要描述和确定土的性质，就必须具体分析和研究土的三相组成、土的结构和土的物理状态，并以适当的指标表示之。

第一节 土的三相组成

土的三相组成是指土由固体土粒、液体水和气体三部分组成。土中的固体矿物构成土的骨架，骨架之间贯穿着大量孔隙，孔隙中充填着液体水和气体。

随着环境的变化，土的三相比例也发生相应的变化，土体三相比例不同，土的状态和工程性质也随之各异。例如：

固体＋气体(液体＝0)为干土。此时，粘土呈干硬状态，砂土呈松散状态。

固体＋液体＋气体为湿土。此时，粘土多为可塑状态。

固体＋液体(气体＝0)为饱和土。此时，粉细砂或粉土遇强烈地震，可能产生液化，而使工程遭受破坏；粘土地基受建筑荷载作用发生沉降需几十年才能稳定。

由此可见，研究土的各项工程性质，首先需从最基本的、组成土的三相(固相、液相和气相)本身开始研究。

一、土中固体颗粒

土中固体颗粒是土的三相组成中的主体，其粒度成分、矿物成分决定着土的工程性质。

(一)粒度成分

土粒组成土体的骨架，各个土粒的特征以及土粒集合体的特征，对土的工程性质起着决定性的影响。本节仅论述组成土的各个土粒特征。

1. 土颗粒的大小与形状

自然界中的土是由大小不同的颗粒组成的，土粒的大小称为粒度。土颗粒大小相差悬殊，有大于几十厘米的漂石，也有小于几微米的胶粒。天然土的粒径一般是连续变化的，为便于研究，工程上把大小相近的土粒合并为组，称为粒组。粒组间的分界线是人为划定的，划分时应使粒组界限与粒组性质的变化相适应，并按一定的比例递减关系划分粒组的界限值。每个粒组的区间内，常以其粒径的上、下限给粒组命名，如砾粒、砂粒、粉粒、粘粒等。各组内还可细分为若干亚组。我国《土的工程分类标准》(GB 145—90)和《公路土工试验规程》(JTJ 051—93)中的粒组划分方案如表 1-1。

粒组划分表 表 1-1

粒组统称	《土的工程分类标准》(GB 145—90) 粒组名称		粒组范围(mm)	《公路土工试验规程》(JTJ 051—93) 粒组名称		粒组范围(mm)
巨粒	漂石(块石)		＞200	漂石(块石)		＞200
	卵石(碎石)		200～60	卵石(小块石)		200～60
粗粒	砾粒	粗砾	60～20	砾(角砾)	粗砾	60～20
		细砾	20～2		中砾	20～5
		砂砾	2～0.075		细砾	5～2
				砂	粗砂	2～0.5
					中砂	0.5～0.25
					细砂	0.25～0.074
细粒	粉粒		0.075～0.005	粉粒		0.074～0.002
	粘粒		＜0.005	粘粒		＜0.002

关于划分粒组的名称，已被我国目前工程地质学界广泛采用。至于对粒组划分的粒径界限值，至今尚无完全统一的标准，各个国家，甚至一个国家各个部门也有不同的规定，但总的来看，仍可认为是大同小异。

土粒形状对土体的密度及稳定性有显著影响。大部分粉砂粒及砂粒是浑圆的或棱角状的，而云母颗粒往往是片状的，粘土颗粒则往往是薄片状的。土粒的形状取决于矿物成分，它反映土料的来源和地质历史。

在描述土粒形状时，常利用两个指标：浑圆度及球度。

浑圆度为$\sum_{i=1}^{N}(r_i/R)/N$，r_i 为颗粒突出角的半径，R 为土粒内接圆的半径，N 为颗粒尖角的数量。浑圆度可反映土粒尖角的尖锐程度。

球度为 D_d/D_c，D_d 为在扁平面上与土粒投影面积相等的圆的半径，D_c 为最小外接圆的半径。球度反映土粒接近圆球的程度，球度为 1，即为圆球体。

在有些文献资料中，还用体积系数和形状系数描述土粒形状。

体积系数 V_C：

$$V_C = \frac{6V}{\pi d_m^3} \tag{1-1}$$

式中：V——土粒体积；

d_m——土粒的最大直径。

V_C 愈小，土粒离圆体愈远。圆球 $V_C=1$；立方体 $V_C=0.37$；棱角状土粒 V_C 更小。

形状系数 F：

$$F = \frac{C/B}{B/A} = \frac{AC}{B^2} \tag{1-2}$$

式中：A、B、C 分别为土粒的最大、中间、最小尺寸。

2. 粒度成分及粒度成分分析方法

土的粒度成分是指土中各种不同粒组的相对含量（以干土重量的百分比表示）。或者说土是由不同粒组以不同数量的配合，故又称为“颗粒级配”。例如某砂粘土，经分析，其中含粘粒 25%，粉粒 35%，砂粒 40%，即为该土中各粒组干重占该土总干重的百分比含量。粒度成分可用来描述土的各种不同粒径土粒的分布特征。

为了准确地测定土的粒度成分，所采用的各种手段统称为粒度成分分析或颗粒分析。其目的在于确定土中各粒组颗粒的相对含量。

目前，我国常用的粒度成分分析方法有：对于粗粒土，即粒径大于 0.074mm 的土，用筛分法直接测定；对于粒径小于 0.074mm 的土，用沉降分析法。当土中粗细粒兼有时，可联合使用上述两种方法。

(1) 筛分法　将所称取的一定质量风干土样放在筛网孔逐级减小的一套标准筛上摇振，然后分层测定各筛中土粒的质量，即为不同粒径粒组的土质量，并计算出每一粒组占土样总质量的百分数，并可计算小于某一筛孔直径土粒的累计重量及累计百分含量。

有关筛分试验的详细内容，请参见《公路土工试验规程》有关内容。

(2) 沉降分析法　沉降分析法就是根据土粒在液体中沉降的速度与粒径的平方成正比的关系由司笃克斯(Stokes)定理确定。

土粒越大，在静水中沉降速度越快；反之，土粒越小，沉降速度越慢。设有一个圆球形颗粒在无限大的不可压缩的粘滞性液体中，它在重力作用下产生的稳定沉降速度 V 可以用司笃克斯公式计算。

$$V = \frac{\gamma_s - \gamma_w}{18\eta} d^2 \tag{1-3}$$

或者写成为 $$d = \sqrt{\frac{18\eta}{\gamma_s - \gamma_w}}\sqrt{V} \tag{1-4}$$

式中：V——球形颗粒在液体中的稳定沉降速度(m/s)；

d——球形颗粒的直径(m)；

γ_s、γ_w——分别为土粒及液体的容重(N/m^3)；

η——液体的粘滞度(Pa·s)。

若近似地取 $\gamma_w = 9.81\times10^3 N/m^3$(水溶液)，$\eta = 0.00114$Pa·s(15℃时水溶液的粘滞度)，$\gamma_s = 26\times10^3 N/m^3$，则代入式(1-4)得：

$$d = 0.001126\sqrt{V} \quad (m)$$

若土粒直径 d 以 mm 计，则上式成为：

$$d = 1.126\sqrt{V} \quad (mm) \tag{1-5}$$

式(1-5)表明：粒径与沉降速度的平方根成正比。应当指出，实际土粒并不是刚性的圆球形颗粒，因此，用司笃克斯公式求得的颗粒直径并不是实际土粒的尺寸，而是与实际土粒有相同沉降速度的理想球体的直径，称为水力直径。

在进行粒度成分分析时，取一定质量的干土 m_s(g)制成一定体积的悬液，搅拌均匀后，在刚停止搅拌的瞬间，各种粒径的土粒在悬液中是均匀分布的，即各种粒径的土粒在悬液中的浓度(单位体积悬液内含有的土粒重量)在不同深度处都相等。静置一段时间 t_i(s)后，悬液中粒径为 d_i 的颗粒以相应的沉降速度 v_i 在水中下沉。较粗的颗粒在悬液中沉降较快，较细的颗粒则沉降较慢。如图 1-1 所示，在深度 L_i(m)处，沉降速度为 $v_i = L_i/t_i$ 的颗粒，其直径相当于 $d_i = 1.126\sqrt{\frac{L_i}{t_i}}$(mm)。所有大于 d_i 的土粒，其沉降速度必然大于 v_i，因此，在 L_i 深度范围内，肯定已没有大于 d_i 的土粒。如在 L_i 深度处考虑一个小区段 m—n，则 m—n 段内的悬液中只有小于及等于 d_i 的土粒，而且小于及等于 d_i 的颗粒的浓度与开始均匀悬液中小于及等于 d_i 的颗粒的浓度相等。

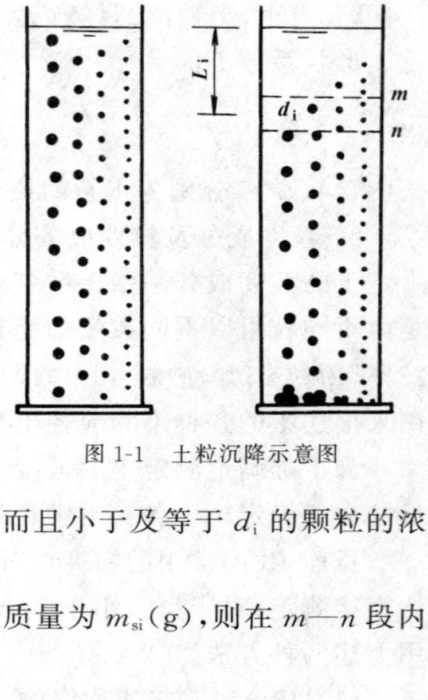

图 1-1　土粒沉降示意图

如果悬液体积为 $1000cm^3$，其中所含小于及等于 d_i 的土粒质量为 m_{si}(g)，则在 m—n 段内的悬液的密度为：

$$\rho_i = \frac{1}{1000}\left[m_{si} + \left(1000 - \frac{m_{si}}{\rho_{s0}}\right)\rho_{w0}\right] \tag{1-6}$$

式中：ρ_i——悬液密度(g/cm^3)；

m_{si}——悬液中 $\leqslant d_i$ 的土粒质量(g)；

ρ_{s0}——土粒密度(g/cm^3)；

ρ_{w0}——水的密度(g/cm^3)。

则 $$m_{si} = 1000\frac{\rho_i - \rho_{w0}}{\rho_{s0} - \rho_{w0}}\rho_{s0} \tag{1-7}$$

悬液中小于及等于 d_i 的土粒质量 m_{si} 占土粒总质量百分比 P_i 为：

$$P_i = \frac{m_{si}}{m_s}\times 100\,\% \tag{1-8}$$

式(1-7)中的悬液密度 ρ_i，可用比重计测读，也可用吸管吸取 $m—n$ 段内的悬液试样测定。

有关比重计法和移液管法的具体试验操作及计算，请参阅《公路土工试验规程》有关内容。

比重计法的优点是操作简便，不需多次烘干称重；而移液管法则比较麻烦，但对于细砂及粘土，它是可靠的方法。

3. 粒度成分的表示方法

常用的粒度成分的表示方法有：表格法、累计曲线法和三角坐标法。

(1) 表格法　是以列表形式直接表达各粒组的相对含量。它用于粒度成分的分类是十分方便的。表格法有两种不同的表示方法，一种是以累计含量百分比表示的，如表 1-2 所示；另一种是以粒组表示的，如表 1-3 所示。累计百分含量是直接由试验求得的结果，粒组是由相邻两个粒径的累计百分含量之差求得的。

粒度成分的累计百分含量表示法　　表 1-2

粒径 d_i (mm)	粒径小于等于 d_i 的累计百分含量 p_i(%)			粒径 d_i (mm)	粒径小于等于 d_i 的累计百分含量 p_i(%)		
	土样 *A*	土样 *B*	土样 *C*		土样 *A*	土样 *B*	土样 *C*
10	—	100.0	—	0.10	9.0	23.6	92.0
5	100.0	75.0	—	0.075	—	19.0	77.6
2	98.9	55.0	—	0.01	—	10.9	40.0
1	92.9	42.7	—	0.005	—	6.7	28.9
0.5	76.5	34.7	—	0.001	—	1.5	10.0
0.25	35.0	28.5	100.0				

土的粒度成分分析结果　　表 1-3

粒　组(mm)	粒度成分(以质量%计)			粒　组(mm)	粒度成分(以质量%计)		
	土样 *a*	土样 *b*	土样 *c*		土样 *a*	土样 *b*	土样 *c*
10～5	—	25.0	—	0.10～0.075	9.0	4.6	14.4
5～2	1.1	20.0	—	0.075～0.01	—	8.1	37.6
2～1	6.0	12.3	—	0.01～0.005	—	4.2	11.1
1～0.5	16.4	8.0	—	0.005～0.001	—	5.2	18.9
0.5～0.25	41.5	6.2	—	<0.001	—	1.5	10.0
0.25～0.10	26.0	4.9	8.0				

(2) 累计曲线法　是一种图示的方法，通常用半对数坐标纸绘制，横坐标(按对数比例尺)表示粒径 d_i；纵坐标表示小于某一粒径的土粒的累计百分数 P_i(注意：不是某一粒径的百分含量)。采用半对数坐标，可以把细粒的含量更好地表达清楚，若采用普通坐标，则不可能做到这一点。

图 1-2 是根据表 1-3 提供的资料，在半对数坐标纸上点出各粒组累计百分数及粒径对应的点，然后将各点连成一条平滑曲线，即得该土样的累计曲线。

累计曲线的用途主要有以下两个方面：

第一，由累计曲线可以直观地判断土中各粒组的分布情况。曲线 *a* 表示该土绝大部分是由比较均匀的砂粒组成的；曲线 *b* 表示该土是由各种粒组的土粒组成，土粒极不均匀；曲线 *c* 表示该土中砂粒极少，主要是由细颗粒组成的粘性土。

第二，由累计曲线可确定土粒的级配指标。

不均匀系数 C_u：

$$C_u = \frac{d_{60}}{d_{10}} \tag{1-9}$$

曲率系数(或称级配系数)C_c：$$C_c=\frac{d_{30}^2}{d_{10}\cdot d_{60}} \tag{1-10}$$

式中：d_{10}、d_{30}、d_{60}——分别相当于累计百分含量为10%、30%和60%的粒径；d_{10}称为有效粒径；d_{60}称为限制粒径。

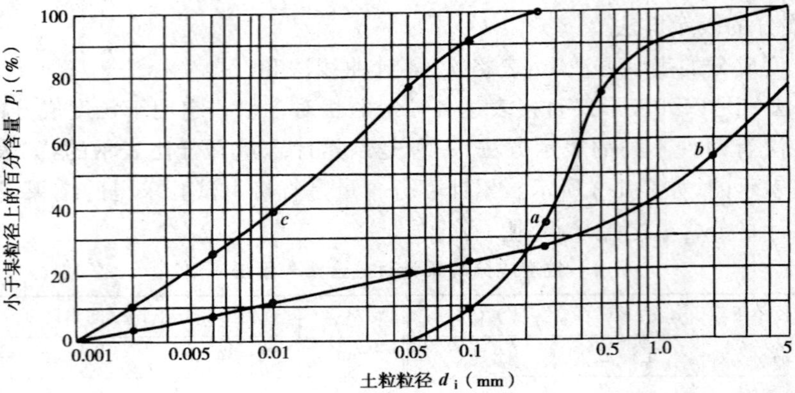

图1-2 粒度成分累计曲线

不均匀系数C_u反映不同大小粒组的分布情况。C_u值愈大，表明土粒大小分布范围大，土的级配良好；C_u值愈小，表明土粒大小相近似，土的级配不良。一般认为，不均匀系数$C_u<5$时，称为均粒土，其级配不良；$C_u\geqslant5$的土为非均粒土，其级配良好。

实际上，仅单靠不均匀系数C_u值一个指标来判定土的级配情况是不够的，还必须同时考察曲率系数C_c值。曲率系数C_c描述累计曲线的分布范围，反映累计曲线的整体形状。一般认为$C_c=1\sim3$之间，土的级配较好；$C_c<1$或$C_c>3$时，累计曲线呈明显弯曲。当累计曲线呈阶梯状时，说明粒度不连续，即主要由大颗粒和小颗粒组成，缺少中间颗粒，表明土的级配不好，其工程地质性质也较差。

在工程上，常利用累计曲线确定的土粒的两个级配指标值来判定土的级配情况。当同时满足不均匀系数$C_u\geqslant5$和曲率系数$C_c=1\sim3$这两个条件时，土为级配良好的土；若不能同时满足，土为级配不良的土。

例如，图1-2中曲线a，$d_{10}=0.11$mm，$d_{30}=0.22$mm，$d_{60}=0.39$mm，则$C_u=3.5$，$C_c=1.13$，表明土样a为级配不良的土。

(3) 三角坐标法　这也是一种图示法。三角坐标法可用来表达粘粒、粉粒和砂粒三种粒组的百分含量。它是利用几何上等边三角形中任意一点到三边的垂直距离之和恒等于三角形的高的原理，即$h_1+h_2+h_3=H$来表达粒度成分。如取三角形的高$H=100\%$，h_1为粘土颗粒的含量，h_2砂土颗粒的含量，h_3为粉土颗粒的含量，则图1-3中m点即表示土样的粒度成分中粘粒、粉粒及砂粒的百分含量分别为23%、47%和30%。

上述三种方法各有其特点和适用条件。表格法能很清楚地用数量说明土样的各粒组含量，但对于大量土样之间的比较就显得过于冗长，且无直观概念，使用比较困难。

累计曲线法能用一条曲线表示一种土的粒度成分，而且可以在一张图上同时表示多种土的粒度成分，能直观地比较其级配状况。

三角坐标法能用一点表示一种土的粒度成分，在一张图上能同时表示许多种土的粒度成分，便于进行土料的级配设计。三角坐标图中不同的区域表示土的不同组成，因而，还可以用来确定按粒度成分分类的土名(见土的工程分类一节)。

（二）矿物成分

1. 土的矿物类型

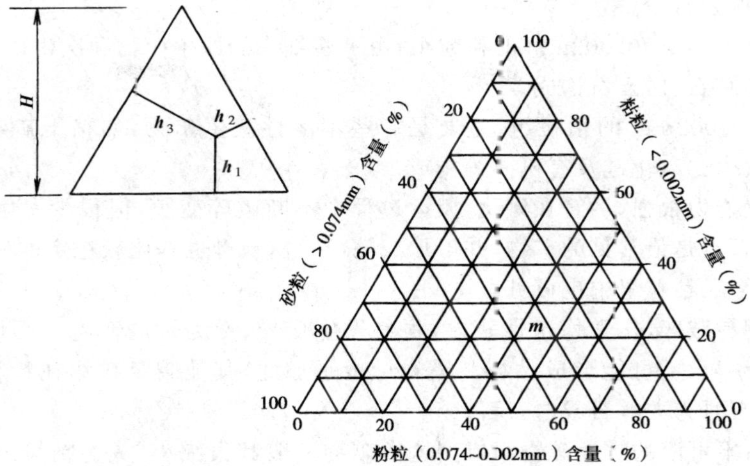

图 1-3　三角坐标表示粒度成分

和岩石一样，土是由矿物组成的。随着土中矿物的特性不同，土的物理力学性质也不同。对土进行工程地质研究时，必须注意土的矿物成分、矿物的特性及其对土的物理力学性质的影响。

组成土的矿物可分为以下几个方面：

(1) 原生矿物：是直接由岩石经物理风化作用而来的、性质未发生改变的矿物，最主要的是石英，其次是长石、云母等。这类矿物的化学性质稳定，具有较强的抗水性和抗风化能力，亲水性弱。由这类矿物组成的土粒一般较粗大，是砂类土和粗碎屑土（砾石类土）的主要组成矿物。

(2) 次生矿物：主要是在通常温度和压力条件下，矿物经受风化变异，或被分解而形成的新矿物。这类矿物比较复杂，对土的物理力学性质的影响比较大。在对土进行研究时，应着重于这类矿物的研究，虽然其含量有时并不很大。次生矿物可分为可溶性次生矿物和不溶性次生矿物。

可溶性次生矿物是由原生矿物遭受化学风化，可溶性物质被水溶走，在别的地方又重新沉淀而成的。根据其溶解的难易程度又可分为易溶的、中溶的和难溶的三类。易溶次生矿物如岩盐；中溶次生矿物如石膏；难溶次生矿物如方解石、白云石等。

不溶性次生矿物多系风化残余物及新生成的粘土矿物。一般颗粒非常细小，成为粘性土的主要组成部分，而由于其性质特殊，使粘性土具有一系列特殊的物理力学性质。

除上述矿物质外，土中还常含有生物形成的腐殖质、泥炭和生物残骸，统称为有机质。其颗粒很细小，具有很大的比表面积，对土的工程地质性质影响也很大。

2. 土的矿物成分和粒度成分的关系

土是地质作用的产物，在其形成的长期过程中，一定的地质作用过程和生成条件生成一定类型的土，使它具有某种粒度成分的同时，也必然具有某种矿物成分。这就使土的矿物成分和粒度成分之间存在着极其密切的内在联系，特别明显地表现在粒组与矿物成分的关系方面。

(1) 粒径＞2mm 的砾粒组，包括砾石、卵石等岩石碎屑，它们仍保持为原有矿物的集合体，有时是多矿物的，有时是单矿物的。

(2) 粒径为 2～0.074mm 的砂粒组，其颗粒与岩石中原生矿物的颗粒大小差不多。砂粒多是单矿物，以石英最为常见，有时为长石、云母及其他深色矿物。在某些情况下，还有白云石组成的砂粒，如白云石砂。

(3) 粒径为 0.074～0.002mm 的粉粒组，由一些细小的原生矿物和次生矿物，如粉粒状的石英和难溶的方解石、白云石构成。

(4) 粒径＜0.002mm 的粘粒组，主要是一些不溶性次生矿物，如粘土矿物类、倍半氧化物、难溶盐矿、次生二氧化硅及有机质等构成。

石英抗风化能力很强，尽管在风化、搬运过程中不断破碎变小，但很少发生化学分解。在砂粒、粉粒组中石英是最常见的矿物，并可形成粘粒。白云母也是比较稳定的矿物，在砂粒、粉粒组中常见，甚至在粘粒组中也可见。

长石具解理易破碎，化学稳定性较差，很易发生变异，变为别的矿物。因而，只能形成砂粒，有时可形成粉粒，不可能形成粘粒。黑云母也是如此，其他暗色矿物在粉粒中也很少见。在黄土中，粉粒有时为方解石或白云石。

粘粒主要由不可溶的次生矿物组成。这类矿物一般都很细小，成为粘粒。不可溶的次生矿物最常见的有三大类，即次生二氧化硅、倍半氧化物和粘土矿物。

次生二氧化硅是由铝硅酸盐原生矿物分解而成的细小二氧化硅颗粒，因其很细小，所以在水中呈胶体状态。

倍半氧化物是由三价的 Fe、Al 和 O、OH、H_2O 等组成的各种矿物的统称。可用 R_2O_3 表示，R 代表三价的 Fe 或 Al，而 OH、H_2O 等被简化省略了。R_2O_3 可看作 $RO_{1.5}$，即 O 为 R 的一倍半，所以，R_2O_3 矿物称为倍半氧化物。三价的 Fe 往往与 Al 共生，而三价的 Fe 使土呈红、棕、黄、褐等色，故一般土正是具有这些颜色，可知 R_2O_3 很常见于土中，且多呈细粘粒。

粘土矿物是粘粒中最常见的矿物，这种矿物种类很多，主要是高岭石、蒙脱石和水云母，统称为粘土矿物。和粘土、粘粒等概念不是一回事，要互相分清。粘土矿物都是极细小的铝硅酸盐，它们含有 SiO_2 和 R_2O_3 等化学成分。这类矿物对粘性土的塑性、压缩性、胀缩性及强度等工程性质影响很大。粘性土的工程性质主要受粒间的各种相互作用力所制约，而粒间的各种相互作用力又与矿物颗粒本身的结晶格架特征有关，亦即与组成矿物的原子和分子的排列有关，与原子、分子间的键力有关。关于运用胶体化学的原理来分析粘粒与水相互作用的一些重要现象及影响粘性土工程性质的有关因素方面的问题，可查阅有关资料，在此不再详述。

综上可见，一定大小的粒组，反映着一定的矿物成分。粗大的颗粒多由原生矿物组成，细小的颗粒(粘粒)多为次生矿物和有机质。因此，土的粒度成分间接反映了矿物成分的特性，它们均是决定土的工程地质性质的重要指标。粒组与矿物成分的关系可以示意地用图 1-4 表示。

3. 矿物成分对土的工程性质的影响

土的矿物成分和粒度成分是土最重要的物质基础，它们对土的工程地质性质的影响很大。随着组成土的矿物成分不同，其工程性质也有所差异。

(1) 原生矿物　石英、长石、云母

①塑性：黑云母最大，石英无。

②毛细上升高度：

颗粒＞0.1mm 时，云母＞浑圆石英＞长石＞尖棱石英；

颗粒＜0.1mm 时，云母＞尖棱石英＞长石＞浑圆石英。

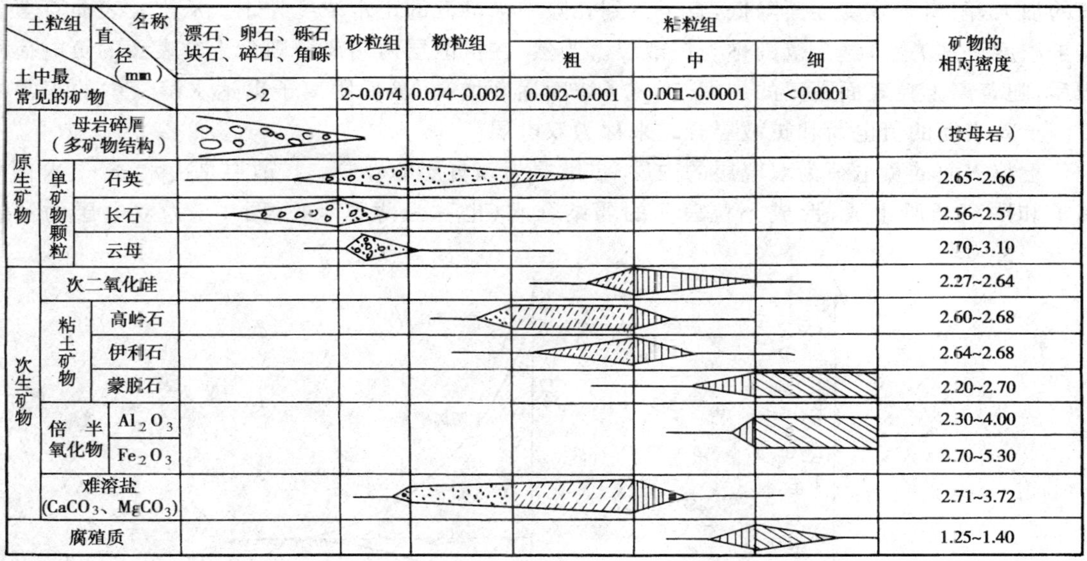

图 1-4　土的矿物成分与粒度成分的对应关系

③孔隙度的变化：云母＞长石＞尖棱石英＞浑圆石英。

④渗透系数：云母＞长石＞尖棱石英。

⑤内摩擦角：尖棱石英＞浑圆石英＞云母。

颗粒＜0.1mm 时，各种矿物的内摩擦角十分近似。

(2) 次生矿物　不溶性粘土矿物

①亲水性：蒙脱石＞伊利石＞高岭石。

②渗透性：伊利石＞高岭石＞蒙脱石。

③压缩性：蒙脱石＞高岭石。

④内摩擦角：蒙脱石的内摩擦角小，在石英中加入百分之几的蒙脱石，则石英的内摩擦角可降低到原来的 1/3 或更小。

(3) 次生可溶盐　从存在的状态看：固态的可溶盐（碳酸盐类）起胶结作用，把土粒胶结起来，使土的孔隙度减小，强度增加。可溶盐分布常常不均匀，有时是结核状的、斑点状的，对土的影响不一样。液态的可溶盐包围着土的颗粒，在其周围起介质作用。

二、土中的水

土中的水以不同形式和不同状态存在着，它们对土的工程性质的形成，起着不同的作用和影响。土中的水按其工程地质性质可分为：

1. 结构水

粘土颗粒与水相互作用，在土粒表面通常是带负电荷的，在土粒周围就产生一个电场。水溶液中的阳离子一方面受土粒表面的静电引力作用，一方面又受到布朗运动（热运动）的扩散力作用，这两个相反趋向作用的结果，使土粒周围的阳离子呈不均匀分布，其分布与地球周围的大气层分布相仿。在土粒表面所吸附的阳离子是水化阳离子，土粒表面除水化阳离子外，还有一些水分子也为土粒所吸附，吸附力极强。土粒表面被强烈吸附的水化阳离子和水分子构成了吸附水层（也称为强结合水或吸着水）。在土粒表面，阳离子浓度最大，随着离土粒表面距离的加大，阳离子浓度逐渐降低，直至达到孔隙中水溶液的正常浓度为止。从土粒表面直至阳离子浓度正常为止，这个范围称为扩散层。当然，在扩散层内阴离子则为土粒表面的负电荷所排斥，随着离土粒表面距离的加大，阴离子浓度逐渐增高，最后阴离子也达水溶液中的正常浓度。土粒表面的负电荷和扩散层合起来称为双电层。

土粒表面的负电荷为双电层的内层，扩散层为双电层的外层。扩散层是由水分子、水化阳离子和阴离子所组成，形成土粒表面的弱结合水（也称为薄膜水）。图 1-5 为双电层的示意图。

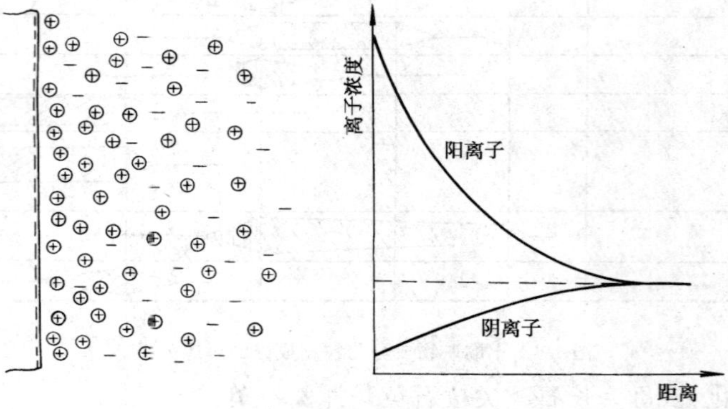

图 1-5　双电层示意图

强结合水紧靠土粒表面，厚度只有几个水分子厚，小于 0.003μm（1μm＝0.001mm），受到约 1000MPa（1 万个大气压）的静电引力，使水分子紧密而整齐地排列在土粒表面不能自由移动。强结合水的性质与普通水不同，其性质接近固体，不传递静水压力，100℃不蒸发，－78℃低温才冻结成冰，密度 $\rho_w=(1.2\sim2.4)g/cm^3$，平均为 $2.0g/cm^3$，具有很大的粘滞性、弹性和抗剪强度。

当粘土只含强结合水时呈固体坚硬状态；砂土含强结合水时呈散粒状态。

弱结合水在强结合水外侧，呈薄膜状，也是由粘土表面的电分子力吸引的水分子，水分子排列也较紧密，密度 $\rho_w=(1.3\sim1.7)g/cm^3$，大于普通液态水。弱结合水也不传递静水压力，呈粘滞体状态，也具有较高的粘滞性和抗剪强度，冰点在－20～－30℃。其厚度变化较大，水分子有从厚膜处向较薄处缓慢移动的能力，在其最外围有成为普通液态水的趋势。此部分水对粘性土的影响最大。

2. 自由水

此种水离土粒较远，在土粒表面的电场作用以外，水分子自由散乱地排列，主要受重力作用的控制。自由水包括下列两种：

（1）毛细水　这种水位于地下水位以上土粒细小孔隙中，是介于结合水与重力水之间的一种过渡型水，受毛细作用而上升。粉土中孔隙小，毛细水上升高，在寒冷地区要注意由于毛细水而引起的路基冻胀问题，尤其要注意毛细水源源不断地提升地下水上升产生的严重冻胀。

毛细水水分子排列的紧密程度介于结合水和普通液态水之间，其冰点也在普通液态水之下。毛细水还具有极微弱的抗剪强度，在剪应力较小的情况下会立刻发生流动。

（2）重力水　这种水位于地下水位以下较粗颗粒的孔隙中，是只受重力控制，水分子不受土粒表面吸引力影响的普通液态水。受重力作用由高处向低处流动，具有浮力的作用。在重力水中能传递静水压力，并具有溶解土中可溶盐的能力。

3. 气态水

此种水是以水气状态存在于土孔隙中。它能从气压高的空间向气压低的空间运移，并可在土粒表面凝聚转化为其它各种类型的水。气态水的迁移和聚集使土中水和气体的分布状态发生变化，可使土的性质改变。

4. 固态水

此种水是当气温降至0℃以下时，由液态的自由水冻结而成。由于水的密度在4℃时为最大，低于0℃的冰，不是冷缩，反而膨胀，使基础发生冻胀，寒冷地区基础的埋置深度要考虑冻胀问题。土质学与土力学中将含有固态水的土列为四相体系的特殊土——冻土。

粘土颗粒与水相互作用见图1-6。

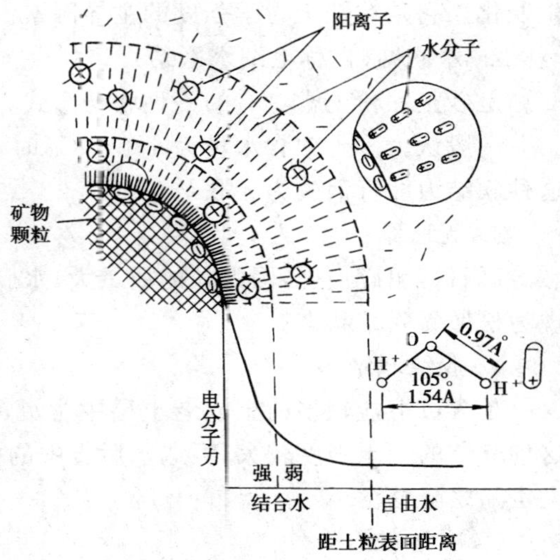

图1-6 粘土矿物和水分子的相互作用

三、土中气体

土中气体指土的固体矿物之间的孔隙中，没有被水充填的部分。土的含气量与含水量有密切关系。土孔隙中占优势的是气体还是水，土的性质有很大的不同。

土中气体的成分与大气成分比较，主要区别在于CO_2、O_2及N_2的含量不同。一般土中气体含有更多的CO_2，较少的O_2，较多的N_2。土中气体与大气的交换愈困难，两者的差别就愈大。

土中气体可分为自由气体和封闭气泡两类。自由气体与大气相连通，通常在土层受力压缩时即逸出，对土的工程性质影响不大；封闭气泡与大气隔绝，对土的工程性质影响较大，在受外力作用时，随着压力的增大，这种气泡可被压缩或溶解于水中，压力减小时，气泡会恢复原状或重新游离出来。若土中封闭气泡很多时，将使土的压缩性增高，渗透性降低。土质学与土力学中将这种含气体的土称为非饱和土。非饱和土的工程性质研究已形成土力学的一个新分支。

第二节 土的结构

一、概 念

土的结构是指土颗粒之间的相互排列和联结形式的综合。

土粒的排列方式表现为土颗粒之间孔隙的疏密、大小、数量等的状况，它影响着土的透水性、压缩性等物理力学性质。

土粒间的联结形式有以下几种：

1. 水胶联结（又称结合水联结）

是粘性土所特有的联结形式，使土具有粘着性。但这种联结力常要随土的干、湿状态而发生变化。它是粘性土力学强度的主导因素。

2. 水联结(也称毛细水联结)

是砂土和粉土常具有的一种联结形式,是由毛细力所形成的微弱的暂时性联结力。

一般认为砂土中含水量为4%～8%时,毛细水联结力最强。但随着砂土的失水或饱和,这种联结力即行消失为无联结。

3. 无联结

砾石等粗碎屑土,因颗粒的质量大,水胶联结和水联结力都无法使粒间形成联结关系,表现为松散无联结状态。

4. 胶结联结

是含可溶盐较多的土或老土层中常见的一种联结形式,如盐渍土和黄土即属此种联结。这种联结的干土强度较大,但遇水后土中的盐类易被淋溶或流失,土的联结即行削弱,土的强度也随之降低。

5. 冻结联结

是冻土所特有的一种联结形式。土的强度随着冻结和融化发生很大变化,土层极不稳定,也使土的工程性质复杂化。工程上常利用"冻结法"来处理软土、流砂等特殊地质问题。

二、种　　类

土的结构可分为下列三种:

1. 单粒结构:是碎石类土和砂土的结构特征。其特点是土粒间没有联结或只有极微弱的水联结,可以略去不计。按土粒间的相互排列方式和紧密程度不同,可将单粒结构分为松散结构和紧密结构,如图1-7所示。

在静荷载作用下,尤其在振动荷载作用下,具有松散结构的土粒,易于变位压密,孔隙度降低,地基发生突然沉陷,导致建筑物破坏。尤其是具有松散结构的砂土,在饱水情况下受振动时,会变成流动状态,对建筑物的破坏性更大。而具有紧密结构的土层,在建筑物的静荷载作用下不会压缩沉陷,在振动荷载作用下,孔隙度的变化也很小,不致造成破坏。紧密结构的砂土只有在侧向松动,如开挖基坑后才会变成流砂状态。所以,从工程地质观点来看,紧密结构是最理想的结构。

单粒结构的紧密程度取决于矿物成分、颗粒形状、均匀程度和沉积条件等。片状矿物组成的砂土最松散;浑圆的颗粒组成的砂土比带棱角的颗粒组成的砂土紧密;土粒愈不均匀,结构愈紧密;急速沉积的比缓慢沉积的土结构松散些。

2. 蜂窝结构:主要是颗粒细小的粘性土具有的结构形式,如图1-8a)。当土粒粒径在0.02～0.002mm时,单个土粒在水中下沉,碰到已沉积的土粒,因土粒之间的分子引力大于土粒自重,则下沉的土粒被吸引不再下沉,逐渐由单个土粒串联成小链状体,边沉积边合围而成内包孔隙的似蜂窝状的结构。这种结构的孔隙一般远大于土粒本身尺寸,若沉积后的土层没有受过比较大的上覆压力,在建筑物的荷载作用下会产生较大沉降。

3. 絮状结构(又称二级蜂窝结构):这是颗粒最细小的粘土特有的结构形式,如图1-8b)。当土粒粒径<0.002mm时,土粒能在水中长期悬浮。这种土粒在水中运动,相互碰撞而吸引,逐渐形成小链环状的土集粒,质量增大而下沉,当一个小链环碰到另一小链环时,相互吸引,不断扩大形成大链环状,称为絮状结构。因小链环中已有孔隙,大链环中又有更大的孔隙,形象地称为二级蜂窝结构。絮状结构比蜂窝状结构具有更大的孔隙率,在荷载作用下可能产生更

大的沉降。

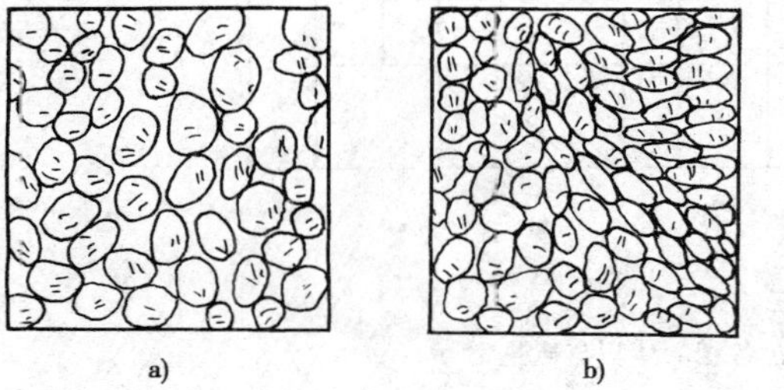

图 1-7　土的单粒结构

a)松散结构；b)紧密结构

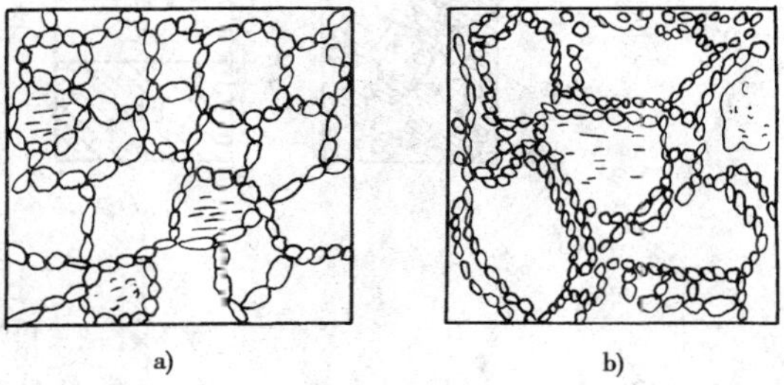

图 1-8　粘性土的絮凝结构示意图

土的结构在形成过程中，以及形成之后，当外界条件变化时(例如荷载条件、湿度条件、温度条件或介质条件的变化)，都会使土的结构发生变化。土体失水干缩时，会使土粒间的联结增强；土体在外力作用下(压力或剪力)，絮状结构会趋于平行排列的定向结构，使土的强度及压缩性都随之发生变化。保持原来天然含水量，但天然结构被破坏的重塑土的强度比保持天然结构的原状土的强度低，其比值可作为结构性的指标，称为灵敏度(S_t)。

灵敏度高的土，其触变性也大，软土地基受动荷载后，易产生侧向滑动、沉降或基底面向两侧挤出等现象。所以，进行施工活动时，要十分注意避免对土体的扰动，防止发生过大的变形，特别在边坡附近打桩、爆破等，更要避免土的强度丧失造成事故。

对土的结构的研究，近年来不仅研究土粒的排列及分布，并已开始研究土的孔隙性(如孔隙大小、形状及分布)，以及颗粒间联结性(接触数量、接触力的分布等)。土的孔隙性对土的压缩性及透水性是一个重要因素，而土的联结性对土的力学强度则是一个重要因素。

第三节　土的物理性质指标及物理状态指标

土的物理性质指标及物理状态指标，反映土的工程性质的特征，具有重要的实用价值。这些指标在土力学中有着广泛的应用。例如：土的自重应力(σ_{cz})计算时，需用到土的容重、土的浮容重等物理状态指标；按规范方法确定地基容许承载力($[\sigma_0]$)时，需同时用到土的物理性质指标中的孔隙比(e)和物理状态指标中的液性指数(I_L)。因此，有必要研究一下土的物理性质指标及物理状态指标。

一、土的物理性质指标

土是由固相(土粒)、液相(水溶液)和气相(空气)组成的三相分散体系。前面章节已定性说明土中三相之间相互比例不同，土的工程性质也不同。现在需要定量研究三相之间的比例关系，即土的物理性质指标的物理意义和数值大小。利用物理性质指标可间接地评定土的工程性质。

为了导得三相比例指标，把土体中实际上是分散的三个相(图 1-9a))抽象地分别集合在一起：固相集中于下部，液相居中部，气相集中于上部，构成理想的三相图，如图 1-9b)。在三相图的右边注明各相的体积，左边注明各相的质量，如图 1-9c)。

土样的体积 V 可由式(1-11)表示：

$$V = V_s + V_w + V_a \tag{1-11}$$

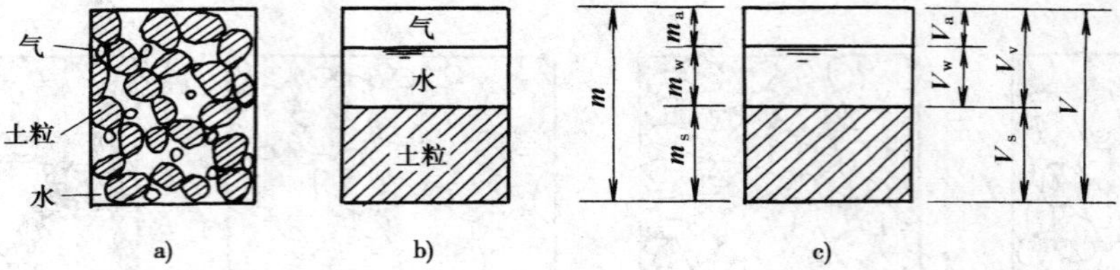

图 1-9　土的三相图

a）实际土体；b）土的三相图；c）各相的体积与质量

式中：V_s、V_w、V_a——分别为土粒、水、空气的体积。

土样的质量 m 可由式(1-12)和式(1-13)表示：

$$m = m_s + m_w + m_a \tag{1-12}$$

$$\text{或 } m \approx m_s + m_w, m_a \approx 0 \tag{1-13}$$

式中：m_s、m_w、m_a——分别为土粒、水、空气的质量。

下面分别阐述土的物理性质指标的名称、符号、物理意义、表达式、单位、常见值及确定方法。

（一）确定三相比例关系的基本物理性质指标

1. 土的密度(ρ)和土的容重(γ)

(1) 物理意义

ρ 为单位体积土的质量。

γ 为单位体积土的重力，即 $\gamma = \rho g \approx 10\rho(\text{kN/m}^3)$

土的密度与土的结构、所含水分多少以及矿物成分有关，在测定土的天然密度时，必须用原状土样（即其结构未受扰动破坏，并且保持其天然结构状态下的天然含水量）。如果土的结构破坏了或水分变化了，则土的密度也就改变了，这样就不能正确测得真实的天然密度，用这种指标进行工程计算就会得出错误的结果。

(2) 表达式

$$\rho = \frac{\text{土的总质量}}{\text{土的总体积}} = \frac{m}{V}(\text{g/cm}^3) \tag{1-14}$$

(3) 常见值　　$\rho = (1.6 \sim 2.2)\text{g/cm}^3, \gamma = (16 \sim 22)\text{kN/m}^3$

(4) 常用测定方法

①环刀法　此法适用于细粒土。

用内径 6～8cm，高 2～3cm，壁厚 1.5～2mm 的不锈钢环刀切土样，用天平称其质量，按密度表达式计算而得。

②灌水法　此法适用于粗粒土和巨粒土。

现场挖试坑，将挖出的试样装入容器，称其质量，再用塑料薄膜平铺于试坑内，然后将水缓慢注入塑料薄膜中，直至薄膜袋内水面与坑口齐平，注入的水量的体积即为试坑的体积。

2. 土粒比重 G_s

(1) 物理意义　土在 105～110℃下烘至恒重时的质量与同体积 4℃蒸馏水质量的比值。

土粒比重只与组成土粒的矿物成分有关，而与土的孔隙大小及其中所含水分多少无关。

(2) 表达式

$$G_s = \frac{\text{固体颗粒的质量}}{\text{同体积 4℃ 纯水质量}} = \frac{m_s}{V_s \rho_w} = \frac{m_s}{V_s} = \rho_s(\text{数值上近似}) \tag{1-15}$$

ρ_s 称为土粒密度，是干土粒的质量 m_s 与其体积 V_s 之比。

(3) 常见值

砂土　　　　　　　　　　$G_s=2.65\sim2.69$

粉土　　　　　　　　　　$G_s=2.70\sim2.71$

粘性土　　　　　　　　　$G_s=2.72\sim2.75$

(4) 常用测定方法

①比重瓶法　适用于粒径小于 5mm 的土。

用容积为 100ml 的比重瓶，将烘干土样 15g 装入比重瓶，用感重为 0.001g 的天平称瓶加干土质量。注入半瓶纯水后煮沸 1h 左右以排除土中气体，冷却后将纯水注满比重瓶，再称总质量并测定瓶内水温后经计算而得。

②浮称法　适用于粒径大于等于 5mm 的土，且其中粒径为 20mm 的土质量应小于总土质量的 10%。

③虹吸筒法　适用于粒径大于等于 5mm 的土，且其中粒径为 20mm 的土质量应大于等于总土质量的 10%。

④ 经验法　因各种土的比重值相差不大，仅小数点后第二位不同。若当地已进行大量土粒比重试验，则常采用经验值。但新到一地区则必须通过试验测定。

3. 土的含水量 w

(1) 物理意义　土的含水量表示土中含水的数量，为土体中水的质量与固体矿物质量的比值，用百分数表示。

土的含水量只能表明土中固相与液相之间的数量关系，不能描述有关土中水的性质；只能反映孔隙中水的绝对值，不能说明其充满程度。

(2) 表达式

$$w=\frac{\text{水的质量}}{\text{固体颗粒质量}}=\frac{m_w}{m_s}\times100\% \tag{1-16}$$

(3) 常见值

砂土　　　　　　　　　　$w=(0\sim40)\%$

粘性土　　　　　　　　　$w=(20\sim60)\%$

当 $w\approx0$ 时，砂土呈松散状态，粘土呈坚硬状态。粘性土的含水量很大时，其压缩性高，强度低。

(4) 常用测定方法

①烘干法　适用于粘质土、粉质土、砂类土和有机质土类。

取代表性试样，细粒土 15～30g，砂类土、有机土 50g，装入称量盒内称其质量后，放入烘箱内，在 105～110℃的恒温下烘干(通常需 8h 左右)，取出烘干后土样冷却后再称量，计算而得。

②酒精燃烧法　适用于快速简易测定细粒土(含有机质的除外)的含水量。

将称完质量的试样盒放在耐热桌面上，倒入工业酒精至与试样表面齐平，点燃酒精，熄灭后用针仔细搅拌试样，重复倒入酒精燃烧三次，冷却后称质量，计算而得。

以上三项土的基本物理性质指标：土的密度 ρ、土粒比重 G_s、土的含水量 w 均需直接通过试验方法测定其数值。具体试验内容请参见《公路土工试验规程》有关内容。

(二)确定三相比例关系的其它常用指标

1. 反映土的松密程度的指标

(1) 土的孔隙比 e

①物理意义　土的孔隙比为土中孔隙体积与固体颗粒的体积之比值。

土的孔隙比可直接反映土的密实程度，孔隙比愈大，土愈疏松；孔隙比愈小，土愈密实。它是确定地基承载力的指标。

②表达式

$$e = \frac{孔隙体积}{固体颗粒体积} = \frac{V_v}{V_s} \tag{1-17}$$

③常见值

砂土　$e=0.5\sim1.0$。当砂土 $e<0.6$ 时，呈密实状态，为良好地基。

粘性土　$e=0.5\sim1.2$。当粘性土 $e>1.0$ 时，为软弱地基。

④确定方法　根据 ρ、G_s 和 w 实测值计算而得，公路工程应用很广。

(2) 土的孔隙度(孔隙率) n

①物理意义　土的孔隙度表示土中孔隙大小的程度，为土中孔隙体积占总体积的百分比。

②表达式

$$n = \frac{孔隙体积}{土体总体积} = \frac{V_v}{V} \tag{1-18}$$

③常见值　　$n=(30\sim50)\%$

④确定方法　根据 ρ、G_s 和 w 实测值计算而得。孔隙度 n 与孔隙比 e 相比，工程应用很少。

2. 反映土中含水程度的指标

(1) 土的含水量 w(略)

(2) 土的饱和度 S_r

①物理意义　土的饱和度指土中水的体积与土的全部孔隙体积的比值，表示孔隙被水充满的程度。

②表达式

$$S_r = \frac{水的体积}{孔隙体积} = \frac{V_W}{V_v} \tag{1-19}$$

③常见值　　$S_r=0\sim1$

④确定方法　根据 ρ、G_s 和 w 实测值计算而得。

⑤工程应用　饱和度对砂土和粉土有一定的实际意义，砂土以饱和度作为湿度划分的标准，分为稍湿的($0<S_r\leqslant0.5$)、很湿的($0.5<S_r\leqslant0.8$)和饱和的($0.8<S_r\leqslant1.0$)三种湿度状态。

颗粒较粗的砂土和粉土，对含水量的变化不敏感，当 w 发生某种改变时，它的物理力学性质变化不大，所以对砂土和粉土的物理状态可用 S_r 来表示。但对粘性土而言，它对 w 的变化十分敏感，随着含水量增加，体积膨胀，结构也发生改变。当粘土处于饱和状态时，其力学性质可能降低为0；同时，还因粘粒间多为结合水，而不是普通液态水，这种水的密度大于1，则 S_r 值也偏大，故对粘性土一般不用 S_r 这一指标。

3. 特定条件下土的密度及容重

(1) 土的干密度 ρ_d 和土的干容重 γ_d

①物理意义　土的干密度指干燥状态下单位体积土的质量。土的干容重指干燥状态下单

位体积土的重量(重力),即 $\gamma_d=\rho_d g\approx10\rho_d(kN/m^3)$。土的干密度值的大小,主要取决于土的结构。因为它在这一状态下与含水量无关,加之土粒部分的矿物成分又是固定的,因此,土的结构,即孔隙度的大小,影响着干密度值。一般规律是:土的孔隙度愈小,土愈密实,其干密度值愈大。

②表达式

$$\rho_d=\frac{固体颗粒质量}{土的总体积}=\frac{m_s}{V}\quad (g/cm^3) \tag{1-20}$$

③常见值　　$\rho_d=(1.3\sim2.0)g/cm^3$;$\gamma_d=(13\sim20)kN/m^3$

④确定方法　根据 ρ 和 w 实测值计算而得。

⑤工程应用　土的干密度通常用作人工填土压实质量控制的指标。土的干密度 ρ_d(或干容重 γ_d)越大,表明土体压得越密实,亦即工程质量越好,但花费的压实费用也越高。一般认为 $\rho_d=1.6g/cm^3$ 以上,土就比较密实了。

(2) 土的饱和密度 ρ_{sat} 和土的饱和容重 γ_{sat}

①物理意义　土的饱和密度为孔隙中全部充满水时,单位体积土的质量。土的饱和容重为孔隙中全部充满水时,单位体积土的重量(重力),即 $\gamma_{sat}=\rho_{sat}g\approx10\rho_{sat}kN/m^3$。

②表达式

$$\rho_{sat}=\frac{饱和土的总质量}{总体积}=\frac{m_s+m_w}{V}\quad (g/cm^3) \tag{1-21}$$

③常见值　$\rho_{sat}=(1.8\sim2.3)g/cm^3$;　$\gamma_{sat}=(18\sim23)kN/m^3$

(3) 土的有效密度(净密度)ρ' 和有效容重(浮容重)γ'

①物理意义　土的有效密度指地下水位以下,土体受水的浮力作用时,单位体积土的质量。土的有效容重指地下水位以下,土体受水的浮力作用时,单位体积土的重量(重力),即 $\gamma'=\rho'\cdot g=10\rho'(kN/m^3)$

②表达式　　$$\rho'=\rho_{sat}-\rho_w(g/cm^3) \tag{1-22}$$

③常见值　　$\rho'=(0.8\sim1.3)g/cm^3$;$\gamma'=(8\sim13)kN/m^3$

综上所述,土的九个物理性质指标:土的密度 ρ、土粒比重 G_s、土的含水量 w、土的孔隙比 e、土的孔隙度 n、土的饱和度 S_r、土的干密度 ρ_d、土的饱和密度 ρ_{sat} 和土的有效密度 ρ',并非各自独立,互不相关的。ρ、G_s 和 w 为基本物理性质指标,必须由试验测定,其余的指标均可由三个试验指标计算得到,其换算关系见表 1-4。

三相指标的换算关系　　表 1-4

指标名称	换算公式	指标名称	换算公式
干密度 ρ_d	$\rho_d=\frac{\rho}{1+w}$	饱和密度 ρ_{sat}	$\rho_{sat}=\frac{\rho(\rho_s-1)}{\rho_s(1+w)}+1$
孔隙比 e	$e=\frac{\rho_s(1+w)}{\rho}-1$	饱和度 S_r	$S_r=\frac{\rho_s\cdot\rho\cdot w}{\rho_s(1-w)-\rho}$
孔隙度 n	$n=1-\frac{\rho}{\rho_s(1+w)}$	浮容重 γ'	$\gamma'=\frac{\gamma(\gamma_s-\gamma_w)}{\gamma_s(1+w)}$

作为工程技术人员,不必死记这些换算公式,只要掌握每个指标的物理意义,运用三相图就能推导出这些公式。下面介绍这种换算的基本思路。

先绘制三相草图，然后根据三个已知指标数值和各物理性质指标的意义进行计算。

利用三相草图计算有一个技巧，如令 $V=1$ 或 $V_s=1$，因为三相量的指标都是相对的比例关系，不是量的绝对值，因此取三相图中任一个量等于任何数值进行计算都应得到相同的结果。假定的已知量选取合适，可以减少计算的工作量。

【例题 1-1】 某原状土样，经试验测得土的密度 $\rho=1.80\text{g/cm}^3$，土粒密度 $\rho_s=2.70\text{g/cm}^3$，土的含水量 $w=18.0\%$，求其余 6 个物理性质指标。

解：①绘制三相计算草图，如图 1-10 所示。

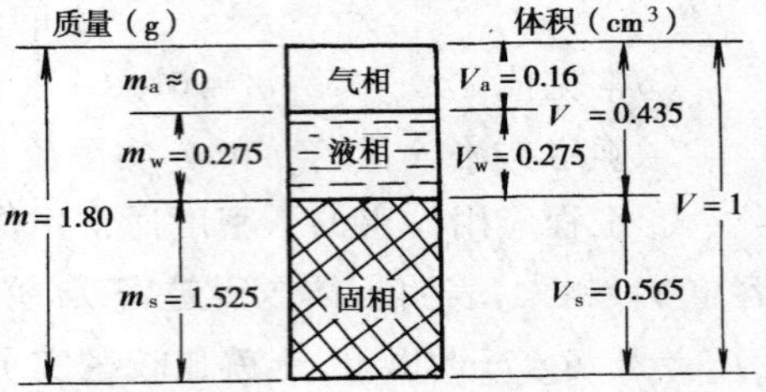

图 1-10　三相计算草图

②令 $V=1\text{cm}^3$

③已知 $\rho=\dfrac{m}{V}=1.80\text{g/cm}^3$，故 $m=1.80\text{g}$

④已知 $w=\dfrac{m_w}{m_s}=0.18$，所以，$m_w=0.18m_s$。

又知 $m_w+m_s=1.80\text{g}$，所以，$m_s=\dfrac{1.80}{1.18}=1.525\text{g}$

故 $m_w=m-m_s=1.80\text{g}-1.525\text{g}=0.275\text{g}$

⑤$V_w=0.275\ \text{cm}^3$

⑥已知 $\rho_s=\dfrac{m_s}{V_s}=2.70\text{g/cm}^3$，

所以，$V_s=\dfrac{m_s}{2.70}=\dfrac{1.525\text{g}}{2.70\text{g/cm}^3}=0.565\text{cm}^3$

⑦孔隙体积 $V_v=V-V_s=1\text{cm}^3-0.565\text{cm}^3=0.435\ \text{cm}^3$

⑧气相体积 $V_a=V_v-V_w=0.435\text{cm}^3-0.275\text{cm}^3=0.16\ \text{cm}^3$

至此，三相草图中 8 个未知量全部计算出数值。

⑨ 据所求物理性质指标的表达式可得：

孔隙比 $$e=\frac{V_v}{V_s}=\frac{0.435\text{cm}^3}{0.565\text{cm}^3}=0.77$$

孔隙度 $$n=\frac{V_v}{V}=0.435=43.5\ \%$$

饱和度 $$S_r=\frac{V_w}{V_v}=\frac{0.275\text{cm}^3}{0.435\text{cm}^3}=0.632$$

干密度 $$\rho_d=\frac{m_s}{V}\approx1.53\text{g/cm}^3\text{，干容重 }\gamma_d=15.3\text{kN/m}^3$$

饱和密度 $$\rho_{sat}=\frac{m_w+m_s+V_a\rho_w}{V}=1.80+0.16=1.96\text{g/cm}^3$$

饱和容重 $$\gamma_{sat}=19.6\text{kN/m}^3$$

有效密度 $$\rho'=\rho_{sat}-\rho_w=1.96\text{g/cm}^3-1.0\text{g/cm}^3=0.96\text{g/cm}^3$$

有效容重 $$\gamma'=\gamma_{sat}-\gamma_w=19.6\text{kN/m}^3-10\ \text{kN/m}^3=9.6\ \text{kN/m}^3$$

上述三相计算中，若设 $V_s=1\text{cm}^3$，与 $V=1\text{cm}^3$ 计算可得相同的结果。

应当指出：三相计算是工程技术人员的一个基本功，要求大家熟练地掌握。在阅读使用工程地质勘察报告、设计地基基础等各种场合，根据各物理性质指标的定义，利用三相草图，可以很方便地计算所需的各物理性质指标。

为了了解各物理性质指标的内容及其相互关系，现将上述各项指标的定义、指标来源和对指标的实际应用等方面内容，归纳为“土的物理性质主要指标一览表”，见表 1-5，供对照参考。

土的物理性质主要指标一览表　　表 1-5

指标名称	表达式	常见值	指标来源	实际应用
土粒比重 G_s	$G_s=\frac{m_s}{V_s\rho_w}$	2.65～2.75	由试验测定	1. 换算 n、e、ρ_d 2. 工程计算
密度 ρ (g/cm³)	$\rho=\frac{m}{V}$	1.60～2.20	由试验测定	1. 换算 n、e 2. 说明土的密度
干密度 ρ_d (g/cm³) 干容重 γ_d (kN/m³)	$\rho_d=\frac{m_s}{V}$ $\gamma_d=10\rho_d$	1.30～2.00 13～20	$\rho_d=\frac{\rho}{1+w}$	1. 土体压实质量控制标准 2. 粒度分析、压缩试验资料整理
饱和密度 ρ_{sat} (g/cm³) 饱和容重 γ_{sat} (kN/m³)	$\rho_{sat}=\frac{m_s+V_n\rho_w}{V}$ $\gamma_{sat}=10\rho_{sat}$	1.80～2.30 18～23	$\rho_{sat}=\frac{\rho(\rho_s-1)}{\rho_s(1+w)}+1$	
有效密度 ρ' (g/cm³) 有效容重 γ' (kN/m³)	$\rho'=\rho_{sat}-\rho_w$ $\gamma'=\gamma_{sat}-\gamma_w$	0.80～1.30 8～13	$\rho'=\frac{\rho(\rho_s-1)}{\rho_s(1+w)}$	1. 计算潜水面以下地基土自重应力 2. 分析人工边坡稳定
天然含水量 w	$w=\frac{m_w}{m_s}$	$0<w<1$	由试验测定	1. 换算 S_r、ρ_d、e 2. 计算土的稠度指标
饱和度 S_r	$S_r=\frac{V_w}{V_n}$	0～1	$S_r=\frac{\rho_s\cdot\rho\cdot w}{\rho_s(1+w)-\rho}$	1. 说明土的饱水状态 2. 划分砂土、粉土的湿度标准
孔隙度 n	$n=\frac{V_n}{V}$		$n=1-\frac{\rho}{\rho_s(1+w)}$	
孔隙比 e	$e=\frac{V_n}{V_s}$		$e=\frac{\rho_s(1+w)}{\rho}-1$	1. 计算地基承载力 2. 砂土估计密度和渗透系数 3. 压缩试验整理资料

二、土的物理状态指标

所谓土的物理状态，对于粗粒土，是指土的密实程度；对于细粒土，指土的软硬程度或称为粘性土的稠度。

（一）粗粒土（无粘性土）的密实度

无粘性土如砂、卵石均为单粒结构，它们最主要的物理状态指标为密实度。工程上常用孔隙比 e、相对密度 D_r 和标准贯入试验 N 作为划分其密实度的标准。

1. 用孔隙比 e 为标准

以孔隙比 e 作为砂土密实度划分标准，见表 1-6。

按孔隙比 e 划分砂土密实度表 表 1-6

砂土名称＼密实度	密实的	中密的	松散的
砾砂、粗砂、中砂	$e<0.55$	$0.55\leqslant e\leqslant 0.65$	$e>0.65$
细砂	$e<0.60$	$0.60\leqslant e\leqslant 0.70$	$e>0.70$
粉砂	$e<0.60$	$0.60\leqslant e\leqslant 0.80$	$e>0.80$

用一个指标 e 来划分砂土的密实度，无法反映影响土的颗粒级配的因素。例如：两种级配不同的砂，一种颗粒均匀的密砂，其孔隙比为 e_1，另一种级配良好的松砂，孔隙比为 e_2，结果 $e_>e_2$，即密砂孔隙比反而大于松砂的孔隙比。为了克服用一个指标 e 对级配不同的砂土难以准确判断其密实程度的缺陷，工程上引用相对密度 D_r 这一指标。

2. 以相对密度 D_r 为标准

用天然孔隙比 e 与同一种砂的最疏松状态孔隙比 e_{max} 和最密实状态孔隙比 e_{min} 进行对比，看 e 靠近 e_{max} 还是靠近 e_{min}，以此来判别它的密实度，即相对密度法。

相对密度
$$D_r=\frac{e_{max}-e}{e_{max}-e_{min}} \tag{1-23}$$

当 $D_r=0$，即 $e=e_{max}$ 时，表示砂土处于最疏松状态；当 $D_r=1$，即 $e=e_{min}$ 时，表示砂土处于最紧密状态。

《公路桥涵地基与基础设计规范》（JTJ 024—85）中规定用 D_r 来判定砂土的密实程度，将砂土分为四级，见表 1-7。

砂土密实度划分表 表 1-7

分级		密实度 D_r	标准贯入平均击数 N(63.5kg)
密实		$D_r\geqslant 0.67$	30～50
中密		$0.67>D_r>0.33$	10～29
松散	稍松	$0.33\geqslant D_r\geqslant 0.20$	5～9
	极松	$D_r<0.20$	<5

表 1-8 的分级办法具有一定的意义，是合理的。但由于目前对 e_{max} 和 e_{min} 尚难准确测定，加之要取原状砂土的土样也十分困难，故对砂土 D_r 值所测定的误差也很大。对此，在实际工程中，常利用标准贯入试验法或静力触探试验法，在现场测定其近似值，以作为 D_r 分级的参考。

3. 标准贯入试验

标准贯入试验是在现场进行的一种原位测试。这项试验的方法是:用卷扬机将质量为63.5kg的钢锤提升76cm高度,让钢锤自由下落,打击贯入器,使贯入器贯入土中深为30cm所需的锤击数记为$N_{63.5}$(简化为N),对照表1-7中的分级标准来鉴定该土层的密实程度。

(二)粘性土的稠度

粘性土的颗粒很细,粘粒粒径$d<0.002$mm,细土粒周围形成电场,电分子吸引水分子定向排列,形成粘结水膜。土粒与土中水相互作用很显著,关系极密切。例如,同一种粘性土,当它的含水量小时,土呈半固体坚硬状态;当含水量适当增加,土粒间距离加大,土呈现可塑状态。如含水量再增加,土中出现较多的自由水时,粘性土变成液体流动状态,如图1-11所示。

粘性土随着含水量不断增加,土的状态变化为固态—半固态—塑性—液态,相应的地基土的承载力基本值$f_0>450$kPa,逐渐下降为$f_0<45$kPa,亦即承载力基本值相差10倍以上。由此可见,粘性土最主要的物理特性是土粒与土中水相互作用产生的稠度,即土的软硬程度或土对外力引起变形或破坏的抵抗能力。

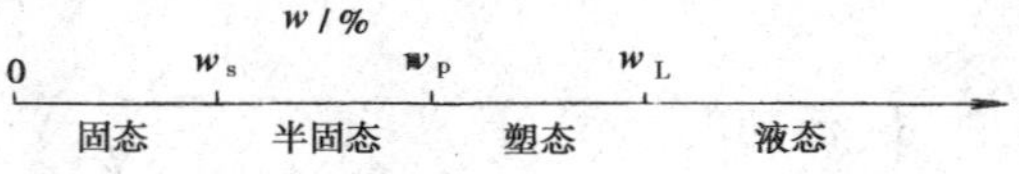

图1-11 粘性土的稠度

粘性土的稠度,反映土粒之间的联结强度随着含水量高低而变化的性质。其中,各不同状态之间的界限含水量具有重要的意义。

1. 液限w_L(%)

(1) 定义 粘性土呈液态与塑态之间的界限含水量。

(2) 测定方法:液塑限联合测定,具体内容见《公路土工试验规程》有关内容。

2. 塑限w_P(%)

(1) 定义 粘性土呈塑态与半固态之间的界限含水量。

(2) 测定方法:液塑限联合测定或滚搓法,具体内容见《公路土工试验规程》有关内容。

3. 缩限w_s(%)

(1) 定义 粘性土呈半固态与固态之间的界限含水量。这是因为土样含水量减少至缩限后,土体体积发生收缩而得名。

(2) 测定方法:用收缩皿法。

4. 塑性指数I_P

(1) 定义 粘性土与粉土的液限与塑限的差值,去掉百分数,称塑性指数,记为I_P

$$I_P=(w_L-w_P)\times100 \tag{1-24}$$

应当指出:w_L与w_P都是界限含水量,以百分数表示。而I_P只取其数值,去掉百分数。例如,某一土样,$w_L=32.6\%$,$w_P=15.4\%$,则$I_P=17.2$,非17.2%。

(2) 物理意义 细颗粒土体处于可塑状态下,含水量变化的最大区间。一种土的w_L与w_P之间的范围大,即I_P大,表明该土能吸附结合水多,但仍处于可塑状态,亦即该土粘粒含量高或矿物成分吸水能力强。

(3) 工程应用 用塑性指数I_P对细粒土进行分类和命名(表3-4)。

5. 液性指数I_L

(1) 定义 粘性土的液性指数为天然含水量与塑限的差值和液限与塑限差值之比,即

$$I_L=\frac{w-w_p}{w_L-w_p} \tag{1-25}$$

(2) 物理意义 液性指数又称相对稠度,是将土的天然含水量w与w_L及w_P相比较,以

表明 w 是靠近 w_L 还是靠近 w_P，反映土的软硬不同。

(3) 工程应用　用液性指数 I_L 来划分粘性土的稠度状态，见表 1-8。

据液性指数 I_L 对粘性土的稠度状态划分　　表 1-8

液性指数值	$I_L<0$	$0\leqslant I_L<0.5$	$0.5\leqslant I_L<1.0$	$I_L\geqslant 1.0$
稠度状态	干硬状态	硬塑状态	软塑状态	流动状态
		塑性状态		

另外，液性指数在公路工程中是确定粘性土承载力的重要指标。应当指出，根据液性指数所判定的稠度状态的标准值，是以室内扰动土样测定的，未考虑其土的结构影响，故只能作参考。

6. 活动度 A

(1) 定义　粘性土的塑性指数与土中胶粒含量百分数的比值，即

$$A=\frac{I_P}{m} \tag{1-26}$$

式中：m——土中胶粒($d<0.002$mm)含量百分数。

(2) 物理意义　活动度反映粘性土中所含矿物的活动性，根据活动度的大小可分为：

$A<0.75$　　不活动粘土

$0.75<A<1.25$　　正常粘土

$A>1.25$　　活动粘土

A 值越大，胶粒对土塑性的影响越大。

7. 灵敏度 S_t

(1) 定义　粘性土的原状土无侧限抗压强度与原土结构完全破坏的重塑土的无侧限抗压强度的比值，其表达式为：

$$S_t=\frac{q_u}{q_u{}'} \tag{1-27}$$

式中：S_t——土的灵敏度；

q_u——无侧限条件下，原状土抗压强度；

$q_u{}'$——无侧限条件下，扰动土抗压强度。

对某一粘性土而言，q_u 为定值，由 $q_u{}'$ 值的变化决定着灵敏度的大小。当 $q_u=q_u{}'$ 时，$S_t=1$，即结构破坏后的强度与天然结构的强度一样时，表明该土为非灵敏或无触变性粘土。只有当 $q_u{}'<q_u$ 的条件下才能体现其触变性。

(2) 物理意义　灵敏度反映粘性土结构性的强弱。根据灵敏度的数值大小粘性土可分为：

$S_t\geqslant 8$　　特别灵敏性粘土

$S_t=4\sim 8$　　灵敏性粘土

$S_t=2\sim 4$　　一般粘土

(3) 工程应用

①保护基槽　遇灵敏度高的土，施工时应特别注意保护基槽，防止人来车往，践踏基槽，破坏土的结构，降低地基强度。

②利用触变性　当粘性土结构受扰动时，土的强度降低，但静置一段时间，土的强度又逐

渐增强，这种性质称为土的触变性。例如，在粘性土中打预制桩，桩周围土的结构受破坏，强度降低，使桩容易打入。

思考题

1. 什么是土的三相体系？土的相系组成对土的状态和性质有何影响？

2. 什么叫粒组？试从表 1-2 分析我国与欧美日对粒组划分的异同。

3. 土的粒径分哪几组？何谓粘粒？各粒组的工程性质有什么不同？

4. 什么叫粒度成分和粒度分析？简述筛分法和沉降分析法的基本原理。

5. 累计曲线法在工程上有何用途？

6. 何谓土的颗粒级配？土的粒度成分累计曲线的纵坐标表示什么？不均匀系数 $C_u>10$ 反映土的什么性质？

7. 试比较累计曲线法与三角坐标法的异同。

8. 什么叫土的结构？土粒间的联结形式主要有哪些类型？它们对土的工程性质有什么影响和意义？

9. 用比重计法分析土的粒度成分时，把悬液搅拌均匀以后隔不同时间 t_i 测读比重计读数 γ_i，问如何依据比重计读数确定小于 d_i 粒组的百分含量？

10. 土的矿物成分与粒度成分有何关联？

11. 土中易溶盐矿物的存在对土的工程力学性质有何影响？

12. 粘土矿物一般分为哪几大类？它们对粘性土的二程性质有何影响？

13. 试比较土中各种水的特征。

14. 土的物理性质指标有哪些？其中哪几个可以直接测定？常用测定方法是什么？

15. 土的密度 ρ 与土的容重 γ 的物理意义和单位有何区别？说明天然容重 γ、饱和容重 γ_{sat}、有效容重 γ' 和干容重 γ_d 之间的相互关系，并比较其数值的大小。

16. 何谓孔隙比？何谓饱和度？用三相草图计算时，为什么要设总体积 $V=1$？什么情况下设 $V_s=1$ 计算简便？

17. 土粒比重 G_s 的物理意义是什么？如何测定 G_s 值？常见值砂土 G_s 是多少？粘土 G_s 是多少？

18. 无粘性土最主要的物理状态指标是什么？用孔隙比 e、相对密度 D_r 和标准贯入试验锤击数 N 来划分密实度各有何优缺点？

19. 粘性土最主要的物理特征是什么？何谓塑限？如何测定？何谓液限？如何测定？

20. 塑性指数的定义和物理意义是什么？I_P 大小与土颗粒粗细有何关系？I_P 大的土具有哪些特点？

21. 何谓液性指数？如何应用液性指数 I_L 来评价土的工程性质？何谓硬塑、软塑状态？$I_L>1.0$ 的粘性土为什么还有一定的承载力？

22. 为什么要引用相对密度的概念评价砂土的密实度？为什么要引用液性指数的概念评价粘性土的稠度状态？在实际应用中应注意哪些问题？

23. 已知甲土的含水量 w_1 大于乙土的含水量 w_2，试问甲土的饱和度 S_{r1} 是否大于乙土的饱和度 S_{r2}？

24. 下列土的物理性质指标中，哪几项对粘性土有意义？哪几项对无粘性土有意义？

①粒径级配；②相对密度；③塑性指数；④液性指数；⑤灵敏度

习题

1. 某碎屑土，取风干土样300g，经筛分计算后得土样筛分成果表，试据表1-9提供的资料，用累计曲线法画出该土样的级配曲线，并分别求出 C_u 及 C_c 值，分析该土样的级配情况。

土样筛分分析成果表　　表1-9

粒组名称	粒　径(mm)	质　量(g)	百分含量(%)
卵砾组	>2	3	1
极粗砂粒组	2～1	36	12
粗砂粒组	1～0.5	96	32
中砂粒组	0.5～0.25	120	40
细砂粒组	0.25～0.1	30	10
极细砂粒、更细土粒	<0.1	15	5
总　　计		300	100

2. 试证明以下关系式：

(1) $e=\dfrac{\rho_s(1+w)}{\rho}-1$　　(2) $\rho_d=\dfrac{\rho}{1+w}$

(3) $\gamma'=\dfrac{\gamma(\gamma_s-\gamma_w)}{\gamma_s(1+w)}$　　(4) $G_s=\dfrac{\rho_d S_r}{S_r\rho_w-\rho_d w}$

3. 已知土的孔隙比 e、土粒比重 G_s、饱和度 S_r 以及水的容重 γ_w，求：

(1)土的容重 γ；

(2)土的饱和容重 γ_{sat}；

(3)土的干容重 γ_d；

(4)土的浸水容重(浮容重) γ'。(浙江大学1996年硕士生入学考试题)

4. 某基础工程地质勘察中，取原状土做试验，用天平称 $50cm^3$ 湿土质量为95.15g，烘干后质量为75.05g，土粒比重为2.67。计算此土样的天然密度、干密度、饱和密度、有效密度、天然含水量、孔隙比、孔隙度和饱和度。

5. 饱和土孔隙比为0.70，土粒比重为2.72，用三相草图计算干容重重 γ_d，饱和容重 γ_{sat} 和浮容重 γ'，并求饱和度为75%时的容重和含水量(分别设 $V_s=1$ 和 $V=1$，比较哪种方法更简便些。

6. 取得某湿土样1955g，测知其含水量为15%，若在土样再加入85g水后，试问此时该土样的含水量为多少？

7. 某地基表层为杂填土厚1.2m，第二层为粘性土，厚5m，地下水位深1.8m。在粘性土中部取土做试验，测得天然密度 $\rho=1.84g/cm^3$，土粒比重 $G_s=2.75$，计算此土的 w，ρ'，ρ_d 和 e。

8. 某地基土样，用体积为 $100cm^3$ 的环刀取样试验，用天平测得环刀加湿土的质量为241.00g，环刀质量为55.00g，烘干后土样质量为162.00g，土粒比重为2.70。计算该土样的 w，s_r，e，ρ，ρ_{sat} 和 ρ_d，并比较各种密度的大小。

9. 已知甲、乙两个土样的物理性试验结果如下：

土样	w_l(%)	w_p(%)	w(%)	G_s	S_r

甲	30.0	12.5	28.0	2.75	1.0
乙	14.0	6.3	26.0	2.70	1.0

试问下列结论中，哪几个是正确的，理由何在？

①甲土样比乙土样的粘粒(d<0.005mm 的颗粒)含量多。

②甲土样的天然密度大于乙土样。

③甲土样的干密度大于乙土样。

④甲土样的天然孔隙比大于乙土样。

10. 装在环刀内的饱和土样加垂直压力后高度自 2.0cm 压缩至 1.95cm，取出土样测得其含水量 $w=28.0\%$，已知土粒比重 $G_s=2.70$，求压缩前土的孔隙比。

11. 从甲、乙两地粘性土中各取出土样进行稠度试验。两土样的液限、塑限都相同，$w_L=40\%$，$w_P=25\%$。但甲地的天然含水量 $w=45\%$，而乙地的 $w=20\%$。问两地的液性指数 I_L 各为多少？属何种状态？按 I_p 分类时，该土的定名是什么？哪一地区的土较适宜于作天然地基？

12. 甲、乙两种土的细颗粒含量和液限、塑限分别如表 1-10 所示。

表 1-10

土样 \ 粒径	<0.005mm	<0.002mm	w_L	w_P
甲	67%	55%	53%	36%
乙	33%	27%	70%	35%

求这两种土的活动度并判断哪一种土粘土矿物的活动性高。

第二章 特殊土简介[1]

本章学习要点：

1. 了解常见特殊土的特殊性质以及对工程带来的影响；
2. 掌握特殊土在工程使用中的常用处理方法和措施。

特殊土是指在特定地域内，由于生成条件的特殊，使之不同于一般土，而具有某些特殊性质的土。例如：软土、黄土、膨胀土、盐渍土、冻土、红土、沙漠土等。对在这些特殊土层区内的建筑物必须给予特殊处理。本章简要介绍几种常见的特殊土的特征及工程处理措施。

第一节 软 土

软土，一般是指在静水或缓慢流水环境中沉积而成的、天然含水量大、压缩性高、承载力低、透水性差的一种软塑到流塑状态的饱和粘性土层。它主要包括内陆湖塘盆地、江河海洋沿岸和山间洼地沉积的各种淤泥和淤泥质粘性土。软土常因生物化学作用含有较多的有机质，天然含水量 $w>w_L$，天然孔隙比 $e>1.0$。当天然孔隙比 $e>1.5$ 时，称为淤泥；$1.0<e<1.5$ 时，称为淤泥质土。

一、软土的工程性质

1. 软土的物理力学性质

(1) 天然含水量高、孔隙比大。软土的孔隙比 $e>1.0$，天然含水量一般都大于 30%，有的达 70%，甚至高达 200%，多呈软塑或潜液状态，一经扰动很容易破坏其结构而流动；山区软土的含水量变化幅度更大。

(2) 压缩性高。软土的压缩系数 α_{1-2} 一般都在 $0.05\times10^{-5}\text{Pa}^{-1}$ 以上，最大可达 $0.3\times10^{-5}\text{Pa}^{-1}$ 以上。压缩性随天然含水量及液限的增加而增高。软土多属近代沉积，为欠固结土。同时它的矿物成分、粒度成分及结构决定了它具有高亲水性及低透水性，水不易排出，也不易压密。因此，软土在建筑物荷载作用下，土体沉降变形量大，而且沉降不均匀。

(3) 抗剪强度低。软土的 φ 值大多小于或等于 10°，最大也不超过 20°，有的甚至接近于 0；c 值一般在 $0.05\sim0.15\times10^5\text{Pa}$，很少超过 $0.2\times10^5\text{Pa}$，有的趋近于 0，故其抗剪强度很低。经排水固结后，软土的抗剪强度虽有所提高，但由于软土孔隙水渗出很慢，其强度增长也很缓慢。因此，要提高软土的强度，必须在建筑物的施工和使用期间控制加荷速度，特别是开始阶段的

[1] 各校可结合本地的实际情况选讲或另加补充材料。

加荷不能过大，否则土中水分来不及排出，不但土体强度不能提高，反而会由于土中孔隙水压力的急剧增大而破坏土体结构发生挤出。

(4) 透水性低。由于大部分软土地层中存在着带状砂层，所以在垂直方向和水平方向的渗透系数 K 值不一样，一般垂直方向的要小，其 K 值约在 $10^{-6}\sim10^{-8}$cm/s，几乎是不透水的。因此，软土的排水固结需要相当长的时间，同时，在加载初期，地基中常出现较高的孔隙水压力，影响地基土的强度。

(5) 触变性。软土是"海绵状"结构性沉积物，当原状土的结构未受到破坏时，常具有一定的结构强度，但一经扰动，结构强度便被破坏。如果在含水量不变的条件下，静置不动又可恢复原来的强度。这种因受扰动而强度减弱，再静置而又增强的特性，称为软土的触变性。软土中含亲水性矿物（如蒙脱石）多时，其触变性较显著。从力学观点来鉴别触变性的大小，用灵敏度来表示。软土的灵敏度一般在 3～4 之间，个别情况要达 8～9，属中高灵敏性土。灵敏度高的土，其触变性也大，所以，软土地基受动荷载后，易产生侧向滑动、沉降或基底面向两侧挤出等现象。我国软土多属中等灵敏度的，个别的为高灵敏度土。

(6) 流变性。是指在一定荷载的持续作用下，土的变形随时间而增长的特性。软土是一种具有典型流变性的土，它在剪应力作用下，土体将发生缓慢而长期的剪切变形，使其长期强度小于瞬时强度。这对边坡、堤岸等的稳定性极为不利。因此，用一般剪切试验求得的抗剪强度值，应加适当的安全系数。

2. 不同成因软土的物理力学指标

由于软土的沉积环境不同，导致土的结构强度上有所差别，因此，有时土的物理性质指标相差不多，而力学性质往往有很大的不同，这种特性在工程上应给予足够的重视。现将不同成因软土的物理力学性质列表，如表 2-1 所示。

不同成因软土的物理力学性质指标表　　表 2-1

类　型	天然密度 ρ(g/cm³)	天然含水量 w(%)	天然孔隙比 e	抗剪强度		压缩系数 a (1×10^{-5}Pa^{-1})
				内摩擦角(φ)	凝聚力(kPa)	
滨海淤积土	1.5～1.8	40～100	1.0～2.3	1～7	2～20	0.12～0.35
河滩淤积土	1.5～1.9	30～60	0.8～1.8	0～10	5～30	0.08～0.3
湖泊淤积土	1.5～1.9	35～70	0.9～1.8	0～11	5～25	0.08～0.3
谷地淤积土	1.4～1.9	40～120	0.2～1.5	0	5～19	>0.05

二、软土地区的路基工程

1. 软土地基上路堤的极限高度

所谓极限高度，是在天然的软土地基上，不控制施工速度，修筑一般断面的路堤所能填筑的最大高度，以 H_c 表示。达到极限高度时，单位面积的荷重就是天然地基的极限承载力。如果所设计的路堤高度超过极限高度时，路堤或基底必须采取加固措施，以保证路堤的安全填筑和正常使用。软土地区选线中，路堤极限高度的确定对线路纵坡的设计及方案比较极为重要。

极限高度的确定只是作为设计施工的参考数据，为了简化起见，可近似地令快剪内摩擦角 $\varphi_u=0$。在均质厚层软土地基上路堤的极限高度可以按下述两种方法进行估算，其误差一般在 5%以内，近似地接近实际情况。

(1) 费兰纽斯公式

$$H_c = 5.25\frac{C_u}{\rho} \tag{2-1}$$

式中：H_c——极限高度(m)；

C_u——软土的快剪粘聚力(kPa)；

ρ——填土密度(g/cm^3)。

(2) 经验公式

$$H_c = 3C_u \tag{2-2}$$

按上述公式估算极限高度，要求试验数据接近实际，才能使估算的极限高度接近实际。例如：在某路堤工程中，根据快剪试验数据，C_u 为 5～10kPa，一般为 8kPa，φ_u 为 0°～5°，按经验公式计算路堤的极限高度为 2.5～3.0m。

2. 软土地基上路堤的加固与处理

在路堤高度超过极限高度，或者虽低于极限高度，但筑后即行通车的软土路堤；或者设计荷重大于地基允许承载力等情况下，都应对路堤或基底进行加固与处理，以保证路堤的安全使用。加固和处理方法归纳起来有两大类：一是改变荷重，即改变荷载的结构形式和大小；二是改善地基，即提高地基的承载能力。目前，在工程实践中用于软土路堤加固与处理方法很多，现将几种主要方法介绍如下：

(1) 换土。指用人工或机械全部挖除软土，换填强度较高的砂类土、粘性土。如果当地分布有砂、砾、卵石等透水性材料时，以换填透水性材料为更好，因这种材料强度较粘性土高，且不会因水的浸泡而沉降，还可少占地。

换土从根本上改善了地基，不留任何后患，效果最好，是最彻底的一种处理软土的措施。由于软土地区的地下水位较高和开挖困难，故换土的深度一般不易超过 2m，现以一典型剖面为例，如图 2-1 所示。

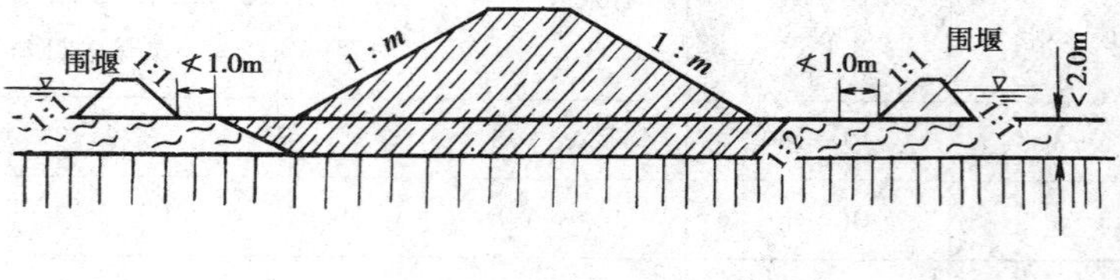

图 2-1 路堤换土剖面图示

(2) 抛石挤淤。它是强迫换土的一种形式。在路基底部抛投一定数量的片石，将淤泥挤出基底范围，如图 2-2 所示。

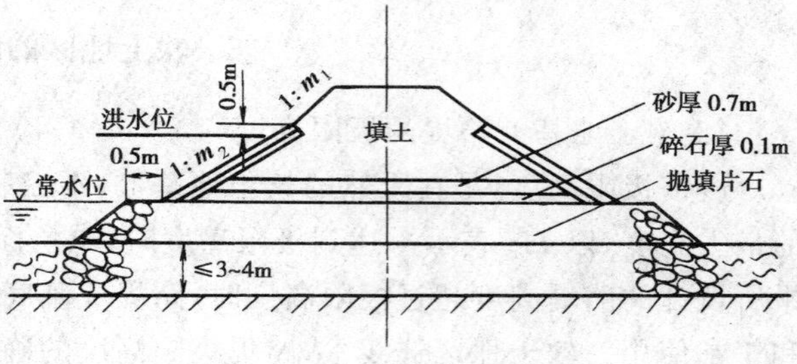

图 2-2 抛石挤淤典型断面图

抛投片石的大小视软土含水量而定，但一般不宜小于 0.3m(直径)。抛投时，应自路堤中部开始，渐次向两侧扩展，以使淤泥向两旁挤出。当软土或泥沼底面有较大横坡时，抛石应从高的一侧向低的一侧扩展，并在低的一侧多抛填一些。在片石抛出水面后，宜用重型夯滚或载重汽车反复碾压，以使填石密实，然后在其上面铺设反滤层，再行填土。

这种方法有一定的局限性，仅适用于湖塘或河弯常年的洼地，水量不大易抽干，泥炭呈流动状态，表层无硬壳，土层较薄，片石能沉达底部的地段。否则，效果不佳。此法一般用于软土厚度 3～4m 的土层。

(3) 反压护道。它是在路堤两侧填筑一定宽度低于路堤的护道，如图 2-3 所示。护道在路堤两侧起荷重作用，使路堤下的软土有被隆起之势得到平衡，从而保证路堤的稳定性。这种方法不需要特殊的施工机具，也不需控制填土速率，施工简易。但土方量、占地面积、后期沉降均较大，养护工作量大，因此，只适用非耕作区和取土不困难的地区。

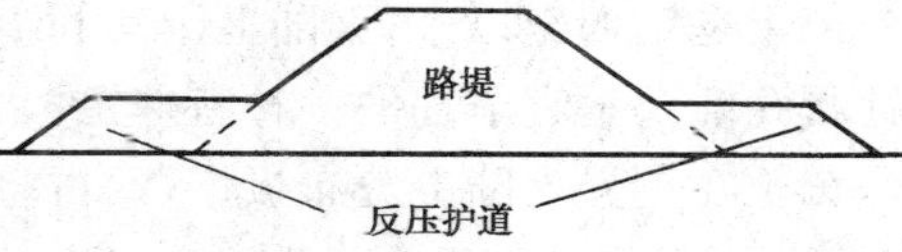

图 2-3 反压护道典型断面图

反压护道一般采用单级形式，因多级式所增加的力矩甚小，作用不大，而且还得考虑护道本身的稳定问题。反压护道的极限高度，一般取路堤高度的 1/3～1/2 较为合理；反压护道的宽度，一般采用圆弧稳定分析法，通过整体稳定性验算决定。两侧反压护道应与路堤同时填筑。

(4) 砂井。应用钻孔机具在地基中钻取一定直径的孔眼，灌以粗、中砂，即为砂井，或称砂桩。在网格状砂桩的顶部铺设一层砂垫层(或砂沟)连结砂井，构成地基的排水系统，如图 2-4 所示。

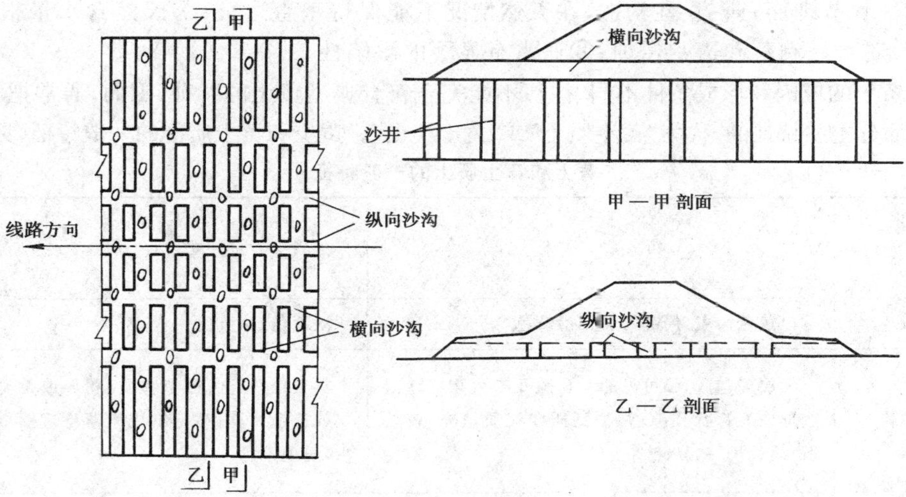

图 2-4 砂井

软土地基按一定规格打入砂井后，改变了地基的排水条件，缩短了排水路径。在填土路堤的荷重作用下，加速了地基的排水固结，提高了强度，从而增加了地基的承载力，以保证路堤的稳定。根据实践，用砂井加固地基后，地基承载能力可提高 2～3 倍。

砂井加固软土地基适用于软土层较厚、路堤较高、采用其它简易方法不能满足要求的情况下。其使用范围大致有：①软土层厚度＞5m；②路堤高度大于极限高度的 $1\frac{2}{3}$～2 倍；③或者小于这一数字，但因地处农田和填料来源困难的条件时。

软土地基上路堤的加固与处理，除上述四种方法外，还有强夯、爆破排淤、侧向约束、石灰砂桩、柴排、电渗排水等方法。工程中采用那种方法，应视具体地质条件而定。

第二节　黄　　土

黄土是第四纪以来，大陆上干旱和半干旱气候条件下，沉积而成的，呈褐黄色或灰黄色，具有针状孔隙及垂直节理的一种特殊土。

黄土在世界大陆上分布极广，约占整个陆地面积的9%。在我国，黄土分布的面积约有64万km^2，主要分布在秦岭以北的黄河中游地区，如甘、陕的大部分和晋南、豫西等地。这些地区的黄土厚度大，地层全而连续、发育亦较典型，在我国大的地貌分区图上，称之为黄土高原。在河北、山东、内蒙和东北南部以及青海、新疆等地亦有所分布。黄土地貌从大的形态来看，多是微倾斜的单调高原或平原，还有呈槽状的盆地形状。实际上，黄土地区沟壑纵横，常发育成为许多独特的地貌形态，常见的有：黄土塬、黄土梁、黄土峁、黄土陷穴等地貌。

一、黄土的特征及分类

各地黄土的性质并不完全相同，故有黄土和黄土质土之分，一般认为黄土有如下特征：①颜色为灰黄、褐黄、棕黄等色；②具多孔性，其孔隙肉眼可见，孔隙度一般为40%～50%；③含大量碳酸钙（10%～30%）或钙质结核（俗称“砂姜石”）；④质地均一，成分以粉粒为主，约占60%～70%，几乎不含>0.25mm的颗粒；⑤无层理，一般厚度约在40～300m之间；⑥具有显著的垂直柱状节理而具直立性构造，在天然情况下能保持垂直边坡；⑦天然含水量很小，干燥时很坚固，遇水易剥落和遭受浸蚀；⑧遇水有显著的湿陷性。

由于黄土的成因和形成条件不同，往往不能完全符合典型黄土的特征，因而，通常把具备上述大部分或部分主要特征的，称为“黄土质土”或“黄土类土”。黄土和黄土质土的一般特征，见表2-2。

黄土和黄土质土的一般特征　　表2-2

特征 \ 土类名称		黄　土	黄　土　质　土
外部特征	颜色	以黄色为主，局部淡黄及褐黄色	淡黄色、棕黄色
	结构	无层理，有肉眼可见的大孔隙及有生物根茎遗迹形成的管状孔隙，常被钙质或泥质填充，较松散，质地均一，易碎	具层理并且由粗粒物质（粗砂或细砾）形成夹层或透镜体，由粘土组成微薄层理，可见大孔较少，质地不均一
	产状	常呈垂直陡壁，垂直节理极发育	有垂直节理，但延伸较小，垂直陡壁不够稳定，有时构成缓坡
粒度成分		以粉土颗粒为主(0.074～0.002mm)，一般含量达60%以上，大于0.25mm颗粒含量极少或没有。其中粗粉粒(0.01～0.074mm)在50%以上，颗粒较粗	含大于0.25mm颗粒，其中粗粉粒(0.01～0.074mm)含量小于50%，颗粒较细
矿物成分		粗粒矿物以石英、长石、云母为主，其含量60%以上。粘土矿物如蒙脱石、伊利石、高岭石等，成分复杂	粗粒矿物以石英、长石、云母为主，含量在50%以下，有时云母含量较高。粘土矿物仍以蒙脱石、伊利石、高岭石为主
化学成分		以SiO_2为主，其次为Al_2O_3、Fe_2O_3，富含碳酸钙，少量可溶盐类，pH值高	仍以SiO_2为主，Al_2O_3、Fe_2O_3次之，含碳酸钙及可溶盐类，含量随时间新老有所不同，时代较老，碳酸钙含量较高，反之，较低

续上表

土类名称 特征		黄土	黄土质土
成岩(固结)程度		一般固结较差,较松散,但时代老的黄土较坚硬,称为石质黄土	局部固结
成因		以风成为主,少量水成	主要是流水堆积
物理性质	孔隙度	孔隙度一般为50%以下,较高	孔隙度一般为40%以下
	湿陷性	湿陷性较显著	湿陷性较小或无湿陷性
	渗透性	较大,渗透系数一般在0.6~0.8m/昼夜,有时可高达1m/昼夜	渗透系数较小,有时实际上不渗水

根据黄土形成的地质年代不同,可将黄土分为砂黄土、新黄土、老黄土和红色黄土四类,见表2-3。

黄土按塑性图分类指标可划分为四类:粉质亚砂土、粉质轻亚粘土、粉质亚粘土和粉质重亚粘土,见表2-3。

黄土按地质年代和塑性图分类 表2-3

类别	地层时代		地层名称	塑性图分类指标		土名	符号
				w_L	I_p		
砂黄土	全新世	Q_4	次生黄土	0~22	4~7	粉质亚砂土	CLMY
新黄土	晚更新期	Q_3	马兰黄土	22~30	7~15	粉质轻亚粘土	CIMY
老黄土	中更新期	Q_2	高石黄土	30~43	14~25	粉质亚粘土	CIMY
红色黄土	早更新期	Q_1	午城黄土	43~50	>25	粉质重亚粘土	CIMR

二、黄土的湿陷性

黄土的湿陷性是指天然黄土在一定压力作用下,被水浸湿后土的结构受到破坏而发生突然下沉的现象。具有这种特性的黄土称为湿陷性黄土;不具有这种特性的称为非湿陷性黄土。湿陷性黄土往往在地面上形成碟形洼地或陷穴,常引起建筑物基础的变形而开裂,甚至造成倒塌。所以,黄土的湿陷性对建筑工程,特别是基础工程有着重要的影响。

湿陷性黄土通常分为两类:一是被水浸湿后在自重压力下发生湿陷的,称为自重湿陷性黄土;二是被水浸湿后在自重压力下不发生湿陷,而在附加压力作用下产生湿陷的,称为非自重湿陷性黄土。在公路工程中,对自重湿陷性黄土尤应加以注意。

三、黄土地区的防治处理工程

由于黄土结构疏松,具大孔隙、抗水性能差、易崩解、潜蚀、冲刷和湿陷等特性,使之在黄土地区的工程出现多种病害,如路堑边坡的剥落、冲刷、坍塌、滑坡;路堤和房屋建筑不均匀沉陷、变形开裂等。因此,在工程中必须采取相应的措施,以保证安全。

1. 边坡防护

(1) 捶面护坡。在西北黄土地区,为防止坡面剥落和冲刷,可用水泥、石灰、砂子、炉渣和粘土等材料，在黄土路堑边坡上捶面防护。这种方法适用于年降雨量稍大地区和坡率不陡于1∶0.5的边坡。防护层厚度为10～15cm，一般采用等厚截面；只有当边坡较高时，才采用上薄下厚截面，基础设有浆砌片石及四合土捶面护坡墙脚。

(2) 浆砌片石或干砌片石防护。因黄土路堑边坡普遍在坡脚1～3m高范围内发生严重冲刷和应力集中现象，因此这种防护常用于边坡下部。这种防护的效果较好，常被广泛采用，可用于路堑的任何较陡的边坡，当边坡不陡于1∶0.75时，为节省圬工，可采用空窗式护墙等措施。因黄土地区缺乏片石，故采用此法又有一定的困难。

2. 地基处理

在湿陷性黄土地区修建工程时，需做地基处理，用以改善土的力学性质，消除或减少地基因浸水而引起的湿陷变形，同时经过处理的地基，其承载力也有所提高。地基处理方法主要有以下几种：

(1) 重锤夯实表层。采用2～3t的重锤，一般能获得1.2～1.8m深的夯实土，在此层内土的干密度可达1.5g/cm^3，能消除地基直接持力层的湿陷性，效果较好，被广泛采用。

(2) 土垫层或灰土垫层。土垫层适用于处理稍湿的地基，当含水量过大时，宜将湿土挖出，晾干至接近土的最佳含水量，然后再分层压密夯实。土垫层的干密度 $\rho_d < 1.6g/cm^3$。灰土层的设置与土垫层相同，效果较土垫层更为显著。处理深度一般为1～3m，能消除地基直接持力层的湿陷性，减小或消除地基湿陷变形；增强地基的防水效果，减少土垫层下未处理土层的浸水机会。

(3) 土桩深层加密。适用于消除5～15m深度内地基土的湿陷性。桩孔可用打桩方法取得，然后在桩孔内以最佳含水量的土料分层夯填。

(4) 硅化加固。适用于加固地下水位以上渗透系数 $K=0.1\sim2.0$m/d范围内湿陷性黄土地基。加固后的地基不透水，可从根本上消除湿陷性。但这种方法费用昂贵，一般只用于小范围内的加固处理。

3. 排水

由于黄土的抗水性能差，故在黄土地区修筑公路和其它建筑物时，必须重视排水设施，使水流畅通无阻。同时，对天沟、吊沟和侧沟以及冲刷较大的部位的沟底铺砌加固，防止水流渗漏，以免使排水系统遭到破坏，这是保证建筑物稳定的重要措施之一。

第三节　膨　胀　土

膨胀土也叫胀缩土，有的地区称为“裂隙粘土”，它是一种亲水性很强的高塑性粘土。当土受水浸湿时，体积发生显著膨胀，干缩失水则明显收缩，故称为膨胀土。

这类土，干时土质坚硬，易脆裂，具有明显的垂直和水平裂隙，裂隙面开张较光滑，随深度的增加其数量和开张宽度逐渐减小以至消失；土浸湿后，裂隙回缩变窄或闭合，故又称为“裂隙粘土”。

在公路工程中常遇到的裂隙粘土多为第三系上新统(N_2)和第四系上更新统(Q_3)、中更新统(Q_2)的地层(一般每一统层的厚度为数米)。从广泛意义上说，它还包括老第三系(E)以及白垩系、侏罗系红土层中的多裂隙粘土岩。

裂隙粘土对建筑物的危害很大，因一般外观上强度较高、压缩性小，易被误认为较好的天然地基，可是当受水浸湿或失水干燥时，则产生体积变形，导致基础破坏，严重影响建筑物的稳定性。

关于粘性土的膨胀性和收缩性指标的测定，请参阅《公路土工试验规程》有关内容。

一、裂隙粘土的主要特征

此处所谓的裂隙粘土，不仅是指一般的膨胀土，即高塑性粘土，而且还泛指中生代以来的粘土岩，其主要特征如下：

1. 裂隙发育

主要为成岩裂隙和构造裂隙：成岩裂隙垂直居多，裂面粗糙，为沉积后体积变化和温度变化等所引起内应力作用而产生的；构造裂隙多为斜交（一般为70°），裂面光滑具擦痕，为地壳发展过程中受构造力的影响而形成的。风化层中还具有杂乱无章的风化裂隙。土体被裂隙分割成柱状、板状和鳞片状等。裂隙间夹有软弱的充填物，故削弱了土体强度，易沿裂隙产生变形。

2. 峰值强度大而残余强度极小

因裂隙粘土多沉积于下更新世（Q_1）和第三纪（E—N），在漫长的地质年代中，在上覆地层的压力下处于超固结状态，卸荷后，土的抗剪强度和抗压强度均有衰减，经风化作用后，土块逐渐破碎，强度越发减小。

3. 干胀湿缩

裂隙粘土的矿物成分以伊利石为主，混有蒙脱石，而蒙脱石系膨胀性粘土矿物。土体失水收缩，吸水膨胀，遇水崩解或软化，抗冲刷性差。

二、裂隙粘土对工程的影响及危害

在裂隙粘土地区的路基，普遍发生路堑、路堤边坡变形，不论边坡高低，只要是新开挖的边坡，随时间的推移，几乎都要出现病害。其特点是：病害的规模不大，但地段长，工点数量多。

1. 路堑边坡变形

裂隙粘土的路堑稳定性比一般粘土差，开挖时经常是随挖随坍，即使挖成1∶3的缓坡，也不稳定。路堑边坡变形与破坏形式，可归纳为浅层滑坡和表土溜坍两类：

(1) 浅层滑坡。在裂隙粘土地段，由于土体内原已具有非连续性的裂隙，边坡开挖暴露后，破面的破坏日益扩张，雨水沿裂隙下渗，使裂隙面软化，土的抗剪强度降低，促使裂隙贯穿起来，于是形成沿裂隙面滑动的滑坡面。有时，加上土层本身不均匀，常夹有软弱层，如灰白和黄色含蒙脱石较多的粘土，更易形成滑坡。

滑坡的规模与当地工程地质条件有关。一般特点是：深度不大，平均厚度为1～2.5m居多，堑深3～9m的滑体平均厚度接近风化层深度，堑深增加，滑坡厚度亦将增加。滑面多，彼此穿插套迭，几个浅层滑坡最后可以纵横连成一大片滑坡群，滑坡面常从路基面或挡土墙上部剪出；滑坡顶部常出现几个滑坡面或滑弧，靠近坡面的第一滑弧形成后，又连续发展成一个远离线路中心的滑弧。

(2) 表土溜坍（简称土溜）。坡面受日照和雨水干湿循环的作用，土块日益破碎、膨胀软化，重量增加，致使沿下卧层溜坍。堑坡的土层虽同属裂隙粘土，因风化程度不同仍有差异。表土流坍一般发生在土质较差的局部地方，其深度和规模都不大，一般厚度约为0.7m左右，高3～5m，长为高的2～3倍，略呈三角形。土溜多发生在较陡的边坡上，土体沿坡面爬动，经常漫越墙顶，危害行车。

2. 路堤变形

路堤变形破坏形式归纳有下列五种：

(1) 坡脚坍滑。一般在水稻田地区，未做坡脚护道或排水沟，致使坡脚受水浸软，由下而上出现牵引式坍滑。

(2) 腰部溃爬。多发生在填土块大小不一的地段，雨季积水，泡软土体形成含水量较大的松软物，从路堤边坡腰部挤出。其变形速度缓慢，但向上发展能导致路堤不稳。

(3) 路肩错落滑坍。其发生原因是路堤上部填土不够密实，尤其是因机械碾压时，路堤外缘压不着，填土松散。有时含水量过大，使路基积水发生滑坍，严重的与腰部溃爬相连，使路肩错落而向路中心发展。

(4) 下沉。裂隙粘土干燥时坚硬，土块不易碾碎压密，一般碾压工具不易使填土达到要求的密实度，故一般沉陷量较大，给养护工作带来很大的困难。

(5) 纵裂。用干缩湿胀强烈的裂隙粘土做填料，路堤填筑不久，顶面即出现顺线路方向的长纵裂缝，一般离外缘 0.5m，宽度不等，若不及时处理，雨水下渗时，将影响路堤的稳定性。

形成以上路堤病害的因素是多方面的，其中以裂隙粘土直接作填料为重要因素。因裂隙粘土具有种种特性，施工时不易掌握夯填的含水量，以致不易在到最佳夯填密度，由于粘粒含量高，不易排水疏干等，因此，不是理想的填料。

三、裂隙粘土病害的防治措施

裂隙粘土病害的防治，应根据土质的特征，采取相应的措施。如对挖方边坡应尽早把坡面封闭，出现病害时不要单纯清方，因清方再次暴露新鲜面，会重新出现病害。病害开始发生时，如能及时采取措施，是容易治理的，往往早修些小型防护和排水工程，就可以防止大病害的产生。在实践中，对裂隙粘土病害的防治措施总结出三宜三不宜：即“宜早不宜迟，宜挡不宜清，宜排不宜堵。”其具体措施有以下几个方面：

1. 路堑和房建方面

(1) 做好排水。路堑边坡或切坡修建房屋时，应及早封闭，做好排水工程，做到排水畅通。施工时，注意工程用水和雨水的排泄，减小对基坑浸泡的时间。

(2) 支挡防护。对不高的边坡，采用轻型防护，如方格骨架护坡、草皮护坡等效果较好；对较高边坡，宜挡护结合或分级挡护，以减少坡面的暴露风化和雨水冲刷。

(3) 改良土壤。用重塑土反压路堑坡脚，整治流坍和浅层滑坡，效果良好，但土方量较大，其断面设计见图 2-5。有的用 10%～30% 的砂、碎石屑与裂隙粘土拌和，回填在边坡上，夯填密实，厚约 0.5m。这样可以使表层土不致风化干裂，并保持下部土层的天然湿度，效果也较好。

(4) 增大基础埋置深度。以裂隙粘土作地基修建房屋时，基础应适当埋深，其作用是：相应地减小裂隙粘土的厚度；增大基础底面以上土的自重；加大基础侧面与土的摩擦力；增大至基底的渗透距离和改变蒸发条件；致使地温和湿度的变化较为稳定。此外，在室外墙脚处加宽水泥散水坡，也是一种常用的措施。这样可以在基底附近一定范围内减少土体湿度的变化。

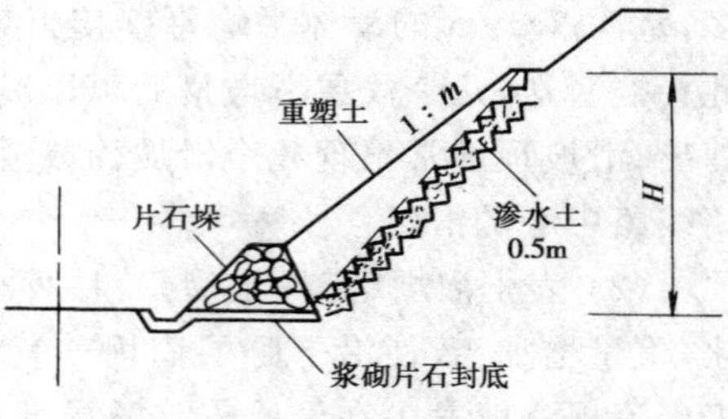

图 2-5　重塑土反压与坡脚支挡示意图

2. 路堤方面

(1) 做好路堤排水。因裂隙粘土透水性差，为保持路堤的干燥，一般采用支撑渗沟排水，间距以 8～10m 为宜，以防止堤身滑动。

(2) 坡面防护。采用土质改良(裂隙粘土中拌合一定量的砂、砾石填铺在坡面上)或种植灌木、草子,以植物根系作用加固坡面,防止坡面冲刷。

(3) 设置坡脚支挡建筑物。如在下部做反压护道,以增加稳定性。

(4) 加宽路基、预留沉落量。以裂隙粘土作填料的路堤,都要产生不同程度的下沉,有的还很严重,所以应加宽路基,预留沉落量,以保证路堤宽度。

(5) 裂隙粘土地区的路桥工程,填料问题应引起足够重视,一般应注意下列事项:

①经过耕种或经过流水搬运的裂隙粘土,较原地的土要好;地表经过风化的土有较深部未经风化的土好,以利碾碎压密。

②膨胀性低的土较膨胀性高的土好,若用高膨胀性土作填料,可能引起挤出或滑坡等病害,应避免使用。

③桥头和涵洞顶填土,应选用河床粗颗粒土或经流水搬运的土填筑,以避免下沉等病害。

3. 土基(基床、基层)方面

(1) 路堤土基范围内,必须选用不小于 1.2m 厚的非裂隙粘土或 0.6m 左右的渗水材料填筑,以防止翻浆冒泥。

(2) 路堑土基一般采取换填措施,换填材料最好是采用渗水材料,换填厚度 0.6m 左右。在换填渗水土时,将开挖面做成向线路一侧或两侧坡度为 2%~4%的排水坡并相应加深侧沟以利排水。

不论路堤或路堑,如经试验有效,也可采用沥青、水泥、石灰及工业废渣等材料加固基床。

第四节　盐　渍　土

盐渍土是指在地表土层 1m 厚度内,易溶盐的平均含量>0.5%,使之盐渍化了的土。盐渍土在我国的分布较广,如江苏北部、渤海沿岸、松辽平原、河南、山西、内蒙、甘肃、青海、新疆等地均有所分布。

盐渍土中的易溶盐含量随含水量及存在的状态不同而变化。有的以固态结晶状态分布于土粒之间,有的则以液态溶液存在于土的孔隙之中,而且随外界条件的变化,固—液态可以相互转化。这种转化以及易溶盐的性质都直接影响着土的物理力学性质。因此,在盐渍土地区布设路线,应充分认识盐渍土对公路工程的危害性,以便采取一些必要的措施保证路基的安全与稳定。

一、盐渍土的形成与季节变化

1. 盐渍土的形成

盐渍土的形成过程是:矿化度比较高的地下水,沿着土层中毛细孔隙上升到地表或接近地表,经蒸发作用后,水中盐分凝析出来,聚集于地表或地表下不深的土层之中而形成盐渍土。从这一形成规律可知,必须具备三个基本因素:①地下水的矿化度高,才有充分易溶盐的来源。②地下水位较高,毛细作用能达到地表或接近地表,水分才有被蒸发的可能。地下水能通过土层蒸发而形成盐的深度,称为临界深度。地下水埋深大于临界深度时,就不易于形成盐渍土。临界深度的大小决定于土的毛细上升高度和蒸发强度。③气候比较干旱,一般年降雨量小于蒸发量的地区,易形成盐渍土。

由于盐渍土的形成受到上述因素的影响,故在分布上也有一定的地域性,一般多分布在地势较低，地下水位较高的地段。在不同地域内所形成的盐渍土，其性质也是不同的。按地域条件可以把我国盐渍土的形成分为：

(1) 海滨盐渍土的形成。沿海一带受海水的盐渍或海岸退移，经过蒸发，盐分残留于地面而形成。易溶盐中氯离子同硫酸根离子含量之比值，即 Cl^-/SO_4^{2-} 较内陆型盐渍土的大。沿海地区气候比较湿润，降水量大，这对该地区盐渍土的稳定性影响很大，其分布也没有内陆盐渍土广泛。

(2) 冲积平原盐渍土的形成。主要是由于河床淤积抬高、修建水库等使沿岸地下水升高，同时沿岸地下水往往为河水补给，造成沿岸地区的土盐渍化。灌溉渠的水流渗漏，引起沿渠地下水上升，也能导致表土盐渍化。在冲积平原地区，表土盐渍化的类型和盐渍化程度相差较悬殊。

(3) 内陆盐渍土的形成。多分布于干旱和半干旱地区，年蒸发量大于降水量，地势低洼，地下水埋藏浅、排泄不畅、矿化度高的地区，如我国的内陆地区：内蒙、甘肃、青海柴达木盆地、新疆塔里木盆地和哈密盆地等地。在内陆盆地，易溶盐从高处由径流或地下水带向低处，其分布规律受地形及水文地质条件的影响，盐渍化的性质和程度，也有盆地边缘向中心变化。如青海柴达木盆地的昆仑山前冲积——洪积扇至察尔汗盐湖之间的广大地区分布着各类盐渍土。察尔汗盐湖蒸发结晶厚度达 20m 以上的盐岩，其外围便是氯盐渍土，向昆仑山方向逐渐过渡为硫酸盐渍土和碳酸盐渍土，以及它们之间的过渡类型，如图 2-6 所示。

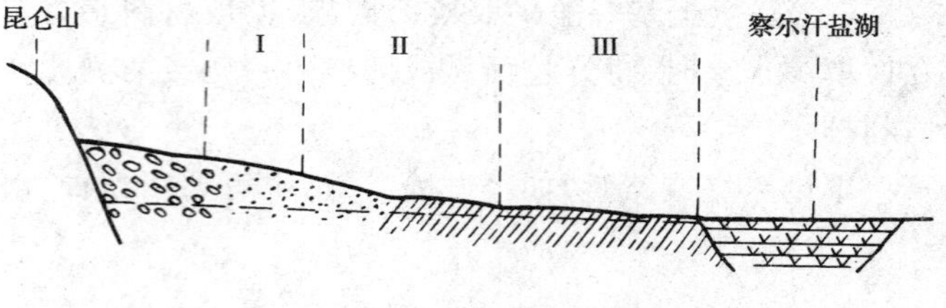

图 2-6　察尔汗盐湖南岸盐渍土分布地段示意图

I-碳酸盐渍土为主；II-硫酸盐渍土为主；III-氯盐渍土为主

2. 盐渍土中盐分的季节变化

盐渍土中的盐分随着季节、气候和水文条件的不同而发生变化。干旱季节降雨少，蒸发量大，盐分向地表大量积聚，表土含盐量增多。雨季淋溶作用加强，地表一部分盐分被淋溶下渗，表土中的盐分减少。

二、盐渍土的分类及基本特性

1. 按形成条件分类

(1) 盐土。以含有氯盐及硫酸盐为主的盐渍土称为盐土。盐土通常是在地下水位高的低洼地内，盐分沿毛细孔隙上升，经蒸发而聚集于土的表层。在海滨被海水浸渍的地段也可形成盐土，在草原和荒漠中的洼地内，被地表水汇入洼地的盐分，经蒸发也能形成盐土。干旱季节，盐土表面常有白色盐霜或盐壳出现。

(2) 碱土。碱土的特点是表土层中含有较多的碳酸钠和重碳酸钠，不含或仅含微量的其它易溶盐类，其粘土胶体部分为吸附性钠离子所饱和。在深度 40～60m 的土层内含易溶盐氯化钠和硫酸钠最大，同时也聚集有碳酸钙和石膏。碱土可由盐土因地下水降低而形成，或由地表水渗入土中，水蒸发时形成。

(3) 胶碱土（龟裂粘土）。是荒漠或半荒漠低洼处所特有的土，大部分是粘性土或粉性土，表面光滑，不长植物；干燥时非常坚硬，常干裂成多角形。潮湿时立即膨胀，裂缝挤紧，成为不透水层，非常泥泞。这种土含易溶盐较少，因表层土中含有吸附离子和大量的粘土胶粒，故其亲水性很强。

2. 按含盐性质分类

盐渍土中常见的易溶盐主要是氯盐，其次是硫酸盐，少量是碳酸盐。故这种分类根据氯离子同硫酸根离子含量之比(Cl^-/SO_4^{2-})，以及碳酸根离子与碳酸氢根离子含量之和同氯离子与硫酸根离子含量之和的比值($(CO_3^{2-}+HCO_3^-)/(Cl^-+SO_4^{2-})$)，将盐渍土分为五种，见表2-4。

盐渍土分类及盐渍土容许含盐量 表2-4

盐渍土名称	$\frac{Cl^-}{SO_4^{2-}}$	$\frac{CO_3^{2-}+HCO_3^-}{Cl^-+SO_4^{2-}}$	容许含盐量(%)
氯盐渍土	2	—	5～8(一般为5%，如加大夯实密度，可提高其盐量，但最高不超过8%)
亚氯盐渍土	2～1	—	5(其中硫酸盐含量不超过2%)
亚硫酸盐渍土	1～0.3	—	5(其中硫酸盐含量不超过2%)
硫酸盐渍土	<0.3	—	2.5(其中硫酸盐含量不超过2%)
碱性盐渍土	—	>0.3	2(其中易溶的碳酸盐含量不得超过0.5)

3. 按含盐程度分类

此种分类是按盐渍土中含盐的百分数、含盐性质和修筑路基的可用性分类，见表2-5。

盐渍土按含量的分类 表2-5

盐渍土名称	被利用土层的平均含盐量(重量%)			修筑路基的可能性
	氯盐渍土及亚氯盐渍土	硫酸盐渍土及亚硫酸盐渍土	碱性盐渍土	
弱盐渍土	0.5～1	—	—	可用
中盐渍土	1～5 (1)	0.5～2 (1)	0.5～1 (2)	可用
强盐渍土	5～8 (1)	2～5 (1)	1～2 (2)	可用，但应采取措施
超盐渍土	>8	>5		不可用

注：(1) 其中硫酸盐含量不超过2%方可用；

(2) 其中易溶碳酸盐含量≤0.5%方可用。

4. 盐渍土的基本特性

盐渍土的基本特性，因其土中所含易溶盐的性质不同而异。土中常见的易溶盐类主要有三种：

(1) 氯盐($NaCl$、KCl、$CaCl_2$、$MgCl_2$)。氯盐渍土具有很大的溶解度和吸湿性，且蒸发性弱，能使土中保持一定量的水分，促使土粒有较好的胶结，其强度反较一般土高。在干旱地区(如柴达木盆地)用氯盐渍土填筑路堤，易于夯实；但因具吸湿性，在潮湿的雨季，土体过分饱水而易产生路基翻浆冒泥的病害。

(2) 硫酸盐($NaSO_4$、$MgSO_4$)。没有吸湿性，只在结晶时吸收一定数量的水分，体积增大，如$NaSO_4 10H_2O$(芒硝)，但在32.4℃以上为无水芒硝，体积缩小。硫酸盐渍土受季节和昼夜温度变化，引起硫酸盐吸水结晶，脱水溶解，而使体积发生变化，导致土体结构的破坏，变得十分松散。这种松散作用只发生在地表0.3m厚的土层中，如果用>2%的硫酸盐渍土作路堤填料时，则松胀现象特别显著，因而引起路肩及边坡土体变松，易被雨水冲走或被风吹蚀；路基会发生季节性的胀隆和缩陷，造成路堤不稳，增大养护工作量。

(3) 碳酸盐(Na_2CO_3、$NaHCO_3$)。碳酸盐能增加粘性土的塑性和粘性。水溶液有很大的碱性反应,吸水性大,渗透系数小,因而膨胀作用非常突出。若土中碳酸盐含量>0.5%时,则土的隆胀量更为显著,隆胀的深度可达1~3m。路堤土体隆胀,造成路面凹凸不平。碳酸盐遇水溶解后,使土的密度削减,又将产生下沉现象。

三、盐渍土对工程的影响

1. 盐渍土对路基工程的影响

正如上述,盐渍土的工程性质随易溶盐的种类和含盐量的大小而变化。盐分对土的作用,既有有利的方面,也有不利的方面。在干旱方面,氯盐的吸湿、保湿及胶结等作用常常有利于路基的稳定,路基在潮湿状态下,由于易溶盐的存在及其状态的转变(结晶与溶解的相互转化),能使路基土的密度减小,并较快地丧失其稳定性,造成道路泥泞,甚至坍陷,也能使翻浆更严重。当含有硫酸盐类时,对路基可产生有害的松胀作用,土体十分疏松,强度降低,失去稳定性。盐渍土的碱化作用,可使土膨胀性增加,破坏路面的平整。

2. 盐渍土对建筑材料的影响

(1) 当盐渍土中氯盐含量在3%~5%以下,硫酸盐含量在2%以下时,一般对沥青材料的稳定性无有害的影响。当含盐量超过上述数值时,随着含量的增加则延展度普遍下降,但对针入度和软化点的指标影响不大。

土中Na_2CO_3和$NaHCO_3$能使土的亲水性增加,并使土与沥青相互作用形成溶盐,使沥青材料发生乳化。

(2) 盐渍土中氯盐的总含量在2%~3%以下时,能加速水泥硬化、降低冰点,对于混凝土与水泥加固土的强度是有利的。

(3) 硫酸盐的含量超过1%和氯盐含量超过4%时,就会对水泥产生腐蚀作用。尤以硫酸盐结晶水化物的影响最大,会造成水泥加固的土、砂浆、混凝土疏松、剥落、掉皮等侵蚀现象。

(4) 盐渍土中的各种易溶盐对砖、钢铁、橡胶等材料均有不同的腐蚀性。对木材、竹材、花岗岩等材料的腐蚀性很轻微。因此,在盐渍土地区修建工程,应加强防腐蚀的措施。

四、盐渍土地区的工程处治措施

根据盐渍土的性质及对路基工程的影响,一般常采用的措施有以下几种:

1. 控制填料的含盐量

在盐渍土地区,就地取土作填料,为了达到设计的填土密度,含盐量应控制在一定的指标内。不同盐渍土的容许含量不同,其具体数值见表2-4。如当地无其它适宜的填料,必须用含盐量大的土作填料时,可根据当地的自然条件,通过试验,采取相应措施,则路基填料的容许含盐量也可不受表2-4的限制。

含盐量大的土层,一般均分布于地表数十厘米范围内,故当取土坑和路基基底的地表含盐量超过表2-4的标准时,可填筑前先要铲除。

2. 隔断毛细水

如当地的填料来源困难,不易采用提高路堤方法解决时,则采用隔断毛细水的措施。隔断毛细水的方法有两种:

(1) 渗水土隔断法。一般选用渗水性强的粗大颗粒材料,如卵石(碎石)土、砂石土或粗砂土等,铺在路堤底部或腰部。隔断土层的厚薄,视该材料的毛细水上升高度而定,一般稍高于该高度即可，见路堤设计断面图 2-7。

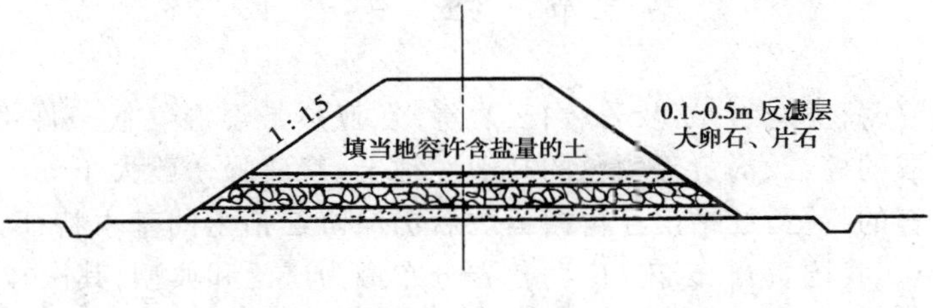

图 2-7　用大颗粒(卵石)、片石作隔断层

(2) 石灰沥青膏隔断法。用沥青、石灰膏和水三种按比例拌和做成隔断层，厚约 2～5cm 即可。在缺乏透水材料的情况下，用此法效果良好，但在材料的配合比方面尚待进一步研究，且施工工艺复杂。

3. 控制路堤高度

在盐渍土地区，隔断层的材料不易取得时，可采取提高路堤高度的措施，使毛细水达不到基床。同时，还由于盐渍土地区的地下水位一般较高，路堤除了有再盐渍化的可能外，还有冻胀和翻浆的危害。为使路堤不受冻害和再盐渍化的影响，也应提高路堤高度。根据工程实践，控制路堤最小高度的计算式如下：

$$H = h_1 + h_2 + h_c + k \tag{2-3}$$

式中：H——最低路肩设计高程(m)；

h_1——冻前地下水位高程(m)；

h_2——毛细水强烈上升高度(m)；

h_c——临近冻结深度(m)；

k——安全值(一般为 0.5m)。

4. 降低地下水位和排水

如地形有利于排水，宜在路基旁侧设置降低地下水位的排水沟，将水引排至路基范围以外，使路基以下的地下水位降低。这样，可适当压低路堤高度，减少填方工程数量。但应摸清地下水活动规律，正确地进行设计。

地面排水系统可与降低地下水位的排水系统合并设置。但如地表径流大，则宜分开布设，以免冲毁降低地下水的排水沟，影响路基的稳定。

5. 防松胀与溶蚀

硫酸盐渍土有松胀性，虽然填料的硫酸盐含量不容许超过 2%，而在毛细水能达到的高度范围内，路堤边坡仍会次生盐渍化，使表层发生松胀，故应设置护道，见图 2-8。当路堤高出毛细水上升高度甚多时，可在毛细水上升高度处的边坡两侧各修筑 0.5m 宽的护道。另外还可采用加宽路肩，每侧不小于 0.2m；或用卵石平铺路堤边坡。

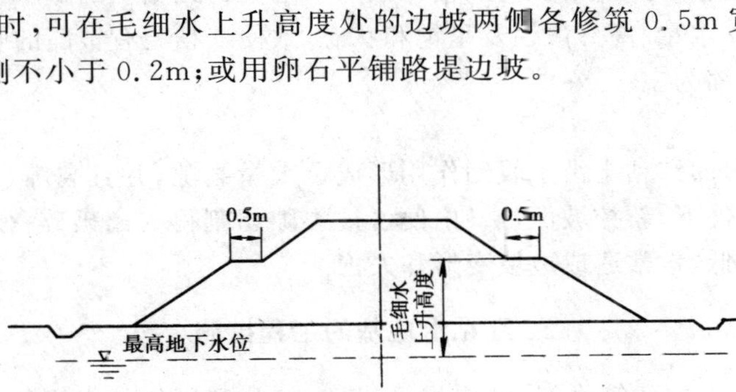

图 2-8　设置护道

第五节　红　粘　土

红粘土是指碳酸盐类岩石（石灰岩、白云岩等）在亚热带温湿气候条件下，经风化作用（又称红土化作用）形成的棕红、褐黄等颜色的高塑性粘土，其液限一般大于50%，具有表面收缩、上硬下软、裂隙发育的特征，红粘土经再搬运之后仍保留红粘土的基本特征，液限大于45%的土称为次生红粘土。我国贵州、云南、广西各省分布最为广泛和典型，其次在安徽、川东、粤北、鄂西和湘西也有分布。

一、红粘土的工程地质特征

1. 红粘土的主要物理力学性质指标（见表2-6）

红粘土的主要物理力学性质指标　　表2-6

指标	粘粒含量(%)		天然含水量 w (%)	天然容重 γ (kN/m³)	饱和度 S_r (%)	孔隙比 e	液限 w_L (%)	塑限 w_p (%)	塑性指数 I_p	液性指数 I_L	相对密度 D_r	三轴剪切		压缩系数 a_{1-2} (MPa^{-1})	压缩模量 E_s (MPa)	变形模量 E (MPa)
	粒径(mm) 0.005～0.002	粒径(mm) ≤0.002										内摩擦角 φ(°)	粘聚力 c (kPa)			
一般值	10～20	40～70	30～60	165～185	88～96	1.1～1.7	50～100	25～55	25～50	−0.1～0.6	2.76～2.90	0～3	50～160	0.1～0.4	6.0～16.0	10.0～30.0

从表2-6中的数值可以看出红粘土处于饱和状态。天然含水量与塑限很接近，液性指数较小。因为红粘土的含水量虽高，但仍处于硬塑或坚硬状态，孔隙比虽然大于1.0，但红粘土矿物成分主要为高岭石、伊利石和绿泥石，它们具有稳定的团粒结构，具有较强的粘结力。因此，一般情况下，红粘土具有良好的力学性能。

2. 红粘土的厚度变化特征及由硬变软现象

红粘土厚度变化与所处的地貌、基岩的岩性以及岩溶发育程度有关。比如，分布在盆地或洼地时，其厚度变化大体是边缘较薄，向中间逐渐增厚；在厚层及中厚层石灰岩、白云岩分布区，由于岩体表部岩溶化强烈，岩面起伏大，导致红粘土厚薄不一；在泥灰岩、薄层灰岩分布区，岩面稍微平整，土层厚度相对变化较小；当下伏基层的溶沟、溶槽、石芽等较发育时，上覆红粘土厚度变化极大，常有咫尺之隔，竟相差10m之多。红粘土地层从地表向下是由硬变软。相应地，土的强度逐渐降低，压缩性逐渐增大。

3. 红粘土的胀缩性

由于红粘土的矿物成分亲水性不强，使得天然状态下的红粘上的膨胀量很小。另外，红粘土具有高孔隙比、高含水量、高分散性及呈饱和状态，致使红粘土有很高的收缩量。因此，红粘土的胀缩性表现为收缩为主。

4. 红粘土裂缝性

呈坚硬、硬塑状态的红粘土由于收缩作用形成了大量裂隙，并且裂隙（的发育和发展速度极快。在干旱气候条件下，新挖坡面数日内便可被裂隙切割得支离破碎，使地面水容易侵入，导致土的抗剪强度降低，常常造成边坡变形和失稳。

二、红粘土地基的工程措施

1. 在红粘土地基上的建筑物，基础应尽量浅埋，充分利用红粘土表层的较硬上层作为地基持力层，还可保持基底下相对较厚的硬土层，以满足下卧层承载力要求。

2. 不均匀地基是丘陵山地中红粘土地基普遍的情况，对不均匀地基应优先考虑地基处理。对石芽零星出露的地段，最简便有效的办法是打掉一定厚度的石芽，铺以一定厚度的褥垫材料。理想的褥垫材料应具有压缩性，在应力集中、基底压力较大时，可产生压缩变形，同时还应具有可靠的水稳定性。在众多材料中，炉渣、中细砂经常被采用。

对基底下有一定厚度，但其变化较大的红粘土地基，通常是挖除土层较厚端的部分土，把基底做成阶梯状。如遇到挖除一定厚度土层后，下部的可塑性接近基底，导致地基承载力和变形满足不了工程设计要求。此时，可在挖除后，用低压缩性土料作置换处理。

3. 由于红粘土地区下卧基岩岩溶现象发育，因此，在红粘土中可能有土洞存在，土洞一般具有顶板弱、发展快的特点，容易发展成地表塌陷，严重危及建筑物场地和地基的稳定性。因此，对土洞以及土洞塌陷的预测是十分重要的，并且对查明的土洞及塌陷均进行处理。

4. 红粘土中的网状裂隙，使土体整体性遭受破坏，大大削弱了土体的强度。因此，在进行地基基础设计时，土的抗剪强度及地基承载力都应作相应的折减。此外，分布于红粘土中的深长裂隙对工程危害也很大，进行工程布置时应避开。

第六节　沙　漠　土

沙漠指地表大面积为风积的疏松沙所覆盖的荒漠地区；沙地指地表大面积为风积的疏松沙所覆盖的草原地区。在不需要区分沙漠与沙地时则统称为沙漠。大部分沙漠的沙是由冲积物、湖积物或洪积物等受风力吹扬作用而形成。干旱的气候是形成沙漠的主要原因，不合理的人为活动则可促进沙漠的形成。沙漠地区的共同特征是：气候干旱、日照强烈、温差悬殊、植被稀少、易溶盐多、风大沙多。在沙漠地区，风的作用特别活跃，特别突出。

全世界沙漠面积约占地球陆地面积的1/5。我国沙漠面积约有70万平方公里，分布于东经75°～125°和北纬35°～50°之间。我国主要的沙漠有：塔克拉玛干沙漠、古尔班通古特沙漠、巴丹吉林沙漠、腾格里沙漠、柴达木盆地沙漠、乌兰布和沙漠、库布齐沙漠、毛乌素沙地、小腾格里沙地、科尔沁沙地及河西走廊沙地。

一、风沙运动

风沙运动是指沙在风力作用下，吹扬、搬运和堆积的过程。研究风沙运动的规律，对于认识沙漠、防止公路沙害都是十分重要的。风沙运动通常分为风沙流与沙丘两种形式，它们是相互区别又相互联系的。下面分别介绍这两种风沙运动的规律和特点。

1. 风沙流

在沙漠地区，当风力吹经沙质地面时，将松散沙粒扬起，并带进运动的气流中随之前进，即形成风沙流。风沙流是风沙运动最基本的形式。

1）沙粒的运动

(1) 沙粒的起动。沙质地面上松散沙粒的起动过程，一般先是在风沙的冲击力作用下，产生迅速转动，脱离地表，然后在运动气流的上升力作用下，被卷入气流中。沙粒开始起动的风速称为临界风速，达到或超过临界风速的风，俗称起沙风。临界风速的大小与沙粒粒径、地表性质等多种因素有关。对于干燥裸露的沙质地面，根据野外观测，其临界风速的平均值，大致如表2-7所示。

沙粒粒径与起动风速的关系　　表 2-7

沙粒粒径(mm)	起 动 风 速（离地面 2m 高处量测，以 m/s 计）	沙粒粒径(mm)	起 动 风 速（离地面 2m 高处量测，以 m/s 计）
0.10～0.25	4.0	0.50～1.0	6.7
0.25～0.50	5.6	＞1.0	7.1

(2) 沙粒的运动形式。风沙流中沙粒的运动形式，依风力强弱、沙粒大小和质量的不同，可分为蠕移、跃移和悬移三种。最小的沙粒以接近悬移的状态运动；最大的沙粒在地面作蠕移运动；其它沙粒则以跃移方式运动。这三者的数量，以跃移为主，平均约占总输沙量的 78%；蠕移次之，约占 20%左右；悬移最少，一般不到 5%，甚至在 1%以下。故风沙流的强度，主要依赖于沙粒跃移运动的强度。

2) 风沙流结构

气流中搬运的沙量，在其搬运层内沿高度的分布情况，称为风沙流结构。风沙流中含沙量的垂直分布是随高度的增加而迅速递减的，如表 2-8 所示。风沙流中搬运的沙量，绝大部分是在离地面 30cm 的高度范围内通过的，其中又特别集中在贴近地面 0～10cm 的气流层内。风沙流结构的这一特点，是由沙粒的运动形式所决定的，它对于采用工程措施防沙是十分重要的。

风速为 9.8m/s 时的不同高度气流层内的含沙量(%)　　表 2-8

高度(cm)	0～12	10～20	20～30	30～40	40～50	50～60	60～70
含沙量(%)	79.32	12.30	4.79	1.50	0.95	0.74	0.40

3) 风沙流的强度

风沙流的强度一般以输沙率表示，输沙率是指风沙流在单位时间内通过单位宽度断面输送的沙的重量。输沙率随着起沙风风速的增大而迅速增加，与起沙风超过临界风速的差值的三次方呈正比。在其它条件相同的情况下，一定的风速有一定的输沙率。当风沙流达到相应的输沙率时，它即处于饱和状态，此时由沙地表面进入气流中的沙量和从气流中沉落的沙量近似相等，既不产生吹蚀，也不产生堆积；如超过相应的输沙率时，即处于过饱和状态，则产生堆积；如未达到相应的输沙率时，即处于未饱和状态，则有利于吹蚀。

2. 沙丘

1) 沙粒的沉积

风沙流由于风速变弱，遇到障碍、下垫面性质改变等原因，都会导致沙粒自气流中沉落而造成堆积。在遇到障碍时，气流受到阻滞，附面层发生分离，形成旋涡，近地面层的风速减小，输沙能力降低，使部分沙粒沉积在障碍物附近，形成沙堆。在疏松沙面上，沙粒跃移高度小，飞行距离短，近地面层的能量消耗大，输沙能力要比在坚硬的地面上小得多，因而，沙粒趋向于堆积在已被沙覆盖的地面上，而不大堆积在其附近的戈壁上。

沙堆形成以后，其本身就成为风沙流运动的障碍。随着沙丘尺寸的增长，气流在沙堆背风面附面层发生分离，形成具有水平层的旋涡，速度减弱，气流中央带的沙便在旋涡区内不断沉积，沙堆背风面的坡度随之逐渐变陡，如图 2-9 所示。当坡面达到沙的休止角以后，部分沙体受剪，引起塌落，出现了落沙坡，便形成雏形的新月形沙丘。落沙坡的出现，使沙丘的发展和风沙流运动进入新的阶段。随着沙丘的增高和落沙坡的扩大，雏形新月形沙丘逐渐发展成为新月形沙丘，见图 2-10。

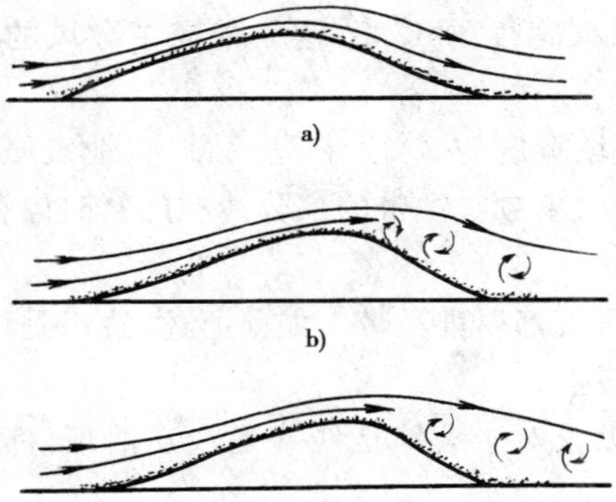

图 2-9　落沙坡的形成

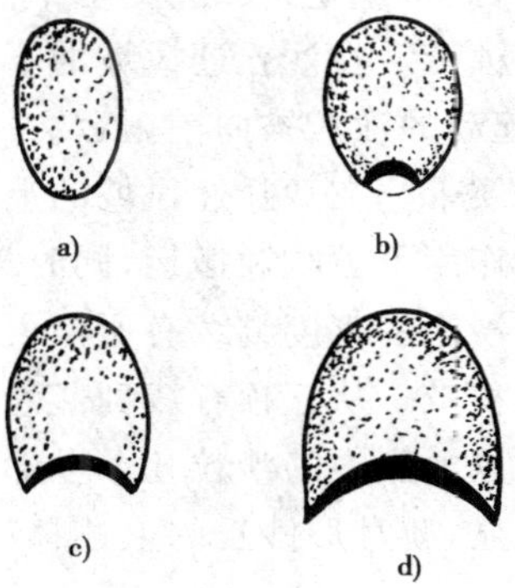

图 2-10　新月形沙丘的形成
a)盾状沙丘;b)雏形新月形沙丘;c)幼年新月形沙丘;d)新月形沙丘

2）沙丘的移动

沙丘是具有一定形态的沙粒集合体,沙丘的移动是在风力作用下沙粒运动的总合。沙丘沙的运动也是通过风沙流的形式,但不同形态的沙丘各有其特点。

(1) 新月形沙丘的移动。如前所述,典型的新月形沙丘迎风坡缓而长,背风坡(即落沙坡)陡而短,丘顶有明显的脊线。新月形沙丘这种剖面特点,使得地表的连续渐变在丘顶有一个突然的转折。越过沙丘的风不能沿地表平滑地通过,便在背风面形成风荫区。在风荫区内虽有旋涡气流,但它们的平均向前流速很低。风沙流中的沙粒流经风荫区时,几乎全部沉落在落沙坡上。通过落沙坡的不断堆积—塌落,整个新月形沙丘不断向前移动。据此,可粗略推求沙丘的移动速度,参考图 2-11。

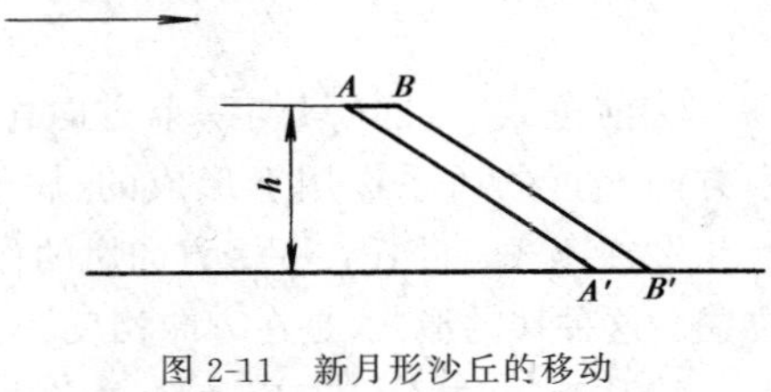

图 2-11　新月形沙丘的移动

设沙丘的高度为 h,单位时间内前移的距离 $AB=c$,沙的容重为 γ,通过脊线的输沙率为 Q,并假定全部输沙均沉落在落沙坡上。如在垂直沙丘剖面方向取单位宽度的一片沙丘,则 $AA'B'B$ 所代表的体积,应等于输沙率 Q 的体积,即:

$$AB \times h = \frac{Q}{\gamma} \tag{2-4}$$

或

$$c = \frac{Q}{\gamma h} \tag{2-5}$$

换句话说,沙丘前移速度与通过脊线的输沙率 Q 成正比,与落沙坡的高度 h 成反比。

(2) 新月形沙丘的移动分带。在成群分布的新月形沙丘地区,沙丘不同部位的风沙流运动具有明显的分带性,一般可分为四个带,如图 2-12 所示。

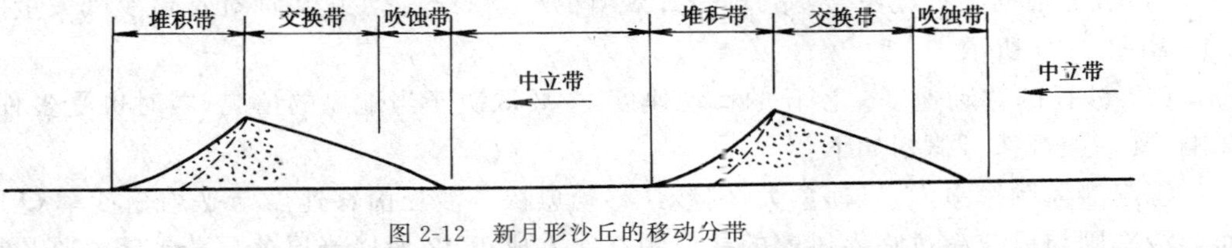

图 2-12　新月形沙丘的移动分带

①中立带。两个沙丘之间的空地为中立带。在这一带内,无论吹蚀作用或堆积作用都不能得到充分发展,故地表比较稳定。这一带的宽度主要取决于沙丘的高度和沙源的供应情况。

沙丘愈高,此带愈宽;反之,则变窄。沙的供应愈充分,此带愈窄;反之,则变宽。

②吹蚀带。在沙丘迎风坡的下部,约占迎风坡宽度的 1/3。这一带在主导风的作用下发生吹蚀,起动的沙粒被向前搬运。

③交换带。在沙丘迎风坡的上部,约占迎风坡宽度的 2/3。在这一带内,地表原有沙粒在主导风的作用下被吹蚀搬运,同时又接受风沙流中来自吹蚀带的部分沙粒的暂时停积,但总的趋势是风沙流的密度继续有所增大。

④堆积带。从丘顶脊线到落沙坡脚整个背风坡都属堆积带。如前所述,这里是风荫区,越过脊线的风沙流中的沙粒几乎全部沉落在落沙坡上。

很明显,新月形沙丘的上述移动分布规律,无论对于公路选线或是沙丘治理,都是十分重要的。

(3) 沙丘移动的基本形式。沙丘整体移动的形式取决于当地的风型,可归纳为以下几种(如图 2-13 所示):

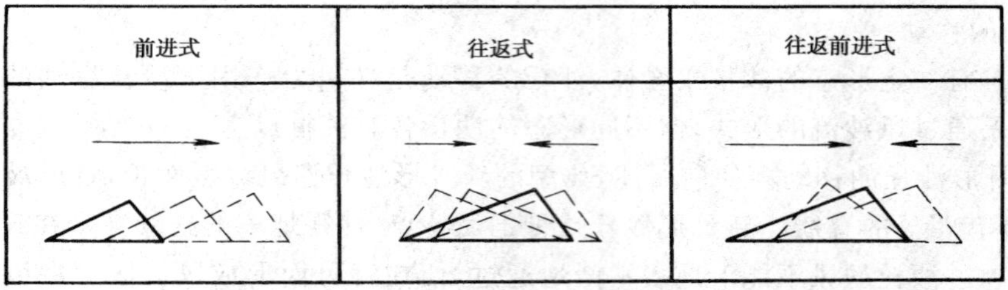

图 2-13　沙丘移动的基本形式

①前进式。沙丘只朝一个方向作前进移动,速度较快。这种移动形式,是在单一风向或几个方向相近的风系作用下形成的,属于信风型。

②往返式。沙丘在一个方向风的作用下移动若干距离,在相反方向风的作用下又回到原来的位置。这种移动形式,是在方向相反、风力和时间大致相等的风系作用下形成的,属于对流型。

③往返前进式。沙丘随风向变化有不同程度的往返运动,但总的趋势是向优势风向作较慢的前进移动。这种移动形式,一般是在冬季风和夏季风方向相反、风力不等的地区出现,属于季风型的常见情况。

④迂回式。无论对流型或季风型,因受局部地形的影响,气流发生干扰,使沙丘作迂回运动,前进速度很慢,或只在原地摆动,称为迂回式。

研究沙丘的移动形式,对于公路选线和沙丘治理,都是很重要的。

(4) 沙丘移动的总方向。沙丘移动的总方向是指全年(或某一个时期内)沙丘移动的总合方向。由于一个地区起沙风的方向和速度是随时间变化的,所以,沙丘的移动方向和速度也是随之不断变化的,欲求沙丘在一个时期内移动的总方向,就需求这个时期内起沙风总的合成方向。为此,可根据附近气象台(站)和野外观测的资料,绘制动力风向图或起沙风矢量图,如图 2-14 和图 2-15 所示。

(5) 沙丘的移动速度。沙丘的移动速度,主要取决于当地风的情况,同时也受多种因素的影响,其一般规律可概括如下:

①起沙风频率愈大、风速愈大,则沙丘移动愈快。沙丘前移速度与平均输沙率 Q 成正比,而输沙率则与风速超过临界风速的差值的三次方成正比,所以当风速显著地超过临界风速后,输沙率将急剧增加,而沙丘的移动速度将大大加快。

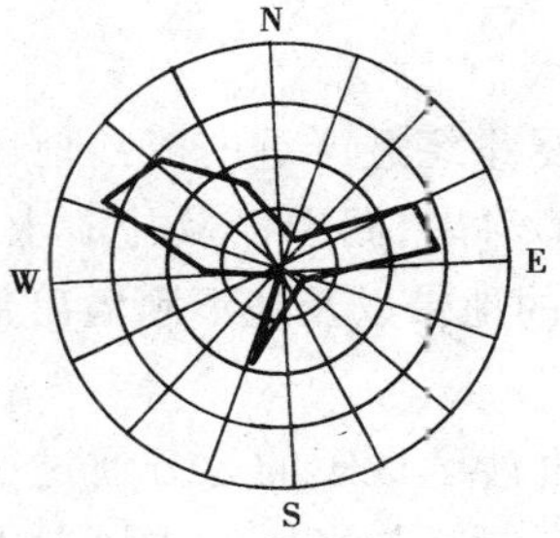

图 2-14　动力风向图示例

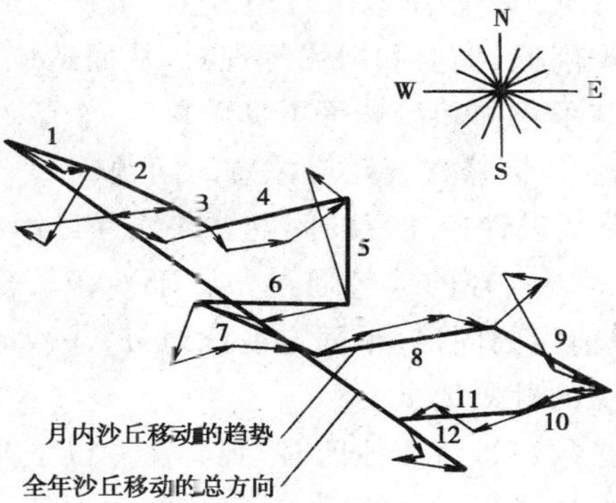

图 2-15　起沙风矢量图示例

②沙丘的移动速度与其高度成反比，沙丘前移速度 $c=\frac{Q}{\gamma h}$，或 $ch=\frac{Q}{\gamma}$，当 Q 和 γ 一定时，ch 应是个定值，换句话说，c 与 h 是成反比变化的。所以，在其他条件相同的情况下，沙丘较高，则移动较慢；沙丘较低，则移动较快。

③沙粒粗的沙丘移动慢，沙粒细的沙丘移动快。

④沙丘表层湿度大时，移动较慢，反之则移动较快。这是由于沙在湿润状况下，增加了粘滞性，加强了团聚作用，因而大大提高了起动风速。

⑤植被对沙丘移动的影响是非常明显的。裸露的沙丘移动快，有部分植被覆盖的沙丘移动慢，覆盖比较完全的沙丘可能稳定下来。植被影响沙丘移动的主要原因是由于增加了地面的粗糙度，从而削弱了近地面层风沙流的速度，使沙的吹蚀和搬运大大减少。

⑥下伏地貌也影响沙丘移动的速度。在平坦地面上，沙丘前进无阻碍，移动速度较快；地表崎岖不平，则限制沙丘移动的速度。

3）沙丘稳定性的分类

沙丘按其稳定程度，通常可分为以下三类：

(1) 固定沙丘。植被覆盖度在50%以上，或者有粘土结皮、盐结皮覆盖，沙丘表面风沙活动不显著。天然的固定沙丘多分布在湖、河的边缘以及流动沙丘的外围，并且一般呈冢状。

(2) 半固定沙丘。植被覆盖度在15%～50%，或者有部分粘土结皮、盐结皮覆盖，沙丘表面流沙呈斑点状分布，有显著的风沙活动。此类沙丘多分布在沙漠边缘地带，属于过渡类型，稍加治理，即可稳定。

(3) 流动沙丘。植被稀疏，覆盖度在15%以下，甚至完全裸露，沙丘表面风沙流活动极为显著。此类沙丘的活动性，需要根据沙丘地貌类型、移动的基本形式和影响其移动速度的诸因素作进一步的判断。

二、风沙与公路

1. 风沙对公路的危害

风沙对公路的危害，主要表现为沙埋与风蚀，其中又以沙埋为主。

(1) 沙埋。公路遭受沙埋可来自两种风沙运动：其一是在风沙流活动地区，由于路基的屏障作用，使风速减弱，导致沙粒的沉落、堆积，掩埋路基；其二是在流动沙丘地区，由于沙丘向前移动，掩埋路基。

(2) 风蚀。在沙漠地区,没有适当防护的路基及其两侧地面均可能遭受风蚀。路基遭受风蚀会出现削低、掏空和坍塌等现象,从而造成路基的宽度和高度不足。两侧地面遭受风蚀,将引起路基不稳固和沙埋等不良后果。

2. 风沙地区修建公路应注意的问题

(1) 路线设计应注意的问题。路线穿过沙漠地区时,宜尽量绕避严重的流沙地段,并尽可能选择在沙害较轻的地带通过。属于沙害较轻的地带有:①河岸、湖岸以及盐渍土分布的地带;②沙漠前沿的固定、半固定沙丘地带;③沙地下伏古河床的地带以及地下水溢出带;④大山或高地前缘的背风地带。

路线必须穿过流沙地区时,则应注意以下几点:①在经由沙区最短的地方通过;②在沙丘起伏不大的地段通过;③在沙丘间的中立地带通过;④路线走向宜与当地的主风向大致平行;⑤尽量少用曲线,特别不宜用小半径曲线;⑥必须设置曲线时,只宜用在路堤地段并将凸弧朝向主风向。

由于筑路材料与防护材料、工程用水与生活用水,对沙漠地区公路的施工和养护都十分重要,因此路线应尽量靠近材料产地和水源,以降低工程造价,并减少施工、养护的困难。

为防止积沙和便于清除积沙,路线纵断面设计应尽量避免不挖不填、低填、浅挖和深路堑,而宜于采用适当高度的路堤。

(2) 路基设计应注意的问题。为防治风沙危害,路基防护不仅应包括主体部分,还应包括路侧相当宽度的地带,因此需要有总体的规划与布置。

流沙地区的路基主体,无论路堤或路堑皆为疏松沙所组成,因此均需进行全面的固沙防护,以防止风蚀和保证路基的稳固。

植被固沙是防治沙害的根本措施。为防止破坏原有植被,引起新的沙源,路侧应设封沙育草带,禁止不合理的开垦、放牧与樵采。

为防治沙害,无论哪种情况,工程防护措施都是不可缺少的。在不宜采用植物固沙的地区,即为惟一措施;在采用植物固沙的地区,修路初期为防治沙害并为植物固沙创造条件,也是不可缺少的过渡性措施。公路常用的工程防护措施有固、阻、输、导四种类型,可单独使用,也可配合使用,应根据因地制宜、就地取材的原则加以选择。

思考题

1. 什么叫特殊土?常见的有哪些类型?
2. 什么叫软土?软土对工程建筑物有何危害性?软土地基上的路堤常采用哪些工程措施?
3. 怎样确定软土地基上路堤的极限高度?
4. 什么叫黄土的湿陷性?湿陷性黄土可分为哪两类?
5. 黄土地区常见的工程病害有哪些?通常采取哪些技术措施加以防范?
6. 什么叫膨胀土?具有哪些主要特征?
7. 简述裂隙粘土对道路工程的影响及危害。
8. 盐渍土形成所必须具备的条件有哪些?盐渍土对路基工程和建筑材料有何影响?
9. 盐渍土地区的工程建筑,一般常采用哪些措施治理?
10. 什么叫红粘土?具有哪些主要特征?
11. 红粘土地基的工程措施有哪些?
12. 沙丘移动的基本形式有哪些?风沙地区修建公路应注意哪些问题?

第三章 土的工程分类及野外鉴别

本章学习要点：

1. 认识和熟悉国内外通用的表示土类名称的文字代号；

2. 掌握常用规范(《公路桥涵地基与基础设计规范》和《公路土工试验规程》)关于土的分类方法；

3. 了解现场鉴别土的常用方法。

第一节 土的工程分类

土是自然地质历史的产物，它的成分、结构和性质千变万化，其工程性质也千差万别。为了能大致地判断土的基本性质，合理地选择研究内容及方法，以及在科学技术交流中有共同的语言，有必要对土进行科学的分类。

工程实践中需要的是适合于工程用途的土的工程分类，即按土的主要工程特性进行分类。土的工程分类的依据应是极简单的一些特征指标，这些指示的测定应是简便的。假如所依据的指标比直接测定土的有关工程性质复杂，这个分类就失去其价值。在土的工程分类中最常用的指标是粒度成分和反映塑性的指标。

根据工程用途不同，已提出了许多土的工程分类体系。例如，为了解决渗流问题，则按土的透水性进行分类，在考虑粒度成分界限值时，就注意到使粒组的划分能反映透水性的变化；又例如，在道路工程中，为了路基土压实和水稳性问题，则要按土的不同粒组的级配进行土的分类。

对于土质分类法，世界各国、各地区、各部门，根据自己的传统与经验，都有自己的分类标准。但总体看来，国内外对分类的依据，在总的体系上也在趋近于一致，各分类法的标准也都大同小异。一般原则是：①粗粒土按粒度成分及级配特征；②细粒土按塑性指数和液限，即塑性图法(将在后面作专题介绍)；③有机土和特殊土则分别单独各列为一类；④对定出的土名给以明确含义的文字符号，既可一目了然，还可为运用电子计算机检索土质试验资料提供条件。

因此，在介绍土的工程分类方法之前，应先认识和熟悉一下国内外已基本上在通用的、表示土类名称的文字代号，具体内容见表 3-1。

土的成分代号　　表 3-1

漂石：B 块石：B_a 卵石：Cb 小块石：Cb_a 砾：G 角砾：G_a	砂：S 粉土：M 粘土：C 细粒土(C 和 M 合称)：F (混合)土(粗、细粒土合称)：SI 有机质土：O	土的级配代号： 级配良好：W 级配不良：P 土液限高低代号： 高液限：H 低液限：L 特殊土代号：黄土：Y　红粘土：R 膨胀土：E　盐渍土：S_t

①土类名称可用一个基本代号表示。

②当由两个基本代号构成时，第一个代号表示土的主成分，第二个代号表示副成分(土的液限或土的级配)。例如：

GM　　粉土质砾

GP　　不良级配砾石

ML　　低液限粉土

③当由三个基本代号构成时，第一个代号表示土的主成分，第二个代号表示液限的高低(或级配的好坏)，第三个代号表示土中所含次要成分。例如：

GHC　　高液限含粘土砾

CLM　　粉质低液限粘土

一、《公路桥涵地基与基础设计规范》中土的分类

在这个分类中，把土作为建筑物场地和建筑地基进行分类。

首先按颗粒级配或塑性指数划分为碎石土、砂土和粘性土。各类土的划分标准如下：

1. 碎石土：粒径大于2mm的颗粒含量超过全重50%的土。再根据颗粒级配及形状按表3-2细分为漂石、块石、卵石、碎石、圆砾和角砾。

碎石土的分类　　表3-2

土的名称	颗粒形状	颗粒级配
漂石	圆形及亚圆形为主	粒径大于200mm的颗粒超过全重50%
块石	棱角形为主	
卵石	圆形及亚圆形为主	粒径大于20mm的颗粒超过全重50%
砾石	棱角形为主	
圆砾	圆形及亚圆形为主	粒径大于2mm的颗粒超过全重50%
角砾	棱角形为主	

注：定名时，应根据粒径分组由大到小，以最先符合者确定。

2. 砂土：粒径大于2mm的颗粒含量不超过全重50%，且塑性指数I_P不大于1的土。再根据颗粒级配按表3-3分为砾砂、粗砂、中砂、细砂和粉砂。

砂土的分类　　表3-3

土的名称	颗粒级配	土的名称	颗粒级配
砾砂	粒径大于2mm的颗粒占全重25%～50%	细砂	粒径大于0.1mm的颗粒超过全重75%
粗砂	粒径大于0.5mm的颗粒超过全重50%	粉砂	粒径大于0.1mm的颗粒不超过全重75%
中砂	粒径大于0.25mm的颗粒超过全重50%		

注：定名时，应根据粒径分组由大到小，以最先符合者确定。

3. 细粒土：塑性指数$I_P>1$的土。再根据塑性指数I_P值按表3-4细分为粘土、亚粘土和粉土。

另外，对于粘性土，按其沉积年代分为：

(1) 老粘性土：第四纪晚更新世(Q_3)以及Q_3以前的沉积粘性土。

(2) 一般粘性土：第四纪全新世(Q_4)(文化期以前)沉积的粘性土。

(3) 新近沉积粘性土：文化期以来沉积的粘性土。

细粒土分类　　表 3-4

土的名称	塑性指数 I_P 值	土的名称	塑性指数 I_P 值
粘土	$I_P>17$	粉土	$1<I_P\leqslant 10$
亚粘土	$10<I_P\leqslant 17$		

4. 人工填土：由于人类活动而形成的堆积物。根据物质组成、堆积方式又分为：

(1) 素填土：由碎石土、砂土、粘性土等组成的填土，经分层压实者统称为压实填土。

(2) 杂填土：含有建筑垃圾、工业废料、生活垃圾等杂物的填土。

(3) 冲填土：由水力冲填泥沙形成的填土。

二、《公路土工试验规程》中土的分类

《公路土工试验规程》(JTJ 051—93)根据土分类的一般原则，吸收国内外分类体系的优点，结合本系统在工程实践中所取得的试验研究成果，提出了土质统一分类的体系，如图 3-1 所示。该分类适用于公路工程用土的鉴别、定名和描述，以便对土的性能作定性评价。

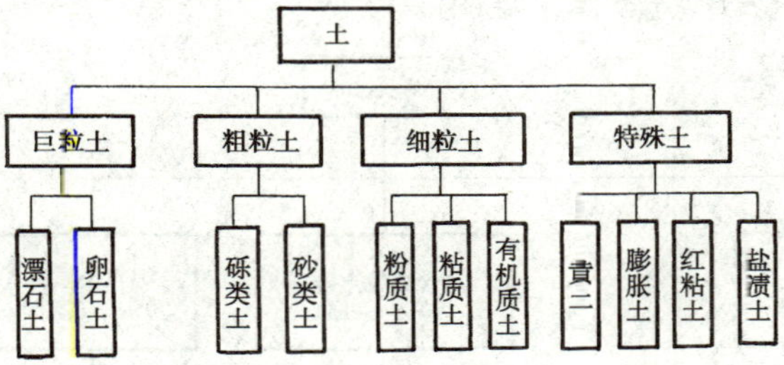

图 3-1　土分类总体系图

现将《规程》中的巨粒土、粗粒土和细粒土等的分类标准简介如下：

1. 巨粒土分类

试样中巨粒组质量多于总质量 50% 的土称巨粒土，分类体系见图 3-2。

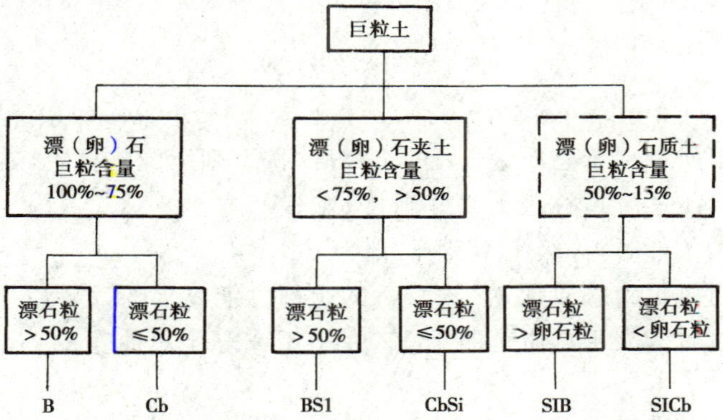

图 3-2　巨粒土分类体系

注：①巨粒土分类体系中的漂石换成块石，B 换成 B_a，即构成相应的块石分类体系。

②巨粒土分类体系中的卵石换成小块石，Cb 换成 Cb_a，即构成相应的小块石分类体系。

巨粒组质量多于总质量 75% 的土称漂(卵)石。

巨粒组质量为总质量 75%～50% 的土称漂(卵)石夹土。

巨粒组质量为总质量50%～15%的土称漂(卵)石质土。

巨粒组质量少于总质量15%的土,可扣除巨粒,按粗粒土或细粒土的相应规定分类定名。

漂(卵)石按下列规定定名:

漂石粒组质量多于总质量50%的土称漂石,记为B。

漂石粒组质量少于或等于总质量50%的土称卵石,记为Cb。

漂(卵)石夹土按下列规定定名:

漂石粒组质量多于总质量50%的土称漂石夹土,记为BSI。

漂石粒组质量少于或等于总质量50%的土称卵石夹土,记为CbSI。

漂(卵)石质土按下列规定定名:

漂石粒多于卵石粒的土称漂石质土,记为SIB。

漂石粒少于或等于卵石粒的土称卵石质土,记为SICb。

2. 粗粒土分类

试样中粗粒组质量多于总质量50%的土称粗粒土。

粗粒土中砾粒组质量多于总质量50%的土称砾类土,砾类土应根据其中细粒含量和类别以及粗粒组的级配进行分类,分类体系见图3-3。

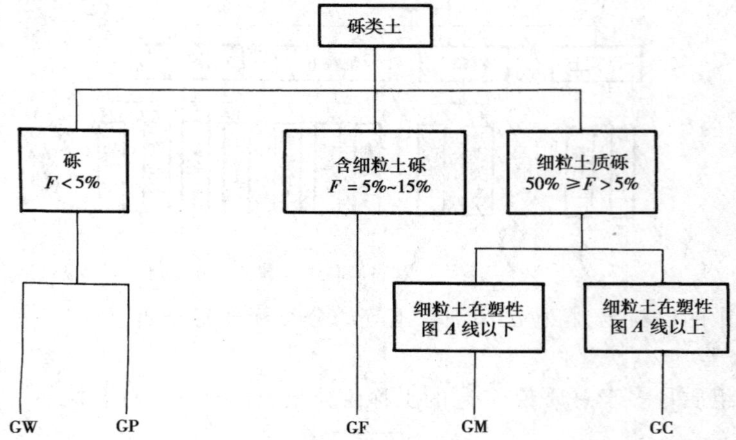

图3-3　砾类土分类体系

注:砾类土分类体系中的砾石换成角砾,G换成Ga,即构成相应的角砾土分类体系。

砾类土中细粒组质量少于总质量5%的土称砾,按下列级配指标定名:

①当$C_u \geqslant 5$,$C_c = 1 \sim 3$时,称级配良好砾,记为GW。

②不同时满足①条件时,称级配不良砾,记为GP。

砾类土中细粒组质量为总质量5%～15%的土称含细粒土砾,记为GF。

砾类土中细粒组质量大于总质量的15%,并小于或等于总质量的50%时,按细粒土在塑性图中的位置定名:

①当细粒土位于塑性图A线以下时,称粉土质砾,记为GM。

②当细粒土位于塑性图A线以上时,称粘土质砾,记为GC。

粗粒土中砾粒组质量小于或等于总质量50%的土称砂类土,砂类土应根据其中细粒含量和类别以及粗粒组的级配进行分类,分类体系见图3-4。

根据粒径分组由大到小,以首先符合者命名。

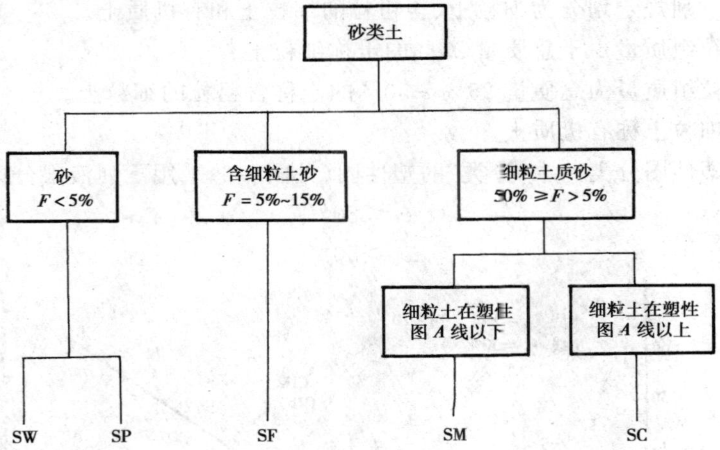

图 3-4　砂类土分类体系

需要时，砂可进一步细分为粗砂、中砂和细砂：

粗砂　粒径大于 0.5mm 颗粒多于总质量 50%；

中砂　粒径大于 0.25mm 颗粒多于总质量 50%；

细砂　粒径大于 0.074mm 颗粒多于总质量 75%。

砂类土中细粒组质量少于总质量 5%的土称砂，按下列级配指标定名：

①当 $C_u \geqslant 5$，$C_c = 1 \sim 3$ 时，称级配良好砂，记为 SW。

②不同时满足上一条件时，称级配不良砂，记为 SP。

砂类土中细粒组质量为总质量 5%～15%的土称含细粒土砂，记为 SF。

砂类土中细粒组质量大于总质量的 15%并小于或等于总质量的 50%时，按细粒土在塑性图中的位置定名：

①当细粒土位于塑性图 A 线以下时，称粉土质砂，记为 SM。

②当细粒土位于塑性图 A 线以上时，称粘土质砂，记为 SC。

3. 细粒土分类

试样中细粒组质量多于总质量 50%的土称细粒土，分类体系见图 3-5。

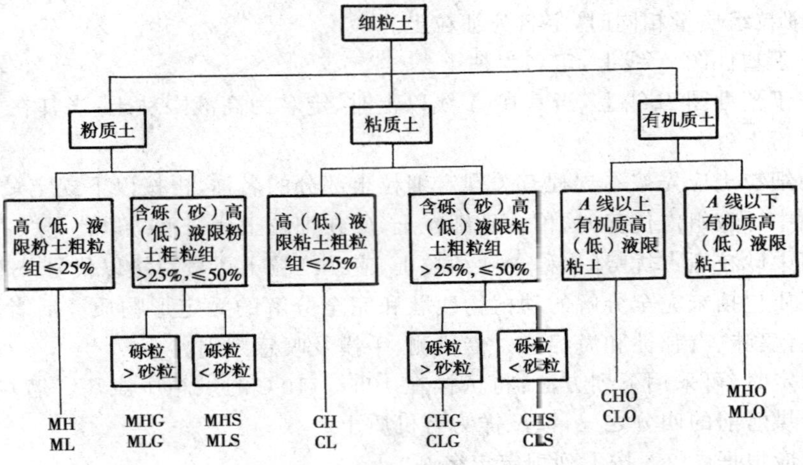

图 3-5　细粒土分类体系

细粒土应按下列规定划分为细粒土、含粗粒的细粒土和有机质土。

细粒土中粗粒组质量少于总质量25%的土称细粒土。

细粒土中粗粒组质量为总质量25%～50%的土称含粗粒的细粒土。

含有机质的细粒土称有机质土。

细粒土应按塑性图分类。本“分类”的塑性图(见图3-6)采用下列液限分区：

低液限 $w_L < 50\%$

高液限 $w_L \geq 50\%$

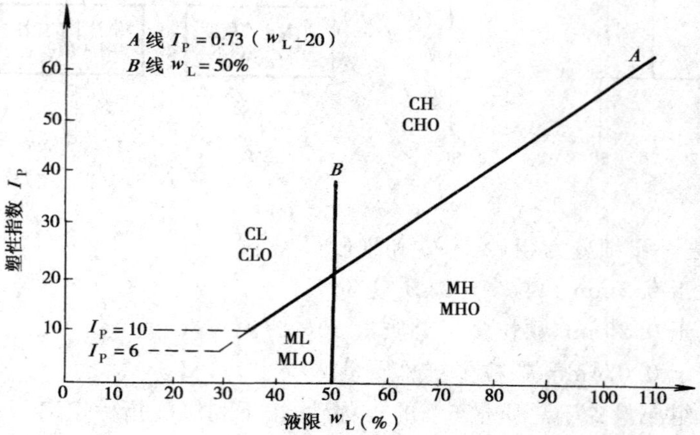

图3-6 塑性图

细粒土应按其在塑性图3-6中的位置确定土名称：

当细粒土位于塑性图A线以上时，按下列规定定名：

在B线以右，称高液限粘土，记为CH。

在B线以左，$I_P=10$线以上，称低液限粘土，记为CL。

当细粒土位于塑性图A线以下时，按下列规定定名：

在B线以右，称高液限粉土，记为MH。

在B线以左，$I_P=10$线以下，称低液限粉土，记为ML。

分类遇搭界情况时，应从工程安全角度考虑，按下列规定定名：

土中粗、细粒组质量相同时，定名为细粒土。

土正好位于塑性图A线上，定名为粘土。

土正好位于塑性图B线上，当其在A线以上时，定名为高液限粘土；当其在A线以下时，定名为高液限粉土。

含粗粒的细粒土应先按本规程有关规定细粒土部分的名称，再按以下规定最终定名：

当粗粒粗中砾粒组占优势时，称含砾细粒土，应在细粒土代号后缀以代号“G”。

当粗粒粗中砂粒组占优势时，称含砂细粒土，应在细粒土代号后缀以代号“S”。

土中有机质包括未完全分解的动植物残骸和完全分解的无定形物质。后者多呈黑色、青黑色或暗色；有臭味、有弹性和海绵感。借目测、手摸及嗅感判别。

当不能判定时，可采用下列方法：将试样在105～110℃的烘箱中烘烤。若烘烤24h后试样的液限小于烘烤前的四分之三，该试样为有机质土。

有机质土应根据图3-6按下列规定定名：

位于塑性图A线以上：

在 B 线以右，称有机质高液限粘土，记为 CHO；

在 B 线以左，$I_P=10$ 线以上，称有机质低液限粘土，记为 CLO。

位于塑性图 A 线以下：

在 B 线以右，称有机质高液限粉土，记为 MHO；

在 B 线以左，$I_P=10$ 线以下，称有机质低液限粉土，记为 MLO。

4. 特殊土分类

《公路土工试验规程》仅给出了黄土、膨胀土和红粘土在塑性图的位置及其学名，以及盐渍土的含盐量标准。

黄土、膨胀土和红粘土按图 3-7 特殊土塑性图定名。

(1) 黄土：低液限粘土(CLY)分布范围大部分在 A 线以上，$w_L<40\%$。

(2) 膨胀土：高液限粘土(CHE)分布范围大部分在 A 线以上，$w_L<50\%$。

(3) 红粘土：高液限粉土(MHR)分布范围大部分在 A 线以下，$w_L>55\%$。

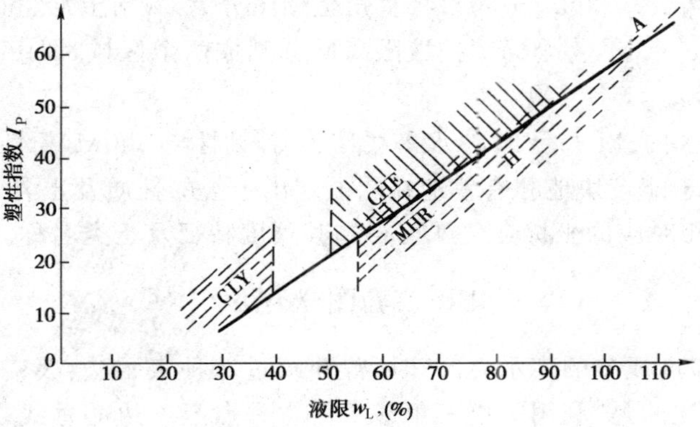

图 3-7　特殊土塑性图

盐渍土按表 3-5 规定划分。

盐渍土分类　　表 3-5

名称	被利用的土层中平均总盐量(以质量%计)	
	氯化物和硫酸盐氯化物	氯化物硫酸盐和硫酸盐
弱盐渍土	0.3～1.0	0.3～0.5
中盐渍土	1～5	0.5～2
强盐渍土	5～8	2～5
过盐渍土	＞8	＞5

三、塑性图分类法

土按塑性图分类是卡萨格兰德教授(A. Casagrande)对北美大量粘土做了试验，并对其资料进行了分析研究后，于 1942 年首先提出的土质分类法。后来被世界各国工程界普遍采用，并在此基础上经过多次修改和补充。虽然此种分类法尚在完善中，但一般认为较以往国内外单纯只按塑性指数 I_P 值分类的方法要合理得多。

过去，对粘性土通常用 I_P 值来标定土的塑性及表征土的湿度变化程度，一直被认为是划分细粒土分类较为理想的指标。但在实践中和理论上发现单纯用 I_P 指标进行分类定名还有很大的不足之处。

因为 I_P 值得自于 w_L 与 w_P，即：$I_P=w_L-w_P$，这就有可能(事实上常会)出现 I_P 值相同的土，其性质和土类不相同的矛盾。比如说，某 I、II、III 号不同的土样，经试验分别测得 w_L 值为 24、40、45，w_P 值为 9、25、30，由此计算出的 I_P 值均为 15，按塑性指数 I_P 值定名，三种土均为亚粘土，但事实上，I 号土为亚砂土，II 号土为亚粘土，III 号土为粘土。这表明：塑性指数 I_P 值相同，液限 w_L 值不同，土的类型和性质也就不同，而采用塑性图分类法，正好克服了以 I_P 值分类的缺点。

塑性图是在颗粒级配和塑性的基础上，以塑性指数 I_P 值为纵坐标，液限 w_L 值为横坐标的直角坐标图式，如图 3-6 所示。

在图中，用几条直线将直角坐标系分割成若干区域，不同区域代表着不同性质的土类。目前，世界各国在坐标图中对直线方程取值的标准尚未统一；我国各部门的取值也不完全一样。图 3-6 是我国交通部颁布的现行《公路土工试验规程》(JTJ 051—93)中所提出的塑性图，在图 3-6 中：

以 A 线的方程：$I_P=0.73(w_L-20)$，将直角坐标图分为 C(粘土)区和 M(粉土)区。

再以 B 线方程：$w_L=50$，将坐标图按液限高低分割成两个区域，即由左至右分为：L(低液限)区和 H(高液限)区。

又在 L(低液限)区内，以 $I_P=10$ 的水平线作为 C(粘性土)和 M(粉性土)的分界线。

塑性图的功能在于能较快地和有效地在图上定出土类的性质及土名，即根据实测的 I_P 值及 w_L 值在图上找出相对应的坐标点位就可得知其稠度特征及土类名称。

四、三角图分类法

在第一章讨论"粒度成分的表示方法"时，曾介绍过三种表示法：表格法、累计曲线法和三角坐标法。在那里讲述的是"利用等边三角形中任意一点至三边的垂线之和恒等于三角形之高的原理"来表示三个粒组含量的百分比。在这里所讲的三角图分类法，则是利用这一原理将三角坐标图按三个粒组分割成若干区域，不同区域代表着不同性质的土类。

三角图分类法，亦称三因分类法，它是利用等边三角形的三个边代表三个粒组，每个粒组的边长按顺时针方向以百分刻度分段取点，然后将三边分段各点相互联结成三角坐标网，就构成了三角图分类法的底图。

粗碎屑土(砾石类土)三角图分类法，见图 3-8。

以粉粒(0.074～0.002mm)为底边，砂粒(2～0.074mm)为左上边，砾粒(>2mm)为右上边。作两腰边中垂线交于重心点，以砾粒边上的 10%、50%处作平行于粉粒边的两条直线分别交于砂粒边的 90%、50%处，将砂粒边 50%处和砾粒边 50%处的连线的中点与三角形的重心相连，再将砂粒边 50%处和砾粒边 50%处分别与三角形的重心相连。这样，便将整个等边三角形分割成五个土类区：砾石、砂砾、粉砾、砾质土和含少量砾土。根据粒度分析试验的结果，按三个粒组的百分数即可在图中找到相对应的土类区的点位，从而定出土名。例如，表 1-3 中土样 a，其砾粒含量占 1.1%，砂粒含量占 98.9%，粉粒为 0，按此三因法在图中的点位于"含少量砾"土区内的砂粒边线上，故定名为微含砾石砂土。土样 b 砾粒含量占 45%，砂粒含量占 36%，粉粒含量占 19%，这三个百分数在三角图中的交点位于砂砾区内，故应定名为砂砾。

细碎屑土三角图分类法，见图 3-9。

三角坐标网的原理同上，只是三边所代表的粒组有点变动，底边代表粉粒组(0.074～0.002mm)，左边代表砂粒组(2～0.074mm)，右边代表粘粒组(<0.002mm)。作底边的中垂

线交于底边一点，将图分割成二大区，然后，以粘粒边上百分刻度10、20、30、55等点分别向砂粒组作平形于底边粉粒的平行线。这样，将整个等边三角形分割成了若干不同土名的区域。同样地，根据粒度分析试验的结果，按三个粒组的百分数即可在图中按相应点位定出土名。例如，表1-3中土样c，三个粒组含量分别是：砂粒23%、粉粒47%、粘粒30%。这三个百分数在三角图中定出的土名为粉质重亚粘土。

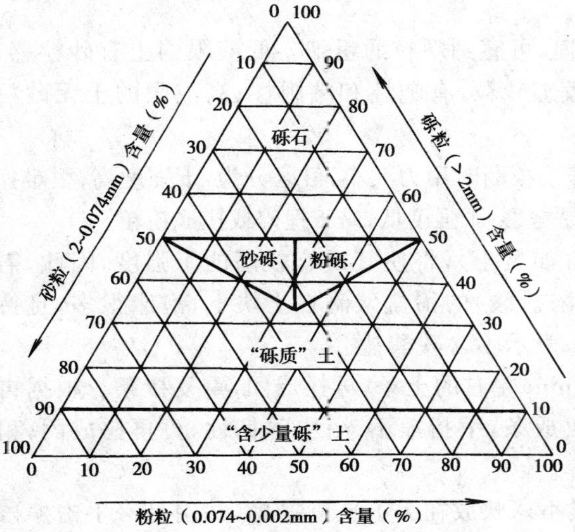

图3-8 粗碎屑土（砾石类土）三角图

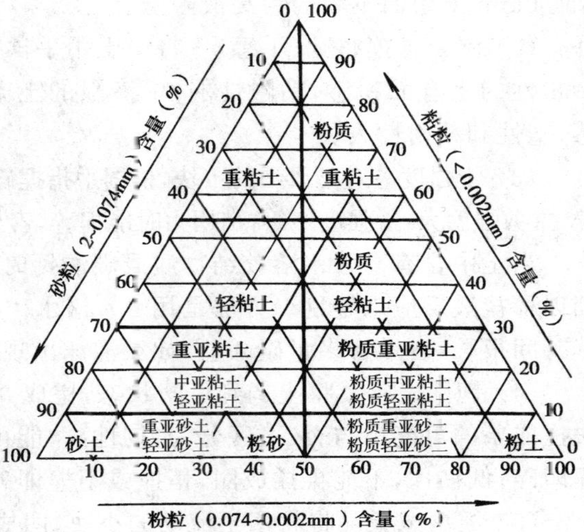

图3-9 细碎屑土三角图

三角图分类法的优点是，只要测得某土样的三大粒组的百分数含量，就能很快在三角坐标网中找到相对应区域，并定出该土样的土名，同时还可以在同一张图上表示出若干土样的粒度成分，便于路基选土级配设计，它是道路工程中常用的方法。

第二节　土的野外鉴别

在公路路线勘测过程中，除了在沿线按需要采集一些土样带回实验室测试有关指标数值外，常常还要在现场用眼观、手触、借助简易工具和试剂及时直观地对土的性质和状态作出初步鉴定，其目的是为选线、设计和编制工程预算，提供第一手资料。对此，要求我们在勘测现场必须做到：第一，对取样土层的宏观情况作出较详细的描述和记录，并对其土层的基本性质作出初步判别；第二，对所取土样应直观地作出肉眼描述和鉴别，并定出土名，以供室内试验后定名参考。

一、土的现场记录及简易试验方法

1. 土的现场记录

在取土样时，应从宏观上对土层进行描述并作出详细记录，其内容包括：

（1）取样日期、地点或里程（或桩号）、方向或左右位置、沉积环境。

（2）土层的地质时代、成因类型和地貌特征。

（3）取样深度及层位、何级阶地、阴阳边坡。

（4）取样点距地下水位的高度和毛细水带的位置，季节和天气（晴、阴、雨、雪等）。

（5）取样土层的结构、构造、密实和潮湿程度或易液化程度等。

（6）取样土层内夹杂物含量及分布。

(7) 取样时土的状态(原状或扰动)。

2. 简易试验方法

现场的简易试验一般只适用于<0.5mm颗粒的土样，其方法如下：

(1) 可塑状态　将土样调到可塑状态，根据能搓成土条的最小直径 φ 来确定土类。搓成 $\varphi>2.5$mm 土条而不断的为低液限土；搓成 $\varphi=1\sim2.5$mm 土条而不断的为中液限土；搓成 $\varphi<1.0$mm 土条而不断的为高液限土。

(2) 湿土揉捏感觉(手感)　将湿土用手揉捏，可感到颗粒的粗细。低液限的土有砂粒感，带粉性的土有面粉感，粘附性弱；中液限的土微感砂粒，有塑性和粘附性；高液限的土无砂粒感，塑性和粘附性大。

(3) 干强度　对于风干的土块，根据手指捏碎或扳断时用力大小，可区分为：干强度高，很难捏碎，抗剪强度大；干强度中等，稍用力时能捏碎，容易劈裂；干强度低，易于捏碎或搓成粉粒。

当土中含有高强水溶胶结物质或碳酸钙时(如黄土)，将使其具有较高的干强度，因此，需辅以稀盐酸反应来鉴别。方法是用2:1(水:浓盐酸)的稀盐酸滴在土块上，泡沫很多，且持续时间很长，表示含多量碳酸盐，如无泡沫出现，表示不含碳酸盐。

(4) 韧性试验　将土调到可塑状态，搓成3mm左右的土条，再揉成团，重复搓条。根据再次搓成条的可能性与否，可区分为：韧性高，能再成条，手指捏不碎；中等韧性，可再搓成团，稍捏即碎；低韧性，不能再揉成团，稍捏或不捏即碎。

(5) 摇振试验　将软塑至流动的小块，团成小球状放在手上反复摇晃，并用另一手击振该手掌，土中自由水析出土球表面，呈现光泽；用手捏土球时，表面水分又消失。根据水分析出和消失的快慢，可区分为：反应快，水析出与消失迅速；反应中等，水析出与消失中等；无反应，土球被击振时无析水现象。

(6) 盐渍土的简单定性试验　取土数克，捏碎，放入试管中，加水10余毫升，用手堵住管口，摇荡数分钟后过滤，取滤液少许，分别放入另外几个试管中，用下列方法鉴定溶盐的种类：

①在试管中滴入1:1的水:浓硝酸(HNO_3)和10%硝酸银($AgNO_3$)溶液各数滴，如有白色沉淀($AgCl$)出现时，则土中有氯化物盐类存在。

②在试管中加入1:1的水:浓盐酸(HCl)和10%氯化钡($BaCl_2$)溶液各数滴，如有白色沉淀($BgSO_4$)出现时，则土中有硫酸盐盐类存在。

③在试管中加入酚酞指示剂2~3滴，如呈现樱桃红色，则土样中有碳酸盐类存在。

二、野外对土的基本描述和鉴别

1. 对土的基本描述

在野外用肉眼鉴别土时，要针对不同土类所规定的内容进行描述。现将不同土类所要描述的基本内容，列表如下，见表3-6。

土的野外描述　　表3-6

分　类	描述内容
碎石类土	名称、颜色、颗粒成分、粒径组成、颗粒风化程度、磨圆度、充填物成分、性质及含量、密实程度、潮湿程度等
砂类土	名称、颜色、结构及构造、颗粒成分、粒径组成、颗粒形状、密实程度、潮湿程度等
粘性土	名称、颜色、结构及构造、夹杂物性质及含量、潮湿和密实程度等

2. 土的野外鉴别

(1) 碎石类土及砂类土野外鉴别(见表 3-7)。

碎石类土及砂类土野外鉴别　　表 3-7

鉴别方法	大块碎石类土		砂类土				
	卵(碎)石土	圆(角)砾石土	砾砂	粗砂	中砂	细砂	粉砂
颗粒粗细	一半以上颗粒接近或超过蚕豆粒大小	一半以上颗粒接近和超过小高粱粒大小	约有一半以上颗粒接近和超过小高粱粒大小	约有一半以上颗粒接近和超过细小米粒大小	约有一半以上颗粒接近和超过鸡冠花子粒大小	颗粒粗细程度较精制食盐稍粗,与粗玉米粉近似	颗粒粗细程度较精制食盐稍细,与小米粉近似
干燥时状况	颗粒完全分散	颗粒完全分散	颗粒完全分散	颗粒完全分散,有个别胶结	颗粒基本分散,有局部胶结(胶结部分一碰即散)	颗粒大部分分散,少量胶结(胶结部分稍加碰撞即散)	颗粒小部分分散,大部分胶结(稍加压力亦可分散)
湿润时用手拍击	表面无变化	表面无变化	表面无变化	表面无变化	表面偶有水印	表面有水印	表面有显著水印
粘着感	无粘着感	无粘着感	无粘着感	无粘着感	无粘着感	偶有轻微粘着感	有轻微粘着感

注:所列分类标准适用于较纯净的砂、卵石。

(2) 碎石类土密实程度鉴别(见表 3-8)。

碎石类土密实程度鉴别　　表 3-8

密实程度	骨架和充填物	天然陡坡和开挖情况	钻探情况
密实	骨架颗粒交错紧贴,孔隙填满,充填物密实	天然陡坡较稳定,坎下堆积物较少 镐挖掘困难,用撬棍方能松动,坑壁稳定,从坑壁取出大颗粒处,能保持凹面形状	钻进困难,冲击钻探时,钻杆、吊锤跳动剧烈,孔壁较稳定
中密	骨架颗粒疏密不均,部分不连续,孔隙填满,充填物中密	天然陡坡不易陡立,或陡坎下堆积物较多,但大于粗颗粒安息角 镐可挖掘,坑壁有掉块现象,从坑壁取出大颗粒处,砂类土不易保持凹面形状	钻进较难,冲击钻探时,钻杆、吊锤跳动不剧烈,孔壁有坍塌现象
松散	多数骨架颗粒不接触,而被充填物包裹,充填物松散	不能形成陡坎,天然坡接近于粗颗粒安息角 锹可以挖掘,坑壁易坍塌,从坑壁取出大颗粒后,砂类土即塌落	钻进较容易,冲击钻探时,钻杆稍有跳动,孔壁易坍塌

(3) 砂类土潮湿程度野外鉴别(见表 3-9)。

砂类土潮湿程度野外鉴别　　表 3-9

潮湿程度	稍湿	潮湿	饱和
试验指标	$S_r \leqslant 0.5$	$0.5 < S_r \leqslant 0.8$	$S_r > 0.8$
感性鉴定	呈松散状,手摸时感到潮	可以勉强握成团	空隙中的水可自由渗出

（4）粘性土的野外鉴别（表 3-10）

粘性土的野外鉴别 表 3-10

土类	用手搓捻时的感觉	用放大镜及肉眼观察搓碎的土	干时土的状况	潮湿时将土搓捻的情况	潮湿时用小刀削切的情况	潮湿土的情况	其他特征
粘土	极细的均匀土块很难用手搓碎	均质细粉末，看不见砂粒	坚硬、用锤能打碎，碎块不会散落	很容易搓成细于 0.5mm 的长条，易滚成小球	光滑表面，土面上看不见砂粒	粘塑的、滑腻的、粘连的	干时有光泽，有细狭条纹
亚粘土	没有均质的感觉，感到有砂粒，土块容易被压碎	从它的细粉末可以清楚的看到砂粒	用锤击和手压土块容易碎开	能搓成比粘土较粗的短土条，能滚成小球	可以感觉到有砂粒存在	塑性的弱粘结性	干时光泽暗沉，条纹较粘土粗而宽
粉质亚粘土	砂粒的感觉少，土块容易压碎	砂粒很少，可见很多细粉粒	用锤击和手压土块容易碎开	不能搓成很长的土条、搓成的土条容易破裂	土面粗糙	塑性的弱粘结性	干时光泽暗淡，条纹粗而宽
亚砂土	土质不均匀，能清楚的感觉到砂粒的存在，稍用力土块即被压碎	砂粒多于粘粒	土块容易散开，用手压或用铲子铲起丢掷土块，散落成大屑	几乎不能搓成土条，滚成的土球容易开裂和散落		无塑性	
粉土	有干面似的感觉	砂粒少、粉粒多	土块极易散落	不能搓成土球和土条		成流体状	

（5）粘性土潮湿程度野外鉴别（见表 3-11）。

粘性土潮湿程度野外鉴别 表 3-11

名称 \ 试验指标 / 潮湿程度	$I_L<0$	$0\leqslant I_L<1$	$I_L\geqslant 1$
	半干硬状态	可塑状态	流塑状态
粘砂土	扰动后不易握成团，一摇即散	扰动后能握成团，手摇时土表稍出水，手中有湿印，用手捏之水即吸回	手摇有水流出，土体塌流成扁圆形
砂粘土	扰动后一般不能捏成饼，易成碎块和粉末	扰动后能捏成饼，手摇数次不见水，但有时可稍见	扰动后手摇表层出水，手上有明显湿印
粘土	扰动后能捏成饼，边上多裂纹	扰动后，两手相压土成饼状，粘于手掌，揭掉后掌中有湿痕	扰动后手捏有明显湿痕，并有土粘于手上

（6）最新沉积粘性土野外鉴别（见表 3-12）。

最新沉积粘性土野外鉴别　　表 3-12

沉积环境	颜　色	结构性	含　有　物
河漫滩及部分山前洪、冲积扇(锥)的表层,古河道及已填塞的湖、塘、沟、谷和河道泛滥区	颜色较深而暗,呈褐、栗、暗黄或灰色,含有机质较多时带灰黑色	结构性差,用手扰动原状土时极易显著变软,塑性较小的土还有振动液化现象	在完整的剖面中找不到淋漓或蒸发作用形成的粒状结核体,但可含有一定磨圆度的外来钙质结核体(如姜结石)及贝壳等,在城镇附近可能含有少量碎砖、瓦片、陶瓷及铜币、朽木等人类活动的遗物

最后,要加以说明的是,有关土样的采集、运输和保管等项事宜,请参阅《公路土工试验规程》有关内容。

思考题

1. 为什么要对土进行工程分类? 工程分类的原则是什么? 有哪些分类方案?

2. 说出下面分类符号的具体名称:GM、ML、MHO、CLO。

3. 现行的《公路土工试验规程》与《公路桥涵地基与基础设计规范》对土质分类有何异同?

4. 简述塑性图的基本原理,它有何功能? 根据你在"液、塑限联合测定试验"中,对某土样所测得的 w_L 和 w_P 值,在塑性图中定出该土样的土类名称。

5. 为什么粒度成分和塑性指数可作为土分类的依据? 比较这两种分类方法的优缺点及适用条件。

6. 简述在野外对土样的可塑状态、潮湿程度、干强度等性质的简易鉴别方法。

7. 简述碎石类土、砂类土的描述内容及野外鉴别方法。

8. 简述细粒土的描述内容及野外鉴别方法。

9. 在野外怎样鉴别粘性土中的粘土、粉质亚粘土和粉土?

10. 在野外怎样鉴别砂类土中的砾砂、粗砂、中砂、细砂和粉砂?

习题

1. 有一砂土试样,经筛分后各颗粒粒组含量如下:

粒　组 (mm)	<0.075	0.075~0.1	0.1~0.25	0.25~0.5	0.5~1.0	>1.0
含量(%)	8.0	15.0	42.0	24.0	9.0	2.0

试确定砂土的名称。

2. 某土样已测得其液限 $w_L=35\%$,塑限 $w_P=20\%$,请利用塑性图查知该土的符号,并给该土定名。

3. 某土样经粒度分析得知:砂粒占 20%,粉粒占 10%,粘粒占 70%,试用三角图法定出该土样的名称。

4. 某饱和土样含水量 38.2%,土粒的相对密度 2.73,密度 1.71t/m^3,水的密度取 1.0,塑限 27.5%,液限 42.1%。问:要制备完全饱和、含水量为 50%的土样,则每立方米土应加多少水? 加水前和加水后土各处于什么状态,其定名各是什么? (浙江大学 1997 年硕士生入学考试题)

第四章 土中水的运动规律

本章学习要点：

1. 明确毛细水产生的原因和对工程的影响；
2. 掌握土的层流渗透定律——达西定律的应用；
3. 理解动水力的概念，认识流沙、管涌现象产生的原因以及对工程带来的危害和防治措施；
4. 认识冻土的冻胀机理和冻土现象对工程的各种危害。

土是固体颗粒的集合体，是一种碎散的多孔介质，其孔隙在空间互相连通。土中水在土的孔隙中运动，其运动原因和形式很多，例如：在重力的作用下，地下水的流动(土的渗透性问题)；在土中附加应力作用下，孔隙水的挤出(土的固结问题)；由于表面现象产生的水分移动(土的毛细现象)；在土颗粒的分子引力作用下结合水的移动(冻结时土中水分的移动)；由于孔隙水溶液中离子浓度的差别产生的渗附现象等。土中水的运动将对土的性质产生影响，在许多工程实践中碰到的问题，如流沙、冻胀、渗透固结、渗流时的边坡稳定等，都与土中水的运动有关。故本章着重研究土中水的运动规律及其对土性质的影响。

第一节　土的毛细性

土的毛细性是指土中的毛细孔隙能使水产生毛细现象的性质。土的毛细现象是指土中水在表面张力作用下，沿着细的孔隙向上及向其他方向移动的现象。这种细微孔隙中的水被称为毛细水。土的毛细现象在以下几方面对工程有影响：

1. 毛细水的上升是引起路基冻害的因素之一；
2. 对于房屋建筑，毛细水的上升会引起地下室过分潮湿；
3. 毛细水的上升可能引起土的沼泽化和盐渍化，对建筑工程及农业经济都有很大影响。

为了认识土的毛细现象，下面分别讨论土层中的毛细水带、毛细水上升高度和上升速度，以及毛细压力。

一、土层中的毛细水带

土层中由于毛细现象所润湿的范围称为毛细水带。根据毛细水带的形成条件和分布状况，将土层中的毛细水划分为三个带，即正常毛细水带、毛细网状水带和毛细悬挂水带，如图4-1所示。

1. 正常毛细水带(又称毛细饱和带)。它位于毛细水带的下部，与地下潜水连通。这一部分的毛细水主要是由潜水面直接上升而形成的，毛细水几乎充满了全部孔隙。正常毛细水带受地下水位季节性升降变化的影响很大，会随着地下水位的升降作相应的移动。

2. 毛细网状水带。它位于毛细水带的中部。当地下水位急剧下降时，它也随着急速下降，这时在较细的毛细孔隙中有一部分毛细水来不及移动，仍残留在孔隙中，而在较粗的孔隙中因毛细水下降，孔隙中留下空气泡，这样，使毛细水呈网状分布。毛细网状水带中的水，可以在表面张力和重力作用下移动。

3. 毛细悬挂水带（又称上层毛细水带）。它位于毛细水带的上部。这一带的毛细水是由地表水渗入而形成的，水悬挂在土颗粒之间，它不与中部或下部的毛细水相连。毛细悬挂水受地面温度和湿度的影响很大，常发生蒸发与渗透的“对流”作用，使土的表层结构遭到破坏。当地表有大气降水补给时，毛细悬挂水在重力作用下向下移动。

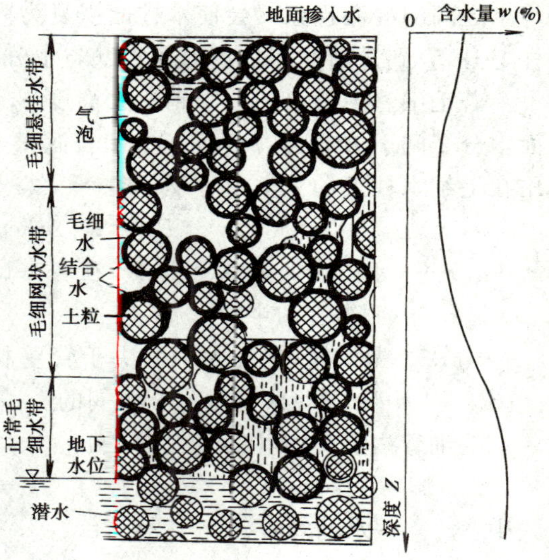

图 4-1　土层中的毛细水带

上述三个毛细水带不一定同时存在，这取决于当地的水文地质条件。当地下水位很高时，可能就只有正常毛细水带，而没有毛细悬挂水带和毛细网状水带；反之，当地下水位较低时，则可能同时出现三个毛细水带。

在毛细水带内，土的含水量是随深度而变化的，见图 4-1 右侧含水量分布曲线，曲线表明：自地下水位向上含水量逐渐减小，但到毛细悬挂水带后，含水量有所增加。调查了解土层中毛细水含水量的变化，对土质路基、地基的稳定分析有重要意义。

二、毛细水上升高度及上升速度

为了解土中毛细水的上升高度，可以借助于水在毛细管内上升的现象来说明。一根毛细管插入水中，可以看到水会沿毛细管上升，使毛细管内的液面高于其外部水面。为什么会出现这一现象呢？我们知道水与空气的分界面上存在着表面张力，而液体总是力图缩小自己的表面积，以使表面自由能变得最小，这也就是一滴水珠总是成为球状的原因。另一方面，毛细管管壁的分子和水分子之间有引力作用，这个引力使与管壁接触部分的水面呈向上的弯曲状，这种现象称为湿润现象。当毛细管的直径较细时，毛细管内水面的弯曲面互相连接，形成内凹的弯液面状，如图 4-2 所示。这种内凹的弯液面表明管壁和液体是互相吸引的（即可湿润的）；如果管壁和液体之间不互相吸引，称为不可湿润的，那么毛细管内液体弯液面的形状是外凸的，如毛细管内的水银柱面就是这样。

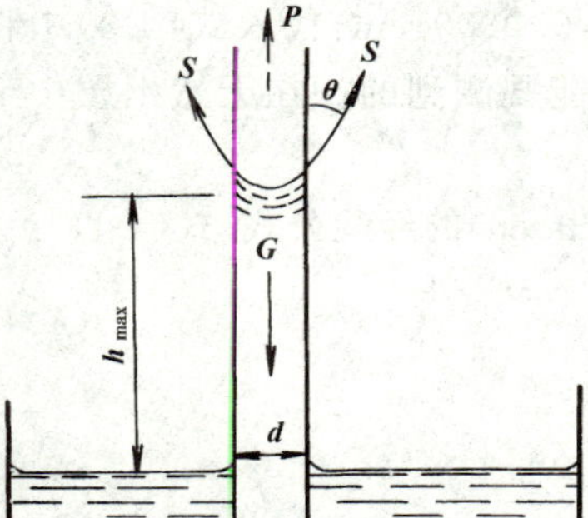

图 4-2　毛细管中水柱的上升

在毛细管内的水柱，由于湿润现象使弯液面成内凹状时，水柱的表面积就增加了，这时由于管壁与水分子之间的引力很大，促使管内的水柱升高，从而改变弯液面形状，缩小表面积，降低表面自由能。但当水柱升高改变了弯液面的形状时，管壁与水之间的湿润现象又会使水柱面恢复为内凹的弯液面状。这样周而复始，使毛细管内的水柱上升，直到升高的水柱重力和管壁与水分子间的引力所产生的上举力平衡为止。

若毛细管内的水柱上升到最大高度 h_{max}，如图 4-2 所示。根据平衡条件知道管壁与弯液面水分子间引力的合力 S 等于水的表面张力 σ，若 S 与管壁间的夹角为 θ（亦称湿润角），则作用在毛细水柱上的上举力 P 为：

$$P = S \cdot 2\pi r\cos\theta = 2\pi r\sigma\cos\theta \quad (N) \tag{4-1}$$

式中：σ——水的表面张力（N/m）。在表 4-1 中给出了不同温度时，水与空气间的表面张力值；

r——毛细管的半径；

θ——湿润角，它的大小取决于管壁材料及液体性质，对于毛细管内的水柱，可以认为 $\theta=0$，即认为是完全湿润的。

毛细管内上升水柱的重力 G 为：

$$G = \gamma_w \pi r^2 h_{max} \tag{4-2}$$

式中：γ_w——水的容重。

当毛细水上升到最大高度时，毛细水柱受到的上举力和水柱重力平衡，由此得：

$$P = G$$

即

$$2\pi r\sigma\cos\theta = \gamma_w \pi r^2 h_{max}$$

若令 $\theta=0$，可求得毛细水上升最大高度的计算公式为：

$$h_{max} = \frac{2\sigma}{r\gamma_w} = \frac{4\sigma}{d\gamma_w} \tag{4-3}$$

式中：d——毛细管的直径，$d=2r$。

从式(4-3)可以看出，毛细水上升高度是和毛细管直径成反比的，毛细管直径越细时，毛细水上升高度越大。

水与空气间的表面张力 σ 值 表 4-1

温度（℃）	−5	0	5	10	15	20	30	40
表面张力 σ (N/m)	76.4×10^{-3}	75.6×10^{-3}	74.9×10^{-3}	74.2×10^{-3}	73.5×10^{-3}	72.8×10^{-3}	71.2×10^{-3}	69.6×10^{-3}

在天然土层中，毛细水的上升高度不能简单地直接引用式(4-3)计算。这是因为土中的孔隙是不规则的，与圆柱状的毛细管根本不同，特别是土颗粒与水之间积极的物理化学作用，使得天然土层中的毛细现象比毛细管的情况复杂得多。例如，假定粘土颗粒为直径等于0.0005mm的圆球，那么这种假想土粒堆置起来的孔隙直径 $d\approx0.00001$cm，代入式(4-3)中将得到毛细水上升高度 $h_{max}=300$m，这在实际土层中是根本不可能观测到的。在天然土层中毛细水上升的实际高度很少超过数米。

实践中有一些估算毛细水上升高度的经验公式，如海森（A. Hazen）的经验公式[式(4-4)]：

$$h_c = \frac{C}{ed_{10}} \tag{4-4}$$

式中：h_c——毛细水上升高度（m）；

e——土的孔隙比；

d_{10}——土的有效粒径（m）；

C——系数，与土粒形状及表面洁净情况有关。$C=1\times10^{-5}\sim5\times10^{-5}$（$m^2$）。

在粘性土颗粒周围吸附着一层结合水膜，这一层水膜将影响毛细水弯液面的形成。此外，结合水膜将减小土中孔隙的有效直径，使得毛细水在上升时受到很大阻力，上升速度很慢，上升的高度也受到影响。当土粒间的孔隙被结合水完全充满时，毛细水的上升也就停止了。

关于毛细水上升的速度，和上升高度一样，也于土粒及其粒间孔隙大小密切相关。根据实验：用人工制备的石英砂，以不同粒径的土测试其毛细水上升速度与上升高度的关系，如图4-3所示。

①粒径 $d=0.05\sim0.005$mm 的粉土，上升的最大高度可达 200cm 以上，其上升速度开始为 1.75cm/h，100h 以后，毛细水上升速度明显减慢，约为 0.17cm/h，直到达到最大高度为止。

②粒径 $d=0.1\sim0.06$mm 的极细砂土，开始以 4.5cm/h 速度上升，20h 以后上升速度骤减以 0.125cm/h 上升，在 80h 内毛细水仅上升 10cm。

③粒径 $d=0.2\sim0.1$mm 的细砂及中砂土，毛细水上升的最大高度约为 20cm 左右，开始以 5.5～6cm/h 速度上升很快，在数小时即可接近最高值，然后以极慢的速率上升直到最高值。

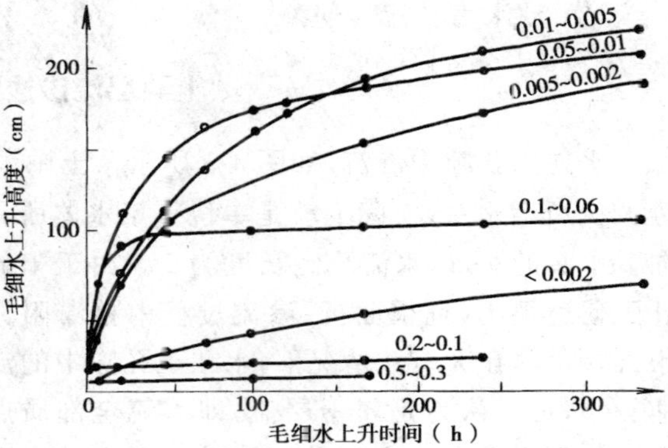

图 4-3　在不同粒径的土中毛细水上升速度与上升高度关系曲线

总的来说，毛细水在土中不是匀速上升的，而是随着高度的增加而减慢，直至接近最大高度时，渐趋近于零。再从粒径而言，在较粗颗粒土中，毛细水上升一开始进行得很快，以后逐渐缓慢，而且较粗颗粒的曲线为细颗粒的曲线所穿过，这说明细颗粒土毛细水上升高度较大，但上升速度较慢。

三、毛细水压力

干燥的砂土是松散的，颗粒间没有粘结力，水下的饱和砂土也是这样。但当有一定含水量时的湿砂，却表现出颗粒间有一些粘结力，如湿砂可捏成砂团。在湿砂中有时可挖成直立的坑壁，短期内不会坍塌。这些都说明湿砂的土粒间有一些粘结力，这个粘结力是由于土粒间接触面上有一些水的毛细压力所形成的。

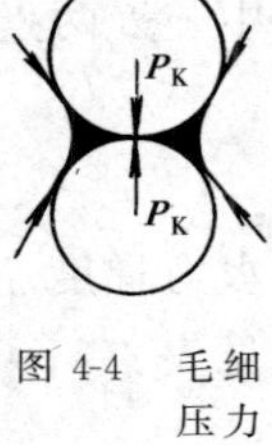

图 4-4　毛细压力示意图

毛细压力可以用图 4-4 来说明。图中两个土粒（假想是球体）的接触面间有一些毛细水，由于土粒表面的湿润作用，使毛细水形成弯液面。在水和空气的分界面上产生的表面张力是沿着弯液面切线方向作用的，它促使两个土粒互相靠拢，在土粒的接触面上就产生一个压力，称为毛细压力 P_K。由毛细压力所产生的土粒间的粘结力称为假内聚力。当砂土完全干燥时，或砂土浸没在水中，孔隙中完全充满水时，颗粒间没有孔隙水或者孔隙水不存在弯液面，这时毛细压力也就消失了。

第二节　土的渗透性

本节研究土中孔隙水（主要是指重力水）的运动规律。土是固体颗粒的集合体，是一种碎散的多孔介质，其孔隙在空间互相连通。当饱和土中的两点存在能量差时，水就在土的孔隙中从能量高的点，向能量低的点流动。土孔隙中的自由水在重力作用下发生运动的现象，称为水的渗透。在道路及桥梁工程中常需要了解土的渗透性。例如桥梁墩台基坑开挖排水时，需要了解土的渗透性，以配置排水设备；在河滩上修筑渗水路堤时，需要考虑路堤填料的渗透性；在计算饱和粘土层上建筑物的沉降和时间的关系时，需要掌握土的渗透性。

土的渗透性同土的强度和变形特性一起，是土质学与土力学中所研究的几个主要的力学性质。岩土工程的各个领域内，许多课题都与土的渗透性有密切的关系。本节讨论以下三个方面问题：

(1) 土中水渗透的基本规律(层流渗透定律)。

(2) 影响土渗透性的一些因素。

(3) 动水力及流沙现象。

一、土的层流渗透定律——达西定律

水在土孔隙中渗流，如图 4-5 所示。土中 a、b 两点，已测得 a 点的水头为 H_1、b 点的水头为 H_2(所谓水头，实际上就是单位重量水体所具有的能量)，$H_1 > H_2$，则水自高水头的 a 点流向低水头的 b 点，水流流经长度为 L。由于土的孔隙通道很小，且很曲折，渗流过程中粘滞阻力很大，所以，在大多数情况下，水在土孔隙中的流速较小，可以认为是属于层流，即水流全部质点以平行而不混杂的方式分层流动。那么土中水的渗流规律可以认为是符合层流渗透定律，这个定律是一百多年前法国工程师达西(H. Darcy，1856)根据砂土的实验结果得到的，也称达西定律。它是指在层流状态的渗流中，渗透速度 V 与水力梯度 J 的一次方成正比，并与土的性质有关。即

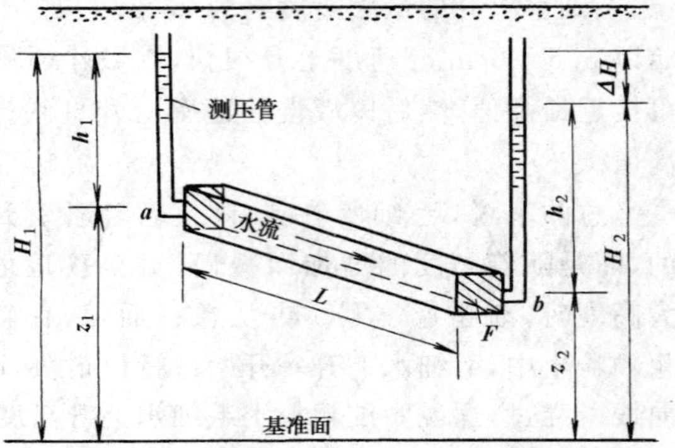

图 4-5　水在土中的渗流

$$v = KJ \tag{4-5}$$

或

$$Q = KJF \tag{4-6}$$

式中：v——断面平均渗透速度(m/s)；

J——水力梯度。即沿着水流方向单位长度上的水头差，$J=\dfrac{\Delta H}{L}$。如图 4-5 中 a、b 两点的水力梯度 $J=\dfrac{\Delta H}{L}=\dfrac{H_1-H_2}{L}$；

K——反映土的透水性能的比例系数，称为土的渗透系数(m/s)。它相当于水力梯度 $J=1$ 时的渗透速度，故其量纲与流速相同，各种土的渗透系数参考数值见表 4-2；

Q——渗透流量(m^3/s)，即单位时间内流过土截面积 F 的流量。

土的渗透系数值　　　　表 4-2

土 的 类 别	渗透系数(m/s)	土 的 类 别	渗透系数(m/s)
粘土	$<5\times10^{-8}$	细砂	$10^{-5}\sim5\times10^{-5}$
亚粘土	$5\times10^{-8}\sim10^{-6}$	中砂	$5\times10^{-5}\sim2\times10^{-4}$
轻亚粘土	$10^{-6}\sim5\times10^{-6}$	粗砂	$2\times10^{-4}\sim5\times10^{-4}$
黄土	$2.5\times10^{-6}\sim5\times10^{-6}$	圆砾	$5\times10^{-4}\sim10^{-3}$
粉砂	$5\times10^{-6}\sim10^{-5}$	卵石	$10^{-3}\sim5\times10^{-3}$

应当指出，式(4-5)中的渗透流速 v 并不是土孔隙中水的实际平均流速。因为公式推导中采用的是土样的整个断面积，其中包括了土粒骨架所占的部分面积在内。显然，土粒本身是不能透水的，故真实的过水面积应小于 F，从而土中孔隙水的实际平均流速 v_0 要比公式(4-5)的计算平均流速 v 要大，它们间的关系为：

$$v_0 = \frac{v}{n} \tag{4-7}$$

式中：n——土的孔隙率。

由于水在土中沿孔隙流动的实际路径十分复杂，v_0 也并非渗流的真实速度。要想真正确定某一具体位置的真实流动速度，无论理论分析还是实验方法都很难做到。从工程应用角度而言，也没有必要。对于解决实际工程问题，最重要的是在某一范围内宏观渗流的平均效果，所以，为了研究的方便，渗流计算中，均采用式(4-5)计算土渗流速度，也称为假想渗流速度。

由于达西定律只适用于层流的情况，故一般只适用于中砂、细砂、粉砂等。对粗砂、砾石、卵石等粗颗粒土就不适用，因为这时水的渗流速度较大，已不是层流而是紊流，即水流是紊乱的，各质点运动轨迹不是有规则的，质点互相碰撞、混掺。这时，渗流速度 v 与水力坡度 J 之间的关系不再保持直线而变为次线性的曲线关系，如图 4-6a)。

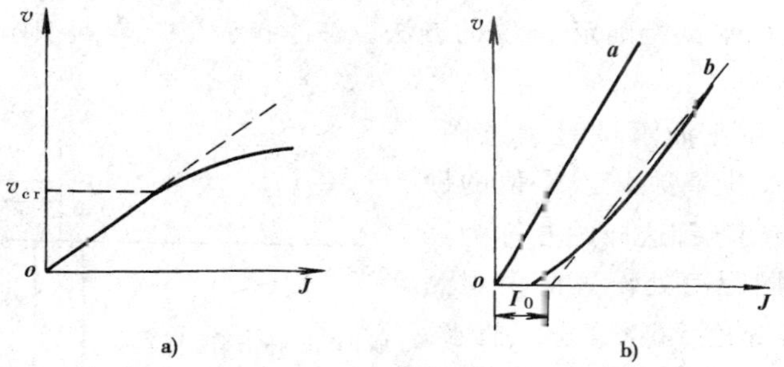

图 4-6 渗透速度与水力梯度的非线性关系

另一种情况，粘土的渗透特征也偏离达西定律，其中的渗透规律须将达西定律进行修正。

在粘土中，由于粘粒(尤以其中含有胶粒时)的表面能很大，使其周围的结合水具有极大的粘滞性和抗剪强度。结合水的粘滞性对自由水起着粘滞作用，使之不易形成渗流现象，故将粘性土的透水性能称为相对不透水性。也正由于这种粘滞作用，自由水在粘土层中必须具备足够大的水头差(或水力梯度)，克服结合水的抗剪强度才能发生渗流。我们把克服此抗剪强度所需要的水力梯度，称为粘土的起始水力梯度 J_0。于是，在计算粘土的渗流速度时，应按下述修正后的达西定律及计算：

$$v = K(J - J_0) \tag{4-8}$$

现以砂土和粘土的渗透规律为例来分析。如图 4-6b)所示：在 v-J 坐标中，a 线表示砂土的 v-J 关系，b 线表示粘土的 v-J 关系。由图中可见，砂土只要 $J>0$ 就开始渗透，并随 J 值的增大，流速也增加；而粘土，在 $J<J_0$ 时，$v=0$，即没有发生渗流现象，要待水力梯度达到 $J>J_0$ 时，自由水才开始发生渗流。一般常以 b 线交于 J 轴上的直线代替曲线(图中的虚线)。于是，从图中可以看出：b 线粘土当 $J>J_0$ 时才开始渗流，自此后，服从于达西定律：随着水力梯度的增高，渗透速度增大。

二、土的渗透系数

土的渗透系数 K 是一个代表土的渗透性强弱的定量指标，也是渗流计算时必须用到的一个基本参数。不同种类的土，K 值差别很大。因此，准确地测定土的渗透系数是一项十分重要的工作。

渗透系数的测定方法主要分实验室内测定和野外现场测定两大类。但在实际工程中，常采用最简便的方法是根据经验数值查表 4-2 选用。

1. 实验室测定法

目前实验室中测定渗透系数 K 的仪器种类和试验方法很多，但从试验原理上大体可分为常水头法和变水头法两种。

常水头试验法就是在整个试验过程中保持水头为一常数，从而水头差也为常数；变水头试验法就是试验过程中水头差一直在随时间而变化。

有关常水头试验法和变水头试验法的实验目的和适用范围、基本原理、仪器设备、试验步骤等方面的内容请参见《公路土工试验规程》。

2. 现场测定法

在现场研究场地的渗透性，进行渗透系数 K 值测定时，常用现场井孔抽水试验或井孔注水试验的方法。对于粗颗粒土或成层的土，由于室内试验时不易取得原状土样，或者土样不能反映天然土层的层次或土颗粒排列情况，所以，用现场测定法测出的 K 值要比室内试验准确。下面主要介绍用现场抽水试验确定 K 值的方法。注水试验的原理与抽水试验类似，需用时可参考水文地质有关资料。

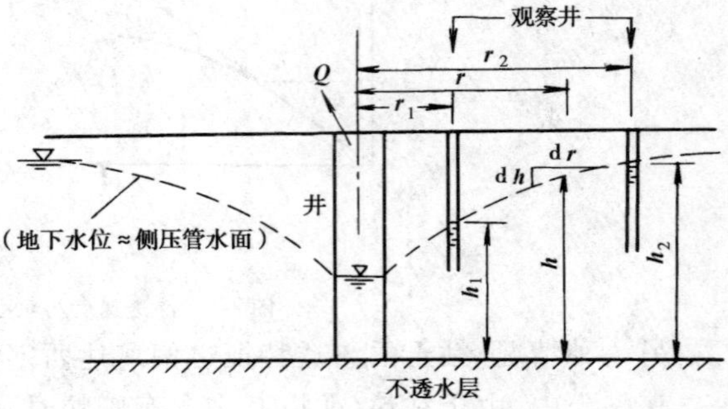

图 4-7　现场抽水试验

图 4-7 为一现场井孔抽水试验示意图。在现场打一口试验井，贯穿要测定 K 值的砂土层，打到其下的不透水层，这样的井称为完整井，在据井中心不同距离处设置两个观测孔；然后自井中以不变速率连续进行抽水。抽水造成井周围的地下水位逐渐下降，形成一个以井孔为轴心的降落漏斗状的地下水面。测定试验井和观测孔中的稳定水位，可以画出测压管水位变化图形。测管水头差形成的水力坡降，使水流向井内。假定水流是水平流向时，则流向水井的渗流过水断面应是一系列的同心圆柱面。待出水量和井中的动水位稳定一段时间后，若测得在时间 t 内从抽水井内抽出的水量为 Q，观测孔距井轴线的距离分别为 r_1、r_2，观测孔内的水头分别为 h_1、h_2，假定土中任一半径处的水力梯度为常数，即 $J=\frac{\mathrm{d}h}{\mathrm{d}r}$，则由达西定律可得：

$$q=\frac{Q}{t}=KJF=K\frac{\mathrm{d}h}{\mathrm{d}r}(2\pi rh)$$

$$\frac{\mathrm{d}r}{r}=\frac{2\pi K}{q}h\,\mathrm{d}h$$

积分后得：

$$\ln\frac{r_2}{r_1}=\frac{\pi K}{q}(h_2^2-h_1^2)$$

求得渗透系数为：

$$K=\frac{q}{\pi}\frac{\ln(r_2/r_1)}{(h_2^2-h_1^2)} \tag{4-9}$$

【例题 4-1】 如图 4-8 所示，在现场进行抽水试验测定砂土层的渗透系数。抽水井管穿过 10m 厚的砂土层进入不透水粘土层，在距井管中心 15m 及 60m 处设置观测孔。已知抽水前土中静止地下水位在地面下 2.35m 处。抽水后待渗透稳定时，从抽水井测得流量 $q=5.47\times10^{-3}\text{m}^3/\text{s}$，同时从两个观测孔测得水位分别下降了 1.93m 和 0.52m，求砂土层的渗透系数。

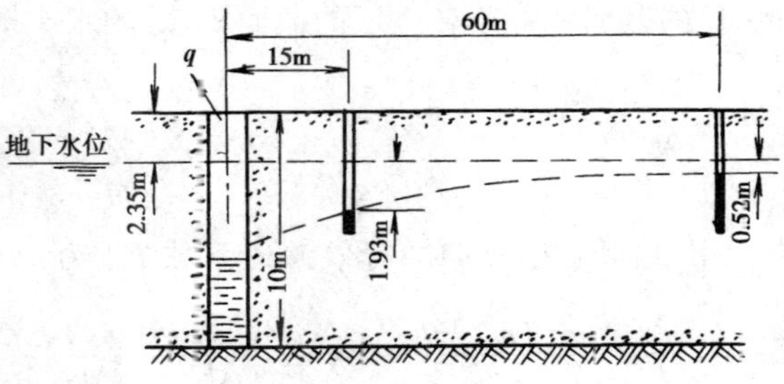

图 4-8 例题 4-1 图

解 两个观测孔的水头分别为：

$$r_1 = 15\text{m 处} \qquad h_1 = 10 - 2.35 - 1.93 = 5.72\text{m}$$

$$r_2 = 60\text{m 处} \qquad h_2 = 10 - 2.35 - 0.52 = 7.13\text{m}$$

由公式(4-9)求得渗透系数：

$$K = \frac{q}{\pi}\frac{\ln(r_2/r_1)}{(h_2^2 - h_1^2)} = \frac{5.47\times10^{-3}}{\pi}\times\frac{\ln\left(\frac{60}{15}\right)}{(7.13^2 - 5.72^2)} = 1.33\times10^{-4}\text{m/s}$$

3. 成层土的渗透系数

粘性土沉积有水平分层时，对于土层的渗透系数有很大影响。在计算渗透流量时，为简单起见，常常把几个土层等效为厚度等于各土层之和，渗透系数为等效渗透系数的单一土层。图 4-9 表示土层由两层组成，其渗透系数分别为 K_1、K_2，厚度分别为 h_1、h_2。

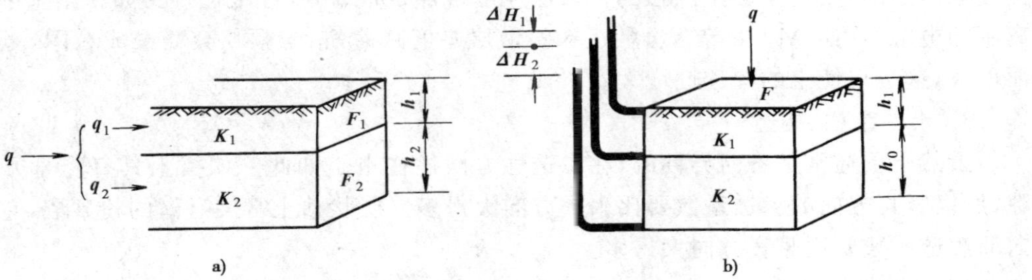

图 4-9 成层土的渗透系数

考虑水平向渗流时(水流方向与土层平行)，如图 4-9a)所示。因为各土层的水力梯度相同，总的流量等于各土层流量之和，总的截面积等于各土层截面积之和，即

$$J = J_1 = J_2$$

$$q = q_1 + q_2$$

$$F = F_1 + F_2$$

因此土层沿水平方向的等效渗透系数 K_h 为：

$$K_h = \frac{q}{FJ} = \frac{q_1 + q_2}{FJ} = \frac{K_1F_1J_1 + K_2F_2J_2}{FJ} = \frac{K_1h_1 + K_2h_2}{h_1 + h_2} = \frac{\sum K_ih_i}{\sum h_i} \qquad (4\text{-}10)$$

考虑竖直向渗流时(水流方向与土层垂直)，如图 4-9b)所示。总的流量等于每一土层的流

量，总的截面积等于各土层的截面积，总的水头损失等于各层土的水头损失之和。即

$$q = q_1 = q_2$$

$$F = F_1 = F_2$$

$$\Delta H = \Delta H_1 + \Delta H_2$$

由此得土层竖向的等效渗透系数 K_v 为：

$$K_v = \frac{q}{FJ} = \frac{q}{F}\frac{(h_i + h_2)}{\Delta H} = \frac{q}{F}\frac{(h_1 + h_2)}{(\Delta H_1 + \Delta H_2)} = \frac{q}{F}\frac{(h_1 + h_2)}{\left(\frac{q_1 h_1}{F_1 K_1}\right) + \left(\frac{q_2 h_2}{F_2 K_2}\right)} = \frac{h_1 + h_2}{\frac{h_1}{K_1} + \frac{h_2}{K_2}} = \frac{\sum h_i}{\sum \frac{h_i}{K_i}} \tag{4-11}$$

三、影响土的渗透性的因素

影响土的渗透性的因素主要有以下几个方面：

1. 土的粒度成分及矿物成分

土的颗粒大小、形状及级配，影响土中孔隙大小及其形状，因而影响土的渗透性。土颗粒越粗、越浑圆、越均匀时，渗透性就大。砂土中含有较多粉土及粘土颗粒时，其渗透系数就大大降低。

土的矿物成分对于卵石、砂土和粉土的渗透性影响不大，但对于粘土的渗透性影响较大。粘性土中含有亲水性较强的粘土矿物（如蒙脱石）或有机质时，由于它们具有很大的膨胀性，从而大大降低土的渗透性。含有大量有机质的淤泥几乎是不透水的。

2. 结合水膜厚度

粘性土中若土粒的结合水膜厚度较厚时，会阻塞土的孔隙，降低土的渗透性。如钠粘土，由于钠离子的存在，使粘土颗粒的扩散层厚度增加，所以透水性很低。又如在粘土中加入高价离子的电解质（如 Al、Fe 等），会使土粒扩散层厚度减薄，粘土颗粒会凝聚成粒团，土的孔隙因而增大，这也将使土的渗透性增大。

3. 土的结构、构造

天然土层通常是各向异性的，在渗透性方面往往也是如此。如黄土具有竖直方向的大孔隙，所以竖直方向的渗透系数要比水平方向大得多。层状粘土常夹有薄的粉砂层，它在水平方向的渗透系数要比竖直方向大得多。

4. 水的粘滞度

水在土中的渗流速度与水的容重及粘滞度有关，而这两个数值又与温度有关。一般水的容重随温度变化很小，可略去不计，但水的动力粘滞系数 η 随温度变化而变化。故室内渗透试验时，同一种土在不同温度下会得到不同的渗透系数。在天然土层中，除了靠近地表的土层外，一般土中的温度变化很小，故可忽略温度的影响。但在室内试验室的温度变化较大，故应考虑它对渗透系数的影响。目前常以水温为 20℃时的渗透系数 K_{20} 作为标准值，在其它温度下测定的渗透系数 K_t 可按式(4-12)进行修正：

$$K_{20} = K_t \frac{\eta_t}{\eta_{20}} \tag{4-12}$$

式中：η_t、η_{20}——分别为 t℃时及 20℃时水的动力粘滞系数（Ns/m^2）；

$\frac{\eta_t}{\eta_{20}}$的比值与温度的关系见表 4-3。

η_t/η_{20} 与温度的关系　　　表 4-3

温度(℃)	η_t/η_{20}	温度(℃)	η_t/η_{20}	温度(℃)	η_t/η_{20}
5	1.501	16	1.104	22	0.953
6	1.455	17	1.077	23	0.932
8	1.373	18	1.050	24	0.910
10	1.297	19	1.025	25	0.890
12	1.227	20	1.000	26	0.870
14	1.163	21	0.976	28	0.833

5. 土中气体

土孔隙中气体的存在可减少土体实际渗透面积，同时气体随渗透水压的变化而胀缩，成为影响渗透面变化的不定因素。当土孔隙中存在封闭气泡时，会阻塞水的渗流，从而降低了土的渗透性。这种封闭气泡有时是由溶解于水中的气体分离出来而形成的，故室内渗透试验时，规定要用不含溶解有空气的蒸馏水。

四、动水力及流沙现象

水在土中渗流时，受到土颗粒的阻力 T 的作用，这个力的作用方向与水流方向相反，根据作用力与反作用力大小相等的原理，水流也必然有一个相等的力作用在土颗粒上，我们把水流作用在单位体积土体中土颗粒上的力称为动水力 G_D(kN/m^3)，也称渗流力。动水力的作用方向与水流方向一致。G_D 和 T 的大小相等，方向相反，它们都是用体积力表示的。

动水力的计算在工程实践中具有重要的意义，例如研究土体在水渗流时的稳定性问题，就要考虑动水力的影响。

1. 动水力的计算公式

在土中沿水流的渗流方向，切取一个土柱体 ab(见图 4-10)，土柱体的长度为 L，横截面积为 F。已知 a、b 两点距基准面的距离分别为 Z_1 和 Z_2 和，两点的测压管水柱高分别为 h_1 和 h_2，则两点的水头分别为 $H_1=h_1+Z_1$ 和 $H_2=h_2+Z_2$。

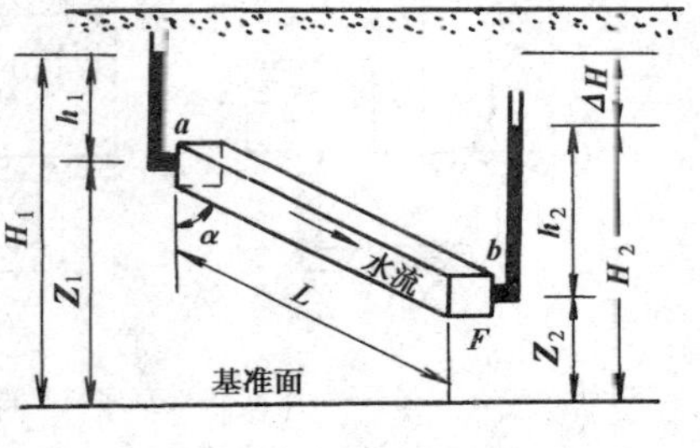

图 4-10　动水力的计算

将土柱体 ab 内的水作为脱离体，考虑作用在水上的力系。因为水流的流速变化很小，其惯性力可以略去不计。这样，可以求得这些力在 ab 轴线方向的分力分别为：

$\gamma_w h_1 F$——作用在土柱体的截面 a 处的水压力，其方向与水流方向一致；

$\gamma_w h_2 F$——作用在土柱体的截面 b 处的水压力，其方向与水流方向相反；

$\gamma_w nLF\cos\alpha$——土柱体内水的重力在 ab 方向的分力，其方向与水流方向一致；

$\gamma_w(1-n)LF\cos\alpha$——土柱体内土颗粒作用于水的力在 ab 方向的分力(土颗粒作用于水的力，也是水对于土颗粒作用的浮力的反作用力)，其方向与水流方向一致；

LFT——水渗流时，土柱中的土颗粒对水的阻力，其方向与水流方向相反；

γ_w——水的容重；

n——土的孔隙率；

其它符号意义见图 4-10。

根据作用在土柱体 ab 内水上的各力的平衡条件可得：

$$\gamma_w h_1 F - \gamma_w h_2 F + \gamma_w nLF\cos\alpha + \gamma_w(1-n)LF\cos\alpha - LFT = 0$$

或

$$\gamma_w h_1 - \gamma_w h_2 + \gamma_w L\cos\alpha - LT = 0$$

以 $\cos\alpha = \dfrac{Z_1 - Z_2}{L}$ 代入上式，可得：

$$T = \gamma_w \frac{(h_1 + Z_1) - (h_2 + Z_2)}{L} = \gamma_w \frac{H_1 - H_2}{L} = \gamma_w J \qquad (4\text{-}13)$$

故得动水力的计算公式为：

$$G_D = T = \gamma_w J \qquad (\mathrm{kN/m^3}) \qquad (4\text{-}14)$$

从上式可知，动水力的数值与水力梯度 J 成正比。

2. 流沙现象和管涌

由于动水力的方向与水流方向一致，因此当水的渗流自上向下时（例如图 4-11a）中容器内的土样，或图 4-12 中河滩路堤基底土层中的 d 点），动水力方向与土体重力方向一致，这样将增加土颗粒间的压力；若水的渗流方向自下而上时（如图 4-11b）中容器内的土样，或图 4-12 中的 e 点），动水力方向与土体重力方向相反，这样将减小土颗粒间的压力。

若水的渗流方向自下而上，在土体表面（如图 4-11b）的 a 点，或图 4-12 路堤下的 e 点）取一单位体积土体进行分析。已知土在水下的浮容重为 γ'，当向上的动水力 G_D 与土的浮容重相等时，即

$$G_D = \gamma_w J = \gamma' = \gamma_{sat} - \gamma_w \qquad (4\text{-}15)$$

式中：γ_{sat}——土的饱和容重；

γ_w——水的容重。

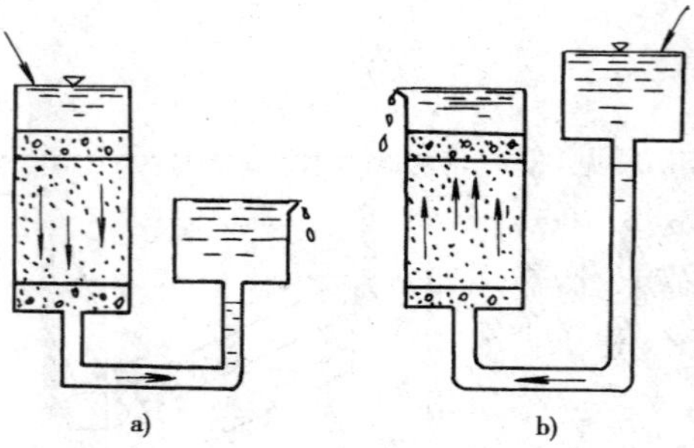

图 4-11　不同渗流方向对土的影响

a)向下渗流时；b)向上渗流时

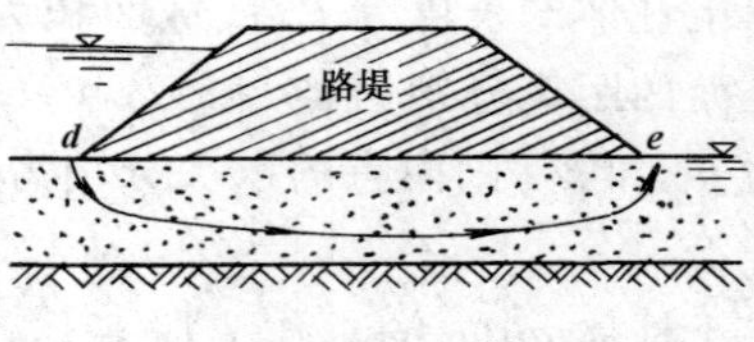

图 4-12　河滩路堤下的渗流

这时土颗粒间的压力就等于零，土颗粒将处于悬浮状态而失去稳定，这种现象称为流沙现象。

水在砂性土中渗流时，土中的一些细小颗粒在动水力作用下，可能通过粗颗粒的孔隙被水流带走，这种现象称为管涌。管涌可以发生于局部范围，但也可能逐步扩大，最后导致土体失稳破坏。土的不均匀系数越大，管涌现象愈容易发生。

流沙现象是发生在土体表面渗流逸出处，不发生于土体内部，而管涌现象可以发生在渗流逸出处，也可能发生于土体内部。

流沙现象主要发生在细砂、粉砂及轻亚粘土等土层中，而在粗颗粒土及粘土中则不易产生。

基坑开挖排水时，若采用表面直接排水，坑底土将受到向上的动水力作用，可能发生流沙现象。这时坑底土一面挖一面会随水涌出，无法清除，站在坑底的人和放置的机具也会陷下去。由于坑底土随水涌入基坑，使坑底土的结构破坏，强度降低，将来会使建筑物产生附加下

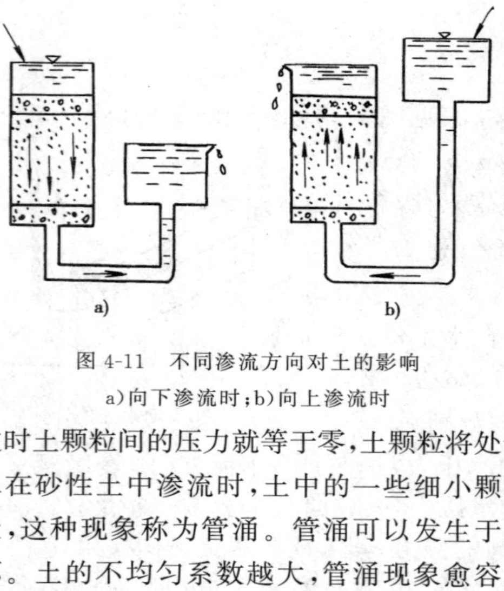沉。水下深基坑或沉井排水挖土时，若发生流沙现象将危及施工安全，应引起特别注意。通常，施工前应做好周密的勘测工作，当基坑底面的土层是容易引起流沙现象的土质时，应避免采用表面直接排水，而可采用人工降低地下水位或其它措施施工。

河滩路堤两侧有水位差时，在路堤内或基底土内发生渗流，当水力梯度较大时，可能产生管涌现象，导致路堤坍塌破坏。为了防止管涌现象发生，一般可在路基下游边坡的水下部分设置反滤层，可以防止路堤中的细小颗粒被渗透水流带走。

第三节　冻　　土

一、冻土现象及其对工程的危害

在冰冻季节因大气负温影响，使土中水分冻结成为冻土。冻土根据其冻融情况分为：季节性冻土、隔年冻土和多年冻土。季节性冻土是指冬季冻结，夏季全部融化的冻土；若冬季冻结，一、两年内不融化的土层称为隔年冻土；凡冻结状态持续三年或三年以上的土层称为多年冻土。多年冻土地区的表土层，有时夏季融化，冬季冻结，所以也是属于季节性冻土。

多年冻土在世界上分布很广，约占地球陆地面积的25%。我国的多年冻土多分布在北纬48°以北黑龙江省北部地区以及西部海拔4300m～4500m以上的高原区，总面积约为$2.5\times10^6km^2$，占全国面积的20%左右。我国东北平原的永冻层上限埋深在4m左右，其厚度一般在20～30m，个别地段可达到60m；青藏高原的永冻层上限埋深在3m以下，河谷地带稍深一些，有的可达10m以上。而季节性冻土则分布范围更广。

多年冻土按其冻结状态可分为：坚硬冻土、塑性冻土和松散冻土。坚硬冻土是土粒被冰牢固胶结，在荷载作用下，强度高，具有一定的脆性和不可压缩性。粉土和粘土一般低于－1℃左右时便成为坚硬冻土；塑性冻土是土粒虽被冰胶结，但仍含有多量的未冻结水，具有塑性，强度不高，在荷载作用下可以压缩。当温度界于0℃和坚硬冻土温度的上限之间、饱和度$S_r\leqslant0.8$时，常呈塑性冻土；松散冻土是土的含水量较少，未被冰胶结仍呈冻前的松散状态，其力学性质与未冻土差不多。砂土和碎石土常呈松散冻土。

在冻土地区，随着土中水的冻结和融化，会发生一些独特的现象，称为冻土现象。冻土现象严重地威胁着建筑物的稳定和安全。

冻土现象是冻土地区特有的不良地质现象，是由冻结和融化两种作用所引起。某些细粒土层在冻结时，往往会发生土层体积膨胀，使地面隆起成丘，即所谓冻胀现象。土层发生冻胀的原因，不仅是由于水分冻结成冰时其体积要增大9%的缘故，而主要是由于土层冻结时，周围未冻结区土中的水分会向表层冻结区迁移集聚，使冻结区土层中水分增加，冻结后的冰晶体不断增大，土体积也随之发生膨胀隆起。冻土的冻胀会使路基隆起，使柔性路面鼓包、开裂，使刚性路面错缝或折断；冻胀还使修建在其上的建筑物抬起，引起建筑物开裂、倾斜，甚至倒塌。

对工程危害更大的是在季节性冻土地区，一到春暖土层解冻融化后，由于土层上部积聚的冰晶体融化，使土中含水量大大增加，加之细粒土排水能力差，土层处于饱和状态，土层软化，强度大大降低。路基土冻融后，在车辆反复碾压下，轻者路面变得松软，限制行车速度，重者路面开裂、冒泥，即翻浆现象，使路面完全破坏。冻融也会使房屋、桥梁、涵管发生大量下沉或不均匀下沉，引起建筑物开裂破坏。因此，冻土的冻胀及冻融都会对工程带来危害，必须引起注意，采取必要的防治措施。

二、冻胀的机理与影响因素

1. 冻胀的原因

土发生冻胀的原因是因为冻结时土中水分向冻结区迁移和积聚的结果。土中水分的迁移是怎样发生的呢？解释水分迁移的学说很多，其中以“结合水迁移学说”较为普遍。

我们知道土中水区分为结合水与自由水两大类。结合水又根据其所受分子引力的大小分为强结合水与弱结合水；自由水也分为重力水与毛细水。重力水在0℃时冻结，毛细水因受表面张力的作用其冰点稍低于0℃；结合水的冰点则随着其受到的引力增加而降低，弱结合水的外层在－0.5℃时冻结，越靠近土粒表面其冰点越低，弱结合水要在－20℃～－30℃时才全部冻结，而强结合水在－78℃仍不冻结。

当大气温度降至负温时，土层中温度也随之降低，土孔隙中的自由水首先在0℃时冻结成冰晶体。随着气温的继续下降，弱结合水的最外层也开始冻结，使冰晶体逐渐扩大，这样使冰晶体周围土粒的结合水膜减薄，土粒就产生剩余的分子引力。另外，由于结合水膜的减薄，使得水膜中的离子浓度增加(因为结合水中的水分子结成冰晶体，使离子浓度相应增加)，这样就产生渗附压力(即当两种水客液的浓度不同时，会在它们之间产生一种压力差，使浓度较小溶液中的水向浓度较大的溶液渗流)。在这两种引力作用下，附近未冻结区水膜较厚处的结合水，被吸引到冻结区的水膜较薄处。一旦水分被吸引到冻结区后，因为负温作用，水即冻结，使冰晶体增大，而不平衡引力继续存在。若未冻结区存在着水源(如地下水距冻结区很近)及适当的水源补给通道(即毛细通道)，能够源源不断地补充被吸引的结合水，则未冻结区的水分就会不断地向冻结区迁移积聚，使冰晶体扩大，在土层中形成冰夹层，土体积发生隆胀，即冻胀现象。这种冰晶体的不断增大，一直要到水源的补给断绝后才停止。

2. 影响冻胀的因素

从上述土冻胀的机理分析中可以看到，土的冻胀现象是在一定条件下形成的。影响冻胀的因素有下列三个方面：

(1) 土的因素

冻胀现象通常发生在细粒土中，特别是粉土、粉质亚粘土和粉质亚砂土等，冻结时水分迁移积聚最为强烈，冻胀现象严重。这是因为这类土具有较显著的毛细现象，毛细上升高度大，上升速度快，具有较通畅的水源补给通道，同时，这类土的颗粒较细，表面能大，土粒矿物成分亲水性强，能持有较多结合水，从而能使大量结合水迁移和积聚。相反，粘土随有较厚的结合水膜，但毛细孔隙很小，对水分迁移的阻力很大，没有通畅的水源补给通道，所以其冻胀性较上述粉质土为小。

砂砾等粗颗粒土，没有或具有很少量的结合水，孔隙中自由水冻结后，不会发生水分的迁移积聚，同时由于砂砾的毛细现象不显著，因而不会发生冻胀。所以在工程实践中常在地基或路基中换填砂土，以防治冻胀。

(2) 水的因素

前面已经指出，土层发生冻胀的原因是水分的迁移和积聚。因此，当冻结区附近地下水位较高，毛细水上升高度能够达到或接近冻结线，使冻结区能得到外部水源的补给时，将发生比较强烈的冻胀现象。这样，可以区分为两种类型的冻胀：一种是冻结过程中有外来水源补给的，叫做开敞型冻胀；另一种是冻结过程中没有外来水源补给的，叫做封闭型冻胀。开敞型冻胀往往在土层中形成很厚的冰夹层，产生强烈冻胀；而封闭型冻胀，土中冰夹层薄，冻胀量也小。

(3) 温度的因素

如气温骤降且冷却强度很大时，土的冻结面迅速向下推移，即冻结速度很快。这时，土中弱结合水及毛细水来不及向冻结区迁移就在原地冻结成冰，毛细通道也被冰晶体所堵塞。这样，水分的迁移和积聚不会发生，在土层中看不到冰夹层，只有散布于土孔隙中的冰晶体，这时形成的冻土一般无明显的冻胀。

如气温缓慢下降，冷却强度小，但负温持续的时间较长，则就能促使未冻结区水分不断地向冻结区迁移和积聚，在土中形成冰夹层，出现明显的冻胀现象。

上述三方面的因素是土层发生冻胀的三个必要条件。因此，在持续负温作用下，地下水位较高处的粉砂、粉土、亚粘土、轻亚粘土等土层常具有较大的冻胀危害。但是，我们也可以根据影响冻胀的三个因素，采取相应的防治冻胀的工程措施。

三、冻结深度

由于土的冻胀和冻融将危害建筑物的正常使用和安全，因此一般设计中，均要求将基础底面置于当地冻结深度以下，以防止冻害的影响。土的冻结深度不仅和当地气候有关，而且也和土的类别、湿度以及地面覆盖情况（如植被、积雪、覆盖土层等）有关，在工程实践中，把地表无积雪和草皮等覆盖条件下多年实测最大冻深的平均值，称为标准冻深。我国有关部门根据实测资料编绘了东北和华北地区标准冻深线图。当无实测资料时，可参照此图并结合实地调查来确定。也可根据当地气象观测资料按下式估算：

$$Z_0 = 0.28\sqrt{\sum T_m + 7} - 0.5 \tag{4-16}$$

式中：Z_0——标准冻结深度（m）；

$\sum T_m$——低于0℃的月平均气温的累积值（取连续10年以上的平均值），以正号代入。

在季节性冻土区的路基工程，由于路基土层起保温作用，使路基下天然地基中的冻结深度要相应减小，其减小的程度与路基土的保温性能有关。

思考题

1. 土层中的毛细水带是怎样形成的？各有何特点？
2. 毛细水上升的原因是什么？在哪种土中毛细现象最显著？为什么？
3. 试述层流渗透定律的意义，它对各种土的适用性如何？何谓起始水力梯度？
4. 当孔隙条件具备时，砂类土和粘性土的渗透情况为何不一样？
5. 土的渗透系数 K 值是常数，这句话的先决条件是什么？为什么？
6. 影响土渗透性的因素有哪些？
7. 试述流沙现象和管涌现象的异同。
8. 什么叫冻土？季节性冻土和多年冻土有何区别？
9. 土发生冻胀的原因是什么？影响因素主要有哪些？
10. 何谓冻结深度？冻结深度对路基和建筑物地基有何重要意义？

习题

1. 某渗透试验装置如图4-14所示，砂I的渗透系数 $K_1 = 2\times10^{-1}$ cm/s，砂II的渗透系数 $K_2 = 1\times10^{-1}$ cm/s，砂样断面积 $F = 200\text{cm}^2$。

试问：1）若在砂I与砂II分界面处安装一测压管，则测压管中水面将升至右端水面以上多高？2)渗透流量 Q 多大？

2. 不透水岩基上有水平分布的三层土，厚度均为1m，渗透系数分别为 $K_1=1\text{m/d}$，$K_2=2\text{m/d}$，$K_3=10\text{m/d}$，试求等效土层的等效渗透系数 K_n 和 K_v。

3. 如图4-15所示容器中的土样，受到水的渗流作用，已知土样高度 $L=0.4\text{m}$，截面积 $F=0.049\text{m}^2$，土粒容重 $\gamma_s=26.0\text{kN/m}^3$，孔隙比 $e=0.8$。

1）计算作用在土样上的动水力大小及方向。

2）若土样发生流沙现象，其水头差 h 应为多少？

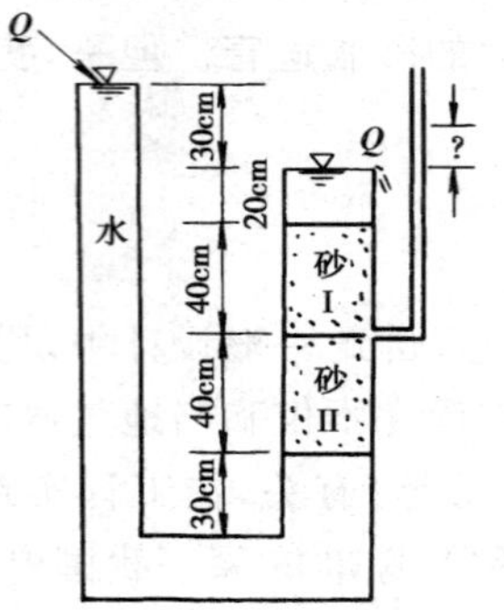

图 4-14

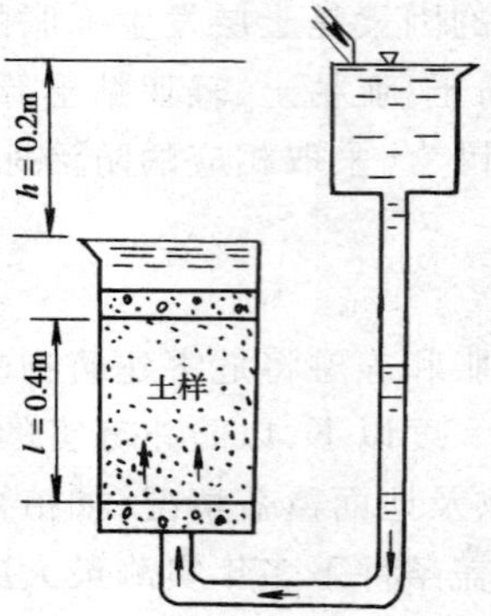

图 4-15

第五章 土中应力计算

本章学习要点：

1. 认识土中应力按其产生的原因和作用效果分为自重应力和附加应力；
2. 理解刚性基础底面压应力重分布现象的条件，掌握基底压力的计算方法；
3. 掌握自重应力和附加应力的计算方法。

第一节 概 述

一、土中应力分析

土体在自身重力、外荷载(如建筑物荷载、车辆荷载、土中水的渗流力和地震力等)作用下，土中会产生应力。土中应力按其产生的原因和作用效果分为自重应力和附加应力。自重应力是由于土的自身重力引起的应力。对于长期形成的天然土层，土体在自重应力的作用下，其沉降早已稳定，不会产生新的变形。所以自重应力又被称为原存应力或长驻应力。自重应力的作用效果多属于这种情况。对于人工填土(土层的自然状态遭到破坏时)土体在自重应力的作用下，有可能产生新的变形或丧失稳定性。附加应力是由于外荷载作用在土体上时，土中产生的应力增量。土体在附加应力作用下，将产生新的变形，当变形过大时，往往会影响建筑物的正常和安全使用。当土中应力过大时，也会导致土的强度破坏，使土体丧失稳定。因此，土中某点的总应力应为自重应力与附加应力之和。这里要注意的是土中应力是矢量，本章主要讨论在实际应用中经常用到的竖向应力的计算方法。

二、土中应力计算方法简述

目前计算土中应力的方法，主要是采用弹性理论公式，也就是把地基土视为均匀的、各向同性的半无限弹性体。这虽然同土体的实际情况有差别，但其计算结果还是能满足实际工程的要求，其原因可以从下述几方面来分析：

1. 土的分散性影响。土是由三相组成的分散体，而不是连续的介质，土中应力是通过土颗粒间的接触而传递的。但是，由于建筑物的基础面积尺寸远远大于土颗粒尺寸，同时我们研究的也只是计算平面上的平均应力，而不是土颗粒间的接触集中应力，因此可以忽略土分散性的影响，近似地把土体作为连续体考虑。

2. 土的非均质性和非理想弹性体的影响。土在形成过程中具有各种结构与构造，使土呈现不均匀性。同时土体也不是一种理想的弹性体，而是一种具有弹塑性或粘滞性的介质。但是，在实际工程中土中应力水平较低，土体受压时，应力—应变关系接近于线性关系，因此，当土层间的性质差异不十分悬殊时，采用弹性理论计算土中应力在实用上是允许的。

3. 地基土可视为半无限体。所谓半无限体就是无限空间体的一半，由于地基土在水平方向和深度方向相对于建筑物基础的尺寸而言。可以认为是无限延伸的，因此，可以认为地基土是符合半无限体的假定。

第二节　土中自重应力计算

一、计算假定

在计算自重应力时，假定土体为半无限体，即土体的表面尺寸和深度都是无限大。由此我们可以得知，在均匀土体中，土中某点的自重应力将只与该点的深度有关。

二、计算方法

如图 5-1 所示，设土中某 M 点距离地面的深度为 z，土的容重为 γ，求作用于 M 点上竖向自重应力 σ_{cz} 可在过 M 点平面上取一截面积 ΔA，然后以 ΔA 为底，截取高为 z 的土柱，由于土体为半无限体，土柱的 4 个竖直面均是对称面，而对称面上不存在剪应力作用，因此作用在 ΔA 的压力就等于该土柱的重力，即为 $\gamma z\Delta A$，于是 M 点的竖向自重应力为：

$$\sigma_{cz}=\frac{\gamma z\Delta A}{\Delta A}=\gamma z \qquad (\text{kPa}) \tag{5-1}$$

式中：γ——土的容重(kN/m^3)；

z——计算点的深度(m)。

注意：M 点的水平方向自重应力为：

$$\sigma_{cx}=\sigma_{cy}=\xi\sigma_{cz} \tag{5-2}$$

式中：ξ——土的侧压力系数，其值与土的类别和物理状态有关，可由试验确定。

三、几种情况下的计算

1. 多层土的情况　当地基由不同容重的多层土组成时，如图 5-2 所示，各土层地面上的竖向自重应力是：

$$\left.\begin{aligned}\sigma_{c1}&=\gamma_1 h_1\\ \sigma_{c2}&=\gamma_1 h_1+\gamma_2 h_2\end{aligned}\right\} \tag{5-3}$$

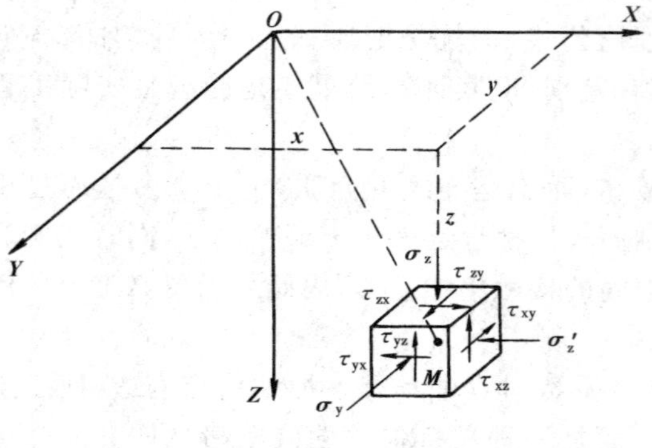

图 5-1　土中一点的应力情况

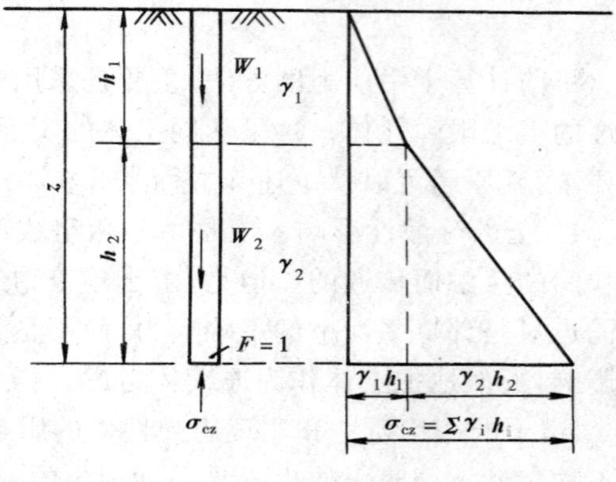

图 5-2　成层土的自重应力分布

式中：γ_1、γ_2——分别是第 1、2 层土的容重；

h_1、h_2——分别是第 1、2 层土的厚度。

由此可知，任意第 i 层底面的竖向自重应力为：

$$\sigma_{ci}=\sum_{i=1}^{n} r_i h_i$$

2. 有地下水的情况 当土层位于地面水或地下水位以下时，如图 5-3 所示，若土为透水性的（如砂、碎石类土及液性指数 $I_L \geqslant 1$ 的粘性土等），应考虑水的浮力作用，式中 γ 要用浮容重；若土为非透水性的（如 $I_L < 1$ 的粘土，$I_L < 0.5$ 的亚粘土和亚砂土及致密的岩石等），可不考虑水的浮力作用，而采用天然容重。计算土体的自重应力时，可将水位面作为一个土层面对待即可。但土的透水性问题比较复杂，有些粘性土的透水性很难作出判断，从而无法确定是否计入水的浮力。此时，通常的做法是两者均考虑，取其不利者。

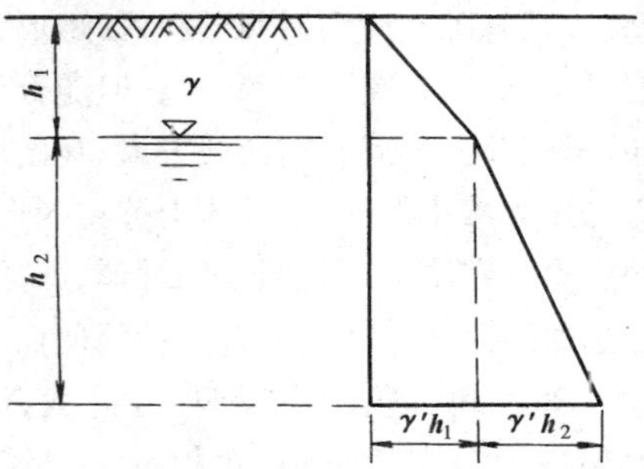

图 5-3 水下土的自重应力分布

自重应力随深度变化的分布情况，可用图 5-2 和图 5-3所示的应力分布线表示。纵坐标表示计算点的深度，横坐标表示自重应力值。从图中可以看出，同一土层中自重应力分布线为直线，而多层地基中自重应力分布线则为折线，转折点在土层分界面上，地面处的自重应力为零，总之，自重应力分布规律是随深度的增大而增大。

【例题 5-1】 如图 5-4 所示的土层，已知上层为透水性土，下层为非透水性土，求河底处及点 1、2、3、4、5、6、7 处的竖向自重应力，并绘出应力分布线。

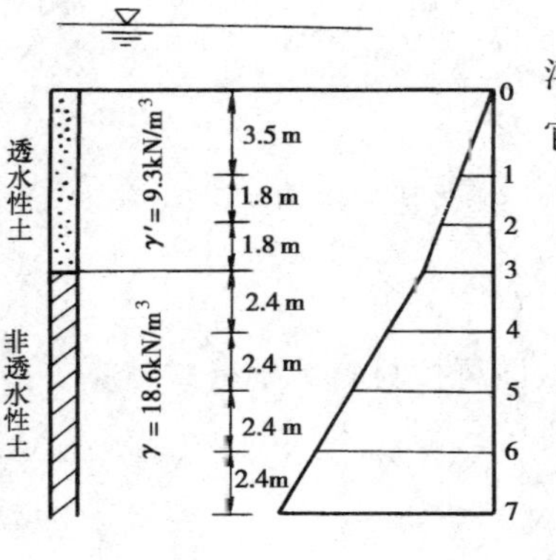

图 5-4 例题 5-1

解 竖向自重应力按式(5-3)计算，其中水下透水性土用浮容重 γ'，非透水性土则用 γ 计算。河底处自重应力为零，其它各点为：

点 1 $\sigma_{c1}=\gamma' h_1=9.3\times3.5=32.6\text{kPa}$

点 2 $\sigma_{c2}=\gamma'(h_1-h_2)=9.3\times5.3=49.3\text{kPa}$

点 3 $\sigma_{c3}=\gamma'(h_1-h_2+h_3)=9.3\times7.1=66.0\text{kPa}$

点 4 $\sigma_{c4}=66.0+\gamma h_4=66.0+18.6\times2.4=110.6\text{kPa}$

点 5 $\sigma_{c5}=66.0+18.6\times4.8=155.3\text{kPa}$

点 6 $\sigma_{c6}=66.0+18.6\times7.2=199.9\text{kPa}$

点 7 $\sigma_{c7}=66.0+18.6\times9.6=244.6\text{kPa}$

将以上各点的计算结果，按比例绘出应力分布线，见图 5-4 所示。

第三节 基础底面压力分布与计算

通过土中应力分析，我们知道附加应力是由于外荷载（包括建筑物荷载）作用在土体上时，土中产生的应力增量，而建筑物荷载是通过基础作用于地基土上。因此，在研究附加应力的计算之前，必须要弄清楚基础底面（即地基顶面）的压力分布情况和计算方法。研究表明，基础底面压力的分布图形主要取决于下列诸因素：地基与基础的相对刚度、基础的埋置深度、荷载大小和分布情况以及地基土的性质等。在实际求解时，要考虑上述各种因素是很困难的，下面主要介绍常用的刚性基础底面压力分布的概念和简化的计算公式。

一、刚性基础底面的压力分布

刚性基础是指基础本身刚度相对地基土来说很大，在受力后基础产生的挠曲变形很小(可以忽略不计)的基础。桥梁中很多圬工基础属于这一类型，如许多扩大基础和沉井基础等等。对于刚性基础，当基础底面为对称形状(如矩形、圆形)时，在中心荷载的作用下，一般基础底面的压力分布图形呈马鞍形，如图 5-5a)所示。但随着荷载的大小、土的性质和基础的埋置深度等不同，其分布图形还可能变化。例如，当荷载较大、基础埋置深度较小或地基为砂土时，由于基础边缘土的挤出而使边缘压力减小，其基底的压力分布图形将呈抛物线性，如图 5-5b)所示。随着荷载的继续增大，基底的压力分布图形可发展成倒钟形，如图 5-5c)所示。若按上述情况去计算土中的附加应力，将使计算变的非常复杂。如何寻求一种简便而又符合工程实际的方法呢?

理论和实验均已证明：在荷载合力大小和作用点不变的前提下，基底压力分布形状对土中附加应力分布的影响，在超过一定深度后就不显著了。由此，在实际计算中，可以假定基底压力分布呈直线变化，这样就大大简化了土中附加应力的计算。根据这个假定，刚性基础底面压应力分布图形如图 5-6 所示。

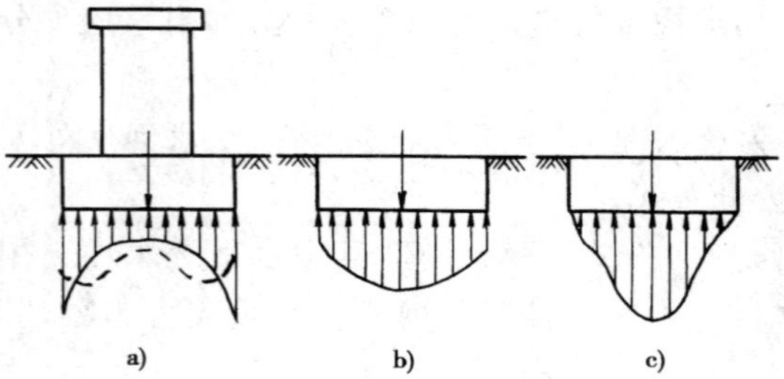

图 5-5　刚性基础底面压应力分布

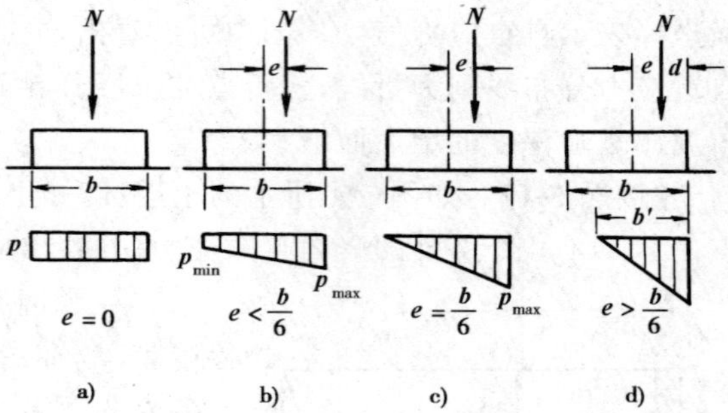

图 5-6　简化的基底压力分布

二、刚性基础底面压力的计算方法

当假定刚性基础底面的压力呈直线分布时，如图 5-6 所示，即可按材料力学公式计算。

1. 中心荷载作用时，如图 5-6a)所示，基础底面压力的计算公式为：

$$p = \frac{N}{A} \tag{5-4}$$

式中：p——基础底面压应力(kPa)；

N——作用于基底中心上的竖向荷载合力(kN)；

A——基础底面面积(m^2)。

2. 偏心荷载作用，且合力作用点不超过基底截面核心时，如图 5-6b)所示，基础底面压力的计算公式为：

$$\left.\begin{matrix} p_{max} \\ p_{min} \end{matrix}\right\} = \frac{N}{A} \pm \frac{M}{W} = \frac{N}{A} \pm \frac{N \cdot e}{W} \tag{5-5}$$

式中：p_{max}、p_{min}——基底边缘处最大、最小压应力(kPa)；

N、A——同前；

M——偏心荷载对基底形心的力矩(kN·m);

e——荷载偏心距,$e=\frac{M}{N}$(m);

W——基础底面的截面抵抗矩(m^3)。

对长度 a、宽度为 b 的矩形底面,$A=ab$,$W=\frac{ab^2}{6}$,故当 $e\leqslant\rho=\frac{b}{6}$时,基底边缘应力也可写成:

$$\left.\begin{matrix}p_{\max}\\p_{\min}\end{matrix}\right\}=\frac{N}{ab}\left(1\pm\frac{6e}{b}\right)\tag{5-6}$$

3. 偏心荷载作用,且合力作用点超过基底截面核心时,如图 5-6d)所示,对于矩形截面,当合力偏心距 $e>\frac{b}{6}$时,按材料力学偏心受压的公式计算,截面上将出现拉应力,但基础与地基之间不可能出现拉应力,于是基底应力将会重新分布在($b'\times a$)上。此时,基础底面压力的计算公式不能再按式(5-4)或式(5-5)计算。假定基底压力在 b'(小于基础宽度 b)范围内按三角形分布,如图 5-6d)所示,根据静力平衡条件应有以下关系:

$$N=\frac{1}{2}p_{\max}b'a$$

这里 N 应通过压力分布图三角形的形心,所以 $b'=3d=3\left(\frac{b}{2}-e\right)$

于是 $N=\frac{1}{2}p_{\max}\times3\left(\frac{b}{2}-e\right)a$ 由此可得基础底面压力的计算公式为:

$$p_{\max}=\frac{2N}{3\left(\frac{b}{2}-e\right)a}\tag{5-7}$$

三、柔性基础和有限刚性基础底面的压力分布简介

1. 柔性基础

一般是指刚度极小的基础,如在地面上用分散土填筑而成的土坝和路堤,本身不具有抵抗弯曲的刚度,随着地面一起变形,其底面压力的大小和分布与基础上荷载的大小和分布一致。在条形均布荷载作用下,基底压力也是均匀分布的,如图 5-7 所示。一般路堤呈梯形,当填土容重为 γ,路堤高度为 h 时,路堤底面压力分布图也呈梯形,其值为该点以上填土的自重应力,如图 5-8 所示。

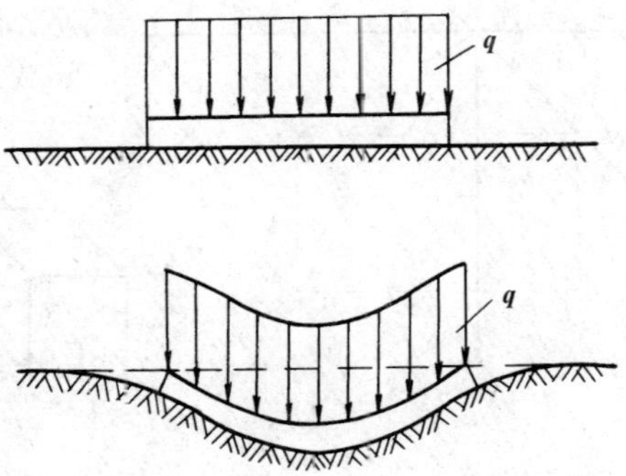

图 5-7　均布荷载作用下的基底压力

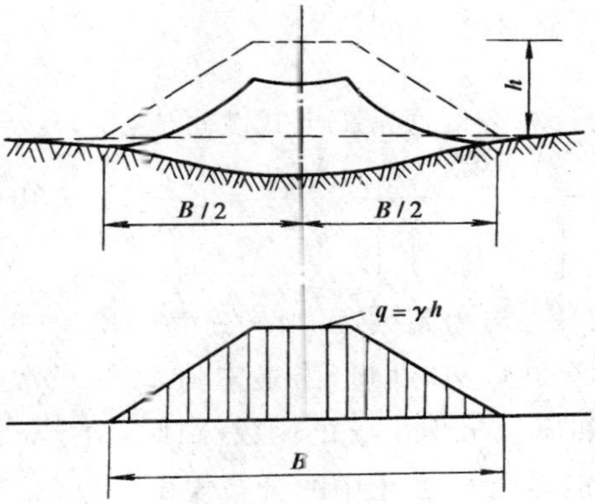

图 5-8　路堤底面压力分布

2. 有限刚性基础

一般是指基础的刚度较小，并具有较大的抗弯刚度。如钢筋混凝土连续基础、弹性地基梁等，在外载荷作用下基础底面将发生挠曲变形，这时基础底面的压力分布将不同于刚性基础和柔性基础，应考虑基础的实际刚度，一般按弹性地基梁理论分析研究。有限刚性基础底面的压力分布图形更为复杂，本书不作讨论。

第四节　土中附加应力计算

地基中附加应力的计算比较复杂，目前直接运用弹性理论的成果。弹性理论的研究对象是均匀的、各向同性的弹性体。弹性体的主要特征是受力后应力和应变呈直线变化关系，荷载一旦消失，应力和应变都随之消失。显然地基土并非是均匀的弹性体，地基土通常是分层的，有时也不符合直线变化关系，尤其在应力较大时，明显偏离直线变化。但实验证明：当地基上作用荷载不大，土中的塑性变形区很小时，荷载与变形之间近似地呈直线关系，直接用弹性理论成果，具有足够的准确性。因此，对土体有条件地假定它为“直线变形体”，可以运用弹性理论公式来计算土中应力。

一、集中荷载作用下附加应力的计算

1. 竖直集中力作用

1885 年法国数学家布辛奈斯克(J. Boussinesq)用弹性理论推出了在半无限空间弹性体表面上作用有竖直集中应力 P 时，在弹性体内任意点 $M(x,y,z)$ 引起的全部应力($\sigma_x,\sigma_y,\sigma_z,\tau_{xy}=\tau_{yx},\tau_{yz}=\tau_{zy},\tau_{zx}=\tau_{xz}$)和全部位移($u_x,u_y,u_z$)。其中对基础沉降计算直接有关的竖向附加应力 σ_z 为：

$$\sigma_z=\frac{3Pz^3}{2\pi R^5}\qquad(\text{kPa})\qquad(5\text{-}8a)$$

式中：P——集中荷载(kN)；

z——M 点距弹性体表面的深度(m)；

R——M 点到力 P 的作用点 O 的距离(m)。

如图 5-9 所示，xoy 平面为地面，M 点的坐标为(x,y,z)，从图 5-9 中可以看出

$$r=\sqrt{x^2+y^2}\quad R=\sqrt{r^2+z^2}=\sqrt{x^2+y^2+z^2}$$

为计算方便通常把上式改写成：

$$\sigma_z=\frac{3}{2\pi\left[1+\left(\frac{r}{z}\right)^2\right]^{\frac{5}{2}}}\times\frac{p}{z^2}=\alpha\frac{p}{z^2}\qquad(5\text{-}8b)$$

式中：α——应力系数，可由 r/z 值查表 5-1。

由公式(5-8)可知，当集中力 P 等于常数时，附加应力 σ_z 是 r/z 的函数，因此，给定 r 或 z 值就能得出 σ_z 在土中的分布规律。

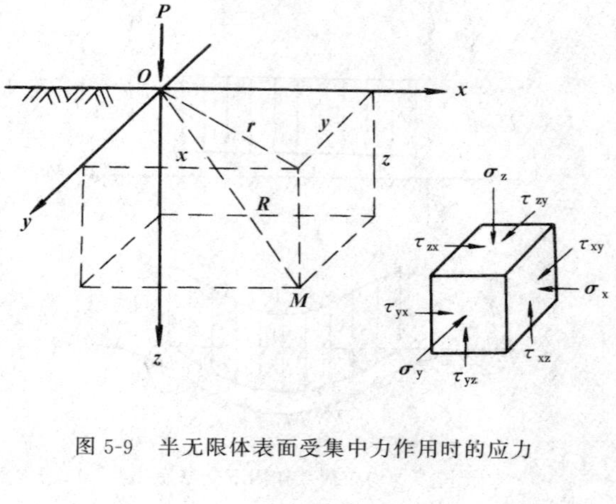

图 5-9　半无限体表面受集中力作用时的应力

(1) 在集中力 P 作用线上($r=0$)σ_z 的分布

集中力作用下的竖向应力系数　　表 5-1

$\frac{r}{z}$	α	$\frac{r}{z}$	α	$\frac{r}{z}$	α	$\frac{r}{z}$	α
0	0.478	0.9	0.108	1.8	0.013	2.7	0.002
0.1	0.466	1.0	0.084	1.9	0.010	2.8	0.002
0.2	0.433	1.1	0.066	2.0	0.008	2.9	0.002
0.3	0.385	1.2	0.051	2.1	0.007	3.0	0.001
0.4	0.329	1.3	0.040	2.2	0.006	3.2	0.001
0.5	0.273	1.4	0.032	2.3	0.005	3.5	0.0007
0.6	0.221	1.5	0.025	2.4	0.004	4.0	0.0003
0.7	0.176	1.6	0.020	2.5	0.003	5.0	0.0001
0.8	0.139	1.7	0.016	2.6	0.003		

当 $z=0$ 时，$\sigma_z=\infty$。这是由于将集中力作用面积看作零所致。它一方面说明该解不适用集中力作用点处及其附近，因此在选择应力计算点时，不应过于接近集中力作用点；另一方面也说明在 P 作用点处应力 σ_z 很大。

当 $z=\infty$ 时，$\sigma_z=0$。

结论 1　在 P 作用线上 σ_z 的分布是：随着深度增加而递减，如图 5-10 所示。

(2) 在 $r>0$ 的竖直线上 σ_z 分布

结论 2　在 $r>0$ 的竖直线上 σ_z 的分布是：随着 z 的增加，σ_z 从零开始逐渐增大，至一定深度后达到最大值；再随着 z 的增加而逐渐变小，如图 5-10 所示。

(3) 在 $z=$ 常数的水平面上 σ_z 分布

结论 3　σ_z 值在集中力作用线上最大，并随着 r 的增加而逐渐减小。随着深度 z 的增加，集中力作用线上的 σ_z 减小，而水平面上应力的分布趋于均匀，如图 5-10 所示。

若将空间 σ_z 相同的点连接成曲面，便可得到如图 5-11 所示的 σ_z 等值线（通过 P 作用线任意竖直面上），其空间曲面的形状如泡状，所以也称为应力泡。由此得知：集中力 P 在地基中引起的附加应力 σ_z 的分布是向下、向四周无限扩散开的，其值逐渐减小。

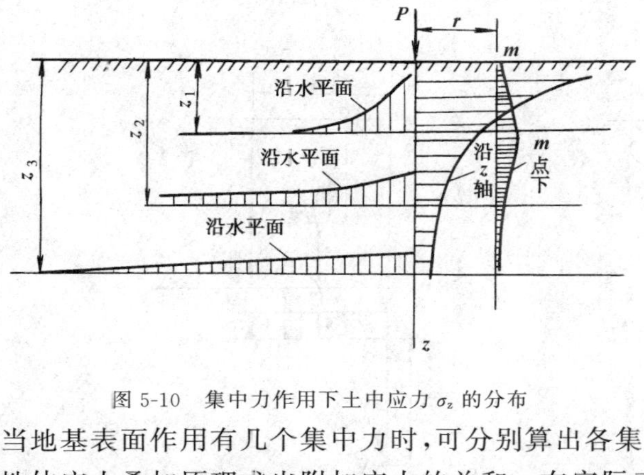

图 5-10　集中力作用下土中应力 σ_z 的分布

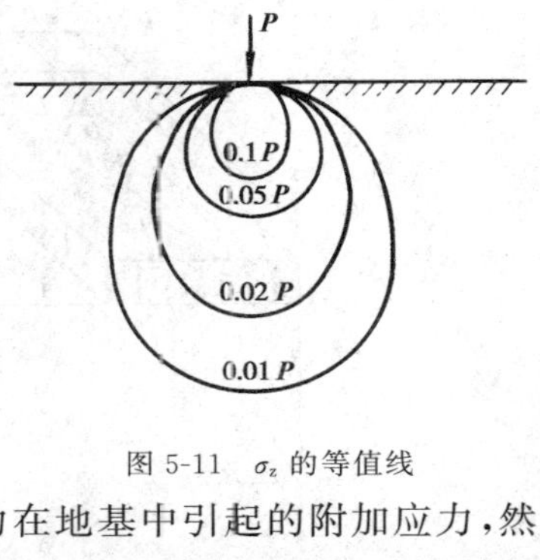

图 5-11　σ_z 的等值线

当地基表面作用有几个集中力时，可分别算出各集中力在地基中引起的附加应力，然后根据弹性体应力叠加原理求出附加应力的总和。在实际工程中，当基础底面形状不规则或荷载分布较复杂时，可将基底分为若干个小面积，把小面积上的荷载当成集中力，然后利用上述公式计算附加应力。如果小面积的最大边长小于计算应力点深度$\frac{1}{3}$的，用此法所得的应力值与正确应力值相比，误差一般不超过5%。

2. 水平集中力作用

如果地基表面作用有平行于 xoy 面的水平集中力 P_h 时，求解在地基中任意点 $M(x,y,z)$ 所引起的应力问题，是弹性体内应力计算的另一个基本课题，已由西罗提(V. Cerruti)用弹性理论解出。这里只介绍与沉降计算关系最大的垂直压应力 σ_z 的表达式：

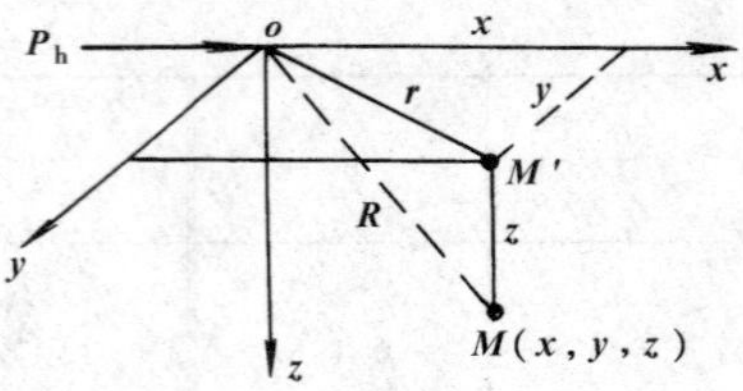

图 5-12 水平集中力作用于地基表面

$$\sigma_z = \frac{3P_h}{2\pi} \cdot \frac{xz^2}{R^5} \tag{5-9}$$

式中符号见图 5-12 。

二、局部面积上各种分布荷载作用下的附加应力计算

在实践中荷载很少是集中力的形式作用在地基上，而往往是通过基础分布在一定面积上。如果基础底面的形状或者基础底面下的荷载分布是不规则的，就可以把分布荷载分割为若干单元面积上的集中力，然后应用布辛奈斯克公式和力的叠加原理计算土中应力。若基础底面的形状和分布荷载是有规律的，就可以应用积分法解得相应的公式去计算土中应力。

1. 矩形面积上竖向均布荷载作用

地基表面有一矩形面积，宽度为 B，长度为 L，其上作用着竖向均布荷载，荷载强度为 p，求地基内各点的附加应力 σ_z。首先求出矩形面积角点下不同深度处的附加应力，然后再利用“角点法”求出地基内各点的附加应力 σ_z。

(1) 角点下的附加应力

角点下的附加应力是指图 5-13 中 O、A、C、D 四个角点下不同深度处的应力，由于荷载是均布的，故四个角点下深度一样处的附加应力均相同。如将坐标的原点取在角点 O 上，在荷载面积内任取微分面积 $\mathrm{d}A=\mathrm{d}x\cdot\mathrm{d}y$，并将其上作用的荷载以集中力 $\mathrm{d}P$ 代替，则 $\mathrm{d}P=p\mathrm{d}A=p\mathrm{d}x\mathrm{d}y$。利用式(5-8a)即可求出在该集中力作用下，角点 O 下深度为 z 处的 M 点的竖向附加应力 $\mathrm{d}\sigma_z$：

$$\mathrm{d}\sigma_z = \frac{3\mathrm{d}pz^3}{2\pi R^5} = \frac{3p}{2\pi}\,\frac{z^3}{2\pi(x^2+y^2+z^2)^{5/2}}\mathrm{d}x\mathrm{d}y \tag{5-10}$$

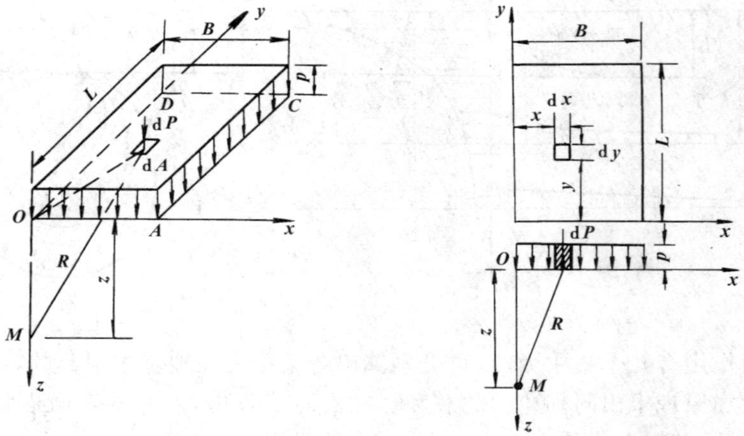

图 5-13 矩形面积均布荷载作用时角点下点的应力

将式(5-10)沿整个矩形面积 $OACD$ 积分，即可求出矩形面积上作用于均布荷载 P，在角

点 O 下深度为 z 处的 M 点的竖向附加应力 σ_z：

$$\sigma_z=\int_0^L\int_0^B\frac{3P}{2\pi}\frac{z^3}{(x^2+y^2+z^2)^{5/2}}\mathrm{d}x\mathrm{d}y$$

$$=\frac{P}{2\pi}\left[\arctan\frac{m}{n\cdot\sqrt{1+m^2+n^2}}+\frac{mn}{\sqrt{1+m^2+n^2}}\left(\frac{1}{m^2+n^2}+\frac{1}{1+n^2}\right)\right] \tag{5-11}$$

式中：$m=\dfrac{L}{B}$；$n=\dfrac{z}{B}$，其中 L 为矩形的长边尺寸，B 为矩形的短边尺寸。

为了计算方便，通常将式(5-11)简写成

$$\sigma_z=\alpha_s P \tag{5-12}$$

式中：$\alpha_s=\dfrac{1}{2\pi}\left[\arctan\dfrac{m}{n\cdot\sqrt{1+m^2+n^2}}+\dfrac{mn}{\sqrt{1+m^2+n^2}}\left(\dfrac{1}{m^2+n^2}+\dfrac{1}{1+n^2}\right)\right]$，称 α_s 为矩形竖向均布荷载角点下的应力系数，也可查表 5-2 得到。

矩形面积受竖直均布荷载作用时角点下的应力系数 α_s 值 表 5-2

$n=z/B$ \ $m=L/B$	1.0	1.2	1.4	1.6	1.8	2.0	3.0	4.0	5.0	6.0	10.0
0.0	0.2500	0.2500	0.2500	0.2500	0.2500	0.2500	0.2500	0.2500	0.2500	0.2500	0.2500
0.2	0.2486	0.2489	0.2490	0.2491	0.2491	0.2491	0.2492	0.2492	0.2492	0.2492	0.2492
0.4	0.2401	0.2420	0.2429	0.2434	0.2437	0.2439	0.2442	0.2443	0.2443	0.2443	0.2443
0.6	0.2229	0.2275	0.2300	0.2315	0.2324	0.2329	0.2339	0.2341	0.2342	0.2342	0.2342
0.8	0.1999	0.2075	0.2120	0.2147	0.2165	0.2176	0.2196	0.2200	0.2202	0.2202	0.2202
1.0	0.1752	0.1851	0.1911	0.1955	0.1981	0.1999	0.2034	0.2042	0.2044	0.2045	0.2046
1.2	0.1516	0.1626	0.1705	0.1758	0.1793	0.1818	0.1870	0.1882	0.1885	0.1887	0.1888
1.4	0.1308	0.1423	0.1508	0.1569	0.1613	0.1644	0.1712	0.1730	0.1735	0.1738	0.1740
1.6	0.1123	0.1241	0.1329	0.1436	0.1445	0.1482	0.1567	0.1590	0.1598	0.1601	0.1604
1.8	0.0969	0.1083	0.1172	0.1241	0.1294	0.1334	0.1434	0.1463	0.1474	0.1478	0.1482
2.0	0.0840	0.0947	0.1034	0.1103	0.1158	0.1202	0.1314	0.1350	0.1363	0.1368	0.1374
2.2	0.0732	0.0832	0.0917	0.0984	0.1039	0.1084	0.1205	0.1248	0.1264	0.1271	0.1277
2.4	0.0642	0.0734	0.0812	0.0879	0.0934	0.0979	0.1108	0.1156	0.1175	0.1184	0.1192
2.6	0.0566	0.0651	0.0725	0.0788	0.0842	0.0887	0.1020	0.1073	0.1095	0.1106	0.1116
2.8	0.0502	0.0508	0.0649	0.0709	0.0761	0.0805	0.0942	0.0999	0.1024	0.1036	0.1048
3.0	0.0447	0.0519	0.0583	0.0640	0.0690	0.0732	0.0870	0.0931	0.0959	0.0973	0.0987
3.2	0.0401	0.0467	0.0526	0.0580	0.0627	0.0668	0.0806	0.0870	0.0900	0.0916	0.0933
3.4	0.0361	0.0421	0.0477	0.0527	0.0571	0.0611	0.0747	0.0814	0.0847	0.0864	0.0882
3.6	0.0326	0.0382	0.0433	0.0480	0.0523	0.0561	0.0694	0.0763	0.0799	0.0816	0.0837
3.8	0.0296	0.0348	0.0395	0.0439	0.0479	0.0516	0.0645	0.0717	0.0753	0.0773	0.0796
4.0	0.0270	0.0318	0.0362	0.0403	0.0441	0.0474	0.0603	0.0674	0.0712	0.0733	0.0758
4.2	0.0247	0.0291	0.0333	0.0371	0.0407	0.0439	0.0563	0.0634	0.0674	0.0696	0.0724
4.4	0.0227	0.0268	0.0306	0.0343	0.0376	0.0407	0.0527	0.0597	0.0639	0.0662	0.0692
4.6	0.0209	0.0247	0.0283	0.0317	0.0348	0.0378	0.0493	0.0564	0.0606	0.0630	0.0663
4.8	0.0193	0.0229	0.0262	0.0294	0.0324	0.0352	0.0463	0.0533	0.0576	0.0601	0.0635
5.0	0.0179	0.0212	0.0243	0.0274	0.0302	0.0328	0.0435	0.0504	0.0547	0.0573	0.0610
6.0	0.0127	0.0151	0.0174	0.0196	0.0218	0.0238	0.0325	0.0388	0.0431	0.0460	0.0506
7.0	0.0094	0.0112	0.0130	0.0147	0.0164	0.0180	0.0251	0.0306	0.0346	0.0376	0.428
8.0	0.0073	0.0087	0.0101	0.0114	0.0127	0.0140	0.0198	0.0246	0.0283	0.0311	0.0367
9.0	0.0058	0.0069	0.0080	0.0091	0.0102	0.0112	0.0161	0.0202	0.0235	0.0262	0.0319
10.0	0.0047	0.0056	0.0065	0.0074	0.0083	0.0092	0.00132	0.0167	0.0198	0.0222	0.0280

(2) 任意点的附加应力——角点法

角点法是指利用角点下的应力计算公式(5-11)和力的叠加原理,求解地基中任意点的附加应力的方法。角点法的应用可分为两种情况:

第一种情况:计算矩形面积内任意点 M' 下深度为 z 的附加应力图 5-14a)。过 M' 点将矩形面积 $abcd$ 分成 I、II、III、IV 四个小矩形,M' 点为四个小矩形的公共角点,则 M' 点下任意 z 深度处的附加应力 σ'_{zM} 为:

$$\sigma'_{zM} = (\alpha_{sI} + \alpha_{sII} + \alpha_{sIII} + \alpha_{sIV})P \qquad (5\text{-}13a)$$

第二种情况:计算矩形面积外任意点 M' 下深度为 z 的附加应力。仍然设法使 M' 点成为几个小矩形面积的公共角点,如图 5-14b)所示。然后将其应力进行代数叠加。

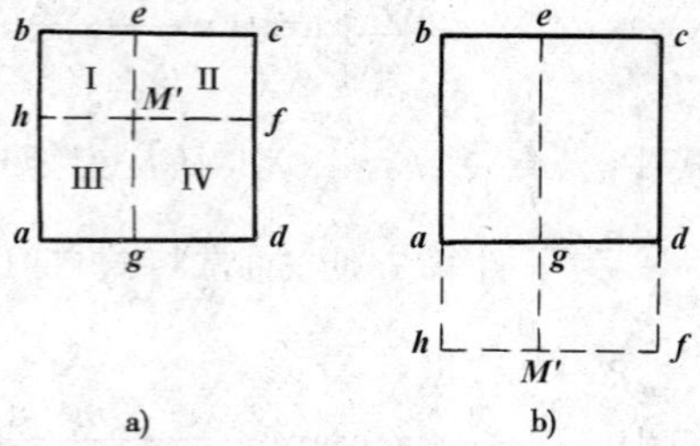

图 5-14 用角点法计算 M' 下的附加应力

$$\sigma'_{zM} = (\alpha_{sI} + \alpha_{sII} - \alpha_{sIII} - \alpha_{sIV})P \qquad (5\text{-}13b)$$

以上两式中 α_{sI}、α_{sII}、α_{sIII}、α_{sIV} 分别为矩形 $M'hbe$、$M'fce$、$M'hag$、$M'fdg$ 的竖向均布荷载角点下的应力系数,P 为荷载强度。必须注意,在应用角点法计算每一块矩形面积的 α_s 值时,B 恒为短边,L 恒为长边。

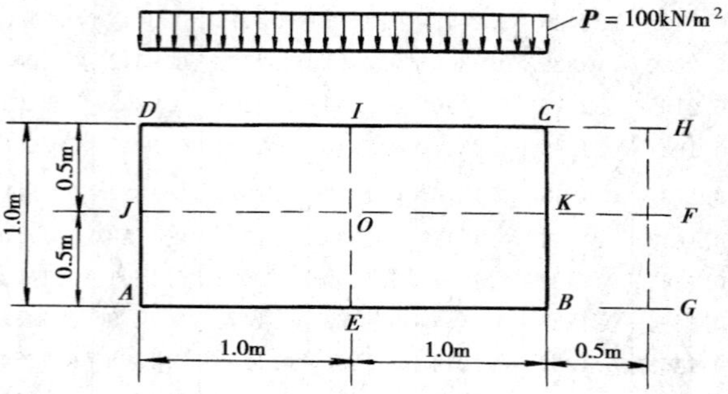

图 5-15 例题 5-2 图

【例题 5-2】 如图 5-15 所示,均布荷载 $P=100\text{kN/m}^2$ 作用在面积为 $2\text{m}\times1\text{m}$ 的矩形面积上,求荷载面积上角点 A、边点 E、中心点 O 和荷载面积外 F 点、G 点等各点下深度 $z=1\text{m}$ 处的附加应力,并利用计算结果说明附加应力的扩散规律。

解 ①A 点下的应力

A 点是矩形 $ABCD$ 的角点,且 $m=\dfrac{L}{B}=\dfrac{2}{1}=2$;$n=\dfrac{Z}{B}=1$,查表 3-2 得 $\alpha_s=0.1999$,故

$$\sigma_{zA} = \alpha_s P = 0.1999 \times 100 = 20\text{kN/m}^2$$

②E 点下的应力

通过 E 点将矩形荷载面积分为两个相等矩形 $EADI$ 和 $EBCI$。求 $EADI$ 的角点应力系数 α_s:

$$m = \frac{L}{B} = \frac{1}{1} = 1;n = \frac{Z}{B} = \frac{1}{1} = 1$$

查表 5-2 得 $\alpha_s=0.1752$,故

$$\sigma_{zE} = 2\alpha_s P = 2 \times 0.1752 \times 100 = 35\text{kN/m}^2$$

③O 点下的应力

通过 O 点将原矩形面积分为个四个相等矩形 $OEAJ$,$OJDI$,$OICK$ 和 $OKBE$。求 $OEAJ$ 角点应力系数 α_s:

$$m = \frac{L}{B} = \frac{1}{0.5} = 2;n = \frac{Z}{B} = \frac{1}{0.5} = 2$$

查表 5-2 得 $\alpha_s=0.1202$,故

$$\sigma_{zo} = 4\alpha_s P = 4 \times 0.1202 \times 100 = 48.1\text{kN/m}^2$$

④F 点下应力

过 F 点作矩形 $FGAJ$，$FJDH$，$FGBK$ 和 $FKCH$。

设 α_{sI} 为矩形 $FGAJ$ 和 $FJDH$ 的角点应力系数；α_{sII} 为矩形 $FGBK$ 和 $FKCH$ 的角点应力系数。

求：α_{sI}：
$$m=\frac{L}{B}=\frac{2.5}{0.5}=5;n=\frac{Z}{B}=\frac{1}{0.5}=2$$

查表 5-2 得 $\alpha_{sI}=0.1363$

求：
$$m=\frac{L}{B}=\frac{0.5}{0.5}=1;n=\frac{Z}{B}=\frac{1}{0.5}=2$$

查表 5-2 得 $\alpha_{sII}=0.0840$

故 $\sigma_{zF}=2(\alpha_{sI}-\alpha_{sII})P=2(0.1363-0.0840)\times 100=10.5\text{kN/m}^2$

⑤G 点下应力

通过 G 点作矩形 $GADH$ 和 $GBCH$ 分别求出它们的角点应力系数 α_{sI} 和 α_{sII}

求 α_{sI}：
$$m=\frac{L}{B}=\frac{2.5}{1}=2.5;m=\frac{Z}{B}=\frac{1}{1}=1$$

查表 5-2 得 $\alpha_{sI}=0.2016$

求 α_{sII}：
$$m=\frac{L}{B}=\frac{1}{0.5}=2;n=\frac{Z}{B}=\frac{1}{0.5}=2$$

查表 5-2 得 $\alpha_{sII}=0.1202$

故 $\sigma_{zG}=(\alpha_{sI}-\alpha_{sII})p=(0.2016-0.1202)\times 100=8.1\text{kN/m}^2$

将计算结果绘成图 5-16，可以看出在矩形面积均布荷载作用时，土中附加应力 σ_z 的扩散规律为：在荷载面积范围内产生附加应力，随深度 z 的增加而逐渐减小；超出荷载面积范围产生附加应力，随着深度 z 的增加，σ_z 从零开始逐渐增大，至一定深度后达到最大值；再随着 z 的增加而逐渐变小；在同一深度处，离荷载面积中线愈远的点，其 σ_z 值愈小。

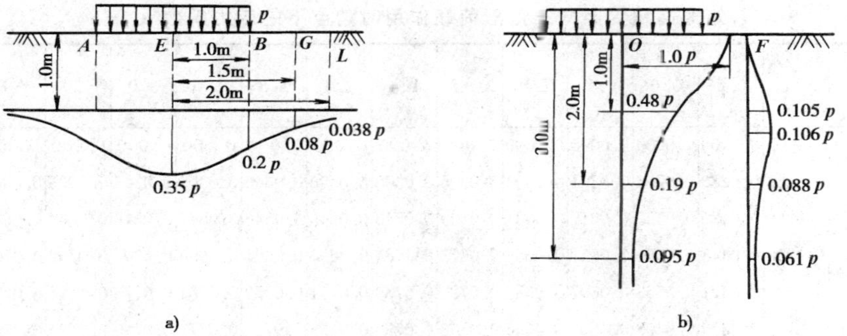

图 5-16　例题 5-2 计算结果

2. 矩形面积竖向三角形荷载

如图 5-17 所示，在矩形面积上作用着三角形分布荷载，最大荷载强度为 p_t。把荷载强度为零的角点 O 作为坐标原点，在荷载面积内，任取微分面积 $dA=dxdy$，并将其上作用的荷载以集中力 $dP=\frac{p_t\cdot x}{B}dxdy$ 代替，利用公式(5-8a)即可求出 dP 在 O 点下任意点 M 处引起的竖直附加应力 $d\sigma_z$ 应为：

$$d\sigma_z=\frac{3p_t}{2\pi B}\cdot\frac{xz^3}{(x^2+y^2+z^2)^{5/2}}dxdy \tag{5-14}$$

将式(5-14)沿矩形面积积分后，可得出整个矩形基础竖直三角荷载在角点 O 下任意深度 z 处所引起的竖向附加应力 σ_z 为：

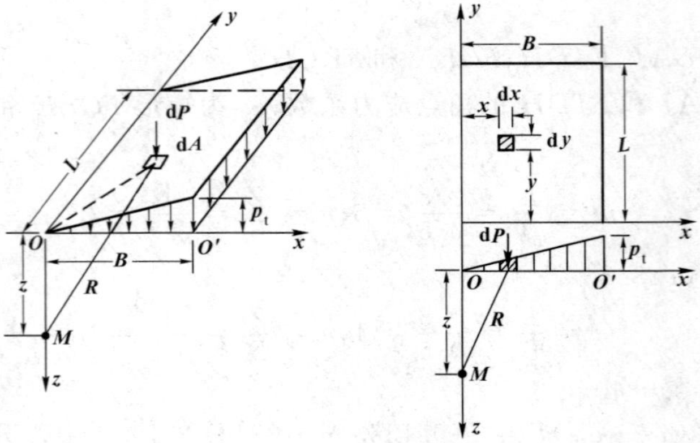

图 5-17　矩形面积作用三角形分布荷载时角点下的应力

$$\sigma_z = \frac{mn}{2\pi}\left[\frac{1}{\sqrt{m^2+n^2}} - \frac{n^2}{(1+n^2)\sqrt{1+m^2+n^2}}\right]p_t \tag{5-15}$$

式中：$m=\frac{L}{B}$，$n=\frac{Z}{B}$，其中 B 是沿三角荷载变化方向的矩形边长，L 为矩形的另一边长。

为了计算方便，通常将式(5-15)简写成

$$\sigma_z = \alpha_t p_t \tag{5-16}$$

式中：$\alpha_t = \frac{mn}{2\pi}\left[\frac{1}{\sqrt{m^2+n^2}} - \frac{n^2}{(1+n^2)\sqrt{1+m^2+n^2}}\right]$ 称 α_t，为矩形面积竖向三角形荷载角点下的应力系数，也可查表 5-3 得到。这里必须注意的是：式(5-15)求得是荷载强度为零的角点下任意深度 z 处所引起的竖向附加应力，如果要求图 5-16 中角点 O 下的竖向附加应力，可以用竖向均布荷载与竖向三角形荷载叠加得到。

矩形面积受竖向三角形荷载作用时角点下的应力系数 α_t 值　　表 5-3

$n=z/B$ \ $m=L/B$	0.2	0.4	0.6	0.8	1.0	1.2	1.4	1.6	1.8	2.0	3.0	4.0	6.0	8.0	10.0
0.0	0.0000	0.0000	0.0000	0.0000	0.0000	0.000	0.000	0.000	0.000	0.000	0.000	0.000	0.000	0.000	0.000
0.2	0.0223	0.0280	0.0296	0.0301	0.0304	0.0305	0.0305	0.0306	0.0306	0.0306	0.0306	0.0306	0.0306	0.0306	0.0306
0.4	0.0269	0.0420	0.0487	0.0517	0.0531	0.0539	0.0543	0.0545	0.0546	0.0547	0.0548	0.0549	0.0549	0.0549	0.0549
0.6	0.0259	0.0448	0.0560	0.0621	0.0654	0.0673	0.0684	0.0690	0.0694	0.0696	0.0701	0.0702	0.0702	0.0702	0.0702
0.8	0.0232	0.0421	0.0553	0.0637	0.0688	0.0720	0.0739	0.0751	0.0759	0.0764	0.0773	0.0776	0.0776	0.0776	0.0776
1.0	0.0201	0.0375	0.0508	0.0602	0.0666	0.0708	0.0735	0.0735	0.0766	0.0774	0.0790	0.0794	0.0795	0.0796	0.0796
1.2	0.0171	0.0324	0.0450	0.0546	0.0615	0.0664	0.0698	0.0721	0.0738	0.0749	0.0714	0.0779	0.0782	0.0783	0.0783
1.4	0.0145	0.0278	0.0392	0.0483	0.0554	0.0606	0.0644	0.0672	0.0692	0.0707	0.0739	0.0748	0.0752	0.0752	0.0753
1.6	0.0123	0.0238	0.0339	0.0424	0.0492	0.0545	0.0586	0.0616	0.0639	0.0656	0.0667	0.0708	0.0714	0.0715	0.0715
1.8	0.0105	0.0204	0.0294	0.0371	0.0435	0.0487	0.0528	0.0560	0.0586	0.0604	0.0652	0.0666	0.0673	0.0675	0.0675
2.0	0.0090	0.0176	0.0255	0.0324	0.0348	0.0434	0.0474	0.0507	0.0533	0.0553	0.0607	0.0624	0.0634	0.0636	0.0636
2.5	0.0063	0.0125	0.0183	0.0236	0.0284	0.0326	0.0362	0.0393	0.0419	0.0440	0.0504	0.0529	0.0543	0.0547	0.0548
3.0	0.0046	0.0092	0.0135	0.0176	0.0214	0.0249	0.0280	0.0307	0.0331	0.0352	0.0419	0.0449	0.0469	0.0474	0.0476
5.0	0.0018	0.0036	0.0054	0.0071	0.0088	0.0104	0.0120	0.0135	0.0148	0.0161	0.0214	0.0248	0.0283	0.0296	0.0301
7.0	0.0009	0.0019	0.0028	0.0038	0.0047	0.0056	0.0064	0.0073	0.0081	0.0089	0.0124	0.0152	0.0186	0.0204	0.0212
10.0	0.0005	0.0009	0.0014	0.0019	0.0023	0.0028	0.0033	0.0037	0.0041	0.0046	0.0066	0.0084	0.0111	0.0128	0.0139

3. 矩形面积水平均布荷载

如图 5-18 所示，当矩形面积上作用有水平均布荷载 p_h 时，利用西罗提公式(5-9)对矩形面积积分，即可求出矩形面积角点下任意深度 z 处的竖向附加应力 σ_z，简化后的公式为：

$$\sigma_z = \mp \alpha_h p_h \tag{5-17}$$

$$\alpha_h = \frac{1}{2\pi}\left[\frac{m}{\sqrt{m^2+n^2}} - \frac{mn^2}{(1+n^2)\sqrt{1+m^2+n^2}}\right] \tag{5-18}$$

$$m = \frac{L}{B};\ n = \frac{Z}{B};$$

式中：B——平行于水平荷载作用方向的边长；

L——垂直于水平荷载作用方向的边长。

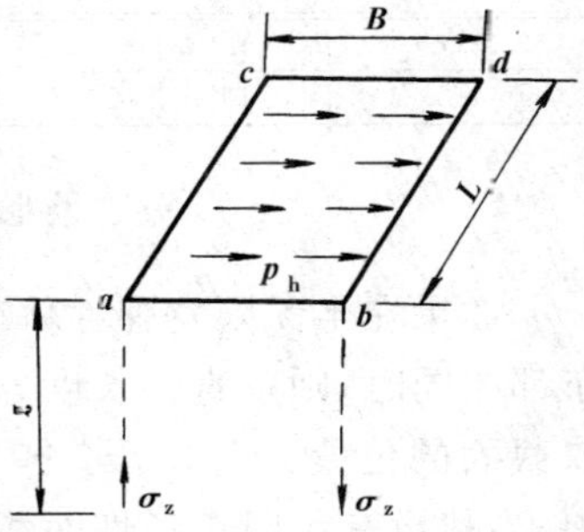

图 5-18　矩形面积作用水平均布荷载时角点下的 σ_z

称 α_h 为矩形面积作用水平均布荷载时角点下的应力系数，可查表 5-4 得到。

计算表明：在地表下同一深度 z 处四个角点下的竖向附加应力 σ_z 绝对值相同，但应力符号有正负之分。如图 5-18 所示，a、c 点下的 σ_z 为负值，b、d 点下的 σ_z 为正值。

对于矩形面积内、外任意点的竖向附加应力 σ_z，仍可利用角点法和力的叠加原理求得。

矩形面积作用水平均布荷载时角点下的应力系数 α_h 值　　表 5-4

$m=L/B$ $n=z/B$	1.0	1.2	1.4	1.6	1.8	2.0	3.0	4.0	6.0	8.0	10.0
0.0	0.1592	0.1592	0.1592	0.1592	0.1592	0.1592	0.1592	0.1592	0.1592	0.1592	0.1592
0.2	0.1518	0.1523	0.1526	0.1528	0.1529	0.1529	0.1530	0.1530	0.1530	0.1530	0.1530
0.4	0.1328	0.1347	0.1356	0.1362	0.1365	0.1367	0.1371	0.1372	0.1372	0.1372	0.1372
0.6	0.1091	0.1121	0.1139	0.1150	0.1156	0.1160	0.1168	0.1169	0.1170	0.1170	0.1170
0.8	0.0861	0.0900	0.0924	0.0939	0.0948	0.0955	0.0967	0.0969	0.0970	0.0970	0.0970
1.0	0.0666	0.0708	0.0735	0.0753	0.0766	0.0774	0.0790	0.0794	0.0795	0.0796	0.0796
1.2	0.0512	0.0553	0.0582	0.0601	0.0615	0.0624	0.0645	0.0650	0.0652	0.0652	0.0652
1.4	0.0395	0.0433	0.0460	0.0480	0.0494	0.0505	0.0528	0.0534	0.0537	0.0537	0.0538
1.6	0.0308	0.0341	0.0366	0.0385	0.0400	0.0410	0.0436	0.0443	0.0446	0.0447	0.0447
1.8	0.0242	0.0270	0.0293	0.0311	0.0325	0.0336	0.0362	0.0370	0.0374	0.0375	0.0375
2.0	0.0192	0.0217	0.0237	0.0253	0.0266	0.0277	0.0303	0.0312	0.0317	0.0318	0.0318
2.5	0.0113	0.0130	0.0.145	0.0157	0.0167	0.0176	0.0202	0.0211	0.0217	0.0219	0.0219
3.0	0.0070	0.0083	0.0093	0.0102	0.0110	0.0117	0.0140	0.0150	0.0156	0.0158	0.0159
5.0	0.0018	0.0021	0.0024	0.0027	0.0030	0.0032	0.0043	0.0050	0.0057	0.0059	0.0060
7.0	0.0007	0.0008	0.0009	0.0010	0.0012	0.0013	0.0018	0.0022	0.0027	0.0029	0.0030
10.0	0.0002	0.0003	0.0003	0.0004	0.0004	0.0005	0.0007	0.0008	0.0011	0.0013	0.0014

4. 圆形面积竖向均布荷载作用中心点下的附加应力计算

当圆形面积上作用于竖向均布荷载 P 时，荷载面积中心点 O 下任意深度 z 处 M 点的竖向附加应力 σ_z，仍可利用公式(5-8a)，在圆面积内积分求得：

$$\sigma_z = \left\{1 - \frac{1}{\left[1+\left(\frac{r}{Z}\right)^2\right]^{3/2}}\right\}\cdot p \tag{5-19}$$

或简写成：

$$\sigma_z = \alpha_0 p \tag{5-20}$$

式中：α_0——圆形面积均布荷载作用时，圆心点下的竖向应力系数，可查表 5-5 得到；

r——圆面积半径；

p——均布荷载强度。

圆形均布荷载中心点下的应力系数 α_0 值　　表 5-5

z/r	0	0.25	0.50	0.75	1.00	1.25	1.50	1.75	2.00	2.50
α_0	1.000	0.986	0.901	0.784	0.646	0.524	0.424	0.346	0.284	0.200
z/r	3	4	5	6	7	8	9	10	20	30
α_0	0.146	0.087	0.057	0.040	0.030	0.023	0.018	0.015	0.003	0.001

三、条形面积上各种分布荷载作用下的附加应力计算

如果在半无限宽弹性体表面作用无限长条性面积分布荷载，而且荷载在各个截面上的分布都相同时，则垂直于长度方向的任一截面内附加应力的大小及分布规律都是相同的，即与所取截面的位置无关，只与土中所求应力点的平面位置有关，故又被称为平面问题。实际工程中，当然没有无限长条性面积分布荷载，但在实际应用中，一般截面荷载面积的宽度 B 与其延伸长度 L 之比，即 $L/B \geqslant 10$ 时，即可认为是条形基础。像墙基、路基、挡土墙和堤坝等，均可按平面问题计算地基中的附加应力，其计算结果与实际相差很少。

1. 竖向均布线荷载作用

如图 5-19 所示，在地基表面作用无限长竖向均布线荷载 p，求在地基中任意点 M 的竖向附加应力。在均布线荷载上取微分长度 $\mathrm{d}y$，作用在上面的荷载 $p\mathrm{d}y$ 可以看成集中力，则在地基内 M 点引起的竖向附加应力由式(5-8a)得出：

$$\mathrm{d}\sigma_z = \frac{3pz^3}{2\pi R^5}\mathrm{d}y$$

$$\sigma_z = \int_{-\infty}^{+\infty} \frac{3pz\,\mathrm{d}y}{2\pi(x^2+y^2+z^2)^{5/2}} = \frac{2pz^3}{\pi(x^2+z^2)^2} \tag{5-21}$$

式中：p——单位长度上的线荷载(kN/m)；

其它符号见图 5-19 所示。

2. 竖向均布条形荷载作用

如图 5-20 所示，在地基表面作用无限长竖向均布条形荷载 p，求在地基中任意点 $M(x,z)$ 的竖向附加应力 σ_z。在条形荷载的宽度方向上取微分宽度 $\mathrm{d}\xi$，将其上作用的荷载 $\mathrm{d}p = p\mathrm{d}\xi$ 视为线布荷载，则 $\mathrm{d}p$ 在 M 点引起的竖直附加应力 $\mathrm{d}\sigma_z$ 由式(5-21)得出：

$$\mathrm{d}\sigma_z = \frac{2z^3}{\pi[(x-\xi)^2+z^2]^2}p\mathrm{d}\xi$$

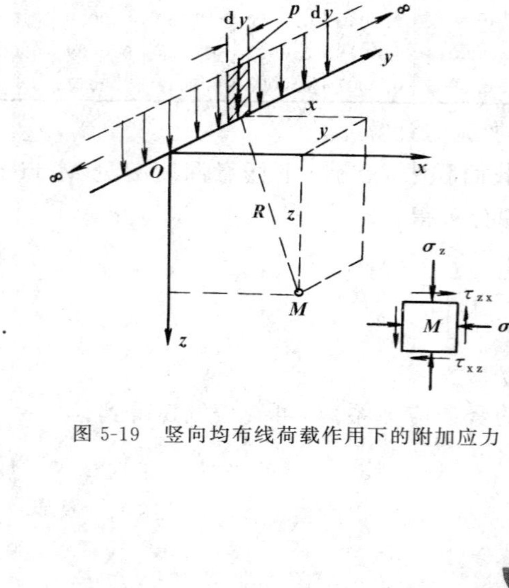

图 5-19　竖向均布线荷载作用下的附加应力

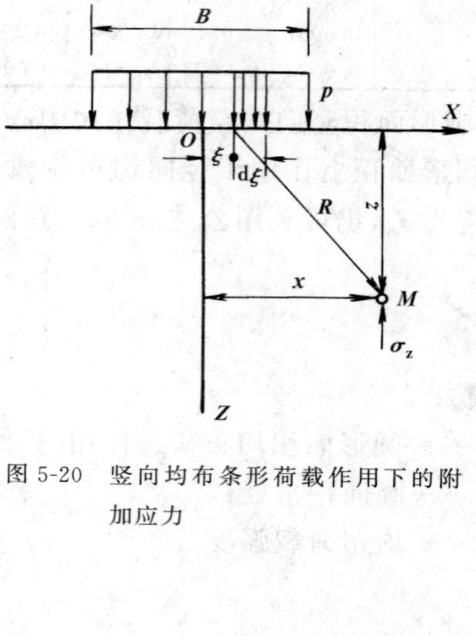

图 5-20　竖向均布条形荷载作用下的附加应力

将上式沿宽度 B 积分，即可得条形荷载在 M 点引起的竖向附加应力 σ_z 为：

$$\sigma_z = \int_0^B \frac{2z^3}{\pi[(x-\xi)^2+z^2]^2} p\mathrm{d}\xi$$

$$= \frac{p}{\pi}\left[\arctan\frac{m}{n} - \arctan\frac{m-1}{n} + \frac{mn}{m^2+n} - \frac{n(m-1)}{n^2+(m-1)^2}\right] \tag{5-22}$$

或简写成：

$$\sigma_z = \alpha_u p \tag{5-23}$$

式中：α_u 为条形面积竖向均布荷载作用时的应力系数，可查表 5-6 得到：

$$m = \frac{x}{B}, n = \frac{z}{B}$$

竖向条形均布荷载作用时的应力系数 α_u 值 表 5-6

z/B \ x/B	0	0.25	0.5	1.0	1.5	2.0	z/B \ x/B	0	0.25	0.5	1.0	1.5	2.0
0	1.00	1.00	0.50	0	0	0	1.75	0.35	0.34	0.30	0.21	0.13	0.07
0.25	0.96	0.90	0.50	0.02	0	0	2.00	0.31	0.31	0.28	0.20	0.13	0.08
0.50	0.82	0.74	0.48	0.08	0.02	0	3.00	0.21	0.21	0.20	0.17	0.135	0.10
0.75	0.67	0.61	0.45	0.15	0.04	0.02	4.00	0.16	0.16	0.15	0.14	0.12	0.10
1.00	0.55	0.51	0.41	0.19	0.07	0.03	5.00	0.13	0.13	0.12	0.12	0.11	0.09
1.25	0.45	0.44	0.37	0.20	0.10	0.04	6.00	0.11	0.10	0.10	0.10	0.10	—
1.50	0.40	0.38	0.33	0.21	0.11	0.06							

3. 竖向三角形条形荷载作用

如图 5-21 所示，在地基表面作用无限长竖向三角形条形荷载，其最大值为 p，求在地基中任意点 M 的竖向附加应力。在条形荷载的宽度方向上取微分宽度 $\mathrm{d}\xi$，将其上作用的荷载 $\mathrm{d}p = \frac{\xi}{B}\mathrm{d}\xi$ 视为线布荷载，则 $\mathrm{d}p$ 在 M 点引起的竖向附加应力 $\mathrm{d}\sigma_z$ 由式(5-21)得出：

$$\mathrm{d}\sigma_z = \frac{2z^3}{\pi[(x-\xi)^2+z^2]^2}\frac{\xi}{B}\mathrm{d}\xi$$

将上式沿宽度 B 积分，即可得条形荷载在 M 点引起的竖向附加应力 σ_z 为：

$$\sigma_z = \frac{p}{\pi}\left\{m\left[\arctan\left(\frac{m}{n}\right) - \arctan\left(\frac{m-1}{n}\right)\right] - \frac{(m-1)n}{(m-1)^2+n^2}\right\} \tag{5-24}$$

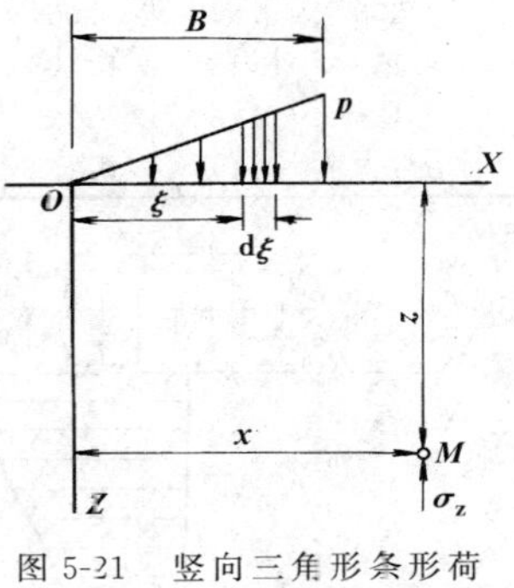

图 5-21 竖向三角形条形荷载作用下的附加应力

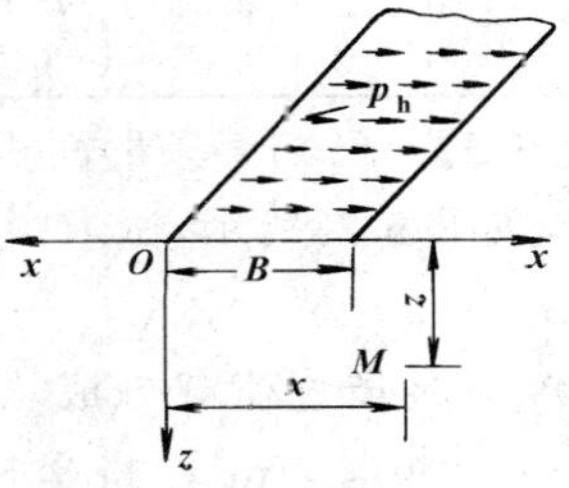

图 5-22 水平均布条形荷载作用下的竖向附加应力

或简写成：

$$\sigma_z = \alpha_s p$$

式中：α_s 为条形面积竖向三角形荷载作用时的应力系数，可查表 5-7 得到：

$$m = \frac{x}{B}, n = \frac{z}{B}$$

4．水平均布条形荷载作用

如图 5-22 所示，当地基表面作用无限长水平均布条形荷载 p_h 时，在地基中任意点 M 的竖向附加应力 σ_z 为：

$$\sigma_z = \frac{p_h}{\pi}\left[\frac{n^2}{(m-1)^2+n^2} - \frac{n^2}{m^2+n^2}\right] \tag{5-25}$$

或简写成：

$$\sigma_z = \alpha_h p_h$$

式中：α_h 为条形面积水平均布荷载作用时的应力系数，可查表 5-8 得到：

$$m = \frac{x}{B}, n = \frac{z}{B}$$

竖向条形三角形荷载作用时的应力系数 α_s 值 表 5-7

z/B \ x/B	−1.5	−1.0	−0.5	0	0.25	0.50	0.75	1.0	1.5	2.0	2.5
0	0	0	0	0	0.25	0.50	0.75	0.75	0	0	0
0.25	—	—	0.001	0.075	0.256	0.480	0.643	0.424	0.015	0.003	—
0.50	0.002	0.003	0.023	0.127	0.263	0.410	0.477	0.353	0.056	0.017	0.003
0.75	0.006	0.016	0.042	0.153	0.248	0.335	0.361	0.293	0.108	0.024	0.009
1.0	0.014	0.025	0.061	0.159	0.223	0.275	0.279	0.241	0.129	0.045	0.013
1.5	0.020	0.048	0.096	0.145	0.178	0.200	0.202	0.185	0.124	0.062	0.041
2.0	0.033	0.061	0.092	0.127	0.146	0.155	0.163	0.153	0.108	0.069	0.050
3.0	0.050	0.064	0.080	0.096	0.103	0.104	0.108	0.104	0.090	0.071	0.050
4.0	0.051	0.060	0.067	0.075	0.078	0.085	0.082	0.075	0.073	0.060	0.049
5.0	0.047	0.052	0.057	0.059	0.062	0.063	0.063	0.065	0.061	0.051	0.047
6.0	0.041	0.041	0.050	0.051	0.052	0.053	0.053	0.053	0.050	0.050	0.045

水平均布条形荷载作用时的应力系数 α_h 值 表 5-8

$m=x/B$ \ $n=z/B$	0.01	0.1	0.2	0.4	0.6	0.8	1.0	1.2	1.4	2.0
−0.25	−0.001	−0.042	−0.116	−0.199	−0.212	−0.197	−0.175	−0.153	−0.132	−0.085
0	−0.318	−0.315	−0.306	−0.274	−0.234	−0.194	−0.159	−0.131	−0.108	−0.064
0.25	−0.001	−0.039	−0.103	−0.159	−0.147	−0.121	−0.096	−0.078	−0.061	−0.034
0.50	0.000	0.000	0.000	0.000	0.000	0.000	0.000	0.000	0.000	0.000
0.75	0.001	0.039	0.103	0.159	0.147	0.121	0.096	0.078	0.061	0.034
1.00	0.318	0.315	0.306	0.274	0.234	0.194	0.159	0.131	0.108	0.064
1.25	0.001	0.042	0.116	0.199	0.212	0.197	0.175	0.153	0.132	0.085
1.50	0.001	0.011	0.038	0.103	0.144	0.158	0.157	0.147	0.133	0.096

【例题 5-3】 已知某条形面积宽度为 $B=15$m，其上作用的荷载情况如图5-23所示，试求中点 A 下 30m 深度范围内的附加应力 σ_z 分布。

解 将梯形竖直荷载分成均布荷载 $p=80\text{kN/m}^2$ 和三角形荷载 $p_1=40\text{kN/m}^2$；将坐标原点设置如图5-22所示，以便与应力系数附表 5-6、表 5-7、表 5-8 相一致。下列表 5-9 计算 A 点下不同深度处的 σ_z 值。

由于 A 点是中点，故对任何深度都有：

$$m = \frac{x}{B} = 0.5$$

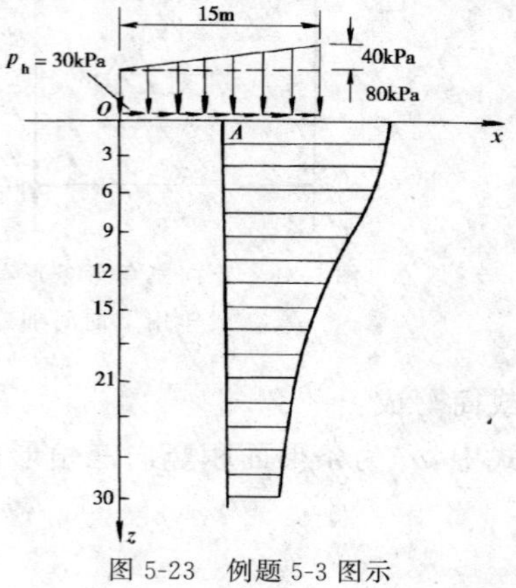

图 5-23 例题 5-3 图示

A 点下的附加应力计算表 表 5-9

z(m)	$n=\frac{z}{B}$	均布荷载 $p=80$kPa		三角形荷载 $p=40\text{kN/m}^2$		水平均布荷载 $p_h=30\text{kN/m}^2$		总附加应力 $\sigma_z(\text{kN/m}^2)$
		α_u	σ_{z1}	α_s	σ_{z2}	α_h	σ_{z3}	
0.15	0.01	0.999	79.9	0.500	20	0	0	99.9
1.5	0.1	0.997	79.8	0.498	19.9	0	0	99.7
3.0	0.2	0.978	78.2	0.498	19.9	0	0	98.1
6.0	0.4	0.881	70.5	0.441	17.6	0	0	88.1
9.0	0.6	0.756	60.5	0.378	15.1	0	0	75.6
12.0	0.8	0.642	51.4	0.321	12.8	0	0	64.2
15.0	1.0	0.549	43.9	0.275	11.0	0	0	54.9
21.0	1.4	0.420	33.6	0.210	8.4	0	0	42.0
30	2.0	0.306	24.5	0.153	6.1	0	0	30.6

第五节　建筑物基础下地基应力的计算

一、基础底面的附加压力

1. 基础位于地面上

如图 5-24a)所示，当建筑物基础建在地面上时，基础底面的附加压力就是基础底面的接触压力：

$$p_0 = p$$

2. 基础位于地面下

通常建筑物基础建在地面下一定深度处，如图 5-24b)所示，此时，在基础底面的附加压力变为：

$$p_0 = p - \gamma h \tag{5-26}$$

式中：p_0——基础底面的附加压力(kPa)；

p——基础底面的接触压力(kPa)；

γ——基础底面以上地基土的天然容重(kN/m^3)；

h——基础的埋置深度。

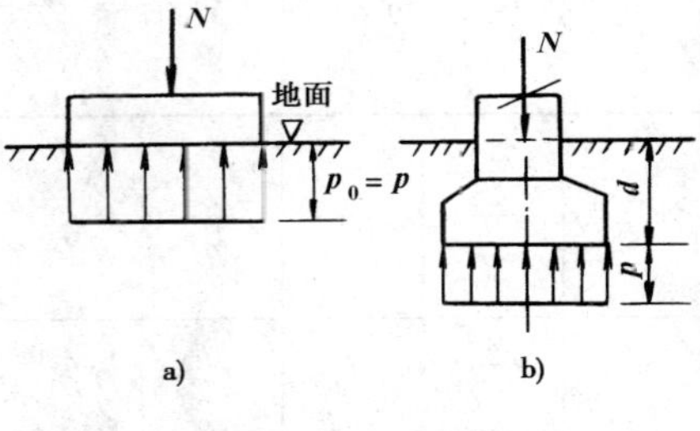

图 5-24　基础底面附加压力

式(5-26)表明：在未修建基础之前，地面下深为 h 处原已存在大小为 γh 的自重应力。当修建基础时，将这部分土挖除后又建基础，所以在建筑物基底处实际增加的压力为 $p-\gamma h$，即超过自重应力 γh 的为附加压力。

二、地基中的附加应力

当建筑物基础建在地面上时，地基中的附加应力即可用第四节介绍的土中附加应力计算公式求得。

当建筑物基础建在地面下一定深度处，此时，地基的外荷载并非作用于土体的表面，严格地说已不能用第四节介绍的土中附加应力计算公式去求地基中的附加应力。但考虑基础埋置深度不太大时，埋置深度对土中应力的影响不大，所以仍可应用上一节介绍的理论公式。

当基础底面形状为矩形时，在均布荷载 p 的作用下，基础底面中点下深为 z 处的附加应力 σ_z 为：

$$\sigma_z = 4\alpha_s p_0 = 4\alpha_s(p - \gamma h) \quad (\text{kPa}) \tag{5-27}$$

式中：α_s——矩形竖向均布荷载角点下的应力系数，可查表 5-2 得到，但需注意，查表时，深度 z 应从基底算起，而不是从地面算起；角点为此矩形的中点。

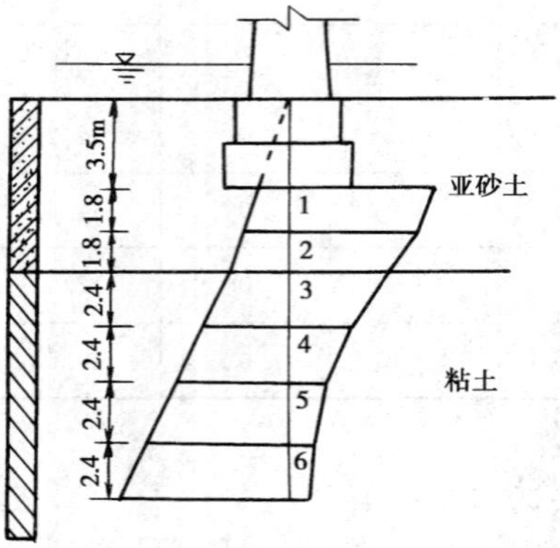

图 5-25 例题 5-4

【例题 5-4】 某水中基础如图 5-25 所示，基底尺寸为 6m×12m，作用于基底的中心荷载 $N=1749\text{kN}$（只考虑恒载作用，其中包括基础重力及水的浮力），基础埋置深度 $h=3.5\text{m}$，地基上层为透水的亚砂土，其 $\gamma'=19.31\text{kN/m}^3$，下层为硬塑粘土，其 $\gamma=18.6\text{kN/m}^3$，求基础中心下各点（1～7 点）的竖向自重应力和附加应力，并画出应力分布图。

解 基础底面积 $A=6\times12=72\text{m}^3$

基底总应力 $\sigma=p=\dfrac{N}{A}=\dfrac{17490}{72}=242.9\text{kPa}$

基底自重应力 $\gamma h=9.31\times3.5=32.6\text{kPa}$

基底附加压力 $p_0=p-\gamma h=210.3\text{kPa}$

各点自重应力例题 5-1 已作了计算，列表 5-10。

表 5-10

计算点	1	2	3	4	5	6	7
σ_{cz}(kPa)	32.6	49.3	66.0	110.6	155.3	199.9	244.6

各点附加应力计算列表 5-11。

据各点 σ_{cz} 与 σ_z 的计算结果，绘出应力分布图，见图 5-25。

表 5-11

计算点	$\frac{L}{B}$	z(m)	$\frac{z}{B}$	α_s	$\sigma_z=4\alpha_s p_0$ (kPa)	计算点	$\frac{L}{B}$	z(m)	$\frac{z}{B}$	α_s	$\sigma_z=4\alpha_s p_0$ (kPa)
1	2	0	0	0.250	210.0	5	2	8.4	2.8	0.800	67.7
2	2	1.8	0.6	0.232	195.0	6	2	10.8	3.6	0.056	47.1
3	2	3.6	1.2	0.182	153.0	7	2	13.2	4.4	0.041	34.5
4	2	6.0	2.0	0.120	101.0						

思考题

1. 土中自重应力和附加应力产生的原因和作用效果是什么？
2. 为什么土中应力的计算可以采用弹性理论公式？

3. 刚性基础底面压力分布图形与哪些因素有关？计算时为什么可以假定呈直线变化？

4. 集中荷载作用下土中附加应力的分布规律是怎样的？

5. 局部面积荷载作用下土中附加应力的分布规律是怎样的？

6. 条形荷载作用下土中附加应力的分布规律是怎样的？

7. 当建筑物基础建在地面下时，地基中的附加应力的计算作何考虑？

习题

1. 如图 5-26 所示，第一、二层土为不透水性土，其天然容重为 γ_1，γ_2；第三层土为透水性土，其饱和容重为 γ_3，求各层面的竖向自重应力，并画出其分布线。

2. 如图 5-27 所示，已知某刚性基础底面的尺寸为：$L=6\text{m}$，$B=1.8\text{m}$，作用于基底中心竖向荷载 $N=2000\text{kN}$，弯矩 $M=800\text{kN}\cdot\text{m}$，求基底压力分布。

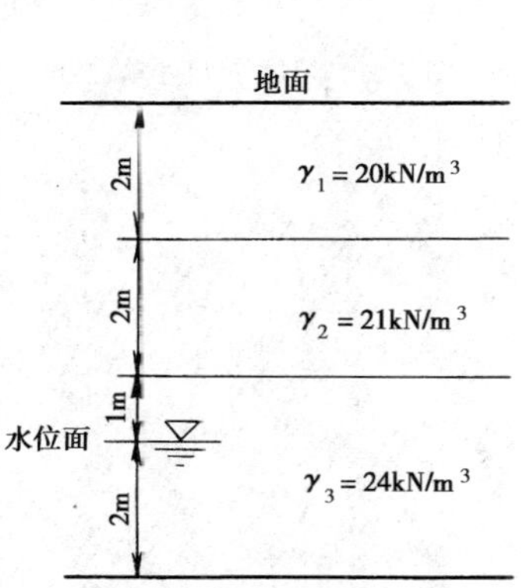

图 5-26　习题 1

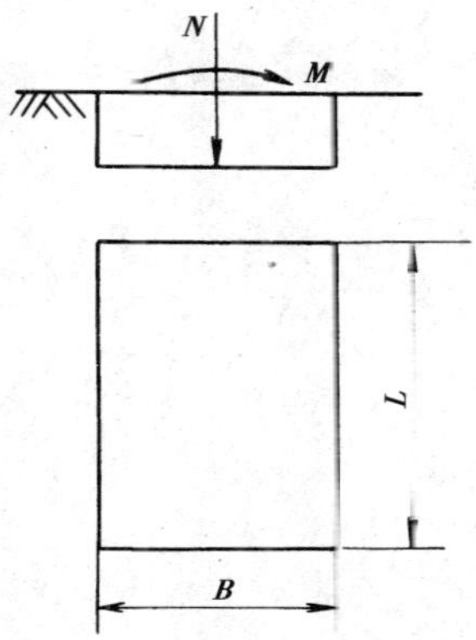

图 5-27　习题 2

3. 某路堤横断面尺寸如图 5-28 所示，填土的容重 $\gamma=19\text{kN/m}^3$，求基底压力分布。

4. 如图 5-29 所示，在地面上有两个集中力：$P_1=4.0\text{MN}$，$P_2=6.0\text{MN}$，求土中 M 点的竖向附加应力。

5. 某路堤横断面尺寸如图 5-28 所示，填土的容重 $\gamma=20\text{kN/m}^3$，求路堤中心点下 4m 处的竖向附加应力。

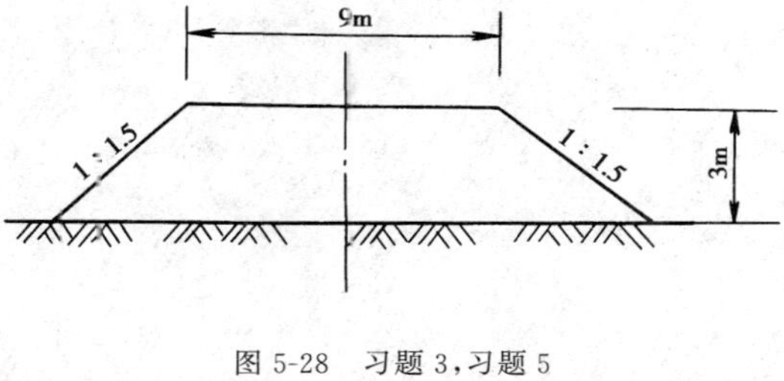

图 5-28　习题 3，习题 5

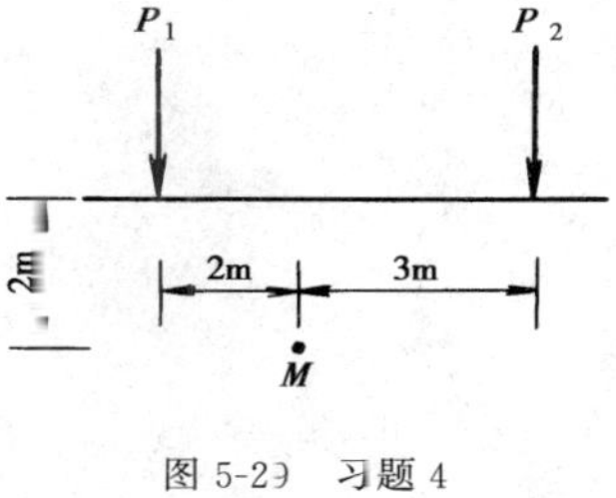

图 5-29　习题 4

6. 如图 5-30 所示，矩形面积 $ABCD$ 上作用的均布荷载为 100kPa，求 H 点下深为 2m 处的竖向附加应力 σ_z。

7. 如图 5-31 所示某水中基础，底面积为 2m×8m 的矩形，作用于基础底面的中心竖荷载 $Q=10000\text{kN}$（已考虑水的浮力），各土层为透水性土，其饱和容重为 γ，试计算基底中心下各点的竖向自重应力 σ_{cz} 与附加应力 σ_z，并绘出其应力分布线。

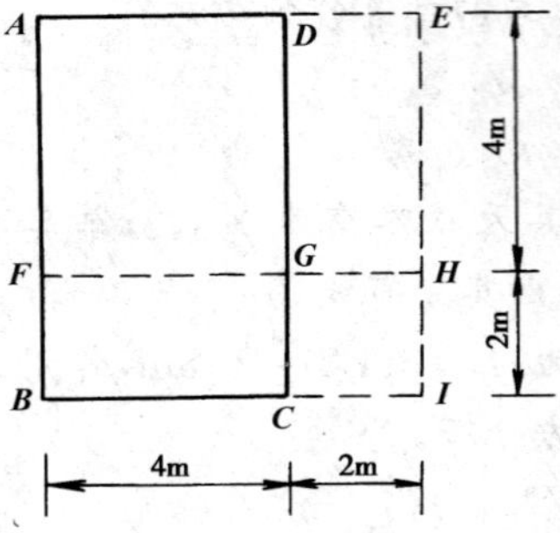

图 5-30　习题 6

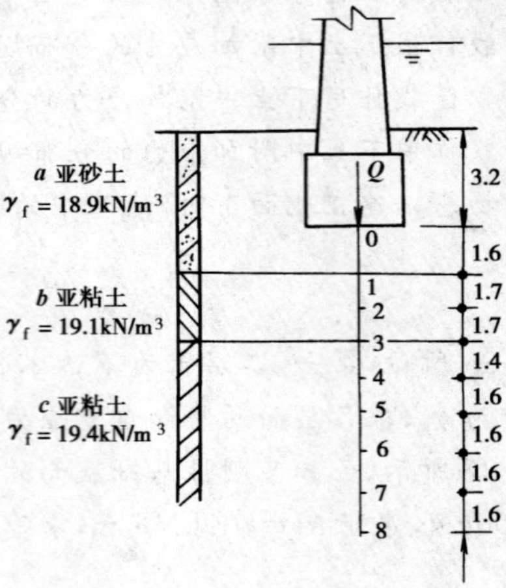

图 5-31　习题 7(尺寸单位:m)

第六章 土的压缩性和沉降计算

本章学习要点：

1. 理解土的压缩性和压缩指标的概念，完成压缩试验；
2. 掌握计算基础总沉降的常用方法——分层总和法；
3. 认识固结的概念，掌握著名的有效应力原理；
4. 明确基础沉降与时间的关系，进行固结度的计算。

第一节 概　　述

一、土的压缩性

土的压缩性是指在外荷载作用下，土体体积变小的性质，它反映的是土中应力与其变形之间的变化关系，是土的一种基本力学性质之一。

土作为三相体是由土粒及土粒间孔隙中的水和空气组成的，因此土体破压实后，其压缩变形一般包括：

①水和空气所占孔隙体积的减小，这是由于土粒、孔隙中的水和空气相对移动，可能使孔隙中有一部分气体和水被挤掉，同时还可能使部分封闭气体被压缩或溶解于孔隙水中造成的；

②孔隙中水被压缩；

③土粒本身被压缩，在一般情况下，孔隙体积减小与孔隙中水及土粒本身体积变化相比，后者极其微小，可忽略不计。故在研究土的压缩性时，假定孔隙水和土粒都是不可压缩的，即不考虑它们的变形，只考虑其孔隙体积的变化。这样，孔隙体积的变化就可以用孔隙比的变化来反映，即土的压缩变形过程表现为土的孔隙比随着作用其上的压应力增加而逐渐减小的关系。

二、沉降的概念

沉降是指建筑物作为外荷载作用于地基上，使地基中产生附加应力，而附加应力的产生致使地基土出现压缩变形，通常将建筑物基础随之产生的竖向变位称之为沉降。为了保证建筑物的安全和正常使用，必须限制基础的沉降量在允许范围内。因为基础的沉降或不均匀沉降过大，可造成建筑物的某些部位开裂、扭曲或倾斜，甚至倒塌毁坏，特别是对于一些超静定结构，不均匀沉降会造成其内力的重新分布，直接影响建筑物的使用安全。因此设计时需要进行基础沉降量的计算。而沉降量的大小取决于地基土的压缩变形量，它一方面与其应力状态的变化情况，即与荷载作用情况有关；另一方面则与土的变形特性，即土的压缩性有关。前者可视为地基变形的外因，后者则是地基变形的内因。

第二节　有效应力原理

如图 6-1 所示，在饱和土体中的某点截取一水平截面 b-b，取其面积 F，作用于 F 上的应力 σ，由自重应力、静水压力及外荷载 P 所产生的附加应力组成，统称为总应力。总应力 σ 一部分由土颗粒间的接触面承担，称为有效应力；另外一部分则由土体孔隙内的水承受，称为孔隙水压力。

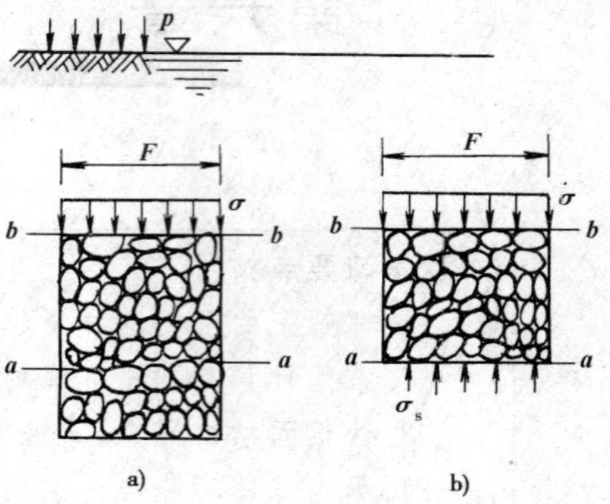

图 6-1　有效应力原理

如图 6-1b) 所示，沿 a-a 截面取脱离体，a-a 截面是沿着土颗粒间接触面间的作用法向应力为 σ_s，各土颗粒间接触面积之和为 F_s，孔隙水压力为 u，其相应的面积为 F_w。根据土体的平衡条件，建立平衡方程：

$$\sigma F = \sigma_s F_s + uF_w = \sigma_s F_s + u(F - F_s)$$

或

$$\sigma = \frac{\sigma_s F_s}{F} + u\left(1 - \frac{F_s}{F}\right) \tag{6-1}$$

式(6-1)中的第一项 $\frac{\sigma_s F_s}{F}$，是土颗粒间的接触压力在截面积上的平均应力，称为土的有效应力，用 $\bar{\sigma}$ 表示。则式(6-1)可写成：

$$\sigma = \bar{\sigma} + u\left(1 - \frac{F_s}{F}\right) \tag{6-2}$$

由于颗粒间的接触面积 F_s 是很小的，式(6-2)中第二项内的 $\frac{F_s}{F}$ 可略去不计，故式(6-2)又可写为：

$$\sigma = \bar{\sigma} + u \tag{6-3}$$

式(6-3)就是著名的有效应力原理，它包含了两个内容：一是土的有效应力 $\bar{\sigma}$ 等于总应力减去孔隙水压力 u；二是仅仅作用在骨架上的有效应力才是影响土的变形和强度的决定因素。因为土中任意点的孔隙水压力 u 对各个方向作用是相等的，它只能使土颗粒产生压缩(该压缩量很微小，忽略不计)，而不能使土颗粒产生位移。只有土颗粒间的有效应力作用，才会引起土颗粒的位移，使孔隙的体积发生改变，即土体发生压缩变形。同时有效应力的大小也影响土的抗剪强度，将在第七章介绍。

有效应力原理是近代土力学的一个重要内容，古典土力学用总应力研究土的压缩性和抗剪强度，而现代土力学则用有效应力来分析，使之更符合实际。

第三节　土的压缩性指标和确定方法

土的压缩性指标主要有压缩系数 a、压缩模量 E_s 和变形模量 E。压缩系数 a、压缩模量 E_s 可通过室内固结试验获得，变形模量 E 可由现场荷载试验取得。由于室内固结试验较容易，为常用方法；而现场荷载试验较复杂，只在重要工程使用。

一、室内固结试验

1. 室内固结试验方法

室内固结试验使用的仪器称固结仪或压缩仪。其主要部分为圆筒形的刚性容器，如图 6-2 所示。先用环刀切取原状土，连同环刀放入容器，土样上下两面均有透水石，使土样受压缩时，孔隙水可从上、下两面排出。另配有加压设备，通过传压活塞给土样施加压力，土样的变形用测微表（百分表）测量。在无侧向膨胀的条件下，对土样分级施加竖向压力，并测出在不同压力作用下，土样变形稳定时的压缩量，从而算出相应的土的孔隙比。

整理实验结果，以孔隙比 e 为纵坐标，压应力 p 为横坐标，在直角坐标系中绘出，即可得到 e-p 曲线，如图 6-3 所示。此关系曲线又被称为压缩曲线，它反映了土的压缩变形过程和土的压缩性质：土的压缩变形过程表现为土的孔隙比随着压应力增加而逐渐减小；土的压缩性质表现为不同的土孔隙比随着压应力增加而逐渐减小的变化程度不同。

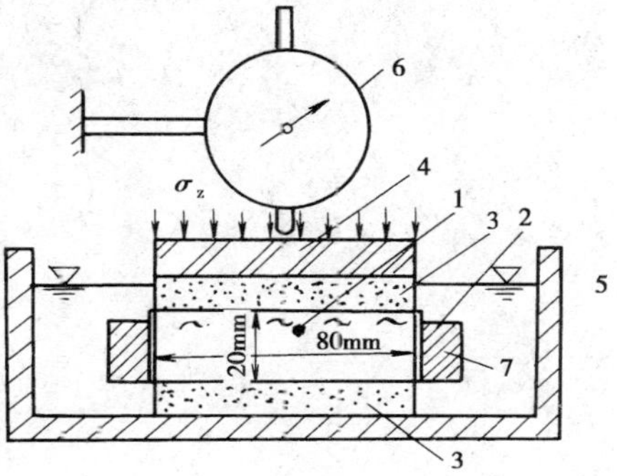

图 6-2　固结仪结构示意图

1-试件；2-环刀；3-透水石；4-传压板；5-水槽；6-百分表；7-内环

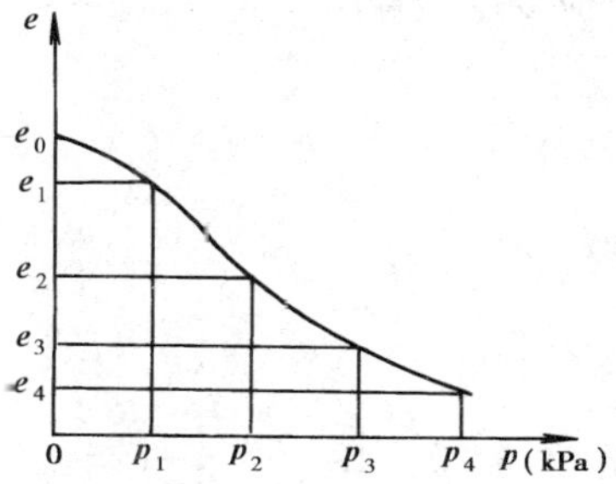

图 6-3　土的压缩曲线

2. 土的压缩性指标（压缩系数 a、压缩模量 E_s）

如图 6-4 所示，M_1、M_2 为压缩曲线上的两个点，e_1、e_2 分别是相应于点 M_1、M_2 的土的孔隙比，p_1、p_2 是相当于点 M_1、M_2 的压力。当压力 p_1、p_2 相差不大时，压缩曲线段 $\overset{\frown}{M_1M_2}$ 可近似地用直线 $\overline{M_1M_2}$ 段代替，由此引起的误差很小，可以忽略不计。直线段 $\overline{M_1M_2}$ 的坡度用 a 表示：

$$a=\frac{e_1-e_2}{p_2-p_1}=\frac{e_1-e_2}{\Delta p}\qquad(1/\mathrm{MPa})\qquad(6\text{-}4)$$

式中 a 被称为压缩系数，它是反映土的压缩性质的重要指标。a 值越大，直线段的坡度越大，说明土的压缩性越大。此式也叫作压密定律：即在压力变化不大时，土中孔隙比的变化与压力的变化成正比。由图 6-4 可知，压缩系数 a 不是常数，它与所选 p_1、p_2 的数值有关。实用时，通常规定取 $p_1=0.1\mathrm{MPa}$ 及 $p_2=0.3\mathrm{MPa}$ 时的压缩系数，记为 a_{1-2}。并根据压缩系数 a_{1-2} 的大小，将土的压缩性分为三级：

低压缩性土　$a_{1-2}<0.1(1/\mathrm{MPa})$

中压缩性土　$0.1\leqslant a_{1-2}<0.5(1/\mathrm{MPa})$

高压缩性土　$a_{1-2}\geqslant 0.5(1/\mathrm{MPa})$

压缩模量 E_s 是指土在无侧膨胀的条件下受压时，竖应力增量与竖应变增量的比值。如图 6-5 所示，当作用于土样上的压力由 p_1 增加到 p_2 时，其相应的孔隙比由 e_1 减小到压缩稳定时的 e_2，而土颗粒体积无变化。该图表示土样在 p_1、p_2 作用下变形前后的三相简化图。土颗粒体积设为单位 1，由图可知土样的竖应力增量为：

$$\Delta p=p_2-p_1$$

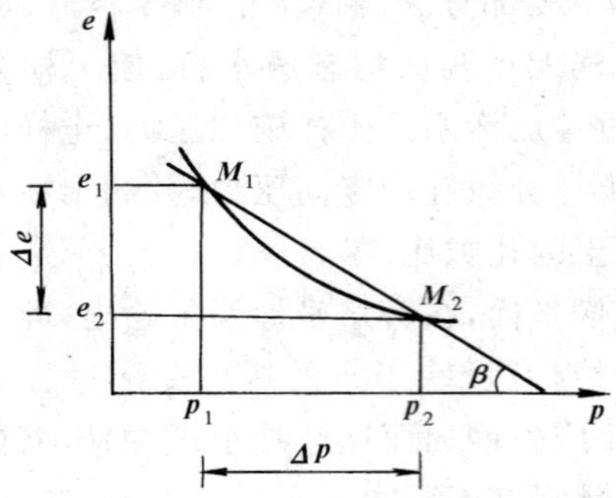

图 6-4　土的压缩曲线和压缩系数

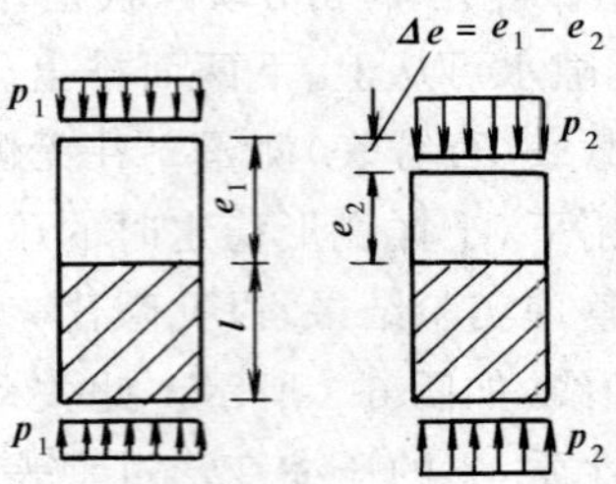

图 6-5　压缩变形前后的三相简化图

竖应变增量应为：

$$\Delta\varepsilon_z = \frac{e_1 - e_2}{1 + e_1} \qquad (\mathrm{kg})$$

则压缩模量 E_s 为：

$$E_s = \frac{\Delta P}{\Delta\varepsilon_z} = \frac{(p_2 - p_1)(1 + e_1)}{e_1 - e_2}$$

将式(6-4)$a=\dfrac{e_1-e_2}{p_2-p_1}$代入上式得：

$$E_s = \frac{1 + e_1}{a} \qquad (\mathrm{kPa}) \tag{6-5}$$

上式表明了压缩模量 E_s 和压缩系数 a 的关系：压缩模量 E_s 和压缩系数 a 成反比，E_s 反映了土体在无侧膨胀条件下抵抗压缩变形的能力，E_s 值越大，说明了土的压缩性越小；相反 E_s 值越小，土的压缩性越大。另外，E_s 值和压缩系数一样，对同一种土也不是常数，而是随 p_1 与 p_2 的取值范围变化。为此，将与压缩系数 a_{1-2} 相对应的压缩模量用 E_{s1-2} 表示。

二、现场荷载试验

1. 现场荷载试验方法

如图 6-6 所示，在准备修建基础的地点开挖基坑，并使其深度等于基础的埋置深度，然后在坑底安置刚性承压板、加载设备和测量地基变形的仪器。刚性承压板的底面一般为正方形，边长 0.5～1.0m，相应的承压面积为 0.25～1.0m²，也可以用同样面积的圆形承压板；加载设备安置在承压板上面，一般由支柱、千斤顶、锚碇木桩和刚度足够大的横梁组成。测量地基变形的仪器用测微表(百分表)量测，该表放在承压板上方。加载由小到大分级进行，每级增加的压力值视土质软硬程度而定，对较松软的土，一般为 10～25kPa；对较坚硬的土，一般按 50～100kPa 的等级增加。每加一级荷载，必须等候一段时间，待沉降基本稳定时，量测承压板的沉降量后，再加下一级荷载。沉降基本稳定，通常指：对于粘性土，30min 内的沉降值小于 0.05mm；对于砂性土 30min 内的沉降值小于 0.1mm。

将试验成果整理后，以承压板的压力强度 p(单位面积压力)为横坐标，总沉降量 S 为纵坐标，在直角坐标系中绘出压力与沉降关系曲线，即可得到荷载试验沉降曲线，即 $p-S$ 曲线，如图 6-7 所示。

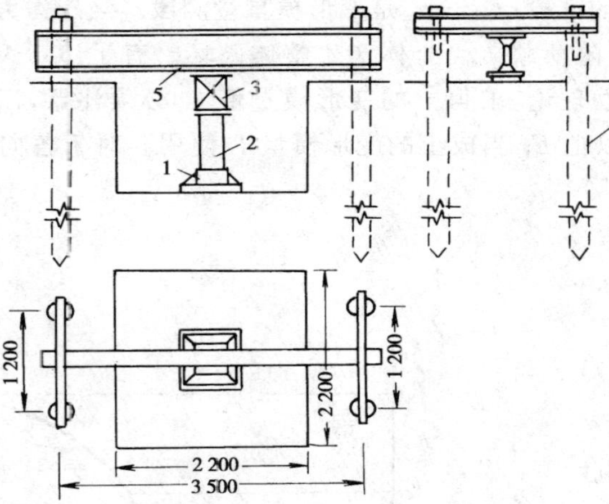

图 6-6　现场荷载试验装置示意图(尺寸单位:mm)

1-荷载板;2-支柱;3-千斤顶;4-锚碇木桩;5-横梁

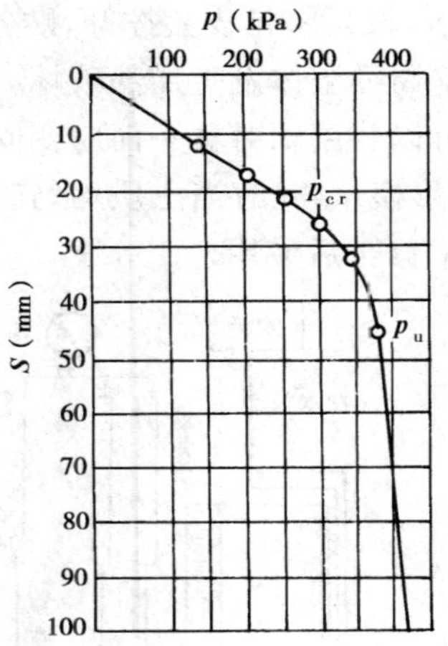

图 6-7　荷载试验沉降曲线

从图 6-7 沉降曲线可见,在逐级加载情况下,土体的变形(沉降)可以依次分为三个阶段:

(1) 压密阶段　土由于受荷载作用而压实,相当于图中自 0 至 p_{cr} 阶段,在这段中,荷载 p 与沉降 S 接近线性关系。

(2) 局部剪切阶段　荷载 p 和沉降 S 之间不再保持线性关系,承压板底下的土在发生压实的同时,开始发生侧向位移,土中出现局部剪切破坏。

(3) 破坏阶段　荷载超过 p_u 值时,承压板沉降将急剧增大,承压板底下土体中形成连续滑裂面,承压板四周因土体向外上方滑动而出现隆起的土堆。

2. 土的压缩性指标(变形模量 E)

从图 6-7 沉降曲线可知,土在压密阶段(图中自 0 至 p_{cr} 阶段),由于荷载 p 与沉降 S 接近线性关系,可将承压板底下的土体视为均质的各向同性的直线变形体,从而利用弹性理论的成果求得土体变形模量 E 与沉降量 S 的关系:

$$E = \frac{\omega p B(1-\mu^2)}{S} \tag{6-6}$$

式中:ω——与承压板(或基础)的刚度和形状有关的系数,对刚性方形承压板 $\omega=0.88$,对刚性圆形承压板 $\omega=0.79$;

B——承压板的短边长或直径;

μ——土的泊松比;

p,S——分别为压密阶段曲线上某点的压力强度值和与其对应的沉降值。

三、旁压试验

上述荷载试验一般只适宜于在地表下不深处(<1~2m)进行。如要测定地下较深处土层的压缩性指标,可在先钻好的孔中做旁压试验,又称横压试验,如图 6-8 所示。旁压试验的原理与上述荷载试验差不多,只不过将竖直方向加载改成水平方向加载。在孔中某一待测深度处放入一个带有可扩张的橡皮囊圆柱形装置,称为旁压仪,然后从地面气水系统向旁压室内通以压力水,使橡皮囊径向膨胀,从而向孔壁施加径向压力 p_h,并引起四周孔壁的径向变形 s。径向变形可通过压入橡皮囊内水体积 V 的变化间接量测。绘制 p_h-V 关系曲线,如图 6-8b)。

其 $O-p_{oh}$ 段是将橡皮囊撑开，贴紧孔壁的区段；$p_{oh}-p_{cr}$ 是变形模量量测段。当压力大于 p_{cr} 以后，孔壁周围土体发生局部破坏，到达极限荷载 p_{uh}，土体产生整体破坏。有了 p_h-V 关系曲线，就可以利用轴对称平面应变问题弹性理论，求得土的变形模量值 。必须注意，E_h 是水平向的变形模量，只有当土质均匀时才可以把 E_h 当成土的变形模量 E 使用。对于各向异性土，须将 E_h 修正后使用。

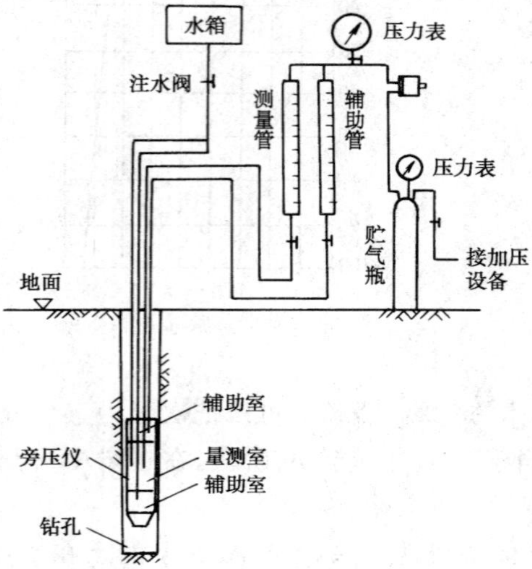

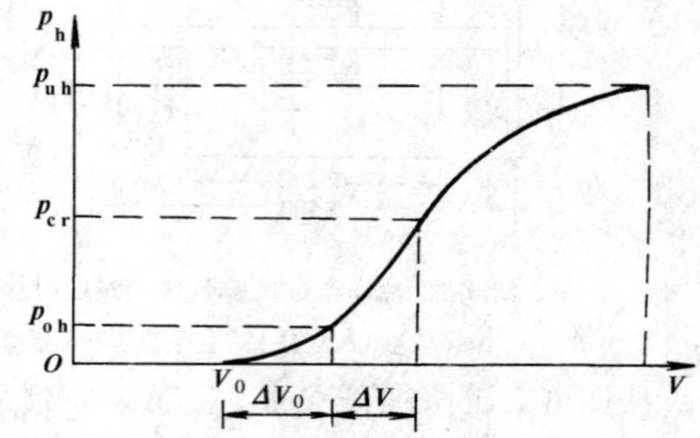

图 6-8　旁压试验装置及试验曲线

第四节　分层总和法计算基础的沉降量

本节所讨论的沉降量，是指建筑物地基从开始变形到变形稳定时基础的总沉降值，即最终沉降量。沉降量的大小取决于地基土的压缩变形量，计算基础的沉降量就是求地基土的压缩变形量。目前计算基础的沉降量的方法很多，本节只介绍现行的《公路桥涵地基与基础设计规范》(JTJ 024—85)中使用的(单向)分层总和法。

分层总和法顾名思义，是将地基土在一定深度范围内划分成若干薄层，先求得各个薄层的压缩量，再将各个薄层的压缩量累加起来，即为总的压缩量，也就是基础的沉降量。但在计算沉降时，由于采用了一系列计算假定，还需将所求总的压缩量根据经验进行修正。

一、计算假定

1. 地基中划分的各薄层均在无侧向膨胀情况下产生竖向压缩变形。这样计算基础沉降时，就可以使用室内固结试验的成果，如压缩模量 E_s、e-p 曲线。

2. 基础沉降量按基础底面中心垂线上的附加应力进行计算。实际上基底下同一深度上偏离中垂线的其它各点的附加应力比中垂线上的均较小，这样会使计算结果比实际稍偏大，可以抵消一部分由基本假定所造成的误差。

3. 对于每一薄层来说，从层顶到层底的应力是变化的，计算时均近似地取层顶和层底应力的平均值。划分的土层越薄，由这种简化所产生的误差就越小。

4. 只计算“压缩层”范围内的变形。所谓“压缩层”是指基础底面以下地基中有显著变形的那部分土层。由于基础下引起土体变形的附加应力是随着深度的增加而减小，自重应力则相反。因此到一定深度后，地基土的应力变化值已不大，相应的压缩变形也就很小，计算基础沉降时可将其忽略不计。这样，从基础底面到该深度之间的土层，就被称为“压缩层”。压缩层的厚度称为压缩层的计算深度。

二、计算公式

1. 各薄层压缩量计算公式

设第 i 薄层土的竖应力从 p_{1i} 增加到 p_{2i}，其变形稳定后的压缩量为 Δs_i，薄层厚度为 h_i，参照图 6-5 得：

$$\Delta\varepsilon_z = \frac{\Delta s_i}{h_i} = \frac{e_{1i} - e_{2i}}{1 + e_{1i}}$$

$$\Delta s_i = \frac{e_{1i} - e_{2i}}{1 + e_{1i}} h_i \tag{6-7}$$

式中：e_{1i}，e_{2i}——可从土的固结试验成果——压缩曲线上查出。

由压缩模量的定义知：
$$E_{si} = \frac{\Delta p}{\dfrac{\Delta s_i}{h_i}}$$

故
$$\Delta s_i = \frac{\Delta p}{E_{si}} h_i$$

竖应力增量，即为附加应力 σ_{zi}，故薄层压缩量公式也可写成：

$$\Delta s_i = \frac{\sigma_{zi}}{E_{si} h_i} \tag{6-8}$$

式中：E_{si} 由固结试验成果得到。

2. 各薄层压缩量求和公式

如前所述，基础的总沉降量 S_n 就是在压缩层范围内各薄层压缩量的总和，即：

$$S_n = \sum_{i=1}^{n} \Delta s_i \tag{6-9}$$

3. 基础总沉降量的规范公式

由于采用了一系列计算假定，按式(6-9)求出的总压缩量，与工程实际有一定出入，故现行规范用经验系数 m_s 进行修正。规范中的沉降计算公式为：

$$S = m_s \sum_{i=1}^{n} \frac{e_{1i} - e_{2i}}{1 + e_{1i}} h_i \quad (\text{cm}) \tag{6-10}$$

或
$$S = m_s \sum_{i=1}^{n} \frac{\sigma_{zi}}{E_{si}} h_i \quad (\text{cm}) \tag{6-11}$$

式中：n——压缩层内划分的薄土层的层数；

e_{1i}——第 i 层对应于平均自重应力 $p_{1i} = \sigma_{ci}$ 作用下的孔隙比；

e_{2i}——第 i 薄层对于平均总应力 $p_{zi} = \sigma_{ci} + \sigma_{zi}$ 作用时的孔隙比；

σ_{ci}——第 i 薄层土的平均自重应力(kPa)；

σ_{zi}——第 i 薄层土的平均附加应力(kPa)；

h_i——第 i 薄层的土层厚度(cm)；

E_{si}——第 i 薄层土的压缩模量(对应于 p_{1i} 至 p_{zi} 范围)(kPa);

m_s——沉降计算经验系数,按地区建筑经验确定,如缺乏资料可参考表 6-1 选用。

沉降计算经验系数 m_s 表 6-1

E_s(MPa)	1~4	4~7	7~15	15~20	>20
m_s	1.8~1.1	1.1~0.8	0.8~0.4	0.4~0.2	0.2

注:①E_s 为地基压缩层范围内土的压缩模量,当压缩层由多层上组成时,E_s 可按厚度的加权平均值采用。

②表中与给出的区间值,应对应取值。

三、计算步骤

1. 计算基底的自重应力 γh 及基底处附加压力 $p_0=p-\gamma h$。其中 h 是基础的埋置深度,从地面或河底算起。

2. 首先划分薄层,再计算基础底面中心垂线上各薄层上下面处的自重应力和附加应力,最后绘出应力分布线。薄层厚度通常取 $0.4B$(基础宽度)。但必须将不同土层的界面或潜水位面划分为薄层的分界面。

3. 计算各薄层顶面和底面自重应力的平均值 $p_{1i}=\sigma_{ci}$,附加应力的平均值 σ_{zi} 值和总应力的平均值 $p_{2i}=\sigma_{ci}+\sigma_{zi}$ 值,并按相应土的固结试验成果获得 e_{1i},e_{2i} 或 E_{si} 值。

4. 用式(6-7)或式(6-8)计算各薄层的压缩量 Δs_i。

5. 用式(6-9)计算各薄层压缩量的总和 S_n。

6. 确定压缩层的计算深度 Z_n。此时应符合下式要求:

$$\Delta S'_n \leqslant 0.025S_n \tag{6-12}$$

式中:$\Delta S'_n$——在计算深度 Z_n 处,向上取 1m 厚的薄层压缩量(cm);

S_n——在计算深度 Z_n 范围内,各薄层压缩量的总和(cm)。

计算深度 Z_n 的确定一般要经过试算才能得到,可先取 $\sigma_z=0.2\sigma_c$ 处为试算点。规范指出:如已确定的计算深度下有较软土层时,尚应继续计算,直到软弱土层中 1m 厚的压缩量满足上式要求为止。

7. 用式(6-10)或式(6-11)计算基础的总沉降量。

【例题 6-1】 计算第五章第五节例题 5-4 中基础的沉降量。已知地基中两层土的 $e-p$ 曲线如图 6-9 所示。

解 ①计算基底总应力、自重应力和附加应力,见例题 5-4。

②划分薄层:由于 $0.4B=0.4\times6=2.4$m,而基底下亚砂土层厚 3.6m,宜分两层,每层 1.8m,以下粘土层每薄层均取 2.4m,如图 5-24 所示。各薄层界面处自重应力与附加应力,由例题 5-4 计算结果填在表 6-2 中。

③计算各薄层自重应力、附加应力和总应力的平均值:σ_{ci}、σ_{zi},$\sigma_{ci}+\sigma_{zi}$ 分别列于表 6-2 中。

④按式(6-7)计算各薄层的压缩量:e_{1i} 和 e_{2i} 由各薄层的自重应力平均值 σ_{ci} 和总应力平均值 $\sigma_{ci}+\sigma_{zi}$,从图 6-9 中相应的压缩曲线中查得。计算结果列于表 6-2 中。

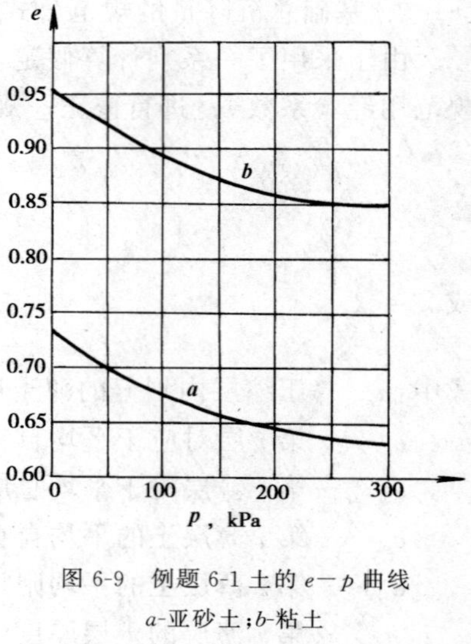

图 6-9 例题 6-1 土的 $e-p$ 曲线

a-亚砂土;b-粘土

例题 6-1 计算结果 表 6-2

土名	点号	自重应力(kPa)	附加应力(kPa)	各层平均应力 σ_{ci},(kPa)	σ_{zi}(kPa)	$\sigma_{ci}+\sigma_{zi}$(kPa)	e_{1i}	e_{2i}	$e_{1i}-e_{2i}$	$\frac{e_{1i}-e_{2i}}{1+e_{1i}}$	h_i(cm)	Δs_i(cm)	E_{si}(MPa)
(1)	(2)	(3)	(4)	(5)	(6)	(7)=(5)+(6)	(8)	(9)	(10)=(8)−(9)	(11)	(12)	(13)=(11)×(12)	(14)=$\frac{(6)}{(11)}\times10^{-3}$
亚砂土	1	32.6	210.3	41.0	202.6	243.6	0.710	0.644	0.066	0.386	180	6.95	5.24
	2	49.3	195.0	57.7	174.0	231.7	0.695	0.645	0.050	0.295	180	5.31	5.88
	3	66.0	153.0										
粘土	4	110.6	101.0	88.3	127.0	215.3	0.900	0.860	0.040	0.0211	240	5.06	6.03
	5	155.3	67.7	133.0	84.4	217.4	0.885	0.860	0.025	0.0113	240	3.19	6.35
	6	199.9	47.1	177.6	57.4	235.0	0.870	0.855	0.015	0.0080	240	1.92	7.16
	7	244.6	34.5	222.3	40.8	263.1	0.860	0.854	0.006	0.0032	240	0.77	12.72

⑤确定压缩层的计算深度 Z_n：

由于点 7 处 $\frac{\sigma_z}{\sigma_c}=\frac{34.5}{244.6}=0.141<0.2$，故可以假设为压缩层底。计算由此向上厚为 1m 的薄层压缩量：平均自重应力 $\sigma_c=\sigma_{c7}-0.5\gamma=244.6-0.5\times18.6=235.3\text{kPa}$

该薄层顶的深度 $z=13.2-1.0=12.2\text{m}$，$B=3\text{m}$，由 $\frac{z}{B}=4.07$，$\frac{L}{B}=2$ 查表 5-2 经内插得 $\alpha_s=0.0462$，则有：

层顶附加应力 $\sigma_z=4\times0.0462\times210.3=38.9\text{kPa}$

平均附加应力 $\sigma_z=\frac{38.9+34.5}{2}=36.7\text{kPa}$

由 $p_1=\sigma_c=23.5\text{kPa}$，$p_2=\sigma_c+\sigma_z=235.3+36.7=272.0\text{kPa}$，从图 6-9 粘土的压缩曲线查得对应的 $e_1=0.855$，$e_2=0.853$ 得到：

$$\Delta S'_n=\frac{e_1-e_2}{1+e_1}\times100=\frac{0.855-0.853}{1+0.855}\times100=0.108\text{cm}$$

$$S_n=\sum_{i=1}^{n}\Delta S'_i=6.95+5.31+5.06+3.19+1.92+0.77=23.2\text{cm}$$

$$\frac{\Delta S'_n}{S}=\frac{0.108}{23.2}=0.0047<0.025$$

以上结果满足式(6-12)要求，故点 7 处可作为压缩层底，即压缩层的计算深度为：

$$Z_n=2\times1.8+4\times2.4=13.2\quad(\text{m})$$

⑥确定沉降计算经验系数 m，计算基础的总沉降量：

由式(6-8)可求得地基压缩层范围内各层土的压缩模量 $E_{si}=\frac{\sigma_{zi}}{\Delta S_i}h_i=\frac{\sigma_{zi}}{\frac{e_{1i}-e_{2i}}{1+e_{1i}}}$，计算结果列于表 6-2 中。

整个压缩层的压缩模量按厚度的加权平均值计算，得到：

$$E_s=\frac{\sum_{i=1}^{n}E_{si}h_i}{Z_n}=\frac{(5.24+5.88)\times1.8+(6.03+6.35+7.16+12.72)\times2.4}{13.2}=7.38\text{MPa}$$

由算得之 E_s 值参照表 6-1 经内插得 $m_s=0.78$，所以基础总沉降量为：

$$S = m_s \sum_{i=1}^{n} \frac{e_{1i} - e_{2i}}{1 + e_{1i}} h_i = 0.78 \times 23.2 = 18.1\text{cm}$$

第五节　基础沉降与时间的关系

一、饱和土体渗透固结的概念

1. 饱和土体的渗流固结过程

上一节计算的基础沉降量是指建筑物地基从开始变形到变形稳定时基础的总沉降值，即最终沉降量。显然饱和土体受载后，地基从开始变形到变形稳定是与时间有关的，即沉降值是时间的函数。在工程实践中，有时需要计算建筑物在施工期间或使用期间某一时刻基础沉降值，其主要目的是要考虑由于沉降随时间增加而发展会给工程建筑物带来的影响，以便在设计中作出处理方案。而对于已发生裂缝、倾斜等事故的建筑物，更需要了解当时的沉降与今后沉降的发展趋势，作为解决事故的重要依据。

如前所述，饱和土体压缩的过程，主要是由于土粒、孔隙中的水和空气相对移动，使孔隙中有一部分气体和水被挤掉，使得土颗粒被压密，即土体产生压缩变形。但由于土粒很细，孔隙更细，要使孔隙中的水通过非常细小的孔隙排出，需要经历相当长的时间 t。而时间 t 的长短，主要取决于土层排水距离 H 的长短、土粒粒径与孔隙的大小，土层渗透系数和荷载大小以及土的压缩系数的高低等因素。通常，对于碎石土和砂性土地基，因其压缩性小及渗透性大，一般在施工期间基础沉降即可全部或基本完成。而对于饱和粘性土地基，因其压缩性大及渗透性小，通常在几年，几十年，甚至几百年基础的沉降才能达到稳定。例如，上海展览中心馆的中央大厅平均沉降量：1954 年 5 月开工，当年年底为 60cm；1957 年 6 月为 40cm；1979 年 9 月为 160cm。沉降前后经历了 23 年尚未稳定。以下给出一般建筑物下不同压缩性的地基，当施工完成时的沉降量占总沉降量比值（固结度）：低压缩粘性土为 50%～80%；中压缩粘性土为 20%～50%；高压缩粘性土为 5%～20%。

为了更清楚形象地掌握饱和土体的压缩变形过程——即饱和土体的渗透固结过程，可以借助一个著名的水—弹簧—活塞力学模型，如图 6-10 所示。用来说明土的骨架和孔隙水分担外力的情况及相互转移的过程。

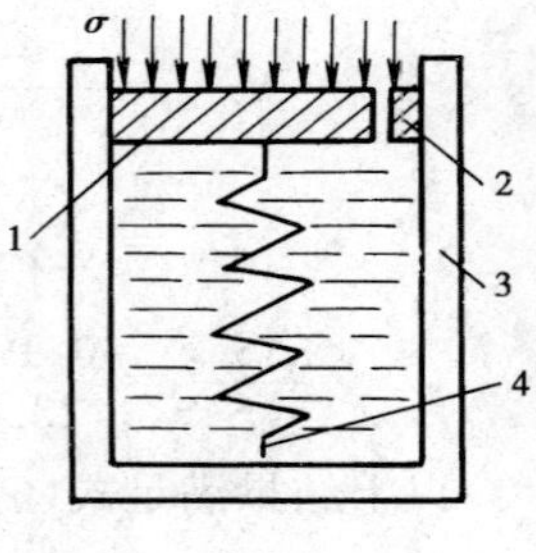

图 6-10　水-弹簧-活塞模型
1-带孔活塞；2-排水孔；3-圆筒；4-弹簧

在一个装满水的圆筒中，上部安置一个带小孔的活塞。此活塞与筒底之间安装一个弹簧，以此模拟饱和土体的压缩变形过程：（模型中的弹簧被视为土粒骨架，圆筒中的水相当于土体孔隙中的自由水，活塞上小孔的大小代表了土的透水性的大小）。

（1）在活塞顶面骤然施加压力 σ 的瞬间，圆筒中的水尚未从活塞上的小孔排出，弹簧也没有变形。因此，弹簧不受力，压力 σ 完全由水承担，即：

$$u = \sigma, \bar{\sigma} = 0$$

（2）随着筒中水不断地通过活塞上的小孔向外面流出，使得活塞开始下降，弹簧逐渐变形，表明弹簧相应受力。此时，弹簧压力 $\bar{\sigma}$ 逐渐增大，筒中水压力 u 逐渐减小，但在此期间弹簧和水受力的总合始终不变，$\bar{\sigma}+u=\sigma$。

(3) 随着弹簧变形的增大，弹簧上承受的压力越来越大。当弹簧压力 $\bar{\sigma}=\sigma$ 时，筒中水压力 $u=0$，筒中水停止向外流出，表明土体渗流固结过程结束。

由于实验中，模型中的弹簧被视为土粒骨架，弹簧压力即为土粒骨架压力，它使得土粒间产生相互挤压，是土体产生压缩变形的有效因素，故又被称为有效压力；圆筒中的水相当于土体孔隙中的自由水，筒中水压力即为孔隙水压力，它使得孔隙水产生渗流，为土体的压缩提供了条件，而它不是产生土体压缩变形的直接因素，故也被称为中性压力；活塞上小孔的大小代表了土体透水性的大小，即活塞上小孔越大，表明土体的透水性越好，而完成土体渗流固结过程需要的时间就越短。因此，饱和土体的渗流固结过程，就是土中的孔隙水压力 u 消散并逐渐转移为有效应力的过程。

2. 有效压力 σ 与孔隙水压力 u 在深度上随时间的分布

实际上，土中的有效压力 σ 与孔隙水压力 u 的变化，不但与时间 t 有关，还与该点离透水面的距离 z 有关。如图 6-11 所示，一室内固结试验的土样，其厚度为 $2H$，并采用上下面双向排水，即上半部的孔隙水向上排，下半部的孔隙水向下排。当土样受到外力 σ 作用后，经过不同时间 t，沿土样深度方向，其内部的孔隙水压力 u 和有效应力 σ 的分布情况。

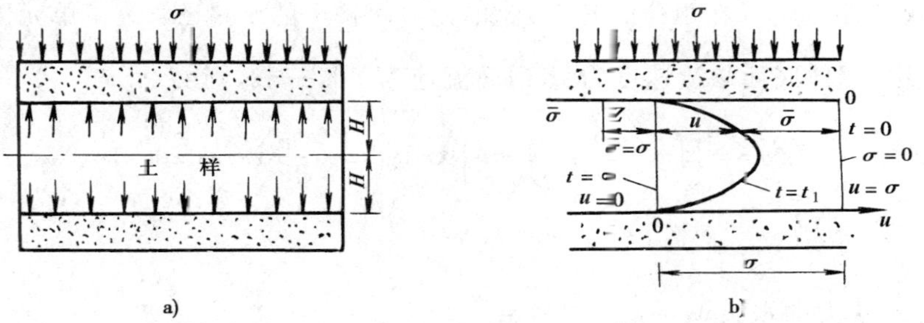

图 6-11 固结试验土样中两种应力随时间与深度的分布

①当时间 $t=0$，即外力施加后的一瞬间，孔隙水压力 $u=\sigma$，有效应力 $\sigma=0$。此时两种应力分布如图 6-11b) 中右端竖直线所示。

②当经历一定时间后，$t=t_1$ 时，两种应力都存在，$\sigma=\bar{\sigma}+u$。两种应力分布如图 6-11b) 中部的曲线所示。

③当经历很长时间后，时间 $t\to\infty$，此时孔隙水压力 $u=0$，有效应力 $\sigma=\sigma$。两种应力分布如图 6-11b) 中左侧竖直线所示。

图 6-11b) 中的坐标规定：孔隙水压力 u 的坐标位于土样底部，向右增大。有效应力的坐标位于土样顶部，向左增大。

二、单向固结理论

所谓单向固结是指土中的孔隙水，在孔隙水压力 u 的作用下，只产生竖直一个方向渗流，同时土颗粒在有效应力 σ 的作用下，也只沿竖直一个方向位移。即土在水平方向无渗流，无位移。此种条件相当于荷载分布面积很广阔，靠近地表的薄层粘性土的渗流固结情况。因为这一理论计算简便，并能符合工程实践要求，所以目前应用较多。下面将单向固结理论作简单介绍。

1. 基本假定

①土层是均匀的，而且是完全饱和的；

②土粒和水自身是不可压缩的；

③土的压缩和水的渗透，只在竖直单向上发生，而水平方向不排水，不压缩；

④在压缩过程中，渗透系数 k 和压缩模量 E_s 不发生变化；

⑤附加应力一次骤加，且沿土层深度呈均匀分布。

2. 单向固结微分方程的建立

如图 6-12 示，在厚度为 $2H$ 的饱和粘性土层上作用着竖直无限广阔的均布荷载 σ，土层上下两面为透水层。在土层任意深度 Z 处，取一微单元体进行分析。

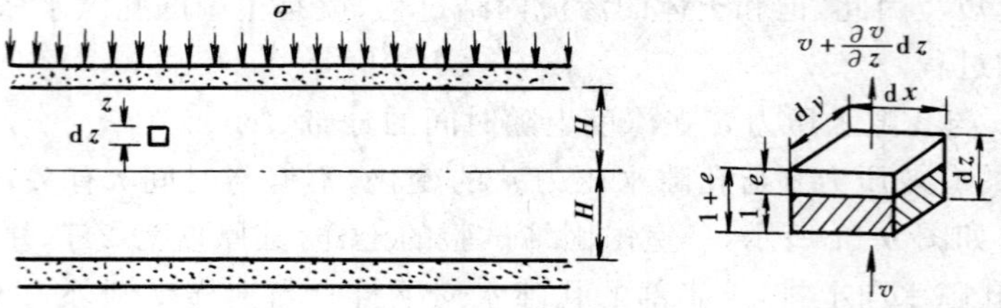

图 6-12 饱和土层的固结

假定固体的体积为 1。在单位时间内，此单元体内挤出的水量 Δq，等于单元体孔隙体积的压缩量 ΔV。设单元体底面渗流速度为 v，顶面流速为 $v+\frac{\partial v}{\partial z}\mathrm{d}z$，则：

$$\Delta q=\left[\left(v+\frac{\partial v}{\partial z}\mathrm{d}z\right)-v\right]\mathrm{d}x\mathrm{d}y\mathrm{d}t=\frac{\partial v}{\partial z}\mathrm{d}x\mathrm{d}y\mathrm{d}z\mathrm{d}t \qquad \text{(a)}$$

根据达西定律

$$v=ki=k\frac{\partial h}{\partial z}$$

式中：h 为孔隙水压力的水头，$u=\gamma_w h$，即 $h=\frac{u}{\gamma_w}$，

因此：

$$v=k\frac{\partial h}{\partial z}=\frac{k}{r_w}\frac{\partial u}{\partial z}$$

$$\frac{\partial v}{\partial z}=\frac{k}{\gamma_w}\cdot\frac{\partial^2 u}{\partial z^2}$$

将上式代入式(a)得：

$$\Delta q=\frac{k}{\gamma_w}\cdot\frac{\partial^2 u}{\partial z^2}\mathrm{d}x\mathrm{d}y\mathrm{d}z\mathrm{d}t \qquad \text{(b)}$$

所以孔隙体积的压缩量为：

$$\Delta V=\mathrm{d}V_v=\mathrm{d}(nV)=\mathrm{d}\left(\frac{e}{1+e}\mathrm{d}x\mathrm{d}y\mathrm{d}z\right)$$

$$=\mathrm{d}\left(\frac{e}{\mathrm{d}x\mathrm{d}y\mathrm{d}z}\mathrm{d}x\mathrm{d}y\mathrm{d}z\right)$$

$$=\frac{\mathrm{d}e}{1+e}\mathrm{d}x\mathrm{d}y\mathrm{d}z \qquad \text{(c)}$$

由于

$$\frac{\mathrm{d}e}{\mathrm{d}\sigma}=-a,\mathrm{d}e=-a\mathrm{d}\bar{\sigma}=-\alpha\mathrm{d}(\sigma-u)=a\mathrm{d}u=a\frac{\partial u}{\partial t}\mathrm{d}t$$

代入式(c)得：

$$\Delta V=\frac{a}{1+e}\frac{\partial u}{\partial t}\mathrm{d}x\mathrm{d}y\mathrm{d}t \qquad \text{(d)}$$

对饱和土体，在 $\mathrm{d}t$ 时间内 $\Delta q=\Delta V$，即式(b)＝式(d)，

即：

$$\frac{k}{\gamma_w}\cdot\frac{\partial^2 u}{\partial z^2}\mathrm{d}x\mathrm{d}y\mathrm{d}z\mathrm{d}t=\frac{a}{1+e}\frac{\partial u}{\partial t}\mathrm{d}x\mathrm{d}y\mathrm{d}z\mathrm{d}t$$

化简得：

$$\frac{\partial u}{\partial t}=\left(\frac{k}{\gamma_w}\cdot\frac{1+e}{a}\right)\frac{\partial^2}{\partial z^2}n=C_v\frac{\partial^2 u}{\partial z^2} \tag{6-13}$$

式中：$C_v=\frac{k(1+e)}{\gamma_w \alpha}$称为土的固结系数（$m^2/s$）；

k——土的渗透系数（m/s）；

e——土层固结过程中的平均孔隙比；

γ_w——水的容重，等于 9.81kN/m^3；

a——土的压缩系数（MPa^{-1}）。

3. 单向固结微分方程解

根据图 6-10 的初始条件和边界条件：

当 $t=0$ 和 $0\leqslant z<2H$ 时，$u=\sigma=$常数；

$0<t<\infty$和 $z=0$ 时，$u=0$；

$0<t<\infty$和 $z=2H$ 时，$u=0$。

应用傅立叶级数，可求得式(6-11)的解如下：

$$u=\frac{4\sigma}{\pi}\sum_{m=1}^{\infty}\frac{1}{m}\sin\frac{m\pi z}{2H}e^{-m^2\frac{\pi^2}{4}}T_v \tag{6-14}$$

式中：m——奇数正整数，即 1,3,5,...；

e——自然对数的底；

σ——附加应力，不随深度变化；

H——土层最大排水距离，如为双面排水，为土层厚度之半，单面排水为土层总厚度；

T_v——时间因子，

$$T_v=\frac{C_v}{H^2}t=\frac{k(1+e)t}{\alpha\gamma_w H^2} \tag{6-15}$$

三、固　结　度

1. 固结度的概念

它表示地基在外荷载作用下，经历时间 t 所完成的固结程度。也就是地基经历时间 t 的沉降量 S_t 与最终沉降量 S_t 之比值 U，称之为固结度，即：

$$U=\frac{S_t}{S} \tag{6-16}$$

2. 计算公式

①当地基中附加应力上下均匀分布时：

a. 计算地基中某一点的固结度 U

此时，若荷载不大，土中应力与应变可采用直线关系。地基中某一点的固结度为有效应力对总应力的比值：

$$U=\frac{S_t}{S}=\frac{\bar{\sigma}}{\sigma}=\frac{\sigma-u}{\sigma}=1-\frac{u}{\sigma} \tag{6-17}$$

b. 计算地基平均固结度 U_0

实际上，地基中各点的应力不等，故各点的固结度也不同。对工程而言，常常需要计算地基的平均固结度 U_0。其值可用平均孔隙水压力 u_m 和平均附加应力 σ_m 来计算。根据图 6-

11b)所示，计算平均孔隙水压力 u_m 为：

$$u_m = \frac{1}{2H}\int_0^{2H} u\,dz = \frac{1}{2H}\int_0^{2H}\left(\frac{4\sigma}{\pi}\sum_{m=1}^{\infty}\frac{1}{m}\sin\frac{m\pi z}{2H}e^{-m^2\frac{\pi^2}{4}}T_v\right)dz$$

积分上式后，代入公式(6-17)并简化，即可求得地基的平均固结度为：

$$U_0 = 1 - \frac{8}{\pi^2}\left(e^{-\frac{\pi^2}{4}}T_v + \frac{1}{9}e^{-\frac{9\pi^2}{4}}T_v + \cdots\right)$$

上式括号内的级数收敛很快，实用上可取第一项，即：

$$U_0 = 1 - \frac{8}{\pi^2}el^{\frac{\pi^2}{4}}T_v \tag{6-18}$$

实际上，公式(6-18)也适用于地基双面排水，附加应力呈直线分布的情况。

②当地基单面排水，且上下面附加应力不等时：

图 6-13 绘出了固结度 U 与时间 T_v 因子关系曲线，时间因子 T_v 为横坐标，固结度 U 为纵坐标。图中依据 α 值的不同共分有 10 条关系曲线，由下至上 α 分别为 0，0.2，0.4，0.6，0.8，1.0，2.0，4.0，8.0，∞。其中

$$\alpha = \frac{\text{排水面附加应力}}{\text{不排水面附加应力}} = \frac{\sigma_1}{\sigma_2} \tag{6-19}$$

由地基土的性质，先计算时间因子 T_v。再由曲线横坐标时间因子 T_v 以及 α 值，找出纵坐标对应的 U_0 即为所求。

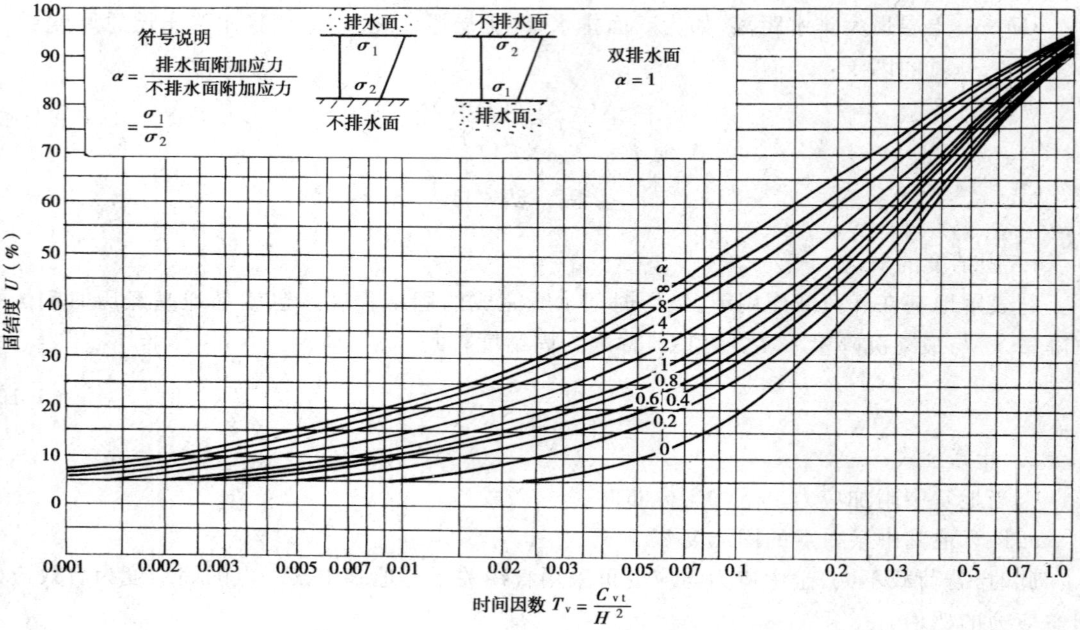

图 6-13　时间因子 T_v 与固结度 U 的关系图

四、地基沉降与时间关系的计算步骤

1. 计算地基总沉降量 S。由前述《规范》分层总和法进行计算。

2. 计算附加应力比值 α。由地基附加应力计算，应用公式(6-19)可得 α 值。

3. 假定一系列地基平均固结度 U_0。如：U_0=10%，20%，40%，60%，80%，90%。

4. 计算时间因子 T_v。由假定的每一个平均固结度 U_0 与 α 值，应用图 6-13，查出横坐标时间因子 T_v。

5. 计算时间 t。由地基土的性质指标和土层厚度，由公式(6-15)计算每一 U_0 的时间 t。

6. 计算时间 t 的沉降量 S_t。由公式(6-16)$U=\dfrac{S_t}{S}$可得：

$$S_t = U_0 S \tag{6-20}$$

7. 绘制 S_t 与 t 的曲线。以计算的 S_t 为纵坐标，时间 t 为横坐标，在直角坐标系中，绘制 S_t-t 关系曲线，则可求任意时间 t_1 时的沉降量 S_1。

【例题 6-2】 如图 6-14 所示，某地基的饱和粘土层厚度为 8.0m，其顶部为薄砂层，底部为不透水的基岩层。基础中点 o 下的附加应力：在基底处为 240kPa，基岩顶面为 160kPa。粘土地基的初始孔隙比 $e_1=0.88$，最终孔隙比 $e_2=0.83$。渗透系数 $k=0.6\times10^{-10}$m/s。求地基沉降量与时间的关系曲线。

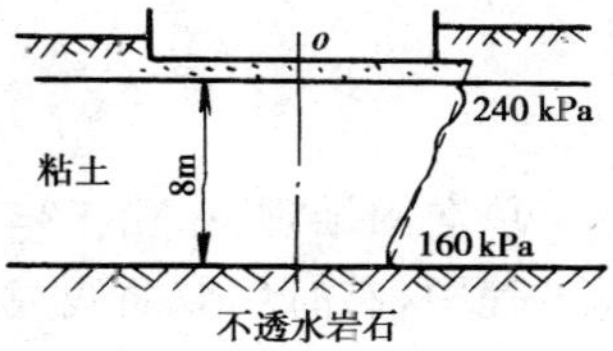

图 6-14 例题 6-2 图

解 ①地基总沉降量估算

$$S = \frac{e_1 - e_2}{1 + e_1}h = \frac{0.88 - 0.83}{1 + 0.88} \times 800\text{cm} = 21.3\text{cm}$$

②计算附加应力比值 α

$$\alpha = \frac{\sigma_1}{\sigma_2} = \frac{240}{160} = 1.50$$

③假定地基平均固结度

$$U_0 = 25\%, 50\%, 75\%, 90\%$$

④计算时间因子 T_v

由 U_0 与 α 查图 6-13 曲线横坐标可得：

$$T_v = 0.04, 0.175, 0.45, 0.84$$

⑤计算相应的时间 t

a. 地基土的压缩系数

$$\alpha = \frac{\Delta e}{\Delta\sigma} = \frac{e_1 - e_2}{\dfrac{240 + 160}{2}} = \frac{0.88 - 0.83}{200} = 2.5 \times 10^{-4}\,\text{kPa}^{-1}$$

b. 计算固结系数

$$c_v = \frac{K(1 + e)}{a\gamma_w} = \frac{0.6 \times 10^{-10} \times \left(1 + \dfrac{0.88 + 0.83}{2}\right)}{2.5 \times 10^{-4} \times 9.81}$$
$$= 4.54 \times 10^{-8}\,\text{m}^2/\text{s} = 14300\text{cm}^2/\text{年}$$

c. 时间因子

$$T_v = \frac{c_v t}{H^2} = \frac{14300t}{800^2}$$

∴
$$t = \frac{640000}{14300}T_v = 44.8T_v$$

⑥计算时间 t 时的沉降量 S_t(计算结果见表 6-3)

⑦在直角坐标系中，绘制 S_t-t 关系曲线（如图 6-15 所示）

时间 t 时的沉降量 S_t　　表 6-3

固结度 $U(\%)$	系数 α	时间因子 T_v	时间（年）	沉降量 S_t(cm)
25	15	0.04	1.79	5.32
50	1.5	0.175	7.84	10.65
75	1.5	0.45	20.2	15.98
90	1.5	0.84	37.6	19.17

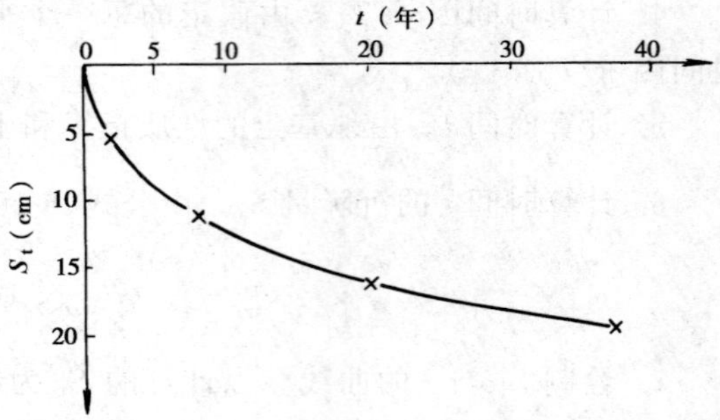

图 6-15　例题 6-2S_t-t 关系曲线

五、地基沉降与时间关系的说明

单向固结理论，由于作了各种简化假设，很多情况下计算结果与实际有较大的出入。在实际工程中，有时用双曲线或对数曲线表示地基沉降与时间关系。实践表明：对于饱和粘性土，用单向固结理论计算的固结过程，接近土样在侧限压缩试验中的固结过程。一般当基础面积很大，压缩土层厚度小于基础宽度的一半时，接近于单向固结条件。此外，对于二维和三维固结问题、非饱和土的固结问题等，本书不做讨论。

思考题

1. 何谓有效应力原理？
2. 土的压缩性指标和确定方法有哪些？各指标的意义如何？
3. 分层总和法计算沉降的计算假定、计算步骤和内容是什么？
4. 何谓饱和土体的渗流固结过程？
5. 何谓单向固结理论？其基本假定是什么？
6. 研究地基沉降与时间的关系有什么意义？何谓固结度？它与时间因子的关系如何？
7. 地基沉降与时间的关系的计算步骤如何？

习题

1. 某土样的相对密度 $G_s=2.8$，天然容重 $\gamma=19.8\text{kN/m}^3$，含水量 $w=20\%$，取该土样进行固结试验，环刀的高度 $h_0=2.0\text{cm}$。当施加压力 $P_1=100\text{kPa}$ 时，测得其稳定的压缩量 $\Delta S_i=0.80\text{mm}$；$P_2=200$ 时，$\Delta S_2=0.95\text{mm}$。试求其相应的孔隙比 e_0，e_1，e_2 和压缩系数 α_{1-2} 及压缩模量 E_{1-2}，并评价该土的压缩性。

2. 用《规范》分层总和法计算第五章习题 7 中的基础的总沉降量，该地基各土层的固结试验成果表 6-4 给出。

表 6-4

土层 \ e \ P(kPa)	0	50	10	200	300	400
A 亚砂土	0.850	0.849	0.845	0.833	0.820	0.812
B 亚粘土	0.866	0.862	0.853	0.833	0.833	0.830
C 亚粘土	0.788	0.785	0.780	0.770	0.766	0.762

3. 如图 6-16 所示，某地基的饱和粘土层厚度为 10.0m，其顶部为薄砂层，底部为不透水的基岩层。基础中点下的附加应力：在基底处为 200kPa，基岩顶面为 100kPa。粘土地基的初始孔隙比 $e_1=0.90$，最终孔隙比 $e_2=0.86$，渗透系数 $k=1.0\times10^{-10}$ m/s。求地基沉降量与时间的关系曲线。

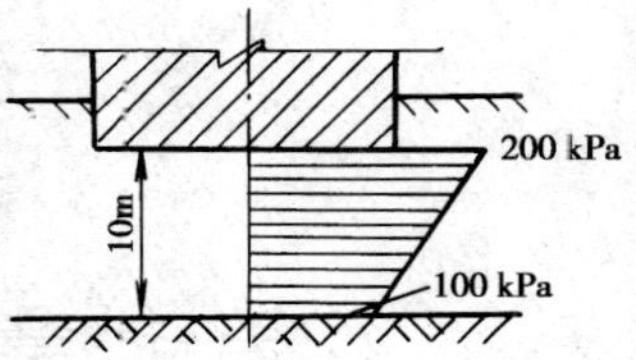

图 6-16　练习题 3

4. 某饱和粘土层厚度为 10m，初始孔隙比 $e_0=1$，压缩系数 $a=0.3$MPa，压缩模量 $E_s=6.0$MPa，渗透系数 $k=1.8$m/年，双面排水。在大面积荷载 $P_0=120$kPa 作用下，求加载一年时的沉降量(假定 $U>30\%$)。(浙江大学 1998 年硕士生入学考试题)

第七章 土的抗剪强度与地基承载力

本章学习要点：

1. 理解库伦定律的全部内容；

2. 掌握土的抗剪强度指标——内摩擦角 ϕ 和粘聚力 c 的测定，完成剪切试验；

3. 运用《公路桥涵地基与基础设计规范》确定地基容许承载力。

第一节 概 述

土的抗剪强度是指土体抵抗剪切破坏的极限能力，其大小就等于剪切破坏时滑动面上的剪应力。土的抗剪强度又被称为土的强度，它是土的主要力学性质之一。土体在外荷载作用下，不仅会产生压缩变形，而且还会产生剪切变形。剪切变形的不断发展，致使土体塑性变形区扩展成一个连续的滑动面，土体之间产生相对的滑动，使得建筑物整体失去稳定，即土体产生剪切破坏。土体是否达到剪切破坏状态，首先取决于本身的基本性质，即土的组成、土的状态和土的结构，而这些性质又与它所形成的环境和应力历史等因素有关；其次还与所受的应力组合密切相关。考虑破坏时不同的应力组合关系就构成了不同的破坏准则。土的破坏准则是一个十分复杂的问题，它是多年来近代土力学研究的重要课题之一，目前尚无十分完满的适用于土的破坏准则。

在实际工程中，与土的抗剪强度有关的问题主要有以下三方面：第一，是土坡稳定性问题：包括土坝、路堤等人工填方土坡和山坡、河岸等天然土坡以及挖方边坡等的稳定性问题，如图 7-1a)所示；第二，是土压力问题：包括挡土墙、地下结构物等周围的土体对其产生的侧向压力可能导致这些构造物发生滑动或倾覆，如图 7-1b)所示；第三，是地基的承载力问题：若外荷载很大，基础下地基中的塑性变形区扩展成一个连续的滑动面，使得建筑物整体丧失了稳定性，如图 7-1c)所示。

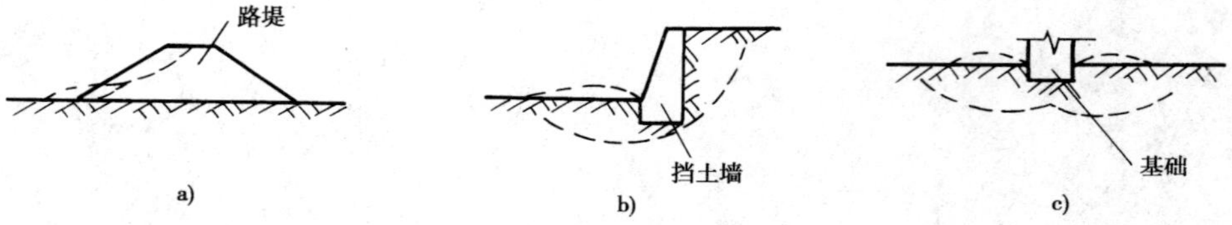

图 7-1 与土的抗剪强度有关的工程问题

本章首先介绍目前工程实践中广泛应用的莫尔—库伦破坏准则，其次是两个强度指标内摩擦角 φ 和粘聚力 c 的测定方法，最后介绍地基容许承载力的确定方法。而与土的抗剪强度有关的另外两个问题——土坡稳定性问题和土压力问题将在下一章介绍。

第二节　莫尔—库伦破坏准则

一、莫尔—库伦(Mohr—Coulomb)破坏理论

莫尔(Mohr)强度理论认为材料受荷载产生破坏是剪切破坏,认为在破裂面上的剪应力 τ_f 是法向应力 σ 的函数：

$$\tau_f = f(\sigma) \tag{7-1}$$

由此函数关系确定的曲线称为莫尔破坏包线,或叫做抗剪强度包线,如图 7-2 所示。如果代表土任意点某一个面上的法向应力 σ 和剪应力 τ 的点子落在莫尔破坏包线下面,如图中 A 点,它表明了在该法向应力 σ 下,该面上的剪应力 τ 小于土的抗剪强度 τ_f,土体将不会沿该面发生剪切破坏。假如代表应力状态的点子落在曲线以上的区域,如点 C,表明土体已经破坏。而实际上这种应力状态是不会存在的,因为剪应力增加到抗剪强度 σ_f 值时,就不可能再继续增大。当点子正好落在莫尔破坏包线上时,如 B 点,表明土中通过该点的一个面上的剪应力等于抗剪强度,土中这一点将进于破坏状态,或称为极限平衡状态。

$$\tau_f = c + \sigma\tan\varphi \tag{7-2}$$

式中:τ_f——剪切破裂面上的剪应力,即土的抗剪强度;

σ——剪切面破裂上的法向应力;

c——土的粘聚力,对于无粘性土 $c=0$;

φ——土的内摩擦角。

式(7-2)称为库仑定律(图 7-3),式中 c 和 φ 是反映土体抗剪强度的两个指标,称为抗剪强度指标,对于同一种土,在相同的试验条件下为常数,但是试验方法不同则会有很大的差异。这点将在本章第五节中详细讨论。

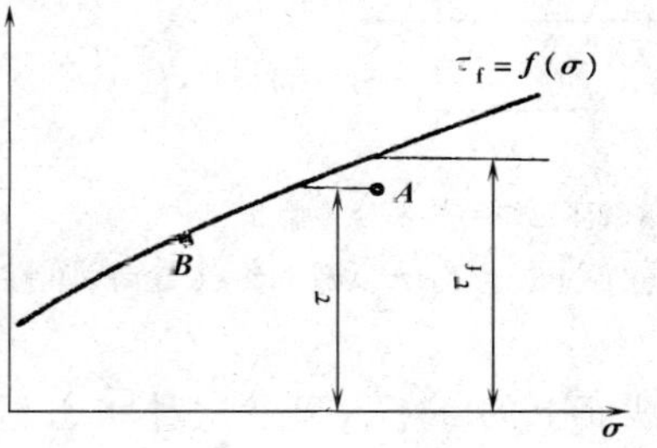

图 7-2　莫尔—库伦破坏包线

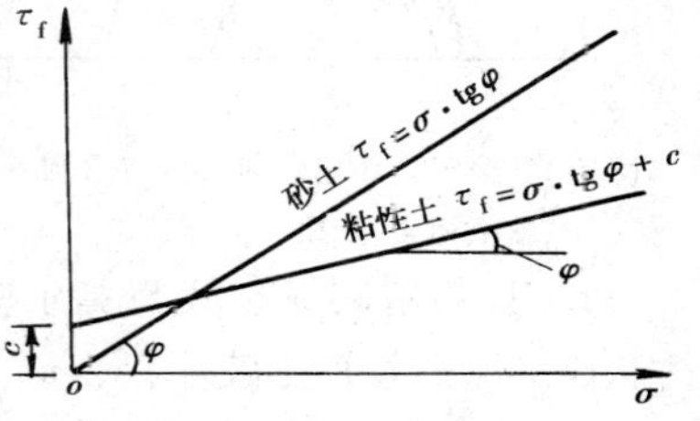

图 7-3　库伦定律

1773 年法国科学家库伦(Coulomb)提出了土的抗剪强度 τ_f 与作用在该剪切面上的法向应力 σ 的关系为：

近代土力学中,人们认识到只有有效应力的作用才能引起抗剪强度的变化,因此上述库伦定律又改写为：

$$\tau_f = c' + \sigma'\tan\varphi' \tag{7-3}$$

式中:σ'——剪切破裂面上的有效法向应力;

c'——土的有效粘聚力;

φ'——土的有效内摩擦角。

c'和φ'称为土的有效抗剪强度指标，对于同一种土，其值理论上与试验方法无关，应接近于常数。

为了区别式(7-2)和式(7-3)，前者称为总应力抗剪强度公式，后者称为有效应力抗剪强度公式。有关这两种方法的区别和应用范围，将在第五节中阐述。

实验证明，在应力变化范围不很大的情况下，莫尔破坏包线可以用库伦定律来表示，即土的抗剪强度与法向应力成线性函数的关系。实际上，库仑定律是莫尔强度理论的特例，即：

$$\tau_f = f(\sigma) = c + \sigma\tan\varphi'$$

这种以库伦定律来表示莫尔破坏包线的理论被称为莫尔—库伦破坏理论。

二、莫尔—库伦理论破坏准则——极限平衡条件

当土中某点可能发生剪切破坏面的位置已经确定，只要算出作用于该面上的剪应力τ和正应力σ，根据库仑定律：$\tau_f = c + \sigma\tan\varphi$，就可直接判别该点是否会发生剪切破坏：

1. 若$\tau < \tau_f$，该点处于弹性平衡状态，不发生剪切破坏；

2. 若$\tau = \tau_f$，该点处于极限平衡状态，将发生剪切破坏。

但是，土中某点可能发生剪切破坏面的位置一般不能预先确定。该点往往处于复杂的应力状态，无法利用根据库仑定律直接判别该点是否会发生剪切破坏。如果通过对该点的应力进行分析，计算出该点的主应力，画出其莫尔应力圆，并将库仑定律中的莫尔破坏包线与其画在同一个坐标图中，如图7-4和图7-5所示。根据莫尔破坏包线与莫尔应力圆之间的关系，就可直接判别该点是否会发生剪切破坏：

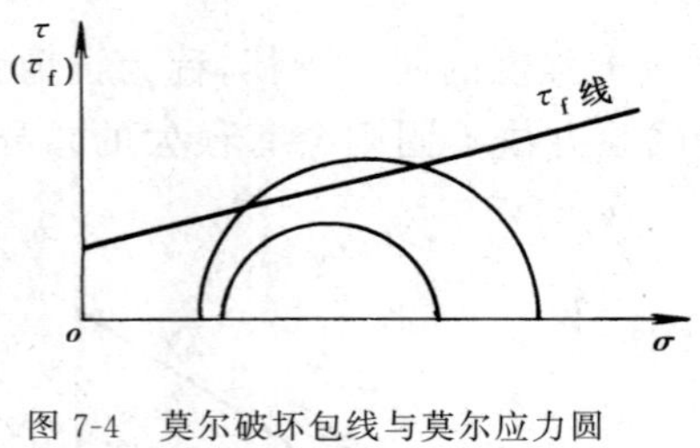

图7-4　莫尔破坏包线与莫尔应力圆不相交、相割

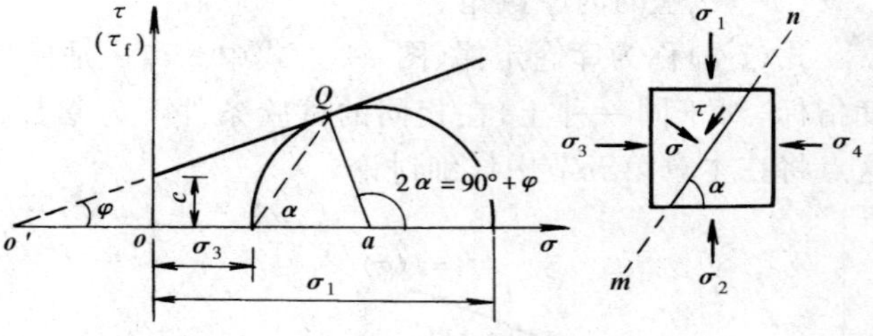

图7-5　莫尔破坏包线与莫尔应力圆相切

1. 若莫尔破坏包线与莫尔应力圆不相交，表明该点任意截面上的$\tau < \tau_f$，该点处于弹性平衡状态，不发生剪切破坏；

2. 若莫尔破坏包线与莫尔应力圆相割，表明该点部分截面上的$\tau > \tau_f$，显然这种状态不会存在；

3. 若莫尔破坏包线与莫尔应力圆相切，表明该切点所代表的截面上的$\tau = \tau_f$，该点处于极限平衡状态，将发生剪切破坏。

显然，该切点所代表的截面就是剪切破坏面，如图7-4所示，它与大主应力面的夹角为：

$$\alpha = 45° + \frac{\varphi}{2} \tag{7-4}$$

此时，根据图7-4中的几何关系，有下列结果：

$$\sin\varphi = \frac{\overline{aQ}}{\overline{ao'}}$$

$$\overline{aQ}=\frac{\sigma_1-\sigma_2}{2}$$

$$\overline{ao'}=\frac{\sigma_1-\sigma_2}{2}+c\cdot\cot\varphi$$

$$\sin\varphi=\frac{\sigma_1-\sigma_3}{\sigma_1+\sigma_3+2c\cdot\cot\varphi} \tag{7-5}$$

将式(7-5)经过数学变换,可得:

$$\sigma_1=\sigma_3\tan^2\left[45^\circ+\frac{\varphi}{2}\right]+2c\cdot\tan\left[45^\circ+\frac{\varphi}{2}\right] \tag{7-6}$$

$$\sigma_3=\sigma_1\tan^2\left[45^\circ-\frac{\varphi}{2}\right]-2c\cdot\tan\left[45^\circ-\frac{\varphi}{2}\right] \tag{7-7}$$

式(7-5)至式(7-7)都表达了土体破坏时主应力间的关系,称为莫尔—库伦理论破坏准则,由于此时土体处于极限平衡状态,故也称为土的极限平衡条件。

第三节　抗剪强度指标的确定

土的抗剪强度指标包括内摩擦角 φ 和粘聚力 c 两项,其值是地基与基础设计的重要参数,该指标需要用专门的仪器通过试验来确定。常用的试验仪有直接剪切仪、无侧限压力仪、三轴剪切仪和十字板剪切仪等。由于各种仪器的构造和试验条件、原理及方法均不同,对于同样的土会得出不同的试验结果,所以需要根据工程的实际情况来选择适当的试验方法。本节将介绍常用的直接剪切试验和三轴剪切试验。

一、直接剪切试验

直接剪切试验是应用较早的一种测定土的抗剪强度指标的方法,由于其试验原理易于理解,试验设备简单、操作方便,故应用较为广泛,是现行《公路土工试验规程》(JTJ 051—93)规定使用的方法之一。

1. 仪器设备

(1) 应变控制式直剪仪:由剪切盒(分上盒和下盒)、垂直加荷设备、剪切传动装置、测力计、位移量测系统组成,如图 7-6 所示。

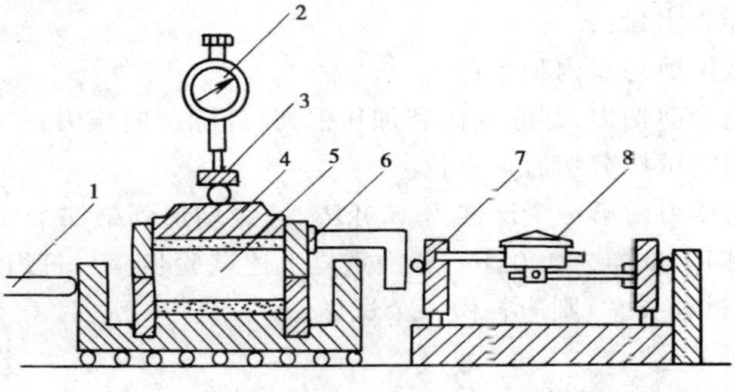

图 7-6　应变控制式直剪仪示意图

1-推动座;2-垂直位移百分表;3-垂直加荷框架;4-活塞;5-试羊;6-剪切盒;7-测力计;8-测力百分表

(2) 环刀:内径 61.8mm,高度 20mm。

（3）位移量测设备：百分表或传感器，百分表量程应为 10 mm，分度值为 0.01mm，传感器的精度应为零级。

2. 试样制备

按《公路土工试验规程》(JTJ 051—93)中(T 0102—93)的要求制备试样，每组试样不得少于 4 个，用环刀仔细切取土样，并测定土的密度与含水量，要求同组试样之间的密度差值不大于0.03g/cm^3，含水量差值不大于 2%。

3. 试验步骤

1）安装试样：对准剪切盒的上盒与下盒，插入固定销钉，在下盒底部放一块透水石，透水石上铺一张滤纸。将带试样的环刀刃口向上，环刀平口朝下，对准剪切盒口，用推土器小心地将试样推入剪切盒内。再将试样顶面安放一张滤纸，上放一块透水石。

2）测记初始读数：转动手轮（剪切传动装置），剪切盒向前移动，使其上盒前端钢珠刚好与测力计（既弹性量力环）接触。在剪切盒顶部透水石上，依次加上刚性传压板、加压框架，并安装竖向位移量测装置，测记初始读数。为计算简便，可将百分表初始读数调为零。

3）施加竖向压力：

（1）根据工程实际和土的软硬程度，施加第一级竖向压力的数值，通常 $\sigma_1=100$kPa。

（2）为防止试样含水量蒸发，对于饱和试样，应向剪切盒内注水；而对于非饱和试样，不注水，只在加压板周围包以湿棉花。

（3）若进行粘性土的慢剪试验时，在施加竖向压力后，使试样固结稳定，才能施加水平荷载进行剪切。试样固结稳定的标准，为每 1h 竖向变形值不大于 0.05mm。

4）施加水平剪切荷载：拨去上下盒连接的固定销钉。匀速转动手轮，推动剪切盒的下盒前移，使剪切盒上、下盒之间的开缝处土样中部产生剪应力。并定时测记测力计（即水平向）百分表读数，直至土样剪损。

5）剪切速度的控制范围：粘性土慢剪试验为小于 0.02mm/min；其他试验，包括粘性土固结快剪试验与快剪试验及砂土试验，均为 0.8mm/min。

6）终止试验的标准：

（1）当测力计百分表不走（读数不变）或后退时，应继续剪切至剪切位移为 4mm 时停止，记下破坏值；

（2）当测力计百分表慢速走动，不后退，无峰值时，则继续剪切至剪切位移达 6mm 时停止，记下破坏值。

7）定剪切后试样含水量：

（1）剪切结束，吸掉剪切盒内积水；

（2）反转手轮，退去剪切力；卸除砝码和加压框架，卸除竖向压力；

（3）取出试样，测定试样剪切后含水量。

8）同组试样竖向压力由第一个试样为 100kPa，逐级增加到第二个试样变为 200kPa，第三个试样为 300kPa，第四个试样为 400kPa，分别重复上述试验步骤。每组试验不得少于四个试验数据。如其中一个试样异常，则应补做一个试样。

4. 试验成果整理

1）剪切位移 Δl 应按下式计算：

$$\Delta l=\Delta_1 n-R \tag{7-8}$$

式中：Δl——剪切位移(0.01mm)；

Δ_1——手轮转一圈的位移量(0.01mm)；

n——手轮转动的圈数；

R——测力计读数(0.01mm)。

2）剪应力 τ 或抗剪强度 τ_f 应按下式计算：

$$\tau = CR \qquad (7\text{-}9)$$

$$\tau_f = CR$$

式中：τ——试样的剪应力(kPa)；

τ_f——试样的抗剪强度(kPa)；

C——测力计校正系数(kPa/0.01mm)。

3）绘制剪应力与剪切位移的关系曲线：以剪应力 τ 为纵坐标，剪切位移 Δl 为横坐标，在直角坐标系中，按比例可绘制出每个试样 τ—Δl 曲线，如图 7-7 所示。并根据此关系曲线，可分别找出每个试样在其竖向压力作用下的剪应力峰值：第一个试样的竖向压力为 P_1，其对应的剪应力峰值为↓1；第二个试样的竖向压力为 P_2，找出其对应的剪应力峰值为↓2……；

4）绘制抗剪强度与垂直压力的关系曲线 在图 7-7 中 τ—Δl 关系曲线上，取峰值或终值，作为抗剪强度 τ_f。以垂直压力 σ 为横坐标，抗剪强度 τ_f 为纵坐标，在直角坐标系中，绘制 τ_f—σ 曲线，如图 7-8 所示。四个试样可以得到 4 个点，基本落在一条直线上。此直线称为抗剪强度曲线，该曲线与纵坐标的截距 c 称为土的粘聚力，单位为 kPa；该曲线与横坐标的夹角 φ，称为土的内摩擦角，单位为度。c 和 φ 即为该试验所要得到的土体的两个抗剪强度指标。

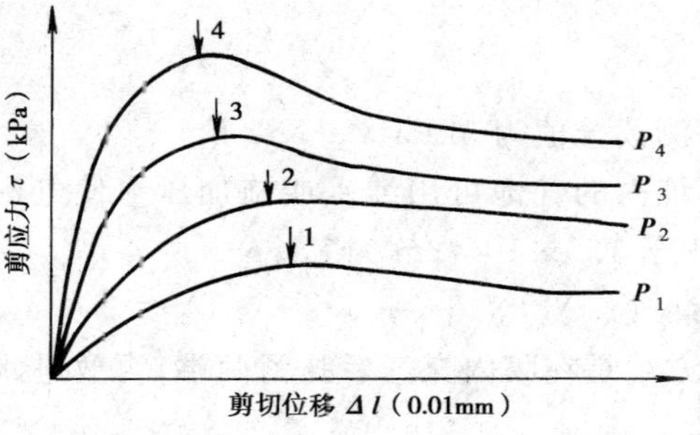

图 7-7 剪应力与剪切位移关系曲线

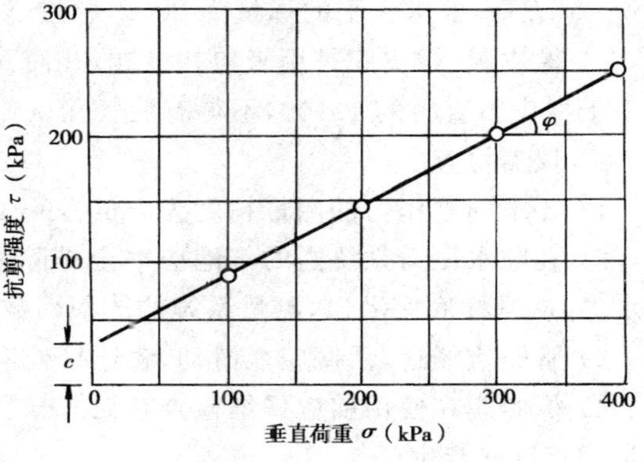

图 7-8 抗剪强度与垂直压力关系曲线

二、三轴剪切试验

三轴剪切试验又称三轴压缩试验，是测定土的抗剪强度指标 c 和 φ 的精密方法。该试验克服了直剪试验中土样应力条件不能与工程实际相适应，固结条件不能严格控制，剪切面作了人为固定等许多不足之处。尽管试验设备和操作较为复杂，但是，在实际工程中的应用越来越普遍，尤其广泛应用于重大工程和土工科研工作。三轴剪切试验也是现行《公路土工试验规程》规定使用的方法之一。

1. 仪器设备

1）应变控制式三轴压缩仪：包括周围压力系统、反加压系统、孔隙水压力量测系统和主机组成，各系统的组成如图 7-9 所示。

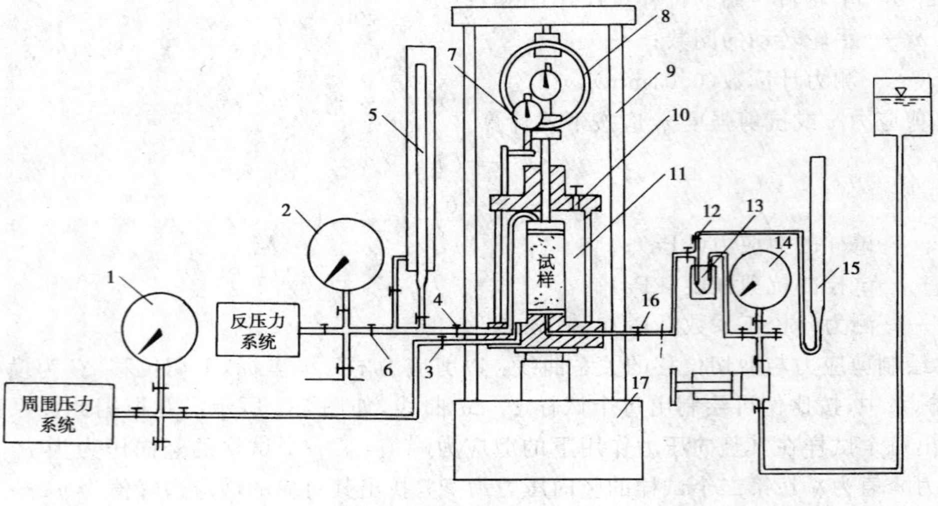

图 7-9 应变控制三轴压缩仪

1-周围压力表；2-反压力表；3-周围压力阀；4-排水阀；5-体变管；6-反压力阀；7-垂直变形百分表；8-量力环；9-排气孔；10-轴向压力设备；11-压力室；12-量管阀；13-零位指示器；14-孔隙压力表；15-量管；16-孔隙压力阀；17-离合器

2）附属设备：包括击实器、饱和器（见图 7-11）、切土器、分样器、切土盘、承膜筒和对开圆膜等，其构造如图 7-10 所示。这些设备是用来制备圆柱体试样和安装试样，并在试样外包橡皮膜。

3）天平：要求天平的称量为 200g，感量 0.01g 或称量为 1000g，感量 0.1g。

4）橡皮膜：橡皮膜是用来包扎试样，并使其与周围的压力水隔开。故要求具有弹性，厚度应小于橡皮膜直径的 1/100，不得有漏气孔。

2. 仪器检查

1）要求周围压力的测量精度为全量程的 1%，测读分值为 5kPa。

2）孔隙水压力系统内的气泡应完全排除。系统内的气泡可用纯水或施加压力使气泡溶于水，并从试样底座溢出，测量系统的体积因数应小于 $1.5\times10^{-5}cm^3/kPa$。

3）管路应畅通，活塞应能滑动，各连接处应无漏气。

4）橡胶膜在使用前应仔细检查有无漏气。其方法是在膜内充气后扎紧两端，再放进水下看是否有气泡产生。

3. 试样制备

1）试样数量：同一种土每组试验需要 3～4 个试样，分别在不同周围压力下进行试验。

2）试样尺寸：形状为圆柱体，最小直径为 35mm，最大直径为 101mm。对于有裂缝、软弱面和构造面的试样，其直径宜大于 60mm；试样的高度宜为试样直径的 2.0～2.5 倍；试样的最大粒径 d_{max} 应符合下列规定：当试样直径小于 100mm 时，d_{max} 为试样直径的 1/10；当试样直径大于或等于 100mm 时，d_{max} 为试样直径的 1/5。

3）试样制备：

（1）原状土试样制备：先用原状土分样器将圆筒形土样竖向分成 3 个扇形土样，再用切土盘将每个图样切成标准圆柱形试样。试样两端应平整，须垂直于试样轴。当试样表面有凹坑时，可用削下的余土补平，最后取其余土测定试样的含水量，整个试样制备过程应尽量避免试

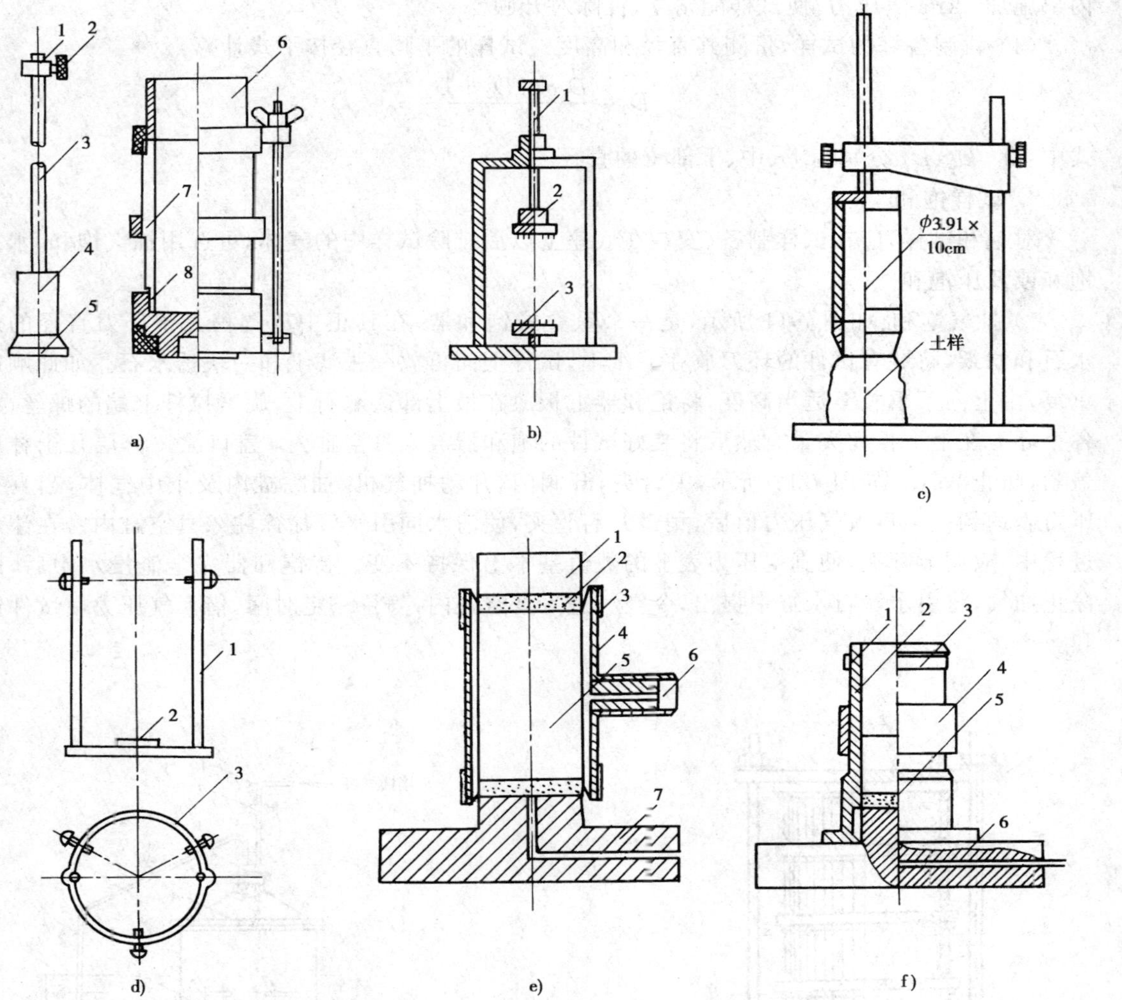

图 7-10　附属设备构造图

a)击实器;1- 套环;2-定位螺丝;3-导杆;4-击锤;5-底版;6-套筒;7-饱和器;8-底板

b)切土盘;1-转轴;2-上盘;3-下盘

c)切土器和切土架;

d)原状土分样器;1-滑杆;2-底座;3-钢丝架

e) 承膜筒;1-上帽;2-透水石;3-橡皮膜;4-承膜筒;5-试样;6 吸气孔;7-三轴仪底座

f)对开圆膜;1-橡皮膜;2-制样圆模;3-橡皮圈;4-圆箍;5-透水石;6-仪器底座

样的扰动。

(2) 扰动试样制备:根据预定的干密度和含水量,称取风干过筛的土样,平铺于搪瓷盘内,将计算所需加水量用小喷壶均匀喷洒于土样上,充分拌匀,装入容器盖紧,防止水分蒸发。润湿一昼夜后,在击石器内分层击实(粉质土宜为 3～5 层,粘质土宜为 5～8 层)。各层土料数量应相等,各层接触面应刨毛。

(3) 对于砂类土,应先在压力室底座上依次放上不透水板、橡皮膜和对开圆膜。将砂料填入对开圆膜内,分 3 层按预定干密度击实。当制备饱和试样时,在对开圆膜内注入纯水至 1/3 高度,将煮沸的砂料分 3 层填入,达到预定高度。放上不透水板、试样帽、扎紧橡皮膜。对试样内部施加 5kPa 负压力，使试样能站立，拆除对开膜。

(4) 对制备好的试样，量测其直径和高度。试样的平均直径按下式计算：

$$D_0=\frac{D_1+2D_2+D_3}{4} \tag{7-10}$$

式中：D_1、D_2、D_3 分别为上、中、下部位的直径。

4. 试样饱和

对饱和试样，应在试样制备、安装在底座上以后排除试样中的气体，可选用抽气饱和、水头饱和或反压饱和。

1) 抽气饱和：如图 7-11 所示，是一个重叠式饱和器，在其正中放置稍大于环刀直径的透水石和滤纸，将装有试件的环刀放在滤纸上，试件上面再放一张滤纸和一块透水石。如此顺序重复，由上向下重叠至适当高度，将饱和器上板放在最上部透水石上，旋紧拉杆上端的螺丝，将各个环刀在上下板间夹紧。然后将装好试件的饱和器放入真空缸内，盖口涂一薄层凡士林后盖紧，防止漏气。如图 7-12 所示，关管夹，开阀门，开动抽气机，抽除缸内及土中气体，当真空压力表达到一个负大气压力值后，稍微开启管夹，使清水同引水管徐徐注入真空缸内。在注水过程中，应调节管夹，使真空压力表上的数值基本上保持不变。待饱和器完全淹没水中后，即停止抽气，将引水管自水缸中提出，令空气进入真空缸内，静待一定时间，借大气压力使试件饱和。

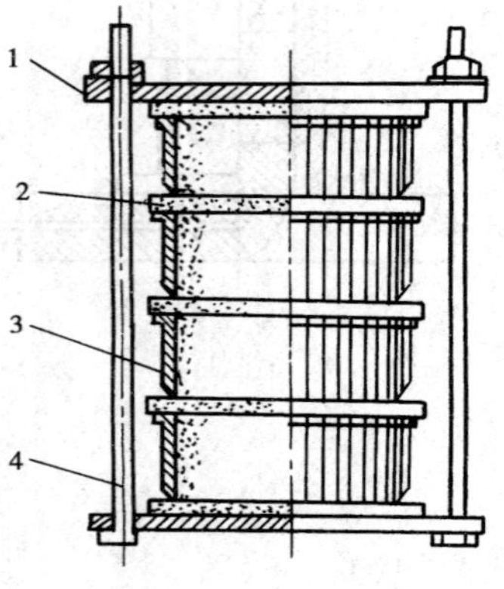

图 7-11　重叠式饱和器
1-夹板；2-透水石；3-环刀；4-拉杆

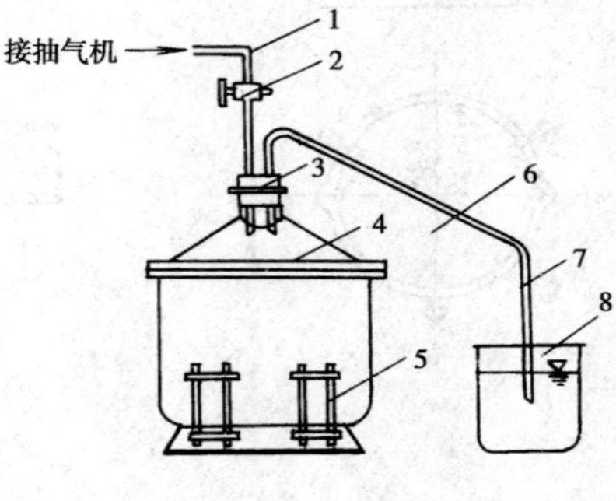

图 7-12　抽气饱和法装置
1-排气管；2-二通阀；3-橡皮塞；4-真空缸；5-饱和器；6-管夹；7-引水管；8-水缸

2) 水头饱和：将试样装于压力室内，施加 20kPa 周围压力。水头商出试样顶部 1m，使纯水从底部进入试样，从试样顶部溢出，直至流入水量和溢出水量相等为止。当需要提高试样的饱和度时，宜在水头饱和前，从底部将二氧化碳气体通入试样，置换孔隙中的空气，再进行水头饱和。

3) 反压力饱和：试样要求完全饱和时，应对试样施加反压力。反压力系统与周围压力相同，但应用双层体变管代替排水量管。试样装好后，调节孔隙水压力等于大气压力，关闭孔隙水压力阀、反压力阀、体变管阀，测记体变管读数。开周围压力阀，对试样施加 10～50kPa 的周围压力，开孔隙压力阀，待孔隙压力变化稳定，测记读数。开体变管阀和反压力阀，同时施加周围压力和反压力 30kPa，检查孔隙水压力增量，待孔隙水压力稳定后再施加下一级周围压力和反压力。每施加一级压力都测定孔隙水压力。当孔隙水压力增量与周围压力增量之比 $\Delta u/\Delta\sigma_3>0.98$ 时，认为试样达到饱和。

5. 试验步骤

1）安装试样

（1）在压力室底座上，依次放上不透水板、试样及试样帽，将橡皮膜套在试样外，并将橡皮膜上、下两端分别与试样帽和底座扎紧，不透水。

（2）装上压力室罩，向压力室内注满纯水，排除残留气泡后，关闭顶部排气筏，再将压力室顶部的活塞上端对准测力计，下端对准试样顶部。

2）施加周围压力

（1）关闭反压力系统的排水阀。

（2）打开周围压力阀，由小型空气压缩机或高压氮气瓶对试样施加周围压力 σ_3。

（3）周围压力值 σ_3，由压力表控制，该值应与工程实际荷载相适应，最大一级周围压力应与最大实际荷载大致相等。

3）施加竖直轴向压力剪切试样

（1）转动手轮，使试样帽与活塞及测力计接触。

（2）装上测量试样竖向变形用的百分表。

（3）将测力计和百分表的读数调至零位。

（4）启动电动机，接上离合器，开始剪切试样。剪切速率必须均匀等速。

4）测记读数

（1）剪切应变速率宜控制在每分钟 0.5%～1.0%。

（2）试样每生产 0.3%～0.4%的轴向应变时，测记一次测力计读数和轴向变形值。

（3）当轴向应变大于 3%后，每隔 0.7%～0.8%的应变值测记一次读数。

5）停止剪切标准：

（1）当测力计读数出现峰值时，即百分表指针后退，剪切应继续进行，直到超过 5%的轴向应变为止。

（2）当测力计读数无峰值时，即百分表指针不走或极缓慢前走，剪切应进行到轴向应变为 15%～20%。

6）测量破坏试样：

（1）试验结束后，先关闭周围压力阀，关闭电动机，拨开离合器。

（2）倒转手轮，然后打开排气孔，排除压力室内的水。

（3）拆除试样，描述试样破坏形状。通常试样破坏形状分为两种：当试样为砂土或硬塑状态的粉性土，破坏面呈一斜向直线剪切面；若试样为饱和状态软土，则无明显剪切面，而在试样中段向外鼓起，直径变大。

（4）称试样的质量，并测定含水量。

7）重复试验：

（1）同组试样施加不同的周围压力 σ_3：通常可取 100kPa、200kPa、300kPa 和 400kPa。

（2）重复上述试验步骤，可得到一组试验数据。

6. 试验成果整理

1）轴向应变的计算：

$$\varepsilon_1=\frac{\Delta h_1}{h_0} \tag{7-11}$$

式中：ε_1——轴向应变值（%）；

Δh_1——剪切过程中的高度变化(mm);

h_0——试样起始高度(mm)。

2) 试样面积的校正计算:

$$A_a = \frac{A_0}{1-\varepsilon_1} \tag{7-12}$$

式中:A_a——试样的校正断面积(cm^2);

A_0——试样的初始断面积(cm^2)。

3) 大小主应力差计算:

$$\sigma_1 - \sigma_3 = \frac{CR}{A_a} \times 10 \tag{7-13}$$

式中:σ_1——最大主应力,作用在试样顶面的总压力(kPa);

σ_3——最小主应力,作用在试样周围的压力(kPa);

C——测力计校正系数,由仪器产品提供(N/0.01mm);

R——测力计读数(0.01mm);

A_a——试样校正断面积(cm^2)。

4) 绘制轴向应变与主应力差的关系曲线:在直角坐标中,以轴向应变 ε_1 为横坐标,以大小主应力差 $\sigma_1 - \sigma_3$ 为纵坐标,绘制 $\varepsilon_1-(\sigma_1-\sigma_3)$ 关系曲线,如图 7-13 所示。

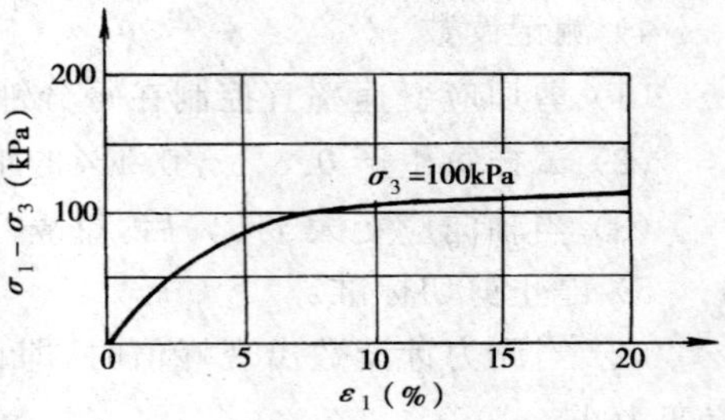

图 7-13 主应力差与轴向应变关系曲线

5) 绘制摩尔破损应力圆包线:如图 7-13 所示,取 $\varepsilon_1-(\sigma_1-\sigma_3)$ 曲线上的峰值为破坏点;无峰值时取 15% 轴向应变时的主应力差值作为破坏点。在直角坐标上,以法向应力 σ 为横坐标,剪应力 τ 为纵坐标,在横坐标上以 $\frac{\sigma_{1f}-\sigma_{3f}}{2}$ 为圆心,$\frac{\sigma_{1f}+\sigma_{3f}}{2}$ 为半径(f 注脚表示破坏),在 $\tau-\sigma$ 应力平面图上绘制摩尔破损应力圆,并绘出不同周围压力 σ_{3i} 下的破损应力圆的包线(即公切线),此包线即为该试样的抗剪强度曲线,如图 7-14 所示。该曲线与纵坐标的截距 c 称为土的粘聚力,单位为 kPa;该曲线与横坐标的夹角 φ,称为土的内摩擦角,单位为度。c 和 φ 即为该试验所要得到的土体的两个抗剪强度指标。

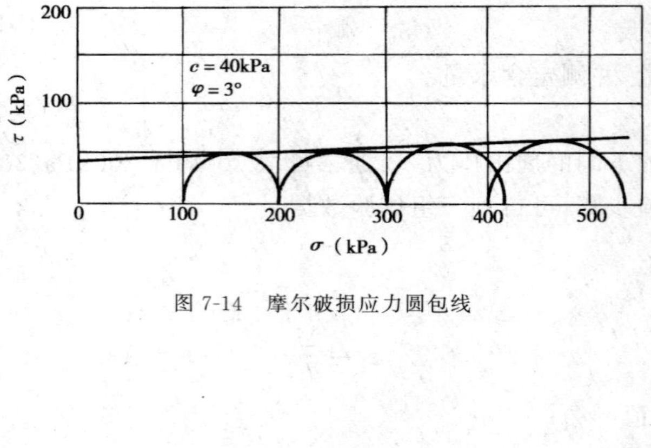

图 7-14 摩尔破损应力圆包线

三、三种试验方法

土的抗剪强度指标 c 与 φ 值，除了受土的物理化学性质影响，还与孔隙水的压力有关。根据有效应力原理可知：作用在试样剪切面上的总应力为有效应力与孔隙水压力之和。在外荷载作用下，随着时间的延长，孔隙水压力因排水而逐渐地消散，同时有效应力相应地不断增加。因为孔隙水压力作用在土中的自由水上，不会产生土粒之间的内摩擦力，只有作用在土颗粒骨架上的有效应力才能产生土的内摩擦力。因此，土的抗剪强度试验条件的不同，影响了土中孔隙水的排除量，从而影响到有效应力的变化，使得同一种土得到的抗剪强度指标 c 与 φ 值却不相同。三轴压缩试验最大的特点是试样的固结条件可以控制，由此可以根据工程实际固结情况，采用与之相适应的固结条件下的三轴压缩试验，得到相应的抗剪强度指标 c 和 φ 值。《公路土工试验规程》(JTJ 051—93)中将三轴压缩试验分为以下三种：

1. 不固结不排水试验(UU)：

不固结不排水试验又称快剪试验。该试验是在试样施加周围压力之前，将试样的排水阀关闭，在不固结的情况下施加轴向力进行剪切。而在剪切过成中排水阀始终关闭，是不排水试验。总之，在施加 σ_3 与增加 σ_1 直至破坏过程中均不允许试样排水，试样中存在着孔隙水压力 u。如图 7-14 所示，为不固结不排水强度包线，称为总应力抗剪强度由线，由该曲线得到的 c 和 φ(有时记为 c_u 和 φ_u)称为土体的总抗剪强度指标。

2. 固结不排水试验(CU)：

固结不排水试验又称固结快剪。该试验是使试样先在某一周围压力 σ_3 作用下充分排水固结，然后在保持不排水的情况下，增加轴向压力直至破坏。与上述不固结不排水试验不同之处有以下几点：

1) 试样安装：压力室底座上取下不透水板，换上透水板与滤纸。使试样底部与孔隙水压力系统相通。

2) 施加周围压力 σ_3 后，打开孔隙水压力阀，测定孔隙水玉力 u，然后打开排水阀，排除试样中孔隙水，直至孔隙水压力消散 95%以上。固结完成后，关闭排水阀，测记排水管读数和孔隙水压力读数。

3) 施加轴向力，对试样进行剪切的速率改为：

粘质土每分钟应变为 0.05%～0.1%；

粉质土每分钟应变为 0.1%～0.5%。

4) 有效主应力计算

有效大主应力为：

$$\bar{\sigma}_1=\sigma_1-u \tag{7-14}$$

式中：$\bar{\sigma}_1$—— 有效大主应力(kPa)；

u——孔隙水压力(kPa)。

有效小主应力为：

$$\bar{\sigma}_3=\sigma_3-u \tag{7-15}$$

式中：$\bar{\sigma}_3$——有效小主应力(kPa)。

5) 有效破损应力圆包线：在直角坐标系中，以 $\frac{\bar{\sigma}_{1f}-\bar{\sigma}_{3f}}{2}$ 为圆心，以 $\frac{\bar{\sigma}_{1f}-\bar{\sigma}_{3f}}{2}$ 为半径，可绘制出有效破损应力圆。同组试样不同 $\bar{\sigma}_3$ 的有效应力圆的公切线即为有效应力强度包线，即为该试样的抗剪强度曲线，如图 7-15 中虚线所示。并由该曲线与纵坐标的截距得到有效粘聚力 $\bar{C}_{cu}$；

与横坐标的夹角得到有效内摩擦角 φ_{cu}。

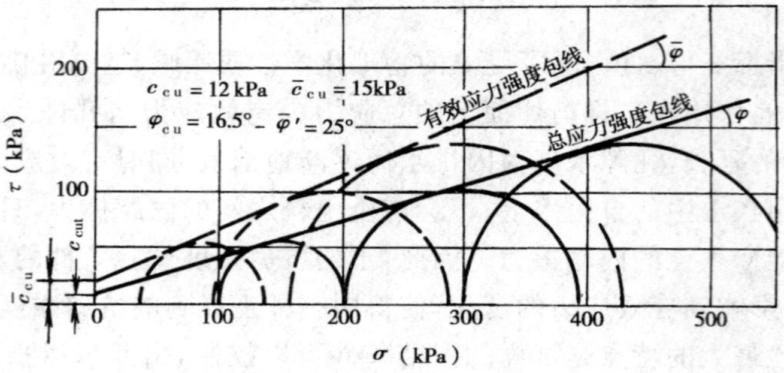

图 7-15　固结不排水剪强度包线

3. 固结排水试验(CD)

固结排水试验又称慢剪试验。该方法是使试样先在某一周围压力 σ_3 作用下排水固结，然后在允许试样充分排水的情况下增加轴向压力 σ_1 直至破坏。这就要求整个试验过程中，自始至终打开排水阀，剪切速率要缓慢，一般采用每分钟应变为 0.003%～0.02%，使得在施加周围压力 σ_3 和施加轴向剪切压力 σ_1 过程中孔隙水能充分排除，从而孔隙水压力得到完全消散。通过试验成果整理，可以绘出固结排水强度包线，如图 7-16 所示。并由该曲线得到土体的抗剪强度指标 c_d 和 φ_d。

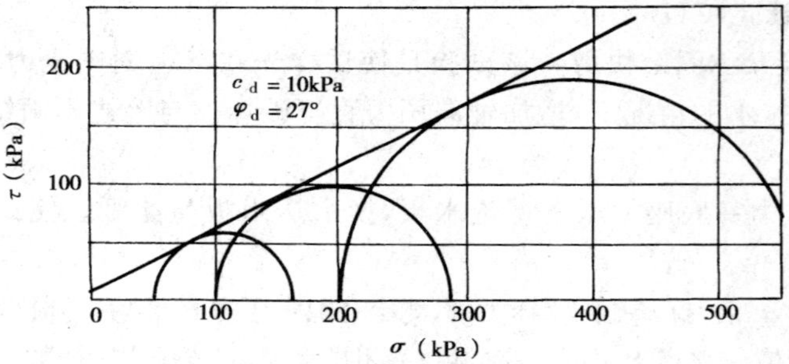

图 7-16　固结排水剪强度包线

第四节　地基容许承载力的确定

地基的容许承载力是指地基土在外荷载的作用下，不产生剪切破坏且基础的沉降量不超过允许值时，单位面积上所能承受的最大荷载。确定地基容许承载力的方法有许多，现行《公路桥涵地基与基础设计规范》(JTJ 024—85) 规定：桥涵地基的容许承载力，可根据地质勘探、原位测试、野外荷载试验、邻近旧桥涵调查对比，以及既有的建筑经验和理论公式的计算综合分析确定。如缺乏上述数据时，可根据地基土的类别，查出本规范给出的相应的容许承载力表，再通过相应的经验公式计算修正后确定。对地质和结构复杂的桥涵地基的容许承载力，应经现场荷载试验确定。

一、理论公式确定地基的容许承载力

地基容许承载力的理论公式主要依据为土的强度理论，因此需要应用土的抗剪强度指标 c 和 φ 值。理论公式一般假定地基土为均质材料，并由条形基础均布荷载作用推导得来。若对矩

形基础或圆形基础，理论公式一般也可以应用，起结果偏于安全。地基的临塑荷载、临界荷载和极限荷载均可作为地基的容许承载力，但其安全程度和经济效果不同，现分述如下。

1. 地基的临塑荷载

1）定义：地基的临塑荷载是指在外荷载作用下，地基中刚开始产生塑性变形（即局部剪切破坏）时，基础底面单位面积上所承受的荷载。

从第六章第二节现场荷载试验得到的 p—s 关系曲线（图 6-6）可见：荷载试验第一阶段为压密阶段，即直线变形阶段；第二阶段为局部剪切破坏阶段，p—s 曲线呈下弯曲线形。载荷试验第一阶段与第二阶段之分界 a 点对应的荷载 P_{cr} 称为临塑荷载，也就是随着荷载的增大，地基土由弹性变形开始产生塑性变形的界限荷载。

2）临塑荷载计算公式：

地基的临塑荷载 P_{cr}，按下式计算：

$$P_{cr}=\frac{\pi(\gamma d+c\cdot\cot\varphi)}{\cot\varphi-\frac{\pi}{2}+\varphi}+\gamma d=N_d\gamma d+N_c c \tag{7-16}$$

式中：P_{cr}——地基的临塑荷载；

γ——基础埋深范围内土的容重；

d——基础埋深；

c——基础底面下土的粘聚力；

φ——基础底面下土的内摩擦角（°）；

N_d，N_c——承载力系数，可根据 φ 值按公式(7-17)、式(7-18)计算或查表 7-1 确定。

$$N_d=\frac{\cot\varphi+\varphi+\frac{\pi}{2}}{\cot\varphi+\varphi-\frac{\pi}{2}} \tag{7-17}$$

$$N_c=\frac{\pi\cdot\cot\varphi}{\cot\varphi+\varphi-\frac{\pi}{2}} \tag{7-18}$$

承载力系数 N_d，N_c，$N_{\frac{1}{4}}$，$N_{\frac{1}{3}}$ 的数值　　表 7-1

φ(°)	N_d	N_c	$N_{\frac{1}{4}}$	$N_{\frac{1}{3}}$	φ(°)	N_d	N_c	$N_{\frac{1}{4}}$	$N_{\frac{1}{3}}$
0	1	3	0	0	24	3.9	6.5	0.7	1.0
2	1.1	3.3	0	0	26	4.4	6.9	0.8	1.1
4	1.2	3.5	0	0.1	28	4.9	7.4	1.0	1.3
6	1.4	3.7	0.1	0.1	30	5.6	8.0	1.2	1.5
8	1.6	3.9	0.1	0.2	32	6.3	8.5	1.4	1.8
10	1.7	4.2	0.2	0.2	34	7.2	9.2	1.6	2.1
12	1.9	4.4	0.2	0.3	36	8.2	10.0	1.8	2.4
14	2.2	4.7	0.3	0.4	38	9.4	10.8	2.1	2.8
16	2.4	5.0	0.4	0.5	40	10.8	12.8	2.5	3.3
18	2.7	5.3	0.4	0.6	42	11.7	12.8	2.9	3.8
20	3.1	5.6	0.5	0.7	44	14.5	14.0	3.4	4.5
22	3.4	6.0	0.6	0.8	42	15.6	14.6	3.7	4.9

3）临塑荷载计算公式推导：

如图 7-17 所示，在条形基础的均布荷载作用下，地基中任一点的应力来源与下列几方面：

(1) 基础底面的附加应力 P_0；

(2) 基础底面以下深度 z 处，土的自重压力 γz；

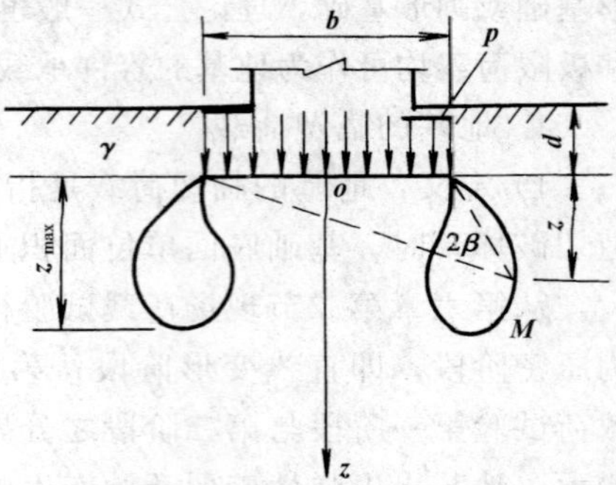

图 7-17 条形基底边缘的塑性区

(3) 由基础埋深 d 构成的旁载 γd。

为简化计算，假定土的侧压力系数 $\xi=1.0$（实际上 $\xi=0.25\sim0.27$），则土的自重和旁载在 M 点产生的各向应力相等，因而地基中任意点 M 的最大主应力和最小主应力为：

$$\sigma_1=\frac{p-\gamma d}{\pi}(2\beta+\sin2\beta)+\gamma z+\gamma d \quad (7\text{-}19)$$

$$\sigma_3=\frac{p-\gamma d}{\pi}(2\beta-\sin2\beta)+\gamma z+\gamma d \quad (7\text{-}20)$$

式中：p—— 基础底面接触压力（kPa）；

2β——点至基础边缘两连线的夹角（°）。

当 M 点的应力达到极限平衡状态时，该点的主应力间应满足式（7-5），即：

$$\sin\varphi=\frac{\sigma_1-\sigma_3}{\sigma_1+\sigma_3+2c\cdot\cot\varphi}$$

将式（7-19）与式（7-20）代入上式，整理后得

$$z=\frac{p-\gamma d}{\pi\gamma}\left[\frac{\sin2\beta}{\sin\varphi}-2\beta\right]-\frac{c}{\gamma}\cot\varphi-d \quad (7\text{-}21)$$

当基础底面接触压力 p，基础埋深 d 和地基土的 γ、c、φ 已知时，公式（7-20）表示塑性区边界上任意一点 M 的深度 z 与夹角 2β 之间的关系。满足此关系的点就说明是处于极限平衡状态，所以此式被称为塑性区的边界方程。而塑性区的最大深度 z_{max}，只需将公式（7-21）求一次导数并使其值为零得到，即：

$$\frac{dz}{d\beta}=\frac{p-\gamma d}{\pi\gamma}\times2\left[\frac{\cos2\beta}{\sin\varphi}-1\right]=0$$

则：$\frac{\cos2\beta}{\sin\varphi}=1$，即 $\cos(2\beta-\varphi)=\sin\varphi$。而 $\sin\varphi=\cos\left(\frac{\pi}{2}-\varphi\right)$，故 $2\beta=\frac{\pi}{2}-\varphi$。

将此值代入公式（7-21）可得：

$$z_{max}=\frac{p-\gamma d}{\pi y}\left(\cot\varphi-\frac{\pi}{2}+\varphi\right)-\frac{c}{\gamma}\cot\varphi-d \quad (7\text{-}22)$$

根据临塑荷载的定义，是指在外荷载作用下，地基中刚开始产生塑性变形（即局部剪切破坏）时基础底面单位面积上所承受的荷载，此时塑性区的最大深度 $z_{max}=0$，所以临塑荷载 P_{cr} 的计算公式为：

$$P_{cr}=\frac{\pi(\gamma d+c\cdot\cot\varphi)}{\cot\varphi-\frac{\pi}{2}+\varphi}+\gamma d=N_d\gamma d+N_c c \quad (7\text{-}23)$$

2. 地基的临界荷载

1）定义：当地基中的塑性变形区最大深度为：中心荷载作用时 $z_{max}=\frac{b}{4}$ 或偏心荷载作用时 $z_{max}=\frac{b}{3}$，与此相对应的基础底面的压力，分别以 $P_{\frac{1}{4}}$ 或 $P_{\frac{1}{3}}$ 表示，称为地基的临界荷载。

2）临界荷载计算公式：

(1) 中心荷载作用：根据临塑荷载的定义，由公式（7-22），令 $z_{max}=\frac{b}{4}$，整理可得中心荷载作用下地基的临界荷载计算公式：

$$P_{\frac{1}{4}}=\frac{\pi\left(\gamma d+\frac{1}{4}\gamma d+c\cdot\cot\varphi\right)}{\cot\varphi-\frac{\pi}{2}+\varphi}+\gamma d=N_{\frac{1}{4}}\gamma b+N_{d}\gamma d+N_{c}c \tag{7-24}$$

式中：b——基础宽度（m），矩形基础短边，圆形基础采用 $b=\sqrt{A}$，A 为圆形基础底面积；

$N_{\frac{1}{4}}$——承载力系数，据基础底面下 φ 值，按公式（7-24）计算，或查表 7-1 确定。

$$N_{\frac{1}{4}}=\frac{\pi}{4\cot\varphi+\varphi-\frac{\pi}{2}} \tag{7-25}$$

（2）偏心荷载作用：根据临界荷载的定义，由公式（7-22），令 $Z_{\max}=\frac{b}{3}$，整理可得偏心荷载作用下地基的临界荷载计算公式：

$$P_{\frac{1}{3}}=\frac{\pi\left(\gamma d+\frac{1}{3}\gamma d+c\cdot\cot\varphi\right)}{\cot\varphi-\frac{\pi}{2}+\varphi}+\gamma d=N_{\frac{1}{3}}\gamma d+N_{d}\gamma d+N_{c}c \tag{7-26}$$

式中：$N_{\frac{1}{3}}$——承载力系数，据基底下 φ 值，按公式（7-27）计算，或查表 7-1 确定。

$$N_{\frac{1}{3}}=\frac{\pi}{3\left(\cot\varphi+\varphi-\frac{1}{2}\right)} \tag{7-27}$$

3. 地基的极限荷载

1）定义：地基的极限荷载是指地基即将失去稳定性，土体将要从基底被挤出时，作用于地基上的外荷载。当作用在地基上的荷载较小时，地基处于压密状态。随着荷载的增大，地基中产生局部剪切破坏的塑性区也越大。当荷载达极限值时，地基中的塑性区已发展为连续贯通的滑动面，使地基丧失整体稳定而滑动破坏。如图 6-6 所示，在现场荷载试验得到的 p-S 曲线上，相当于第二阶段与第三阶段交界处 b 点所对应的荷载 P_u 称为地基的极限荷载。

2）极限荷载计算公式

世界各国计算极限荷载的公式很多，但目前尚无公认的完美公式，大多限于条形荷载和均质地基。其主要区别是对地基破坏时的滑裂面形式作了不同的假定，使得计算结果很不一致，不能完全符合地基的实际状况。所以应用每种计算公式时，一定要注意它的适用范围。一般最常用的极限荷载计算公式有下述几种：太沙基公式（适用于条形基础、方形基础和圆形基础）；斯凯普顿公式（适用于饱和软土地基，内摩擦角 $\varphi=0$ 的浅基础）；汉森公式（适用于倾斜荷载的情况）。

（1）太沙基（K. Terzaghi）公式

太沙基假定基础是条形基础，均布荷载作用，且基础底面是粗糙的。当地基发生滑动时，滑动面的形状，两端为直线，中间为曲线，左右对称，如图 7-18 所示。将滑动土体分为三区：I 区——是位于基础底面下的土楔 $a'ba$。由于土体与基础粗糙的底面之间存在很大的摩擦阻力作用，此区的土体不发生剪切位移，处于弹性压密状态。滑动面 $\overline{ab}$ 与基础底面 $\overline{aa'}$ 之间的夹角，为土的内摩擦角 φ；II 区——对称位于 I 区左右下方，其滑动面为对数螺旋线 bc 或 bd。I 区正中底部的 b 点处对数螺旋线的切线方向为竖向，c 点处对数螺旋线的切线方向与水平线夹角为 $45°-\frac{\varphi}{2}$；III 区——对称位于 II 区左右，呈等腰三角形，其滑动面为斜向平面 ce 或 df，该斜面与水平地面的夹角也为 $45°-\frac{\varphi}{2}$。

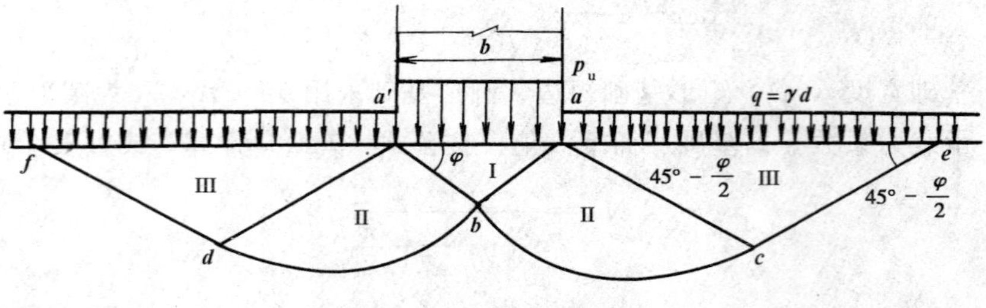

图 7-18　太沙基公式地基滑动面

太沙基认为在均匀分布的极限荷载 P_u 作用下，地基处于极限平衡状态时作用于在 I 区土楔上的诸力包括：土楔 $ab'a'$ 顶面的极限荷载 P_u；土楔 aba' 的自重；土楔斜面 $\overline{ab'}$ 上作用的粘聚力 c 的竖向分力和 II 区、III 区土体滑动时，对斜面 $\overline{ab'}$ 的被动土压力的竖向分力。太沙基根据作用于 I 区土楔上的诸力在竖直方向的静力平衡条件，求得极限荷载 P_u 公式：

$$P_u = \frac{1}{2}\gamma b N_r + cN_c + \gamma d N_q \tag{7-28}$$

式中：N_r，N_c，N_q——承载力系数，仅与地基土的内摩擦角 φ 值有关，可查专用的承载力系数图 7-19 中的曲线（实线）确定，其余符号同前。

公式(7-28)适用的条件是：地基土较密实且地基土产生完全剪切整体滑动破坏，即荷载试验结果 p—S 曲线上有明显的第二拐点的情况，如图 7-20 中曲线①所示。如果地基土松软，荷载试验结果 p—S 曲线上就会没有明显的拐点，如图 7-20 中曲线②所示，太沙基称这类情况为局部剪损，此时极限荷载按下式计算：

$$P_u = \frac{1}{2}\gamma b N'_r + \frac{2}{3}cN'_c + \gamma d N'_q \tag{7-29}$$

式中：N'_r，N'_c，N'_q——局部剪损时的承载力系数，也仅与地基土的内摩擦角 φ 值有关，可查专用的承载力系数图 7-19 中的曲线（虚线）确定。

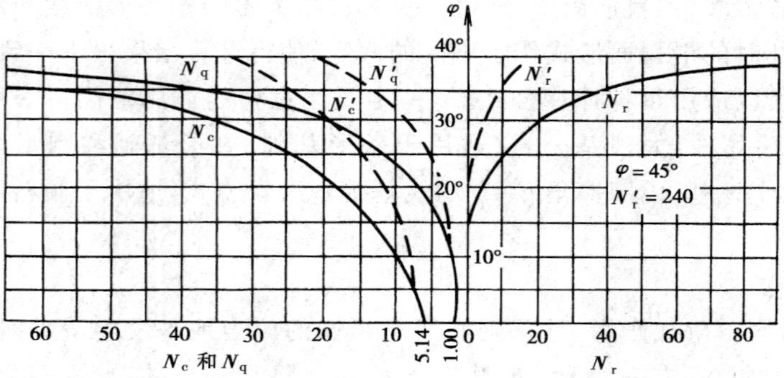

图 7-19　太沙基公式的承载力系数

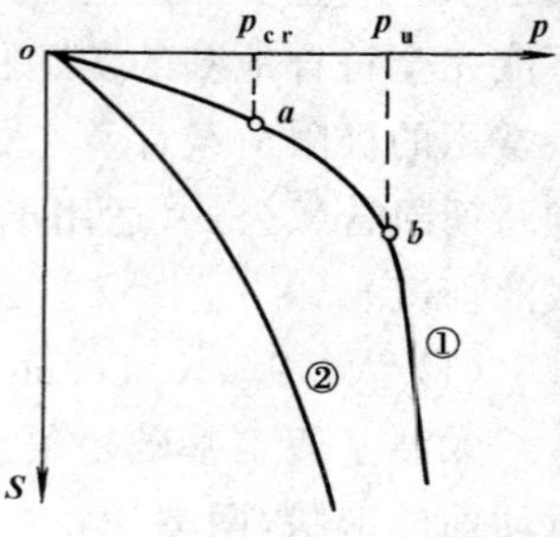

图 7-20　p—S 曲线两种类型

太沙基的极限荷载公式(7-28)和式(7-29)，都是由条形基础推导得来的。对于方形基础和圆形基础，太沙基对极限荷载公式中的数字做了适当的修改，提出了半经验公式：

方形基础：

$$P_u = 0.4\gamma b_0 N_r + 1.2cN_c + \gamma d N_q \tag{7-30}$$

式中：b_0——方形基础的边长。

圆形基础：

$$P_u = 0.3\gamma b_0 N_r + 1.2cN_c + \gamma dN_q \tag{7-31}$$

式中：b_0——圆形基础的直径。

用上述太沙基极限荷载公式计算地基容许承载力时，其安全系数应取 3.0，即地基的容许承载力为：

$$f = \frac{P_u}{K} \tag{7-32}$$

(2) 斯凯普顿(Skempton)公式

太沙基公式中的承载力系数 N_r, N_c, N_q 都是 φ 的函数，斯凯普顿专门研究了 $\varphi=0$ 的饱和软土地基和浅基础(基础埋深与宽度的比值 $\frac{d}{b} \leqslant 2.5$)，并考虑基础的宽度与长度的比值 $\frac{b}{l}$ 的影响，提出了极限荷载的半经验公式：

$$P_u = 5c\left(1 + 0.2\frac{1}{b}\right)\left(1 + 0.2\frac{d}{b}\right) + \gamma d \tag{7-33}$$

式中：c——地基土的粘聚力，取基础底面以下 $0.7b$ 深度范围内的平均值(kPa)；

γ——基础埋深 d 范围内土的天然容重(kN/m^3)。

用斯凯普顿极限荷载公式计算地基容许承载力时，其安全系数应取 1.1～1.5，即地基的容许承载力为：

$$f = \frac{p_u}{K} \tag{7-34}$$

(3) 汉森(hansenJ.B.)公式

太沙基公式和斯凯普顿公式都无法解决倾斜荷载作用时，地基容许承载力的计算。汉森公式解决了这类问题，并考虑了基础形状和基础埋深的影响，提出了极限荷载公式为：

$$P_{uv} = \frac{1}{2}\gamma_1 bN_\gamma S_\gamma i_\gamma + cN_c S_c d_c i_c - qN_q S_q d_q i_q \tag{7-35}$$

式中：P_{uv}——地基极限荷载的竖向分力(kPa)；

γ_1——基础底面以下持力层土的容重，地下水以下用有效容重(kN/m^3)；

q——基底平面处的有效旁侧荷载，其值为(kPa)

N_r, N_c, N_q——承载力系数，根据地基土的内摩擦角值查表 7-2 确定；

S_r, S_c, S_q——基础形状系数，由公式(7-33)与(7-34)计算；

d_c, d_q——基础埋深系数，由公式(7-35)计算；

i_γ, i_c, i_q——倾斜系数，与作用荷载倾斜角 δ_0 有关，根据 δ_0 与 φ 查表 7-3。当基础中心受压时，$i_\gamma = i_c = i_q = 1$。

承载力系数 N_r, N_c, N_q 表 7-2

$\varphi°$	N_r	N_c	N_q	$\varphi°$	N_r	N_c	N_q
0	0	5.14	1.00	24	6.90	19.33	9.61
2	0.01	5.69	1.20	26	9.53	22.25	11.83
4	0.05	6.17	1.43	28	13.13	25.80	14.71
6	0.14	6.82	1.72	30	18.09	30.15	18.40
8	0.27	7.52	2.06	32	24.95	35.50	23.18
10	0.47	8.35	2.47	34	34.54	42.18	29.45
12	0.76	9.29	2.97	36	48.08	50.61	37.77
14	1.16	10.37	3.58	38	67.43	61.36	48.92
16	1.72	11.62	4.33	40	95.51	75.36	64.23
18	2.49	13.09	5.25	42	136.72	93.69	85.36
20	3.54	14.83	6.40	44	198.77	118.41	115.35
22	4.96	16.89	7.82	45	240.95	133.86	134.86

倾斜系数 i_r, i_c, i_q 表 7-3

$\tan\delta_n$	0.1			0.2			0.3			0.4		
φ(°) \ i	i_γ	i_c	i_q	i_γ	i_c	i_q	i_γ	i_c	i_q	i_γ	i_c	i_q
6	0.643	0.526	0.802									
7	0.689	0.638	0.830									
8	0.707	0.691	0.841									
9	0.719	0.728	0.848									
10	0.724	0.750	0.851									
11	0.728	0.768	0.853									
12	0.729	0.780	0.854	0.396	0.441	0.629						
13	0.729	0.791	0.854	0.426	0.501	0.653						
14	0.731	0.798	0.855	0.444	0.537	0.666						
15	0.731	0.806	0.855	0.456	0.565	0.675						
16	0.729	0.810	0.854	0.462	0.583	0.680						
17	0.728	0.814	0.853	0.466	0.600	0.683	0.202	0.304	0.449			
18	0.726	0.817	0.852	0.469	0.611	0.685	0.234	0.362	0.484			
19	0.724	0.820	0.851	0.471	0.621	0.686	0.250	0.397	0.500			
20	0.721	0.821	0.849	0.472	0.629	0.687	0.261	0.420	0.510			
21	0.719	0.822	0.848	0.471	0.635	0.686	0.267	0.438	0.517	0.100		
22	0.716	0.823	0.846	0.469	0.637	0.685	0.271	0.451	0.521	0.100	0.217	0.317
23	0.712	0.824	0.844	0.468	0.643	0.684	0.275	0.462	0.524	0.122	0.266	0.350
24	0.711	0.824	0.843	0.465	0.645	0.682	0.276	0.470	0.525	0.134	0.291	0.365
25	0.706	0.823	0.840	0.462	0.648	0.680	0.277	0.477	0.526	0.140	0.310	0.374
26	0.702	0.823	0.838	0.460	0.648	0.678	0.276	0.481	0.525	0.145	0.324	0.381
27	0.699	0.823	0.836	0.456	0.649	0.675	0.275	0.485	0.524	0.148	0.334	0.384
28	0.694	0.821	0.833	0.452	0.648	0.672	0.274	0.488	0.523	0.149	0.341	0.386
29	0.691	0.820	0.831	0.448	0.648	0.669	0.273	0.489	0.520	0.150	0.348	0.387
30	0.686	0.819	0.828	0.444	0.646	0.666	0.268	0.490	0.518	0.150	0.352	0.387
31	0.682	0.817	0.826	0.438	0.645	0.662	0.265	0.490	0.515	0.150	0.356	0.387
32	0.676	0.814	0.822	0.434	0.643	0.659	0.262	0.490	0.512	0.148	0.357	0.385
33	0.672	0.813	0.820	0.428	0.640	0.654	0.258	0.489	0.508	0.146	0.358	0.382
34	0.668	0.811	0.817	0.422	0.638	0.650	0.254	0.486	0.504	0.144	0.358	0.380
35	0.663	0.808	0.814	0.417	0.635	0.646	0.250	0.485	0.500	0.142	0.358	0.377
36	0.658	0.806	0.811	0.411	0.631	0.641	0.245	0.482	0.495	0.140	0.357	0.374
37	0.653	0.803	0.808	0.404	0.628	0.636	0.240	0.478	0.490	0.137	0.355	0.370
38	0.646	0.800	0.804	0.398	0.624	0.631	0.235	0.474	0.485	0.133	0.352	0.365
39	0.642	0.797	0.801	0.392	0.619	0.626	0.230	0.470	0.480	0.130	0.349	0.361
40	0.635	0.794	0.797	0.386	0.615	0.621	0.226	0.466	0.475	0.127	0.346	0.356
41	0.629	0.790	0.793	0.377	0.609	0.614	0.219	0.461	0.468	0.123	0.342	0.351
42	0.623	0.787	0.789	0.371	0.605	0.609	0.213	0.456	0.462	0.119	0.337	0.345
43	0.616	0.783	0.785	0.365	0.600	0.604	0.208	0.451	0.456	0.115	0.333	0.339
44	0.610	0.779	0.781	0.356	0.594	0.597	0.202	0.444	0.449	0.111	0.327	0.333
45	0.602	0.775	0.776	0.349	0.588	0.591	0.195	0.438	0.442	0.107	0.322	0.327

基础形状系数，按下列近似公式计算：

$$S_r = 1 - 0.4\frac{b}{l} \tag{7-36}$$

$$S_c = S_q = 1 + 0.2\frac{b}{l} \tag{7-37}$$

对条形基础：　　　　　　　　$S_r = S_c = S_q = 1$

基础深度系数，按下列近似公式计算：

$$d_c = d_q = 1 + 0.35\frac{d}{b} \tag{7-38}$$

式中：d——基础埋深，如在埋深范围内存在强度小于持力层的弱土层时，应将此弱土层的厚度扣除。

汉森公式对地基滑动面的最大深度 z_{max}，可按下式估算：

$$z_{max} = \lambda b \tag{7-39}$$

式中：λ——系数，与荷载倾斜角有关，可查表 7-4。

系数 λ 值　　　　表 7-4

$\tan\delta_0$ \ φ	≤20°	21°～35°	36°～45°
≤20	0.6	1.2	2.0
0.21～0.30	0.4	0.9	1.6
0.31～0.40	0.2	0.6	1.2

当地基土在滑动面范围内由多个土层组成时，若各土层的抗剪强度相差不太悬殊，则可按土层厚度计算加权平均容重与加权平均抗剪强度指标值，然后用汉森公式计算地基极限荷载。

$$\gamma_p = \frac{\sum_{i=1}^{n} h_i \gamma_i}{\sum_{i=1}^{n} h_i} \tag{7-40}$$

$$c_p = \frac{\sum_{i=1}^{n} h_i c_i}{\sum_{i=1}^{n} h_1} \tag{7-41}$$

$$\varphi_p = \frac{\sum_{i=1}^{n} h_i \varphi_i}{\sum_{i=1}^{n} h_1} \tag{7-42}$$

式中：γ_p——加权平均容重（kN/m^3）；

c_p——加权平均粘聚力（kPa）；

φ_p——加权平均内摩擦角（°）；

h_i——第 i 层土的厚度（m）；

γ_i——第 i 层土的容重（kN/m^3）；

c_i——第 i 层土的粘聚力（kPa）；

φ_i——第 i 层土的内摩擦角（°）。

用汉森极限荷载公式计算地基容许承载力时，其安全系数 $K \geqslant 2$，即地基的容许承载力为：

$$f = \frac{P_u}{K} \tag{7-43}$$

【例题 7-1】 某条形基础承受中心荷载，其底面宽 $b = 2m$，埋置深度 $d = 1m$，地基土的容重 $\gamma = 20kN/m^3$，内摩擦角 $\varphi = 20°$，粘聚力 $c = 30kPa$，试用理论公式确定地基容许承载力。

解：1. 计算地基的临塑荷载 P_{cr}

由已知内摩擦角 $\varphi=20°$，查表 7-1 得：$N_d=3.1$，$N_c=5.6$，

$$P_{cr}=N_d\gamma d+N_c c=3.1\times20\times1+5.6\times30=230(\text{kPa})$$

2. 计算地基的临界荷载：

由已知内摩擦角 $\varphi=20°$，查表 7-1 得：$N_d=3.1$，$N_c=5.6$，$N_{\frac{1}{4}}=0.5$（受中心荷载）

$$P_{\frac{1}{4}}=N_{\frac{1}{4}}\gamma b+N_d\gamma d+N_c c=0.5\times20\times2+230=250(\text{kPa})$$

3. 计算地基的极限荷载

由已知内摩擦角 $\varphi=20°$，查图 7-19 得：$N_r=4$，$N_c=17.5$，$N_q=7$，按太沙基公式：

$$P_u=\frac{1}{2}\gamma bN_r+cN_c+\gamma dN_q=\frac{1}{2}\times20\times2\times4+30\times17.5+20\times1\times7=745(\text{kPa})$$

用太沙基极限荷载公式计算地基容许承载力时，其安全系 K 数应取 3.0，即地基的容许承载力为：

$$f=\frac{P_u}{K}=\frac{745}{3}=248.3(\text{kPa})$$

比较上述计算结果看出，其值还是比较接近的，取其最小值作为地基的容许承载力偏于安全。

二、按规范方法确定地基容许承载力

现行《公路桥涵地基与基础设计规范》(JTJ 024—85)，根据大量的地基荷载试验资料和已建成桥梁的使用经验，经过统计分析，给出了各类土的地基容许承载力值表及修正计算公式。由于按规范确定地基容许承载力比较简便和准确，所以该方法广泛应用于公路一般的桥涵基础设计。但应指出，由于我国地域广阔，土质情况比较复杂，制订规范时所收集的资料其代表性有很大局限性。因此有些地区较特殊土类和性质比较复杂的土类，在规范中均未列入，此时就应按规范要求，采用多种方法综合分析确定。按规范确定地基容许承载力的方法就是先根据地基土的类别和物理性质，从规范相应的表格中查找出其相应的地基容许承载力，然后再按修正计算公式算出修正后的地基容许承载力值。

从上节讨论临界荷载及极限荷载的计算时知道，地基容许承载力是和土的性质、基础宽度和基础埋置深度三方面因素有关。因此规范中所给出的地基容许承载力表（表 7-5 至表 7-10）及修正计算公式也应该与这三方面的因素有关。规范中的地基容许承载力表，只给出了当设计的基础宽度 $b\leqslant2$m，埋置深度 $h\leqslant3$m 时的地基容许承载力，用$[\sigma_0]$表示。当设计的基础宽度和埋置深度符合上述条件时，地基容许承载力值就可以根据土的物理力学性质指标，直接查表选用；若设计的基础宽度或埋置深度超过上述范围时，则地基容许承载力值将在$[\sigma_0]$的基础上，按规范给出的修正计算公式予以修正提高。该修正计算公式为：

$$[\sigma]=[\sigma_0]+k_1\gamma_1(b-2)+k_2\gamma_2(h-3) \tag{7-44}$$

式中：$[\sigma]$——按设计的基础宽度和埋置深度修正后的地基容许承载力(kPa)；

$[\sigma_0]$——查规范的表得到的地基土的容许承载力(kPa)；

b——基础底面的宽度(或直径)(m)，当 $b<2$m 时，取 $b=2$m 计算，当 $b>10$m 时，按 $b=10$m 计算；

h——基础的埋置深度(m)，对于受水流冲刷的基础，由一般冲刷线算起，不受水流冲刷的基础，由天然地面算起，位于挖方内的基础，由挖方后的地面算起，当 $h<3$

时，取 $h=3\text{m}$ 计算；

γ_1——基础底面下持力层土的容重（kN/m^3），如持力层在水下且为透水性土时，应采用浮容重；

γ_2——基础底面以上土的容重（kN/m^3），（多层土时采用各层土的容重按其厚度的加权平均值，若持力层在水下且是不透水的，则不论基底以上土的透水性如何，应一律采用饱和容重，如持力层为透水的，则采用浮容重；

k_1,k_2——地基土的容许承载力随基础宽度和埋置深度的修正系数，按持力层土的类别和性质由表 7-11 查得。

一般粘性土的容许承载力[σ_0] 表 7-5

$[\sigma_0]$ (kPa) \ I_L / e	0	0.1	0.2	0.3	0.4	0.5	0.6	0.7	0.8	0.9	1.0	1.1	1.2
0.5	450	440	430	420	400	380	350	310	270	240	220	—	—
0.6	420	410	400	380	360	340	310	280	250	220	200	180	—
0.7	400	370	350	330	310	290	270	240	220	190	170	160	150
0.8	380	330	300	280	260	240	230	210	180	160	150	140	130
0.9	320	280	260	240	220	210	190	180	160	140	130	120	100
1.0	250	230	220	210	190	170	160	150	140	120	110	—	—
1.1	—	—	160	150	140	130	120	110	100	90	—	—	—

注：1. 一般粘性土是指第四纪全新世（Q）（文化期以前）沉积的粘性土，一般为正常沉积的粘性土。

2. 土中含有粒径大于 2mm 的颗粒质量超过全部质量 30%以上时，[σ_0]可酌量提高。

3. 当 $e<0.5$ 时，取 $e=0.5$；$I_L<0$ 时取 $I_L=0$。此外，超过表列范围的一般粘性土，[σ_0]可按下式计算：

$$[\sigma_0]=57.22E_s^{0.57}$$

式中：E_s——土的压缩模量（MPa）；

[σ_0]——一般粘性土的容许承载力（kPa）。

老粘性土的容许承载力[σ_s] 表 7-6

E_s(MPa)	10	15	20	25	30	35	40
[σ_s](KPa)	380	430	470	510	550	580	620

注：$E_s=\dfrac{1+e_1}{a_{1-2}}$。

式中：e_1——压力为 0.1MPa 时，土样的孔隙比；

a_{1-2}——对应于 0.1～0.2MPa 压力段的压缩系数（1/MPa）。

新近沉积粘性土的容许承载力[σ_0] 表 7-7

$[\sigma_0]$ (kPa) \ I_L / e	<0.25	0.75	1.25
≤0.8	140	120	100
0.9	130	110	90
1.0	120	100	80
1.1	110	90	—

砂土的容许承载力[σ_0]　　表 7-8

土名	[σ_0] (kPa) 密实度 / 湿度	密实	中实	松散
砾砂、粗砂	与湿度无关	550	400	200
中砂	与湿度无关	450	350	150
细砂	水上	350	250	100
	水下	300	200	—
粉砂	水上	300	200	—
	水下	200	100	—

注：①砂土的密实度按相对密度 D_γ 或标准贯入试验的锤击数 N 确定。

②在地下水位以上的地基土的湿度称为“水上”。

③在地下水位以下的称为“水下”。

碎石土地基的[σ_0]　　表 7-9

[σ_0] (kPa) 密实程度 / 土名	密实	中密	松散	[σ_0] (kPa) 密实程度 / 土名	密实	中密	松散
卵石	1200～1000	1000～600	500～300	圆砾	800～600	600～400	300～200
碎石	1000～800	800～500	400～200	角砾	700～500	500～300	300～200

注：①硬质岩碎石，填充砂土者取高值，软质岩碎石，填充粘性土者取低值，其余内插。

②半胶结的碎石土，可按密实的同类土的[σ_0]值提高 10％～30％。

③松散的碎石土在天然河床中很少遇见，需特别注意鉴定。

④漂石、块石的[σ_0]值，可参照卵石，碎石适当提高。

⑤碎石土的分类、密实度详见规范。

岩石地基的[σ_0]　　表 7-10

[σ_0] (kPa) 岩石破碎程度 / 岩石名称	碎石状	碎块状	大块状
硬质岩(R_s^i＞30MPa)	1500～2000	2000～3000	＞4000
软质岩(R_s^i＝5～30MPa)	800～1200	1000～1500	1500～3000
极软岩(R_s^i＜5MPa)	400～800	600～1000	800～1200

注：①表中 R_s^i 为岩块单轴抗压强度。表中数值视岩块强度、厚度、裂隙发育程度等因素适当选用。易软化的岩石及极软岩受水浸泡时，宜用较低值。

②软质岩强度 R_s^i 高于 30MPa 者仍按软质岩计。

③岩石已风化成砾、砂、土状的（即风化残积物），可比照相应的土类定其[σ_0]。如颗粒间有一定的胶结力。可比照相应的土类适当提高。

④岩石的分类、风化程度、软化系数、破碎程度的划分、参照规范执行。

公式(7-44)中的第二项和第三项分别表示基础宽度和深度修正后的地基容许承载力提高值。应该指出，确定地基容许承载力时，不仅要考虑地基强度，还要考虑基础沉降的影响。因此在表 7-11 中粘性土的宽度修正系数 k_1 均等于零，这是因为粘性土在外荷载作用下，后期沉

地基土容许承载力修正系数 K_1、K_2　　表 7-11

土的类别 / 系数	粘性土					黄土			砂土								碎石土			
	老粘性土	一般粘性土 $I_L\geqslant0.5$	一般粘性土 $I_L<0.5$	新近沉积粘性土	残积粘性土	新近堆积黄土	一般新黄土	老黄土	粉砂 中密	粉砂 密实	细砂 中密	细砂 密实	中砂 中密	中砂 密实	砾砂粗砂 中密	砾砂粗砂 密实	碎石圆砾角砾 中密	碎石圆砾角砾 密实	卵石 中密	卵石 密实
K_1	0	0	0	0	0	0	0	0	1.0	1.2	1.5	2.0	2.0	3.0	3.0	4.0	3.0	4.0	3.0	4.0
K_2	2.5	1.5	2.5	1.0	1.5	1.0	1.5	1.5	2.0	2.5	3.0	4.0	4.0	5.5	5.0	6.0	5.0	6.0	6.0	10.0

注：①对于稍松状态的砂土和松散状态的碎石土，K_1、K_2 值可采用表列中密值的 50％。

②节理不发育或较发育的岩石不作宽、深修正，节理发育或很发育的岩石，K_1、K_2 可参照碎石的系数，但对已风化成砂、土状者，则参照砂土，粘性土的系数。

③冻土的 $K_1=0$、$K_2=0$。

降量较大.基础越宽,沉降量也越大,这对桥涵的正常运营很不利,故除在制定基本承载力时已经考虑基础平均宽度的影响外,一般不再作宽度修正。而砂土等粗颗粒土,其后期沉降量较小,对运营影响不大,故可作宽度修正提高。此外,在进行宽度修正时,还规定若基础宽度 $b>10m$ 时,只能按 $b=10m$ 计算修正,这是因为 b 越大,基础沉降也大,故须对宽度修正作一定的经验性限制。

在进行深度修正时,规定只有在基础相对埋深 $\frac{h}{b}\leqslant 4$ 时才能修正。这是因为上述的修正公式(7-44)是按照浅基础概念制定的,当 $\frac{h}{b}>4$ 时,已经属于深基础范畴,故不能按公式(7-44)修正,须另行考虑。

规范还指出,当墩台建在水中而其基底土又为不透水层时,自平均常水位至一般冲刷线处,水深每米基底容许承载力可增加10kPa;当作用不同的荷载组合时,地基土的容许承载力可以乘以表7-12所列系数 K 后提高;当受地震力作用时,应按《公路工程抗震设计规范》规定采用。

地基土容许承载力的提高系数 表7-12

序　　号	荷载与使用情况	提高系数 K
一	荷载组合Ⅰ	1.00
二	荷载组合Ⅱ、Ⅲ、Ⅳ、Ⅴ	1.25
三	经多年压实未受破坏的旧桥基	1.50

注:①荷载组合Ⅴ中,当承受拱施工期间的单向恒载推力时,$K=1.50$。
②各项提高系数不得互相迭加。
③岩石旧桥基的容许承载力不得提高。
④容许承载力小于150kPa的地基,对于表列第二项情况,$K=1.0$;对于第三项及注1情况,$K=1.25$。
⑤表中荷载组合Ⅰ如包括由混凝土收缩及徐变或水浮力引起的荷载效应,则与荷载组合Ⅱ相同对待。

【例题7-2】 某桥墩基础如图7-21所示。已知基础底面宽度 $b=5m$,长度 $l=10m$,埋置深度 $h=4m$,作用在基底中心的竖直荷载 $N=8000kN$,(荷载组合Ⅰ)地基土的性质如图7-21所示。试按《公路桥涵地基与基础设计规范》(JTJ 024—85),确定地基容许承载力是否满足强度要求。

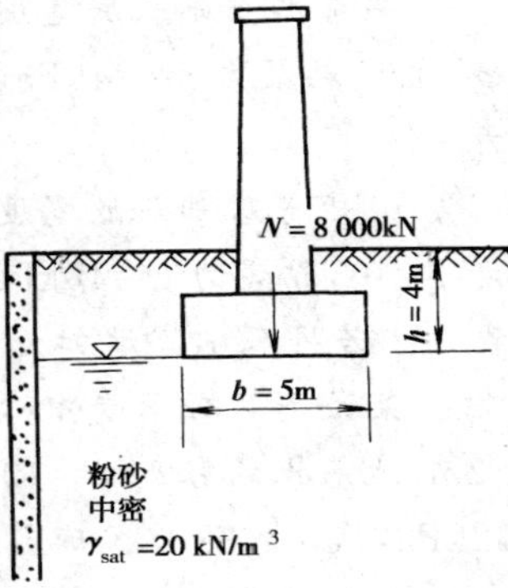

图7-21 桥墩基础下地基强度验算

解 首先由已知基底下持力层为中密粉砂(水下),查表7-8得粉砂的容许承载力 $[\sigma_0]=100kPa$;

其次由已知基础底面下持力层土为中密粉砂在水下且透水,故 γ_1 应采用浮容重 $\gamma_1=\gamma_{sat}-\gamma_w=20-10=1.0kN/m^3$;由已知基础底面上也为中密粉砂,但在水面以上,故其容重 $\gamma_2=20kN/m^3$;由表7-10查得宽度及深度修正系数 $k_1=1.0$,$k_2=2.2$。将上述条件代入修正公式得:

$$[\sigma]=[\sigma_0]+k_1\gamma_1(b-2)+k_2\gamma_2(h-3)$$
$$=100+1\times10\times(5-2)+2\times20\times(4-3)=100+30+40=170kPa$$

基底压力 $$\sigma=\frac{N}{b\times l}=\frac{8000}{5\times10}=160kPa<[\sigma]$$

故地基强度能够满足要求。

思考题

1. 何谓土的抗剪强度？在实际工程中，与土的抗剪强度有关的问题有哪些？

2. 何谓莫尔—库伦破坏理论？其破坏准则是什么？

3. 土的抗剪强度指标 c 与 φ 值如何确定？

4.《公路土工试验规程》(JTJ 051—93)中将三轴压缩试验分为哪几种？

5. 确定地基容许承载力的方法有哪些？各有何特点？

6. 何谓临塑荷载、临界荷载和极限荷载？

7. 怎样用《公路桥涵地基与基础设计规范》(JTJ 024—85)确定地基的容许承载力？

习题

1. 表 7-13 列出了一组直剪试验的结果，试用作图法求此土的抗剪强度指标 c 和 φ，并写出其库伦公式。

表 7-13

法向应力(kPa)	100	200	300	400
抗剪强度(kPa)	67	119	175	245

2. 某地基的内摩擦角 $\varphi=20°$，粘聚力 $c=25\text{kPa}$，某点的大主应力为 250kPa，小主应力为 100kPa，试判别该点的应力状态。

3. 某粘土样进行不排水剪切试验，施加围压 $\sigma_3=200\text{kPa}$ 试件破坏时的 $\sigma_1-\sigma_3=280\text{kPa}$ 如果破坏面与水平的夹角 $\alpha=57°$，试求内摩擦角及破坏面上的法向应力和剪应力。

4. 已知土的抗剪强度指标 $C=10\text{kPa}$，$\varphi=30°$，作用在此土中某平面上总应力为 $\sigma=170\text{kPa}$，倾斜角 $\theta=37^0$，试问会不会发生剪切破坏？（浙江大学 1998 年硕士生入学考试题）

5. 某条形基础基底宽度 2.4m，基础埋深 $d=1.5\text{m}$。地基土为软塑状态粉质粘土，内摩擦角 $\varphi=12°$，粘聚力 $c=24\text{kPa}$，天然容重 $\gamma=18.6\text{kN/m}^3$。试用太沙基公式来确定地基的容许承载力。

6. 某矩形基础基底宽度 $b=2\text{m}$，长度 $l=4\text{m}$，基础埋深 $d=2\text{m}$。地基土为饱和粘土，内摩擦角 $\varphi=0°$，粘聚力 $c=10\text{kPa}$，天然容重 $\gamma=19\text{kN/m}^3$。试用斯凯普顿公式来确定地基的容许承载力。若将基础宽度加大一倍或把基础埋深加大一倍其值会有何变化？

7. 某条形基础承受中心荷载，其底面宽 $b=2.5\text{m}$，埋置深度 $d=2\text{m}$，地基土的容重 $\gamma=19\text{kN/m}^3$，内摩擦角 $\varphi=20°$，粘聚力 $c=32\text{kPa}$，试用理论公式确定地基容许承载力。

8. 某桥墩基础如图 7-21 所示。已知基础底面宽度 $b=4\text{m}$，长度 $I=10\text{m}$，埋置深度 $h=3.5\text{m}$，作用在基底中心的竖直荷载 $N=12000\text{kN}$，(荷载组合 II) 地基土的性质如图 7-22 所示。试按《公路桥涵地基与基础设计规范》(JTJ 024—85)，确定地基容许承载力是否满足强度要求。若将该基础放置在粘土层顶面，情况又如何？

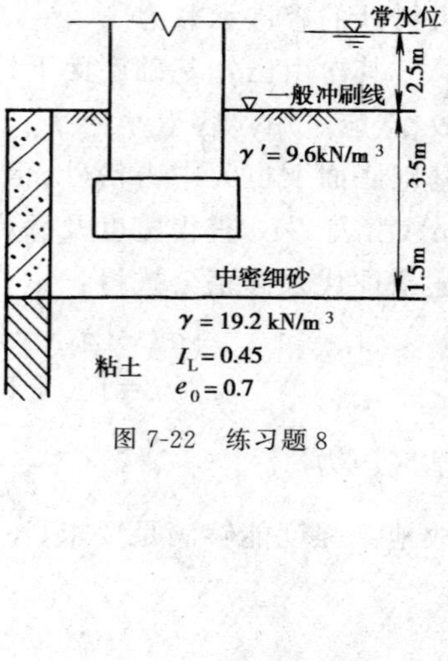

图 7-22　练习题 8

第八章 土压力与土坡稳定

本章学习要点：

1. 掌握土压力的计算方法，注意朗金土压力公式和库伦土压力公式的应用条件；

2. 明确朗金土压力理论和库伦土压力理论之间的关系；

3. 认识土坡稳定分析中的问题，掌握常用的土坡稳定分析方法——条分法。

第一节 概 述

土压力是指作用于各种挡土结构物（统称为挡墙）上的侧向压力。其值的大小直接影响到挡墙的稳定性，所以土压力的计算是土力学中的一个重要内容。土压力的计算方法有很多，本章主要介绍朗金土压力理论和库仑土压力理论，包括现行《公路桥涵设计通用规范》(JTG D60—2004)中有关土压力计算的内容和采用的方法。在道路与桥梁工程中，挡土结构物主要有桥台、路基挡墙和路堑边坡挡墙等。作用在挡墙上的土压力与其位移的方向和大小、挡墙的状况（刚度，墙背剖面的形状，墙背竖直或倾斜，墙背光滑或粗糙等）和墙后填土的性质等因素有关。其中，当挡墙位移的方向相反时，作用在挡墙后的土压力会相差几十倍。因此，挡墙的位移方向是影响土压力大小的最主要因素。根据挡墙可能产生位移的方向，通常将土压力分为下列三种：

1. 静止土压力

挡墙保持原来位置不动，如图 8-1a)所示，此时作用在挡墙上的土压力称为静止土压力。作用于每延米挡墙上的静止土压力用 E_0(kN/m)表示，其大小相当于图 8-2 中 a 点的纵坐标。此时挡墙背后的土体处于静止的弹性平衡状态。修筑在坚硬土质的地基上，且断面尺寸很大的挡墙，如嵌固于岩基上的重力式挡墙所承受的土压力，属于这种情况。

2. 主动土压力

挡墙在墙后土体的作用下（是土主动推墙）向前移动，如图 8-1b)所示，墙后土体也随之向前移动，土中产生了剪应力 τ。随着位移的逐渐增大，土中剪应力随之增大，具有阻碍土体移动的抗剪强度 τ_f 逐渐发挥作用，使得作用于挡墙上的土压力由静止土压力 E_0 开始逐渐减小。当土中剪应力达到极限值($\tau=\tau_f$)时，墙后土体达到极限平衡状态，此时土压力减至为最小值，该值被称为主动土压力。作用于每延米挡墙上的主动土压力用 E_a(kN/m)表示，其大小相当于图 8-2 中点 b 的纵坐标。普通挡墙所承受的土压力，多数属于这种情况。

3. 被动土压力

挡墙在某种外力的作用下（是土被动受挤）向后移动，如图 8-1c)所示，墙后土体也随之向后移动，土中产生了剪应力 τ。随着位移的逐渐增大，土中剪应力随之增大，具有阻碍土体移

动的抗剪强度 τ_f 逐渐发挥作用，使得作用于挡墙上的土压力由静止土压力 E_0 开始逐渐增大。当土中剪应力达到极限值（$\tau=\tau_f$）时，墙后土体达到极限平衡状态，此时土压力增至为最大值，该值被称为被动土压力。作用于每延米挡墙上的被动土压力用 E_p（kN/m）表示，其大小相当于图 8-2 中点 c 的纵坐标。某种水平外力作用在挡墙前端，如拱桥的桥台所承受的土压力，属于这种情况。

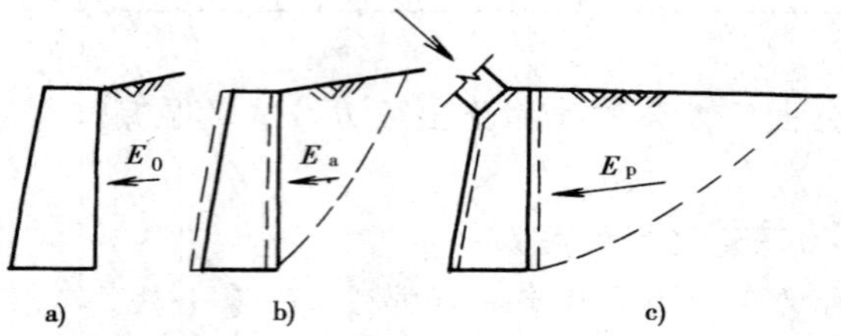

图 8-1 挡墙上的三种土压力

a)静止土压力；b)主动土压力；c)被动土压力

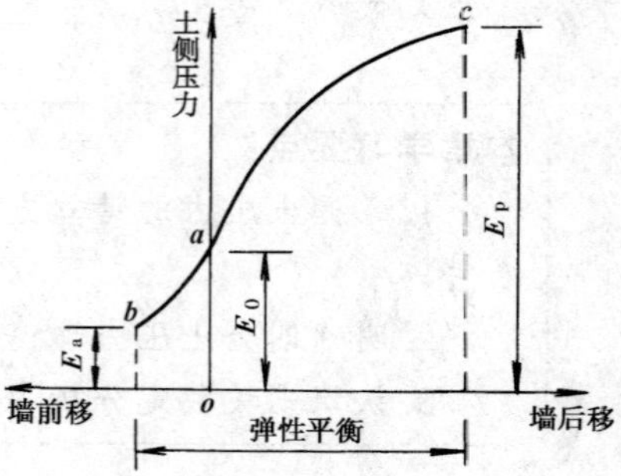

图 8-2 挡墙位移和土压力间的关系

在设计挡墙时，采用何种土压力，除了根据挡墙产生位移的方向确定外，还要考虑其位移的大小，即位移量。因为试验表明，形成被动极限平衡状态时的位移量远远大于形成主动极限平衡状态时的位移量。设挡墙高为 H，土体达到主动极限平衡状态时的位移量：密实砂土为 $0.5\%H$，密实粘土为 $(1\sim2)\%H$；土体达到被动极限平衡状态时的位移量：密实砂土为 $5\%H$，密实粘土为 $10\%H$。若 $H=10$m，土体达到被动极限平衡状态时，密实粘土的位移量将达到 1m，如此大的位移量是一般的挡墙所不允许的。因此在实际工程中，被动土压力可根据挡墙允许产生的位移量，按其一部分计算，有时也可按静止土压力计算。

第二节 静止土压力计算

一、计 算 原 理

如图 8-3a）所示，在挡墙后水平填土表面以下深度 z 处，土体自重所引起的竖向应力为：$\sigma_z=\gamma z$ 水平应力为：$\sigma_x=\sigma_y=\xi\sigma_z=\xi\gamma z$。由于墙背静止不动，墙后土体无侧向位移，所以挡墙背后在该点静止土压力强度就是该点由土体自重所引起的水平应力，即：

$$p_0=\sigma_x=\xi\sigma_z=\xi\gamma z \qquad (\text{kPa}) \tag{8-1}$$

挡墙背后土体的静止土压力就等于墙背由土体自重引起的水平应力的总和。

二、计 算 公 式

由式(8-1)知：当墙高为 H 时，作用于墙背上的静止土压力强度沿墙背高度上的分布为三角形，如图 8-3b）所示，所以作用于每延米挡墙上的静止土压力 E_0 为：

$$E_0=\frac{1}{2}\gamma H^2\xi \qquad (\text{kN/m}) \tag{8-2}$$

式中：E_0——作用与墙背上的静止土压力强度（kPa）；

γ——墙后填土的容重（kN/m^3）；

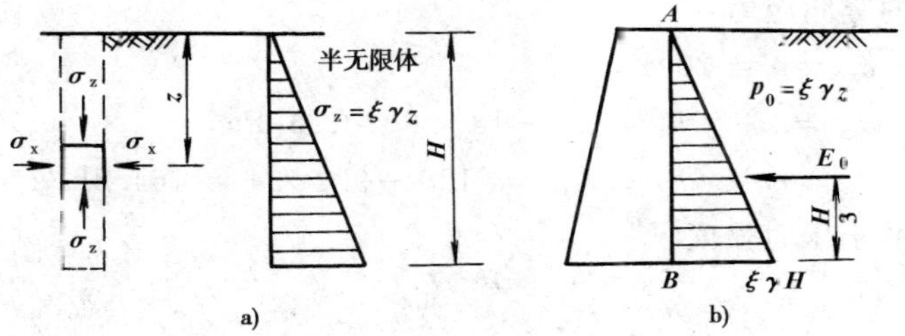

图 8-3 静止土压力的计算图

H——挡墙的高度(m);

ξ——静止土压力系数(即土的侧压力系数),可参考表 8-1 经验值选取,或按下列半经验公式求得:$\xi=1-\sin\varphi'$,其中:φ'为土的有效内摩擦角。

压实土的静止压力系数 表 8-1

压实土的名称	砾石、卵石	砂土	亚砂土	亚粘土	粘土
ξ	0.20	0.25	0.35	0.45	0.55

E_0 的方向水平,作用线通过分布图的形心,离墙脚的高度为$\frac{H}{3}$,如图 8-3b)所示。

三、静止土压力计算公式应用

1. 挡墙后的填土表面上作用有均布荷载 q 时

此时挡墙背后在深度 z 处的静止土压力强度为:

$$p_0=\xi(q+\gamma z) \tag{8-3}$$

绘出 p_0 沿挡墙高度 H 的分布图(此时分布图形为梯形),再求出分布图形的面积,就是作用在每延米挡墙上的静止土压力 E_0,其值为:

$$E_0=\frac{1}{2}[\xi q+\xi(q+\gamma H)]H=\frac{1}{2}(2q+\gamma H)\xi H \tag{8-4}$$

E_0 的方向水平,作用线通过梯形分布图的形心。

2. 墙后填土中有地下水时

此时水下土应考虑水的浮力,即式(8-2)中 γ 的应采用浮容重,并同时计算作用在挡墙上的静水压力 E_w,分别绘出 p_0 和 E_w 沿挡墙高度 H 的分布图,再求出分布图形的总面积,就是作用在每延米挡墙上的静止土压力 E_0。E_0 的方向水平,作用线通过分布图的形心。

【例题 8-1】 求嵌固于岩基上的重力式挡墙所承受的土压力,已知条件如图 8-4 所示。

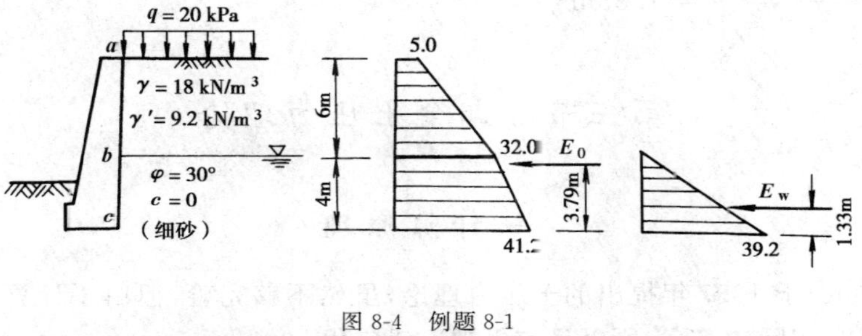

图 8-4 例题 8-1

解 因为是求嵌固于岩基上的重力式挡墙所承受的土压力,故可按静止土压力计算。

①求各特征点的竖向应力：

$$\sigma_{za}=q=20\text{kPa}$$

$$\sigma_{zb}=q+\gamma_1 h_1=20+18\times 6=128\text{kPa}$$

$$\sigma_{zc}=q+\gamma_1 h_1+\gamma_2 h_2=128+9.2\times 4=164.8\text{kPa}$$

②求各特征点的土压力强度

查表 8-1：$\xi=0.25$

$$p_{0a}=\xi\sigma_{za}=0.25\times 20=5.0\text{kPa}$$

$$p_{0b}=\xi\sigma_{zb}=0.25\times 128=32.0\text{kPa}$$

$$p_{0c}=\xi\sigma_{zc}=0.25\times 164.8=41.2\text{kPa}$$

c 点静水压强：$p_{wc}=\gamma_w h_w=9.8\times 4=39.2\text{kPa}$

③求 E_0 及 E_w

由计算结果绘出土压力强度 p_0 及静水压强 p_w 分布图，如图 8-4 所示。将 p_0 分布图分为四块（矩形或三角形），分别求其面积，总和后即为 E_0：

$$E_{01}=p_{01}h_1=5.0\times 6=30.0\text{kN/m}$$

$$E_{02}=\frac{1}{2}(p_{0b}-p_{0a})-h_1=\frac{1}{2}(32.0-5.0)\times 6=81.0\text{kN/m}$$

$$E_{03}=p_{0b}h_2=32.0\times 4=128.0\text{kN/m}$$

$$E_{04}=\frac{1}{2}(p_{0c}-p_{0b})h_2=\frac{1}{2}\times(41.2-32.0)\times 4=18.4\text{kN/m}$$

$$E_0=E_{01}+E_{02}+E_{03}+E_{04}=30.0+81.0+128.0+18.4=257.4\text{kN/m}$$

$$E_w=\frac{1}{2}p_{wc}h_w=\frac{1}{2}\times 39.2\times 4=78.4\text{kN/m}$$

④求 E_0 和 E_w 的作用点位置

$$z_{0c}=\frac{\Sigma E_{0i}\cdot Z_i}{\Sigma E_{0i}}=\frac{E_{01}\left(h_2+\frac{h_1}{2}\right)+E_{02}\left(h_2+\frac{h_1}{3}\right)+E_{03}\cdot\frac{h_2}{3}+E_{04}\cdot\frac{h_2}{3}}{E_{0i}}$$

$$=\frac{30.0\times\left(4+\frac{6}{2}\right)81.0\times\left(4+\frac{6}{3}\right)+128.0\times\frac{4}{2}+18.4\times\frac{4}{3}}{257.4}$$

$$=3.79\text{m}$$

$$z_{wc}=\frac{h_w}{3}=\frac{4}{3}=1.33\text{m}$$

第三节　朗金土压力理论

一、计 算 原 理

朗金(Rankine)于 1857 年提出的土压力理论，虽然不够完善，但由于计算简单，在一定条件下其计算结果与实际较符合，所以目前仍被广泛应用。

朗金土压力理论是从分析挡土结构物后面土体内部因自重产生的应力状态入手，去研究土压力的。如图 8-5a)所示，在半无限土体中任意取一竖直切面 AB 即为对称面，而对称面上剪应力为零，即说明该面和与其垂直的水平面为主应力面，则 AB 面上深度 z 处的单元土体上的竖向应力 σ_z 和水平应力 σ_x 均为主应力。当土体处于弹性平衡状态时，$\sigma_z=\gamma z$，$\sigma_x=\xi\gamma z$，其应力圆如图 8-5d)所示，与土的抗剪强度线不相交。在 σ_z 不变的条件下，若 σ_x 逐渐减小，到土体达到极限平衡时，其应力圆将与抗剪强度线相切，如图 8-5d)中的 MN_2 所示，σ_z 和 σ_x 分别为最大及最小主应力，称为朗金主动极限平衡状态，土体中产生的两组滑动面与水平面成夹角 $\left(45°+\dfrac{\varphi}{2}\right)$ 如图 8-5b)所示。在 σ_z 不变的条件下，若 σ_x 不断增大，在土体达到极限平衡时，其应力圆将与抗剪强度相切，如图 8-5d)中的 MN_3 所示，此时 σ_z 为最小主应力，σ_x 为最大主应力，称为朗金被动极限平衡状态，土体中产生的两组滑动面与水平面成夹角 $\left(45°-\dfrac{\varphi}{2}\right)$，如图 8-5c)所示。朗金假定：把半无限土体中的任意竖直面 AB，看成一个虚设的光滑（无摩擦）的挡土墙墙背。当该墙背产生位移时，使得墙后土体达到主动或被动极限平衡状态，此时作用在墙背上的土压力强度等于相应状态下的水平应力 σ_x。

朗金土压力公式适用于墙背竖直光滑（墙背与土体间不计摩擦力）、墙后填土表面水平且与墙顶齐平的情况。

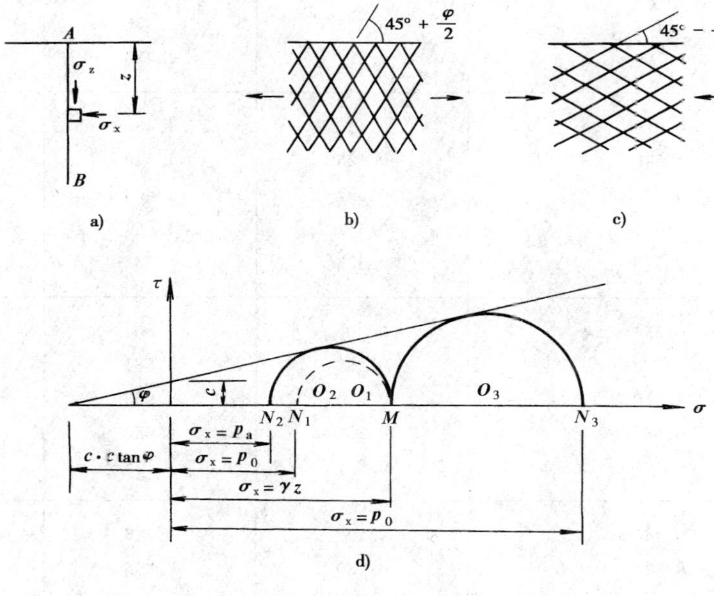

图 8-5　朗金极限平衡状态

二、计 算 公 式

1. 主动土压力

由上述分析可知，当土体推墙发生位移，土体达到主动极限平衡状态时，$\sigma_x=\sigma_3=p_a$，$\sigma_z=\sigma_1=\gamma z$，根据极限平衡条件式(7-6)，可得出深度 z 处的土压力强度为：

$$p_a=\sigma_z\tan^2\left(45°-\frac{\varphi}{2}\right)-2c\cdot\tan\left(45°-\frac{\varphi}{2}\right) \tag{8-5}$$

或：

$$p_a=\sigma_z m^2-2c\cdot m$$

式中：p_a——主动土压力强度；

σ_z——深度处的竖向应力；

φ——土体的内摩擦角；

c——土体的粘聚力；

m——土压力系数，其值为：$m=\tan\left(45°-\dfrac{\varphi}{2}\right)$，或由 φ 值查表 8-2 得到。

土压力系数　　表 8-2

φ	$m=\tan\left(45°-\dfrac{\varphi}{2}\right)$	m^2	$\dfrac{1}{m}$	$\dfrac{1}{m^2}$
0°	1.000	1.000	1.000	1.000
2°	0.996	0.992	1.036	1.073
4°	0.933	0.870	1.072	1.149
6°	0.900	0.810	1.111	1.234
8°	0.869	0.755	1.150	1.323
10°	0.839	0.704	1.192	1.421
12°	0.810	0.657	1.235	1.525
14°	0.781	0.610	2.280	1.638
16°	0.754	0.569	1.327	1.76
18°	0.727	0.528	2.376	1.893
20°	0.700	0.490	1.428	2.039
22°	0.675	0.455	1.483	2.199
24°	0.649	0.423	1.540	2.372
26°	0.625	0.391	1.600	2.560
28°	0.601	0.361	1.664	2.769
30°	0.577	0.333	1.732	3.000
32°	0.554	0.307	1.804	3.254
34°	0.532	0.283	1.881	3.538
36°	0.510	0.260	1.963	3.853
38°	0.488	0.238	2.050	4.203
40°	0.466	0.217	2.145	4.601
42°	0.445	0.198	2.246	5.045
44°	0.424	0.180	2.366	5.551
46°	0.404	0.163	2.475	6.126
48°	0.384	0.147	2.605	6.786
50°	0.364	0.132	2.747	7.546

1）砂性土：粘聚力 $c=0$，由式(8-5)得：$p_a=\sigma_2 m^2=\gamma z m^2$，$p_a$ 与 z 成正比例，其分布图为三角形，如图 8-6a)所示，作用于每延米挡土墙上的主动土压力合力 E_a 等于该三角形的面积。

E_a 的大小：

$$E_a=\frac{1}{2}(\gamma H m^2)H=\frac{1}{2}\gamma H^2 m^2 \qquad (\text{kN/m}) \tag{8-6}$$

E_a 的方向：水平指向挡土墙墙背。

E_a 的作用点：通过该面积形心，离墙角的高度为 $z_c=\dfrac{H}{3}$，如图 8-6a)所示。

2）粘性土：粘聚力 $c\neq 0$，由式(8-5)知：当 $z=0$ 时，$\sigma_z=\gamma z=0$，$p_a=-2c\cdot m$；$z=H$ 时，$\sigma_z=\gamma H$，$p_a=\gamma Hm^2-2c\cdot m$，其分布图为两个三角形，如图 8-6a)所示，其中面积为负的部分表示受拉，而墙背与土体间不可能存有拉应力，故计算土压力时，负值部分应略去不计。

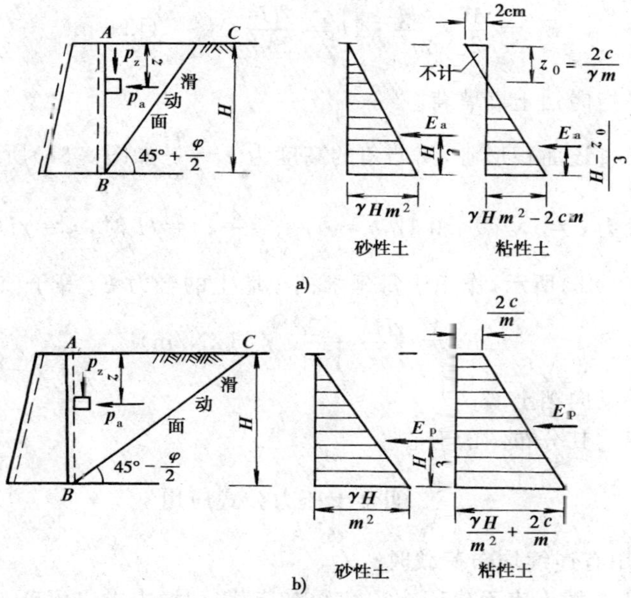

图 8-6　朗金土压力计算图式

a)主动土压力；b)被动土压力

假设 $p_a=0$ 处的深度为 z_0，则由式(8-5)得：

$$z_0=\frac{2c}{\gamma m}$$

作用于每延米挡土墙上的主动土压力合力 E_a 等于分布土中压力部分三角形的面积。

E_a 的大小：

$$E_a=\frac{1}{2}(\gamma Hm^2-2c\cdot m)(H-z_0) \tag{8-7}$$

$$=\frac{1}{2}\gamma H^2m^2-2Hc\cdot m+\frac{2c^2}{\gamma} \qquad (\mathrm{kN/m})$$

E_a 的方向：水平指挡土墙墙背；

E_a 的作用点：通过分布图形心，即作用点离墙角的高度为 $\dfrac{H-z_0}{3}$。

2. 被动土压力

同理，当墙推土产生位移，土体达到被动极限平衡状态时，$p_p=\sigma_x=\sigma_1$，$\sigma_z=\gamma z=\sigma_3$，根据极限平衡条件式(7-6)，可得出深度 z 处的被动土压力强度：

$$p_p=\sigma_{z\tan^2}\left(45°+\frac{\varphi}{2}\right)+2c\cdot\tan\left(45°+\frac{\varphi}{2}\right) \tag{8-8}$$

$$p_p=\sigma_z\frac{1}{m^2}+2c\frac{1}{m}$$

式中：p_p——被动土压力强度(kPa)；

$\frac{1}{m}=\tan\left(45^\circ+\frac{\varphi}{2}\right)$，可按值查表8-2，其它符号意义同前。

1）砂性土：粘聚力 $c=0$，$p_p=\sigma_z\frac{1}{m^2}=\frac{\gamma z}{m^2}$，$p_p$ 与 z 成正比例，其分布图为三角形，如图8-6b)所示，作用与每延米挡土墙上的合力 E_p 等于该三角形的面积。

E_p 的大小：
$$E_p=\frac{1}{2}\cdot\frac{\gamma H}{m^2}\cdot H=\frac{\gamma H^2}{2m^2}\quad(\text{kN/m})\tag{8-9}$$

E_p 的方向：水平指向挡土墙墙背。

E_p 的作用点：通过该面积形心，离墙角的高度为 $z_c=\frac{H}{3}$ 如图8-6b)所示。

2）粘性土：粘聚力 $c\neq0$，当 $z=0$ 时，$\sigma_z=0$，$p_p=\frac{2c}{m}$；$z=H$ 时，$\sigma_z=\gamma H$，$p_p=\frac{\gamma H}{m^2}+\frac{2c}{m}$，其分布图形为梯形，如图8-6b)所示，作用于每延米挡土墙上的合力 E_p 等于该梯形分布图的面积。

E_p 的大小：
$$E_p=\frac{\gamma H^2}{2m^2}+\frac{2c}{m}\quad(\text{kN/m})\tag{8-10}$$

E_p 的方向：水平指向挡土墙；

E_p 的作用点：通过其分布图的形心。

三、朗金土压力公式应用

1. 填土面上作用有连续均布荷载时

如图8-7a)所示，当填土表面作用有连续均布荷载 q 时，先求出深度 z 处的竖向应力：

$$\sigma_z=q+\gamma z$$

将上式代入式(8-5)得：

$$p_a=\sigma_z m^2-2c\cdot m=(q+\gamma z)m^2-2c\cdot m$$

1）砂性土：粘聚力 $c=0$，当 $z=0$ 时，$p_a=qm^2$；当 $z=H$ 时，$p_a=(q+\gamma H)m^2-2c\cdot m$，其土压力分布图为梯形，如图8-7b)所示。

2）粘性土：粘聚力 $c\neq0$，当 $z=0$ 时，$p_a=qm^2-2c\cdot m$，若 $qm^2>2c\cdot m$，则 $p_a>0$，p_a 分布图为梯形；若 $qm^2\leqslant2c\cdot m$，则 $p_a\leqslant0$，p_a 分布图为三角形，如图8-7c)所示，若有负值部分仍不考虑。

2. 墙后填土为多层土时

如图8-8所示，当填土有两层或两层以上时，需分层计算其土压力：

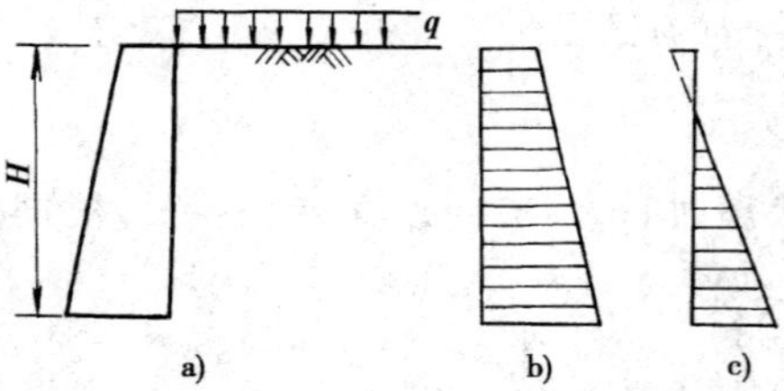

图8-7　填土表面作用有连续均布荷载 q 时主动土压力计算

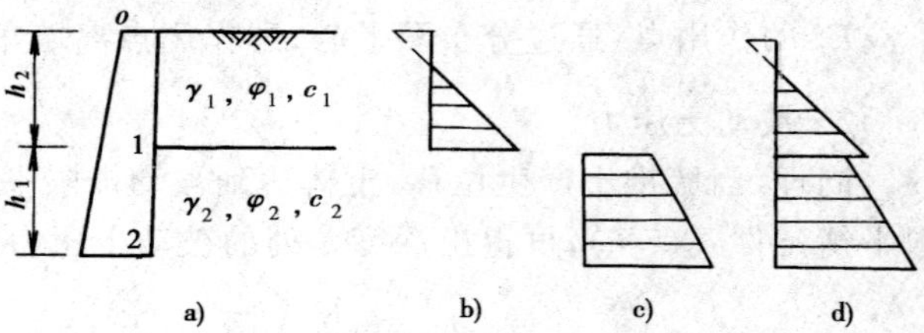

图8-8　多层土的主动土压力计算

1）上部土层产生的土压力按前述方法计算，对于粘性土：

$$p_{a0} = -2c_1 m_1$$

$$p_{a1} = \sigma_{z1} m_1^2 - 2c_1 m_1 = \gamma_1 h_1 m - 2c_1 m_1$$

其分布图如图 8-8b）所示；

2）下部土层产生的土压力，可将上部土层视为均布荷载，即：

$$q = \sigma_{z1} = \gamma_1 h_1$$

则：

$$\sigma_{z2} = \gamma_1 h_1 + \gamma_2 h_2$$

$$p_{a1} = \sigma_{a1} m_2^2 - 2c_2 m_2 = \gamma_1 h_1 m_2^2 - 2c_2 m_2$$

$$p_{a2} = \sigma_{a2} m_2^2 - 2c_2 m_2 = (\gamma_1 h_1 + \gamma_2 h_2) m_2{}^2 - 2c_2 m_2$$

其分布图如图 8-8c）所示。

3）将上下土层得到的土压力相加，即将图 8-8b）与图 8-8c）土压力分布图的面积相加，为整个挡土墙所承受的土压力 E_a，其 E_a 作用方向水平，作用点通过其分布图的形心，如图 8-8d）所示。

3. 墙后填土中有地下水时

将地下水位处看作一个土层分界面，水位以下的土一般采用浮容重 γ'，土压力计算方法同上，只是应注意计算静水压力。

【例题 8-2】 如图 8-9 所示，已知挡墙后水位距墙顶 6m，墙后填土 $\gamma = 18\text{kN/m}^3$，$c=0$，$\varphi = 30°$，$\gamma' = 9\text{kN/m}^3$，求作用在挡墙上的主动土压力。

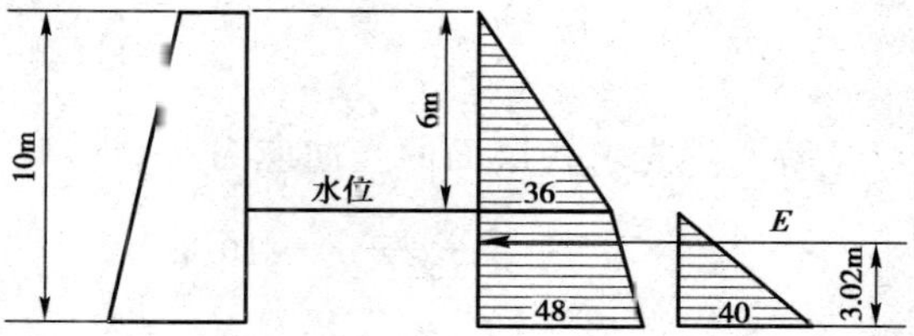

图 8-9 例题 8-2 图

解：1. 先求各层面的竖向应力

$$\sigma_{z0} = q = 0\text{kPa}$$

$$\sigma_{z1} = \gamma h_1 = 18 \times 6 = 108\text{kPa}$$

$$\sigma_{z2} = \gamma h_1 + \gamma' h_2 = 108 + 9 \times 4 = 144\text{kPa}$$

$$m = \tan\left(45° - \frac{\varphi}{2}\right) = \tan\left(45° - \frac{30°}{2}\right)$$

$$= 0.577$$

$$m^2 = 0.333$$

2. 求各层面的土压力强度

$$p_{a0} = \sigma_{z0} m^2 = 0(\text{kPa})$$

$$p_{a1} = \sigma_{z1} m^2 = 108 \times 0.333 = 36(\text{kPa})$$

$$p_{a2} = \sigma_{z2} m^2 = 144 \times 0.333 = 48(\text{kPa})$$

3. 求 E_a 值及其作用点

$$E_a = E_{a1} = E_{a2} = \frac{36 \times 6}{2} + 36 \times 4 + \frac{(48 - 36) \times 4}{2} = 108 + 144 + 24 = 276(\text{kN/m})$$

E_a 作用方向水平指向挡墙，作用点距挡墙底的高度为：

$$Z_c = \frac{\sum E_{ai} \cdot Z_i}{\sum E_{ai}} = \frac{108 \times \left(4 + \frac{6}{3}\right) + 144 \times \frac{4}{2} + 24 \times \frac{4}{3}}{276} = 3.51(\text{m})$$

静水压力

$$E_w = \frac{1}{2}10 \times 4 \times 4 = 80(\text{kN/m})$$

总压力为 $E=276+80=356(\text{kN/m})$

总压力 E 作用点距墙底高度为：

$$Z'_c = \frac{\sum(E_{ai} \cdot Z_i)}{\sum E_{ai}} = \frac{276 \times 3.51 + 80 \times \frac{4}{3}}{356} = 3.02(\text{m})$$

目前岩土工程界一般认为，对地下水的考虑应分成两种情况，对于砂性土采用“水土分算法”，而对粘性土采用“水土合算法”。

【例题 8-3】 挡墙后的填土面上作用于均布荷载 $q=10\text{kPa}$，填土分两层，其厚度和物理力学性质指标如图 8-10 所示，求作用在挡墙上的主动土压力。

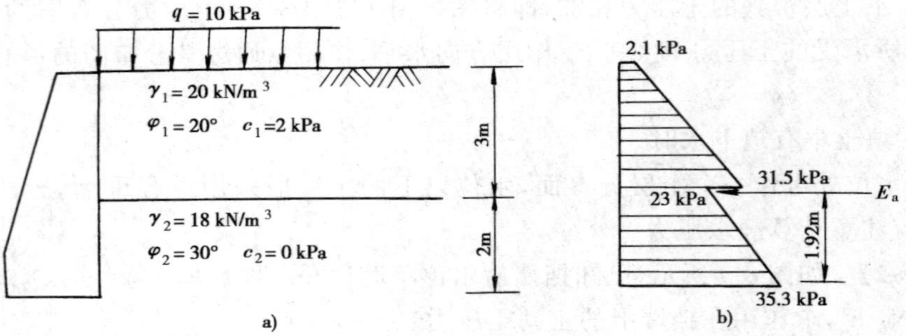

图 8-10 例题 8-3 图

解 ①先求各层面的竖向应力

$$\sigma_{z0} = q = 10(\text{kPa})$$

$$\sigma_{z1} = q + \gamma_1 h_1 = 10 + 20 \times 3 = 70(\text{kPa})$$

$$\sigma_{z2} = q + \gamma_1 h_1 + \gamma_2 h_2 = 70 + 18 \times 2 = 106(\text{kPa})$$

由 $\varphi_1=20°$，$\varphi_2=30°$查表 8-2 得：

$$m_1 = 0.70 \quad m_1^2 = 0.49 \quad m_2 = 0.577 \quad m_2^2 = 0.333$$

上层：$p_{a0}=\sigma_{z0} m_1^2 - 2c_1 m_1 = 10 \times 0.49 - 2 \times 2 \times 0.7 = 2.1(\text{kPa})$

$p_{a1}=\sigma_{z1} m_1^2 - 2c_1 m_1 = 70 \times 0.49 - 2 \times 2 \times 0.7 = 31.5(\text{kPa})$

下层：$p_{a1}=\sigma_{z1} m_2^2 - 2c_2 m_2 = 70 \times 0.333 = 23.3(\text{kPa})$

$p_{a2}=\sigma_{z2} m_2^2 = 106 \times 0.333 = 35.3(\text{kPa})$

按计算结果绘出 p_a 分布图（见图 8-10）。

②求 E_a 值及其作用点

p_a 分布图面积即为所求 E_a 值：

$$E_a = E_{a1} + E_{a2} + E_{a3} + E_{a4}$$

$$= 2.1 \times 3 + \frac{(31.5 - 2.1) \times 3}{2} + 23.3 \times 2 + \frac{(35.3 - 23.3) \times 2}{2}$$

$$= 6.3 + 44.1 + 46.6 + 12 = 109(\text{kN/m})$$

E_a 作用方向水平指向挡墙，作用点距挡墙底的高度为：

$$Z_c = \frac{\sum E_{a1} \cdot Z_1}{\sum E_{a1}} = \frac{6.3 \times \left(2 + \frac{3}{2}\right) + 44.1 \times \left(2 + \frac{3}{3}\right) + 46.6 \times \frac{2}{2} + 12 \times \frac{2}{3}}{109} = 1.92(\text{m})$$

第四节　库伦土压力理论

一、基 本 原 理

库伦(C. A. Coulomb)1776 年根据挡墙后土楔体处于极限平衡状态时力的平衡条件，提出了一种土压力计算方法，被称为库仑土压力理论。由于该理论计算方法简便，计算结果较符合实际，且能适用各种填土面和不同的墙背条件，因此至今仍被广泛应用。

库伦土压力理论研究的条件是墙后填土为松散、匀质的砂性土，墙背为粗糙(与土之间有摩擦力)，墙背与墙后填土面均可以为倾斜的。其计算假定是：

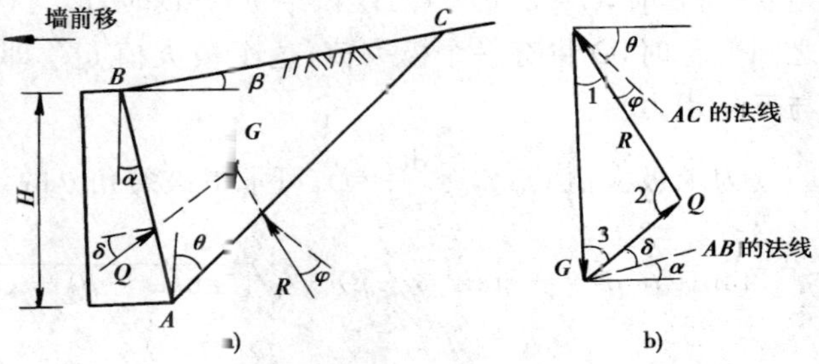

图 8-11　库伦主动土压力计算土图示

1. 墙体产生的位移，使墙后填土达到极限平衡状态，并形成一个滑动的刚性土楔体 ABC，如图 8-11a)所示；

2. 滑裂面为通过墙角的两个平面：一个是墙背 AB 面，另一个是通过墙角的 AC 面，如图 8-11a)所示。

有了上述条件和假定，根据刚性土楔体的静力平衡条件，即可解出墙背上的土压力。

二、计 算 公 式

1. 主动土压力

如图 8-11a)所示，由库仑土压力计算假定知，当墙背向前移动一定值时，墙后填土处于主动极限平衡状态，滑裂面为 AB 和 AC，形成滑动的刚性土楔体 ABC。此时，作用于该土楔体上的力有：为阻止土楔体下滑，在 AB、AC 面上均产生有摩阻力；土楔体自重 G；墙背 AB 面上的反力 Q 和 AC 面的反力 R。G 通过 ΔABC 的形心，方向垂直向下；Q 与 AB 面的法线成 δ 角(δ 是墙背与土体间的摩擦角)，Q 与水平面夹角为 $\alpha+\delta$.R 与 AC 面的法线成 φ 角(φ 为土的内摩擦角)，AC 面与竖直面成 θ 角，所以 R 与竖直面夹年为 $90° - \theta - \varphi$。根据力的平衡原理可知：G、Q、R 三个力应交于一点，且应组成闭合的力三角形，如图 8-11b)所示。在力三角形中，$\angle 1 = 90° - \theta - \varphi$，$\angle 2 = \varphi + \theta + \alpha + \delta$，$\angle 3 = 90° - \alpha - \delta$。曰正弦定理得：

$$Q = G\frac{\sin(90^\circ-\varphi-\theta)}{\sin(\varphi+\theta+\alpha+\delta)} = G\frac{\cos(\varphi+\theta)}{\sin(\varphi+\theta+\alpha+\delta)} \tag{8-11}$$

设 ΔABC 的底为 AC、高为 h，则：

$$G = \frac{1}{2}AC\cdot h\cdot\gamma$$

$$\frac{AC}{AB} = \frac{\sin(90^\circ-\alpha-\beta)}{\sin[180^\circ-(90^\circ-\alpha+\beta)-(\alpha+\theta)]} = \frac{\sin(90^\circ-\alpha-\beta)}{\sin(90^\circ-\theta-\beta)} = \frac{\cos(\alpha-\beta)}{\cos(\theta-\beta)}$$

$$\therefore \quad AC = AB\frac{\cos(\alpha-\beta)}{\cos(\theta+\beta)} = H\sec\alpha\frac{\cos(\alpha-\beta)}{\cos(\theta+\beta)}$$

$$h = AB\sin(\alpha+\theta) = H\sec\alpha\sin(\alpha+\theta)$$

$$G = \frac{1}{2}\gamma H^2\sec^2\alpha\cos(\alpha-\beta)\frac{\sin(\alpha+\theta)}{\cos(\theta+\beta)}$$

将 G 代入式(8-11)得：

$$Q = \frac{1}{2}\gamma H^2\sec^2\alpha\cos(\alpha-\beta)\frac{\sin(\theta+\alpha)\cos(\theta+\varphi)}{\cos(\theta+\beta)\sin(\varphi+\theta+\delta+\alpha)} \tag{8-12}$$

在上式中，α、β、φ、δ 均为常数，Q 仅随 θ 变化，θ 为滑裂面与竖直面的夹角，称为破裂角。当 $\theta=-\alpha$ 时，$G=0$，即 $\theta=0$；当 $\theta=90^\circ-\varphi$ 时，R 与 G 重合，则 $Q=0$。因此，θ 在 $-\alpha$ 与 $90^\circ-\varphi$ 之间变化时，Q 将有一个极大值，这个极大值 Q_{max} 即所求的主动土压力 E_a（E_a 与 Q 是作用力与反作用力）。

为求极大值 Q_{max}，令 $\frac{dQ}{d\theta}=0$，可求得破裂角 θ 的计算式为：

$$\tan(\theta+\beta) = -\tan(\omega-\beta)+\sqrt{[\tan(\omega-\beta)+\cot(\varphi-\beta)][\tan(\omega-\beta)-\tan(\alpha-\beta)]} \tag{8-13}$$

式中：$\omega=\alpha+\delta+\varphi$。

将式(8-13)代入式(8-12)得：

$$E_a = Q_{max} = \frac{1}{2}\gamma H^2\mu_a \tag{8-14}$$

其中：

$$\mu_a = \frac{\cos^2(\varphi-\alpha)}{\cos^2\alpha\cos(\alpha+\delta)\left[1+\sqrt{\frac{\sin(\delta+\varphi)\sin(\varphi-\beta)}{\cos(\delta+\alpha)\cos(\alpha-\beta)}}\right]^2} \tag{8-15}$$

式中：μ_a——库伦主动土压力系数，由式(8-15)计算求出或查表 8-3 得到；

γ——墙后填土的容重（kN/m^3）；

H——挡土墙高度(m)；

φ——填土的内摩擦角(°)；

δ——墙背与土体之间的夹角(°)，由试验确定或参考表 8-4 得到；

α——墙背与竖直面间的夹角(°)，墙背俯斜时为正值，仰斜时为负值；

β——填土面与水平面间的夹角(°)。

库伦主动土压力系数 μ_a 值

表 8-3

$\delta=0°$

α	β \ φ	15°	20°	25°	30°	35°	40°	45°	50°
	0°	0.589	0.490	0.406	0.333	0.271	0.217	0.172	0.132
	5°	0.635	0.524	0.431	0.352	0.284	0.227	0.178	0.137
	10°	0.704	0.569	0.462	0.374	0.300	0.238	0.186	0.142
	15°	0.933	0.639	0.505	0.402	0.319	0.251	0.194	0.147
	20°		0.883	0.573	0.441	0.344	0.267	0.204	0.154
0°	25°			0.821	0.505	0.379	0.288	0.217	0.162
	30°				0.750	0.436	0.318	0.235	0.172
	35°					0.671	0.369	0.260	0.185
	40°						0.587	0.303	0.206
	45°							0.500	0.242
	50°								0.413
	0°	0.652	0.560	0.478	0.407	0.343	0.288	0.238	0.194
	5°	0.705	0.601	0.510	0.431	0.362	0.302	0.249	0.202
	10°	0.784	0.655	0.550	0.461	0.384	0.318	0.261	0.211
	15°	1.039	0.737	0.603	0.498	0.411	0.337	0.274	0.221
	20°		1.015	0.685	0.548	0.444	0.360	0.291	0.231
10°	25°			0.977	0.628	0.491	0.391	0.311	0.245
	30°				0.925	0.566	0.433	0.337	0.262
	35°					0.860	0.502	0.374	0.284
	40°						0.785	0.437	0.316
	45°							0.703	0.371
	50°								0.614
	0°	0.736	0.648	0.569	0.498	0.434	0.375	0.322	0.274
	5°	0.801	0.700	0.611	0.532	0.461	0.397	0.340	0.238
	10°	0.896	0.768	0.663	0.572	0.492	0.421	0.358	0.302
	15°	1.196	0.868	0.730	0.621	0.529	0.450	0.380	0.318
	20°		1.205	0.834	0.688	0.576	0.484	0.405	0.337
20°	25°			1.196	0.791	0.639	0.527	0.453	0.358
	30°				1.169	0.740	0.586	0.474	0.385
	35°					1.124	0.683	0.529	0.420
	40°						1.064	0.620	0.469
	45°							0.990	0.552
	50°								0.904
	0°	0.540	0.433	0.344	0.270	0.209	0.158	0.117	0.083
	5°	0.581	0.461	0.364	0.284	0.218	0.164	0.120	0.085
	10°	0.644	0.500	0.389	0.301	0.229	0.171	0.125	0.088
	15°	0.860	0.562	0.425	0.322	0.243	0.180	0.130	0.090
	20°		0.785	0.482	0.353	0.261	0.190	0.136	0.094
−10°	25°			0.703	0.405	0.287	0.205	0.144	0.098
	30°				0.614	0.331	0.226	0.155	0.104
	35°					0.523	0.263	0.171	0.111
	40°						0.433	0.200	0.123
	45°							0.344	0.145
	50°								0.262
	0°	0.497	0.380	0.287	0.212	0.153	0.106	0.070	0.043
	5°	0.535	0.405	0.302	0.222	0.159	0.110	0.072	0.044
	10°	0.595	0.439	0.323	0.234	0.166	0.114	0.074	0.045
	15°	0.809	0.494	0.352	0.250	0.175	0.119	0.076	0.046
	20°		0.707	0.401	0.274	0.188	0.125	0.080	0.047
−20°	25°			0.603	0.316	0.206	0.134	0.084	0.049
	30°				0.498	0.239	0.147	0.090	0.051
	35°					0.396	0.172	0.099	0.055
	40°						0.301	0.116	0.060
	45°							0.215	0.071
	50°								0.141

α	β \ φ	15°	20°	25°	30°	35°	40°	45°	50°
		δ=5°							
	0°	0.556	0.465	0.387	0.319	0.260	0.210	0.166	0.129
	5°	0.605	0.500	0.412	0.337	0.274	0.219	0.173	0.133
	10°	0.680	0.547	0.444	0.360	0.289	0.230	0.180	0.138
	15°	0.937	0.620	0.488	0.388	0.308	0.243	0.189	0.144
	20°		0.886	0.558	0.428	0.333	0.259	0.199	0.150
0°	25°			0.825	0.493	0.369	0.280	0.212	0.158
	30°				0.753	0.428	0.311	0.229	0.168
	35°					0.674	0.363	0.255	0.182
	40°						0.589	0.299	0.202
	45°							0.502	0.388
	50°								0.415
	0°	0.622	0.536	0.460	0.393	0.333	0.280	0.233	0.191
	5°	0.680	0.579	0.493	0.418	0.352	0.294	0.243	0.199
	10°	0.767	0.636	0.534	0.448	0.374	0.311	0.255	0.207
	15°	1.060	0.725	0.589	0.486	0.401	0.330	0.269	0.217
	20°		1.035	0.676	0.538	0.436	0.354	0.286	0.228
10°	25°			0.996	0.622	0.484	0.385	0.306	0.242
	30°				0.943	0.563	0.428	0.333	0.259
	35°					0.877	0.500	0.371	0.281
	40°						0.801	0.436	0.314
	45°							0.716	0.371
	50°								0.626
	0°	0.709	0.627	0.553	0.485	0.424	0.368	0.318	0.271
	5°	0.781	0.682	0.597	0.520	0.452	0.391	0.335	0.285
	10°	0.887	0.755	0.650	0.562	0.484	0.416	0.355	0.300
	15°	1.240	0.866	0.723	0.614	0.523	0.445	0.376	0.316
	20°		1.250	0.835	0.684	0.571	0.480	0.402	0.335
20°	25°			1.240	0.794	0.639	0.525	0.434	0.357
	30°				1.212	0.746	0.587	0.474	0.385
	35°					1.166	0.689	0.532	0.421
	40°						1.103	0.627	0.472
	45°							1.026	0.559
	50°								0.937
	0°	0.503	0.406	0.324	0.256	0.199	0.151	0.112	0.080
	5°	0.546	0.434	0.344	0.269	0.208	0.157	0.116	0.082
	10°	0.612	0.474	0.369	0.286	0.219	0.164	0.120	0.085
	15°	0.850	0.537	0.405	0.308	0.232	0.172	0.125	0.087
	20°		0.776	0.463	0.339	0.250	0.183	0.131	0.091
−10°	25°			0.695	0.390	0.276	0.197	0.139	0.095
	30°				0.607	0.321	0.218	0.419	0.100
	35°					0.518	0.255	0.166	0.108
	40°						0.428	0.195	0.120
	45°							0.341	0.141
	50°								0.259
	0°	0.457	0.352	0.267	0.199	0.144	0.101	0.067	0.041
	5°	0.496	0.376	0.282	0.208	0.150	0.104	0.068	0.042
	10°	0.557	0.410	0.302	0.220	0.157	0.108	0.070	0.043
	15°	0.787	0.466	0.331	0.236	0.165	0.112	0.073	0.044
	20°		0.688	0.380	0.259	0.178	0.119	0.076	0.045
−20°	25°			0.586	0.300	0.196	0.127	0.080	0.047
	30°				0.484	0.228	0.140	0.085	0.049
	35°					0.386	0.165	0.094	0.052
	40°						0.293	0.111	0.058
	45°							0.209	0.068
	50°								0.137

δ=10°									
α	β \ φ	15°	20°	25°	30°	35°	40°	45°	50°
0°	0°	0.533	0.447	0.373	0.309	0.253	0.204	0.163	0.127
	5°	0.585	0.483	0.398	0.327	0.266	0.214	0.169	0.131
	10°	0.664	0.531	0.431	0.350	0.282	0.225	0.177	0.136
	15°	0.947	0.609	0.476	0.379	0.301	0.238	0.185	0.141
	20°		0.897	0.549	0.420	0.326	0.254	0.195	0.148
	25°			0.834	0.487	0.363	0.275	0.209	0.156
	30°				0.762	0.423	0.306	0.226	0.166
	35°					0.681	0.359	0.252	0.180
	40°						0.596	0.297	0.201
	45°							0.508	0.238
	50°								0.420
10°	0°	0.603	0.520	0.448	0.384	0.326	0.275	0.230	0.189
	5°	0.665	0.566	0.482	0.409	0.346	0.290	0.240	0.197
	10°	0.759	0.626	0.524	0.440	0.369	0.307	0.253	0.206
	15°	1.089	0.721	0.582	0.480	0.396	0.326	0.267	0.216
	20°		1.064	0.674	0.534	0.432	0.351	0.284	0.227
	25°			1.024	0.622	0.482	0.382	0.304	0.241
	30°				0.969	0.564	0.427	0.332	0.258
	35°					0.901	0.503	0.371	0.281
	40°						0.823	0.438	0.315
	45°							0.736	0.374
	50°								0.644
20°	0°	0.695	0.615	0.543	0.478	0.419	0.365	0.316	0.271
	5°	0.773	0.674	0.589	0.515	0.448	0.388	0.334	0.285
	10°	0.890	0.752	0.646	0.558	0.482	0.414	0.354	0.300
	15°	1.298	0.872	0.723	0.613	0.522	0.444	0.377	0.317
	20°		1.308	0.844	0.687	0.573	0.481	0.403	0.337
	25°			1.298	0.806	0.643	0.528	0.436	0.360
	30°				1.268	0.758	0.594	0.478	0.388
	35°					1.220	0.702	0.539	0.426
	40°						1.155	0.640	0.480
	45°							1.074	0.572
	50°								0.981
−10°	0°	0.477	0.385	0.309	0.245	0.191	0.146	0.109	0.078
	5°	0.521	0.414	0.329	0.258	0.200	0.152	0.112	0.080
	10°	0.590	0.455	0.354	0.275	0.211	0.159	0.116	0.082
	15°	0.847	0.520	0.390	0.297	0.224	0.167	0.121	0.085
	20°		0.773	0.450	0.328	0.242	0.177	0.127	0.088
	25°			0.692	0.380	0.268	0.191	0.135	0.093
	30°				0.605	0.313	0.212	0.146	0.098
	35°					0.516	0.249	0.162	0.106
	40°						0.426	0.191	0.117
	45°							0.339	0.139
	50°								0.258
−20°	0°	0.427	0.330	0.252	0.183	0.137	0.096	0.064	0.039
	5°	0.466	0.354	0.267	0.197	0.143	0.099	0.066	0.040
	10°	0.529	0.388	0.286	0.209	0.149	0.103	0.068	0.041
	15°	0.772	0.445	0.315	0.225	0.158	0.108	0.070	0.042
	20°		0.675	0.364	0.243	0.170	0.114	0.073	0.044
	25°			0.575	0.288	0.188	0.122	0.077	0.045
	30°				0.475	0.220	0.135	0.082	0.047
	35°					0.378	0.159	0.091	0.051
	40°						0.288	0.108	0.056
	45°							0.205	0.066
	50°								0.135

		$\delta=15°$							
α	β \ φ	15°	20°	25°	30°	35°	40°	45°	50°
0°	0°	0.518	0.434	0.363	0.301	0.248	0.201	0.160	0.125
	5°	0.571	0.471	0.389	0.320	0.261	0.211	0.167	0.130
	10°	0.656	0.522	0.423	0.343	0.277	0.222	0.174	0.135
	15°	0.966	0.603	0.470	0.373	0.297	0.235	0.183	0.140
	20°		0.914	0.546	0.415	0.323	0.251	0.194	0.147
	25°			0.850	0.485	0.360	0.273	0.207	0.155
	30°				0.777	0.422	0.305	0.225	0.165
	35°					0.695	0.359	0.251	0.179
	40°						0.608	0.298	0.200
	45°							0.518	0.238
	50°								0.428
10°	0°	0.592	0.511	0.441	0.378	0.323	0.273	0.228	0.189
	5°	0.658	0.559	0.476	0.405	0.343	0.288	0.240	0.197
	10°	0.760	0.623	0.520	0.437	0.366	0.305	0.252	0.206
	15°	1.129	0.723	0.581	0.478	0.395	0.325	0.267	0.216
	20°		1.103	0.679	0.535	0.432	0.351	0.284	0.228
	25°			1.062	0.628	0.484	0.383	0.305	0.242
	30°				1.005	0.571	0.430	0.334	0.260
	35°					0.935	0.509	0.375	0.284
	40°						0.853	0.445	0.319
	45°							0.763	0.380
	50°								0.668
20°	0°	0.690	0.611	0.540	0.476	0.419	0.366	0.317	0.273
	5°	0.774	0.673	0.588	0.514	0.449	0.389	0.336	0.287
	10°	0.904	0.757	0.649	0.560	0.484	0.416	0.357	0.303
	15°	1.372	0.889	0.731	0.618	0.526	0.448	0.380	0.321
	20°		1.383	0.862	0.697	0.579	0.486	0.408	0.341
	25°			1.372	0.825	0.655	0.536	0.442	0.365
	30°				1.341	0.778	0.606	0.487	0.395
	35°					1.290	0.722	0.551	0.435
	40°						1.221	0.609	0.492
	45°							1.136	0.590
	50°								1.037
−10°	0°	0.458	0.371	0.298	0.237	0.186	0.142	0.106	0.076
	5°	0.503	0.400	0.318	0.251	0.195	0.148	0.110	0.078
	10°	0.576	0.442	0.344	0.267	0.205	0.155	0.114	0.081
	15°	0.850	0.509	0.380	0.289	0.219	0.163	0.119	0.084
	20°		0.776	0.441	0.320	0.237	0.174	0.125	0.087
	25°			0.695	0.374	0.263	0.188	0.133	0.091
	30°				0.607	0.308	0.209	0.143	0.097
	35°					0.518	0.246	0.159	0.104
	40°						0.428	0.189	0.116
	45°							0.341	0.137
	50°								0.259
−20°	0°	0.405	0.314	0.240	0.180	0.132	0.093	0.062	0.038
	5°	0.445	0.338	0.255	0.189	0.137	0.096	0.064	0.039
	10°	0.509	0.372	0.275	0.201	0.144	0.100	0.066	0.040
	15°	0.763	0.429	0.303	0.216	0.152	0.104	0.068	0.041
	20°		0.667	0.352	0.239	0.164	0.110	0.071	0.042
	25°			0.568	0.280	0.182	0.119	0.075	0.044
	30°				0.470	0.214	0.131	0.080	0.046
	35°					0.374	0.155	0.089	0.049
	40°						0.284	0.105	0.055
	45°							0.203	0.065
	50°								0.133

δ=20°									
α	β \ φ	15°	20°	25°	30°	35°	40°	45°	50°
0°	0°			0.357	0.297	0.245	0.199	0.160	0.125
	5°			0.384	0.317	0.259	0.209	0.166	0.130
	10°			0.419	0.340	0.275	0.220	0.174	0.135
	15°			0.467	0.371	0.295	0.234	0.183	0.140
	20°			0.547	0.414	0.322	0.251	0.193	0.147
	25°			0.874	0.487	0.360	0.273	0.207	0.155
	30°				0.798	0.425	0.306	0.225	0.166
	35°					0.714	0.362	0.252	0.180
	40°						0.625	0.300	0.202
	45°							0.532	0.241
	50°								0.440
10°	0°			0.438	0.377	0.322	0.273	0.229	0.190
	5°			0.475	0.404	0.343	0.289	0.241	0.198
	10°			0.521	0.438	0.367	0.306	0.254	0.208
	15°			0.586	0.480	0.397	0.328	0.269	0.218
	20°			0.690	0.540	0.436	0.354	0.286	0.230
	25°			1.111	0.639	0.490	0.388	0.309	0.245
	30°				1.051	0.582	0.437	0.338	0.264
	35°					0.978	0.520	0.381	0.288
	40°						0.893	0.456	0.325
	45°							0.799	0.389
	50°								0.699
20°	0°			0.543	0.479	0.422	0.370	0.321	0.277
	5°			0.594	0.520	0.454	0.395	0.341	0.292
	10°			0.659	0.568	0.490	0.423	0.363	0.309
	15°			0.747	0.629	0.535	0.456	0.387	0.327
	20°			0.891	0.715	0.592	0.496	0.417	0.349
	25°			1.467	0.854	0.673	0.549	0.453	0.374
	30°				1.434	0.807	0.624	0.501	0.406
	35°					1.379	0.750	0.569	0.448
	40°						1.305	0.685	0.509
	45°							1.214	0.615
	50°								1.109
−10°	0°			0.291	0.232	0.182	0.140	0.105	0.076
	5°			0.311	0.245	0.191	0.146	0.108	0.078
	10°			0.337	0.262	0.202	0.153	0.113	0.080
	15°			0.374	0.284	0.215	0.161	0.117	0.083
	20°			0.437	0.316	0.233	0.171	0.124	0.086
	25°			0.703	0.371	0.260	0.186	0.131	0.090
	30°				0.614	0.306	0.207	0.142	0.096
	35°					0.524	0.245	0.158	0.103
	40°						0.433	0.188	0.115
	45°							0.344	0.137
	50°								0.262
−20°	0°			0.231	0.174	0.128	0.090	0.061	0.038
	5°			0.246	0.183	0.133	0.094	0.062	0.038
	10°			0.266	0.195	0.140	0.097	0.064	0.039
	15°			0.294	0.210	0.148	0.102	0.067	0.040
	20°			0.344	0.233	0.160	0.108	0.069	0.042
	25°			0.566	0.274	0.178	0.116	0.073	0.043
	30°				0.468	0.210	0.129	0.079	0.045
	35°					0.373	0.153	0.087	0.049
	40°						0.283	0.104	0.054
	45°							0.202	0.064
	50°								0.133

$\delta=25°$									
α	β \ φ	15°	20°	25°	30°	35°	40°	45°	50°
	0°				0.296	0.245	0.199	0.160	0.126
	5°				0.316	0.259	0.209	0.167	0.130
	10°				0.340	0.275	0.221	0.175	0.136
	15°				0.372	0.296	0.235	0.184	0.141
	20°				0.417	0.324	0.252	0.195	0.148
0°	25°				0.494	0.363	0.275	0.209	0.157
	30°				0.828	0.432	0.309	0.228	0.168
	35°					0.741	0.368	0.256	0.183
	40°						0.647	0.306	0.205
	45°							0.552	0.246
	50°								0.456
	0°				0.379	0.325	0.276	0.232	0.193
	5°				0.408	0.346	0.292	0.244	0.201
	10°				0.443	0.371	0.311	0.258	0.211
	15°				0.488	0.403	0.333	0.273	0.222
	20°				0.551	0.443	0.360	0.292	0.235
10°	25°				0.658	0.502	0.396	0.315	0.250
	30°				1.112	0.600	0.448	0.346	0.270
	35°					1.034	0.537	0.392	0.295
	40°						0.944	0.471	0.335
	45°							0.845	0.403
	50°								0.739
	0°				0.488	0.430	0.377	0.329	0.284
	5°				0.530	0.463	0.403	0.349	0.300
	10°				0.582	0.502	0.433	0.372	0.318
	15°				0.648	0.550	0.469	0.399	0.337
	20°				0.740	0.612	0.512	0.430	0.360
20°	25°				0.894	0.699	0.569	0.469	0.387
	30°				1.553	0.846	0.650	0.520	0.421
	35°					1.494	0.788	0.594	0.466
	40°						1.414	0.721	0.532
	45°							1.316	0.647
	50°								1.201
	0°				0.228	0.180	0.139	0.104	0.075
	5°				0.242	0.189	0.145	0.108	0.078
	10°				0.259	0.200	0.151	0.112	0.080
	15°				0.281	0.213	0.160	0.117	0.083
	20°				0.314	0.232	0.170	0.123	0.086
−10°	25°				0.371	0.259	0.185	0.131	0.090
	30°				0.620	0.307	0.207	0.142	0.096
	35°					0.534	0.246	0.159	0.104
	40°						0.441	0.189	0.116
	45°							0.351	0.138
	50°								0.267
	0°				0.170	0.125	0.089	0.060	0.037
	5°				0.179	0.131	0.092	0.061	0.038
	10°				0.191	0.137	0.096	0.063	0.039
	15°				0.206	0.146	0.100	0.066	0.040
	20°				0.229	0.157	0.106	0.069	0.041
−20°	25°				0.270	0.175	0.114	0.072	0.043
	30°				0.470	0.207	0.127	0.078	0.045
	35°					0.374	0.151	0.086	0.048
	40°						0.284	0.103	0.053
	45°							0.203	0.064
	50°								0.133

土与墙背间的摩擦角 δ　　表 8-4

挡土墙情况	摩擦角 δ	挡土墙情况	摩擦角 δ
墙背平滑、排水不良	$(0\sim0.33)\varphi$	墙背很粗糙、排水良好	$(0.5\sim0.67)\varphi$
墙背粗糙、排水良好	$(0.33\sim0.5)\varphi$	墙背与填土间不可能滑动	$(0.67\sim1.0)\varphi$

注：φ 为墙背填土的内摩擦角。

当 $\beta=0$、$\alpha=0$、$\delta=0$ 时，$\mu_a=\tan\left(45°-\frac{\varphi}{2}\right)=m^2$，库伦土压力公式与朗金土压力公式计算结果是相同的，说明朗金土压力公式是库伦土压力公式一种特例。

由式(8-14)可以看出，库伦主动土压力 E_a 是墙高 H 的二次函数，故主动土压力强度 p_a 是沿墙高按直线规律变化的，即深度 z 处 $p_a=\frac{dE_a}{dz}\mu_a\gamma z$，式中 γz 是竖向应力 σ_z，故该式可写为：

$$p_a = \mu_a\sigma_z = \mu_a\gamma z \tag{8-16}$$

填土表面处 $\sigma_z=0$，$p_a=0$，随深度 z 的增加 σ_z，呈直线增加，p_a 也呈直线增加，所以，库伦主动土压力强度分布图为三角形，如图 8-12 所示。E_a 的作用点为 p_a 分布图的形心，距墙角的高度 $z_c=\frac{H}{3}$；其作用线方向与墙背法线成 δ 角，并指向墙背。(与水平面成 $\alpha+\delta$ 角)E_a 可分解为水平方向和竖直方向两个分量：

$$E_{ax} = E_a\cos(\alpha+\delta) \tag{8-17a}$$

$$E_{az} = E_a\sin(\alpha+\delta) \tag{8-17b}$$

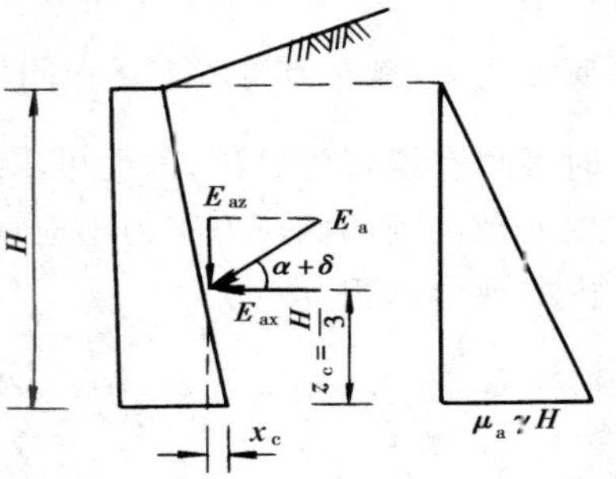

图 8-12　主动土压力

其中 E_{az} 至墙脚的水平距离为 $x_c=z_c\cdot\tan\alpha$。

2. 被动土压力

如图 8-13 所示，由库仑土压力计算假定知，当墙背向后移动一定值时，墙后填土处于被动

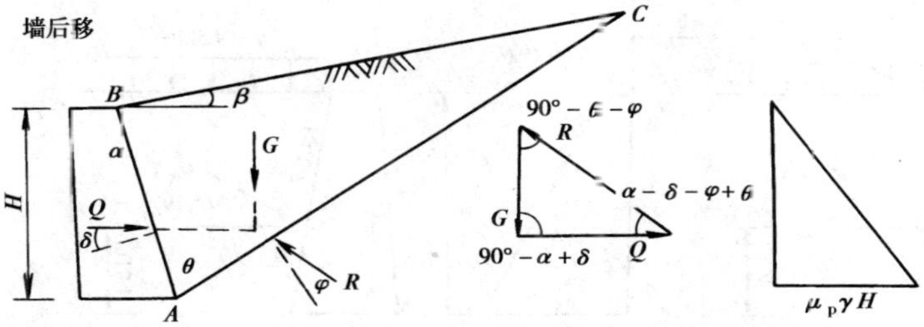

图 8-13　库伦被动土压力

极限平衡状态，滑裂面为 AB 和 AC，形成滑动的刚性土楔体 ABC。此时，在 AB、AC 面上作用的摩阻力均向下，与主动极限平衡时的方向刚好相反，根据 G、Q、R 三力平衡条件，可推导出被动土压力公式：

$$E_p = \frac{1}{2}\gamma H^2\mu_p \tag{8-18}$$

其中

$$\mu_p = \frac{\cos^2(\varphi+\alpha)}{\cos^2\alpha\cos(\alpha-\delta)\left[1-\sqrt{\frac{\sin(\varphi+\delta)\sin(\varphi+\beta)}{\cos(\alpha-\delta)\cos(\alpha-\beta)}}\right]^2} \tag{8-19}$$

式中：μ_p——库伦被动土压力系数；

其它符号意义同前。

库伦被动土压力强度沿墙高的分布也呈三角形，如图 8-12 所示，合力作用点距墙脚的高度也为$\dfrac{H}{3}$。

三、库伦土压力公式应用

1. 填土面上有连续均布荷载作用

如图 8-14 所示，当填土面上有连续均布荷载 q 作用时，如同朗金土压力计算方法和步骤，先求出深度 z 处的竖向应力和荷载强度：

$$\sigma_z = q + \gamma z$$

$$p_a = \mu_a \sigma$$

再绘出 p_a 分布图，最后求出分布图面积即得库仑土压力合力 E_a。但有时为方便计算，经常用厚度为 h、容重为与填土 γ 相同的等代土层来代替 q，即 $q=\gamma h$，于是等待土层的厚度 $h=\dfrac{q}{\gamma}$，同时假想有墙背为 AB'，因而可求绘出三角形的土压力强度分布图。但 BB' 段墙背是虚设的，高度 h 范围内的侧压 BB' 力不应计算，因此作用于墙背 AB 上的土压力，应为实际墙高 H 范围内的梯形面积，即：

$$E_0 = \frac{H}{2}[\mu_a \gamma h + \mu_a \gamma (H+h)]$$

∴

$$E_a = \frac{1}{2}\mu_a \gamma H(H+2h) \qquad (\text{kN/m}) \qquad (8\text{-}20)$$

E_a 的作用点为梯形面积的形心，作用方向线与水平面成 $\alpha+\delta$ 角，指向挡墙。

【例题 8-4】 某挡墙如图 8-15 所示，填土为细砂，$\gamma=19\text{kN/m}^3$，$\varphi=30°$，$\delta=\dfrac{\varphi}{2}=15°$，试按库伦理论求其主动土压力。

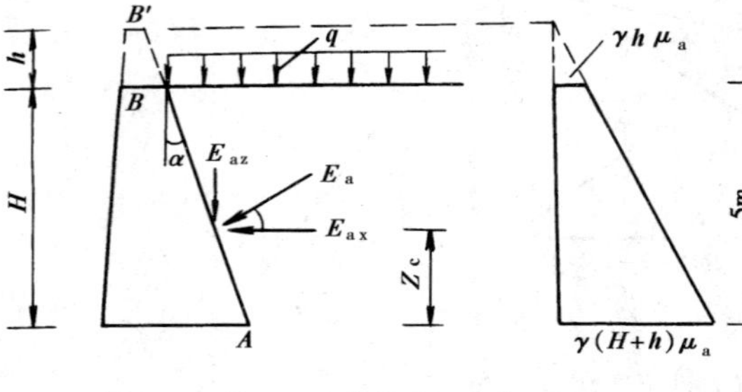

图 8-14　填土上有荷载时的库伦土压力

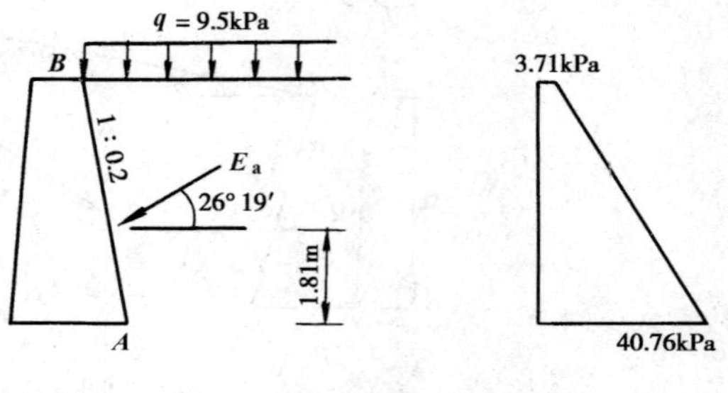

图 8-15　例题 8-4 图

解　解法 1：

①先求出深度 z 处的竖向应力和荷载强度：

$$\sigma_{zB} = q = 9.5(\text{kPa})$$

$$\sigma_{zA} = q + \gamma H = 9.5 + 19 \times 5 = 104.5(\text{kPa})$$

由 $\varphi=30°$查表 8-3 得：$\mu_a=0.390$，则：

$$p_{aB} = \mu_a \sigma_{zB} = 0.390 \times 9.5 = 3.71(\text{kPa})$$

$$p_{aA}=\mu_a\sigma_{zA}=0.390\times104.5=40.76(\text{kPa})$$

②再绘出 p_a 分布图，如图 8-15 所示，求出分布图面积，即为库仑土压力合力 E_a：

$$E_a=E_{a1}+E_{a2}=3.71\times5+\frac{1}{2}\times(40.76-3.71)\times5$$

$$=18.6+92.6=111.2(\text{kN/m})$$

③E_a 作用点为梯形面积的形心：

$$Z_c=\frac{\sum E_{ai}z_i}{\sum E_{ai}}=\frac{18.6\times\frac{5}{2}+92.6\times\frac{5}{3}}{111.2}=1.81(\text{m})$$

E_a 作用线与水平面的夹角为：$\alpha+\delta=11°19'+15°=26°19'$；

解法 2：

用厚度为 h、容重为与填土 γ 相同的等代土层来代替 q：

$$h=\frac{q}{\gamma}=\frac{9.5}{19}=0.5(\text{m})$$

由 $\varphi=30°$ 查表 8-3 得：$\mu_a=0.390$，代入式(8-20)得库伦土压力值：

$$E_a=\frac{1}{2}\mu_a\gamma H(H+2h)=\frac{1}{2}\times0.390\times19\times5(5+2\times0.5)=111.2(\text{kN/m})$$

E_a 作用点为梯形面积的形心：$Z_c=\frac{H}{3}\cdot\frac{H+3h}{H+2h}=\frac{5}{3}\times\frac{5+3\times0.5}{5+2\times0.5}=1.81(\text{m})$

E_a 作用线与水平面的夹角为：$\alpha+\delta=11°19'+15°=26°19'$。

2. 填土面上有车辆荷载作用

《公路桥涵设计通用规范》规定：桥台和挡土墙设计，均应计算填土面上车辆荷载作用引起的土压力。其计算方法是将滑动土楔体范围内的车办总重力，换算成厚度为 h、容重与填土 γ 相同的等代土层来代替，再按库伦主动土压力公式计算，如图 8-16 所示。其计算公式为：

$$h=\frac{\sum G}{\gamma Bl_0}\qquad(8\text{-}21)$$

式中：γ——填土的容重(kN/m^3)；

B——桥台的计算宽度或挡土墙的计算长度(m)；

l_0——滑动土楔体长度(m)；

$\sum G$——布置在 $B\times l_0$ 面积内的车轮总重力(kN)。

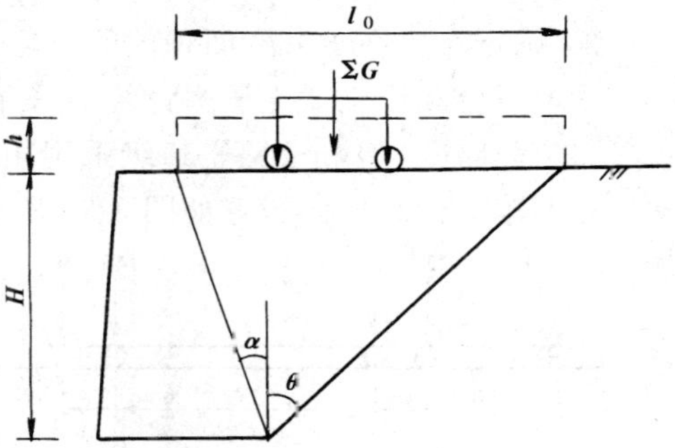

图 8-16　填土面上车辆荷载作用引起的土压力

1) 确定桥台的计算宽度或挡土墙的计算长度 B：

桥台的计算宽度 B 即为桥台横桥向的宽度；

如图 8-17 所示，挡土墙的计算长度 B 可按下列公式计算(实际为汽车的扩散长度)，但不应超过挡土墙分段长度：

$$B=13+H\tan30°\qquad(8\text{-}22)$$

式中：H——挡土墙高度(m)，对于墙顶以上有填土的挡土墙，为墙顶填土厚度的两倍加墙高。

2) 确定滑动楔体长度 l_0：

如图 8-17 所示，滑动土楔体长度 l_0 的计算公式为：

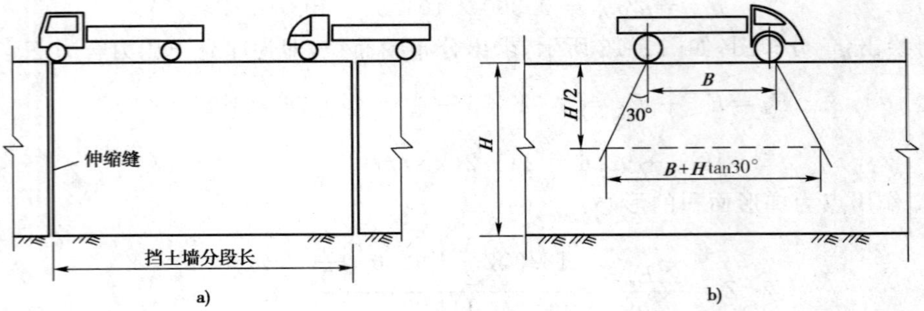

图 8-17　挡土墙计算长度 B 的确定

a)挡土墙的分段长度；b)重车的扩散长度

$$l_0 = H(\tan\theta + \tan\alpha) \tag{8-23}$$

式中：α——墙背倾斜角。如图 8-18a)所示，俯斜墙背的 α 为正值，如图 8-18b)所示，仰斜墙背 α 为负值；而竖直墙背的 $\alpha=0$。

θ——滑动面与竖直面间的夹角。当填土面水平时，即 $\beta=0$，将此代入式(8-13)得：

$$\tan\theta = -\tan(\varphi+\alpha+\delta) + \sqrt{[\cot\varphi + \tan(\varphi+\alpha+\delta)][\tan(\varphi+\alpha+\delta) - \tan\alpha]} \tag{8-24}$$

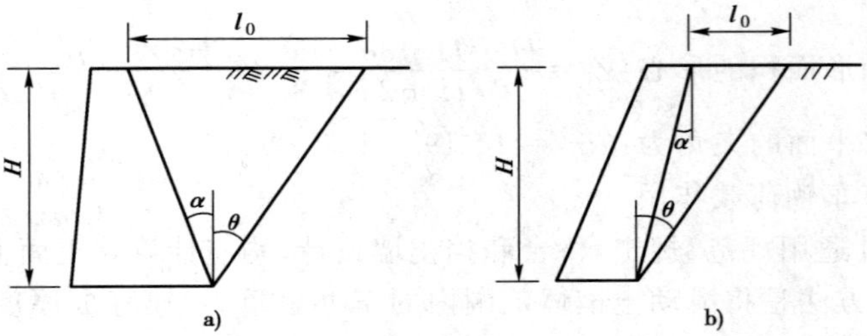

图 8-18　滑动土楔体长度 l_0

3) 确定布置在 $B \times l_0$ 面积内的车轮总重力 $\sum G$：

(1) 桥台和挡土墙土压力计算应采用车辆荷载；

(2) 公路—I 级和公路—II 级采用相同的车辆标准值，如图 8-19 所示；

(3) 车辆荷载横向布置如图 8-20 所示，外轮中线距路面边缘 0.5m；

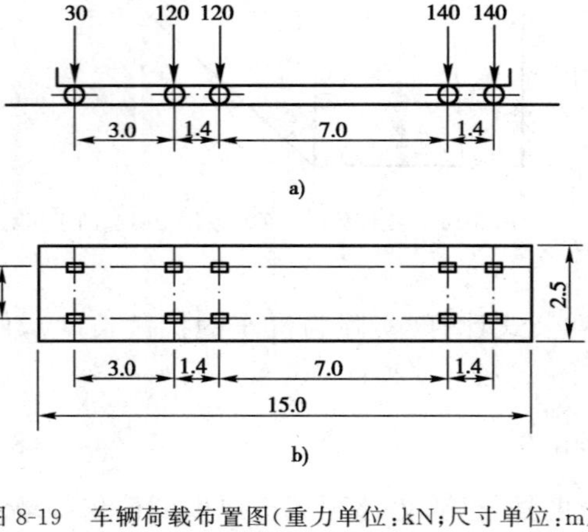

图 8-19　车辆荷载布置图(重力单位：kN；尺寸单位：m)

a)立面布置；b)平面尺寸

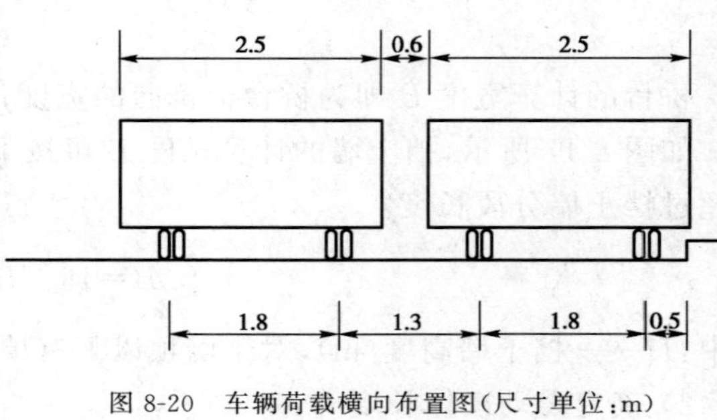

图 8-20　车辆荷载横向布置图(尺寸单位：m)

(4) 多车道加载时，车轮总重力应表 8-5 和表 8-6 折减。

(5) 在 $B \times l_0$ 面积内按不利情况布置轮重。

桥涵设计车道数 表 8-5

桥面宽度 B(m)		桥涵设计车道数
车辆单向行驶时	车辆双向行驶时	
$B \leqslant 0.7$		1
$7.0 \leqslant B \leqslant 10.5$	$6.0 \leqslant B \leqslant 14.0$	2
$10.5 \leqslant \leqslant B \leqslant 14.0$		3
$14.0 \leqslant B \leqslant 17.5$	$14.0 \leqslant B < 21.0$	4
$17.5 \leqslant B \leqslant 21.0$		5
$21.0 \leqslant B \leqslant 24.5$	$21.0 \leqslant B < 28.0$	6
$24.5 \leqslant B \leqslant 28.0$		7
$28.0 \leqslant B < 31.5$	$28.0 \leqslant B < 35.0$	8

横 向 折 减 系 数 表 8-6

横向布置设计车道数(条)	2	3	4	5	6	7	8
横向折减系数	1.00	0.78	0.67	0.60	0.55	0.52	0.50

【例题 8-5】 某高速公路梁桥桥台如图 8-21 所示，桥台宽度为 8.5m，土的容重 $\gamma = 18\text{kN/m}^3$，$\varphi = 35°$，$c = 0$，填土与墙背间的摩擦角 $\delta = \frac{2}{3}\varphi$，桥台高 $H = 0.8\text{m}$，求作用于台背(AB)上的主动土压力。

解 ①确定桥台的计算宽度 B

桥台 B 应取横向宽度，即 $B = 8.5\text{m}$。

②确定滑动土楔体长度 l_0

AB 作为台背，$\alpha = 0$；台后填土面水平，即 $\beta = 0$；$\delta = \frac{2}{3}\varphi = 23.33°$，则：

$$\begin{aligned}
\tan\theta &= -\tan(\varphi + \delta) + \sqrt{[\cot\varphi + \tan(\varphi + \delta)]\tan(\varphi + \delta)} \\
&= -\tan(35° + 23.33°) + \sqrt{[\cot 35° + \tan(35° + 23.33°)]\tan(35° + 23.33°)} \\
&= -1.62 + 2.22 = 0.60
\end{aligned}$$

$$l_0 = H\tan\theta = 8 \times 0.6 = 4.8(\text{m})$$

③确定布置在 $B \times l_0$ 面积内的车辆荷载 $\sum G$，求等代土层厚度 h

对于桥台 $B \times l_0$ 面积内可能布置的车辆荷载。由图 8-21a)可知，l_0 范围内可布置一辆重车；由图 8-21b)可知，B 范围内可布置两列汽车。所以 $B \times l_0$ 范围内可布置的车轮总重为：

$$\sum G = 2 \times (140 + 140) = 560(\text{kN})$$

$$h = \frac{\sum G}{rBl_0} = \frac{560}{18 + 8.5 \times 4.8} = 0.763(\text{m})$$

④求主动土压力

由 $\varphi = 35°$，$\delta = \frac{2}{3}\varphi$，$\alpha = 0$，代入式(8-15)计算得：$\mu_a = 0.245$。

再代入式(8-20)得：

$$E_a = \frac{1}{2}rH(H + 2h)\mu_a = \frac{1}{2} \times 18 \times 8 \times (8 + 2 \times 0.763) \times 0.245$$

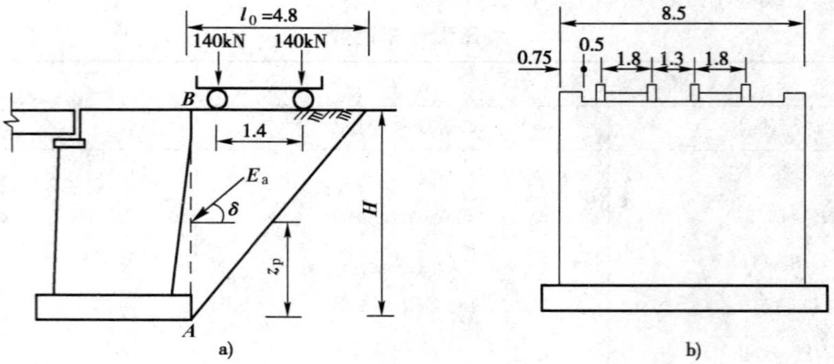

图 8-21 例题 8-5(长度单位:m)

$$=168.0(\text{kN/m})$$

E_a 与水平面夹角为:

$$\alpha+\delta=23.33°$$

E_a 作和点离台脚的高度为:

$$z_c=\frac{H}{3}\cdot\frac{H+3h}{H+2h}=\frac{8}{3}\times\frac{8+3\times0.763}{8+2\times0.763}=2.88(\text{m})$$

所以作用于整个桥台上的主动土压力为 $B\times E_a=8.5\times168=1428(\text{kN})$。

【例题 8-6】 如图 8-22 所示的一级公路某段挡土墙,其分段长度为 15m,墙高 $H=6$m,填土容重 $\gamma=18\text{kN/m}^3$,$\varphi=35°$,$c=0$,$\alpha=14°$,墙背与土之间的摩擦角 $\delta=\frac{2}{3}\varphi$。试求挡土墙上承受的主动土压力。

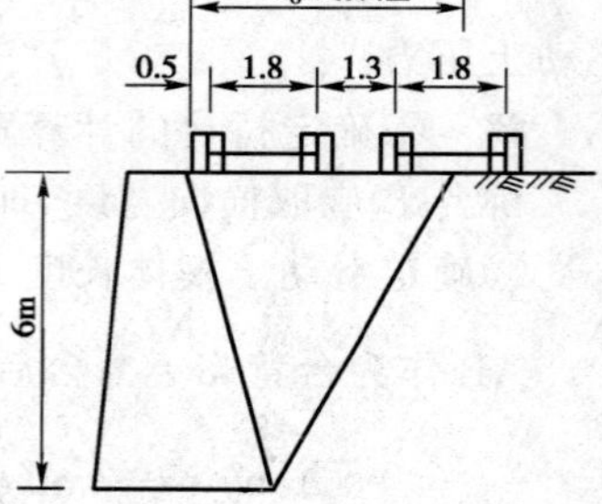

图 8-22 例题 8-6(长度单位:m)

解 ①确定挡土墙的计算长度 B

$$B=13+H\tan30°=13+6\times\tan30°=16.46(\text{m})$$

由于 B 值大于挡土墙分段长度(15m),根据规定应取 $B=15$m。

②确定滑动土楔体长度 l_0

由已知 $\varphi=35°$,$\alpha=14°$,$\delta=\frac{2}{3}\varphi=23.33°$,求得:

$$\varphi+\alpha+\delta=35°+14°+23.33°=72.33°$$

$$\tan\theta=-\tan(\varphi+\alpha+\delta)+\sqrt{[\cot35°+\tan(\varphi+\alpha+\delta)][\tan(\varphi+\alpha+\delta)-\tan\alpha]}$$
$$=-\tan72.33°+\sqrt{[\cot35°+\tan73.33°][\tan72.33°-\tan14°]}$$
$$=0.49$$

$$l_0=H(\tan\alpha+\tan\theta)=6\times(\tan14°+0.49)=4.44(\text{m})$$

③确定布置在 $B\times l_0$ 面积内的车辆荷载 $\sum G$,求等代土层厚度 h

纵向:由于 B 取分段长度,故纵向布置一辆重车荷载;

横向:根据 $l_0=4.44$m,如图 8-22 所示,能布置一辆半车。

$$\sum G=550\times1.5=825(\text{kN})$$

$$h=\frac{\sum G}{\gamma Bl_0}=\frac{825}{18\times9.60\times4.44}=1.075(\text{m})$$

④计算主动土压力

由 $\varphi=35^\circ,\delta=\frac{2}{3}\varphi,\alpha=14^\circ$，代入式(8-15)计算得：$\mu_a=0.361$。

再代入式(8-20)得：

$$E_a=\frac{1}{2}\gamma H(H+2h)\mu_a=\frac{1}{2}\times18\times6\times(6+2\times1.075)\times0.361=158.9(\mathrm{kN/m})$$

E_a 与水平面夹角为：

$$\alpha+\delta=14^\circ+23.33^\circ=37.33^\circ$$

E_a 作用点离墙脚的高度为：

$$Z_c=\frac{H}{3}\cdot\frac{H+3h}{H+2h}=\frac{6}{3}\times\frac{6+3\times1.075}{6+2\times1.075}=2.26(\mathrm{m})$$

3. 粘性土的土压力

库伦土压力理论研究的是挡墙后填土为砂性土，实际工程中墙后填土经常是粘性土，而粘性土的粘聚力，对土压力值有很大的影响。为了应用库伦土压力理论计算粘性土的土压力，一般根据经验将内摩擦角 φ 值适当提高为“等效内摩擦角 φ ”，以此来反映凝聚力 c 对土压力的影响。《公路路基设计手册》(人民交通出版社，1982 年)建议：φ 值适当提高 5°～10°，或直接取 $\varphi'=30^\circ\sim35^\circ$(地下水位以下为 25°～30°)。

根据经验确定等效内摩擦角 φ'，仅与一定的墙高 H 相适应。对低于 H 的挡土墙，若按 φ' 设计，其结果偏于保守；而对高于 H 的挡土墙则偏于危险。如图 8-23 所示，为了消除这一不利因素，等效内摩擦角 φ' 可以按换算前后土体抗剪强度相等的原则或土压力相等的原则计算。

按土体抗剪强度相等的原则计算 φ'，参考图 8-24，得到：

$$\tan\varphi'=\tan\varphi+\frac{c}{\gamma H}\tag{8-25}$$

按土压力相等的原理计算 φ'，参考图 8-24，得到：

$$\tan\left(45^\circ-\frac{\varphi'}{2}\right)=\tan\left(45^\circ-\frac{\varphi}{2}\right)-\frac{2c}{\gamma H}\tag{8-26}$$

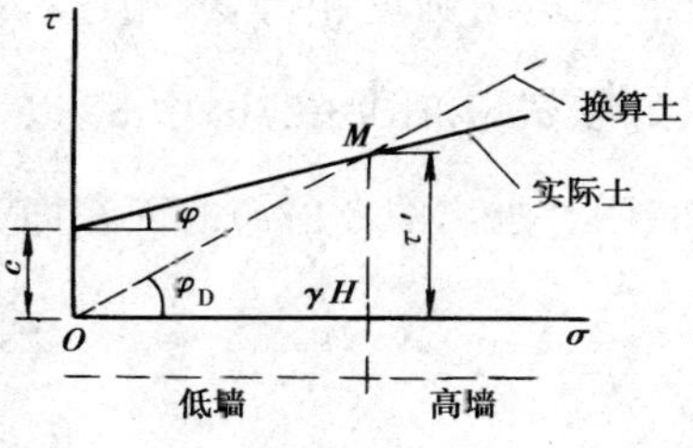

图 8-23 按换算前后土体抗剪强度相等的原则计算 φ'

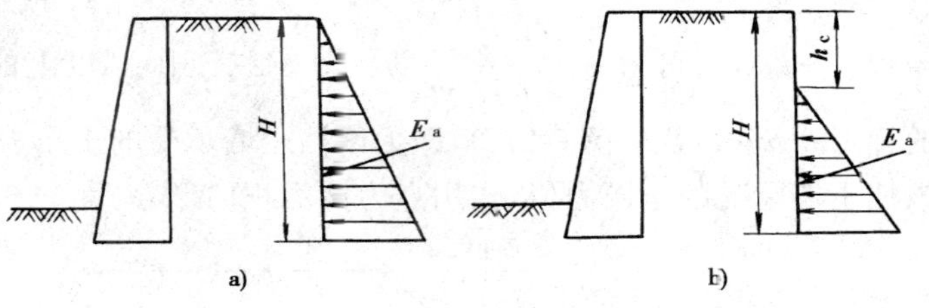

图 8-24 按换算前后土压力相等的原则计算 φ'

事实上，影响土体等效内摩擦角的因素很多，按土体抗剪强度相等或土压力相等的原理计算 φ'，虽然考虑了土体的粘聚力 c 和墙高 H 的影响，但未能考虑挡土墙的边界条件(如填土表面倾角 β 和墙背倾角等)对 φ' 的影响。因此，在《公路路基设计手册》中，为求较真实的粘性土主动土压力，采用力多边形法来计算。限于篇幅，再此不做介绍。

4. 阶梯形墙背的土压力

如图 8-25 所示阶梯形挡土墙土压力的计算，一般先假定墙背为竖直面，按库伦公式算出作用于假定墙背上的主动土压力 E_a，其作用点高度仍假设为$\frac{H}{3}$，方向假定平行于填土表面；然后再计算填土部分的土体自重 G，取 G 与 E_a 的合力作为作用于墙背上的主动压力。

5. 墙背为折面时的土压力

如图 8-26 所示墙背为折面的挡土墙，不能直接用库仑理论求算全墙的土压力。一般将上墙和下墙看作两个独立的墙背，分别按库伦理论计算主动土压力，然后求出两者的矢量和作为全墙的土压力。计算上墙土压力时，不考虑下墙的影响，采用一般的库伦理论公式计算即可；下墙的土压力计算较为复杂，目前一般采用简化的计算方法——延长墙背法。如图 8-26a) 所示，AB 为上墙墙背，BC 为下墙墙背。用一般的库伦理论公式求出主动土压力 E_1，其主动土压力强度分布图形为 abc，如图 8-26b) 所示；以 DC 为假象墙背，用一般的库伦理论公式计算主动土压力，其主动土压力强度分布图形为 def，如图 8-26c) 所示，截取与下墙对应的部分 $hefg$，求其面积即为下墙的主动土压力 E_2。最后求出 E_1 和 E_2 的矢量和即为全墙的主动土压力。（注意：作用于两段墙背上的主动土压力方向不同）

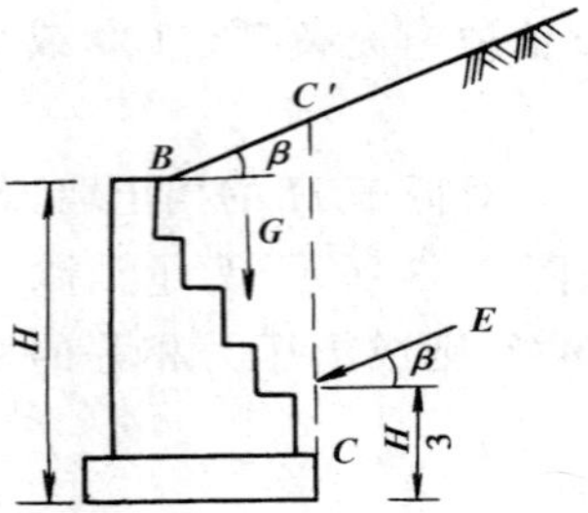

图 8-25 阶梯墙背后的土压力计算

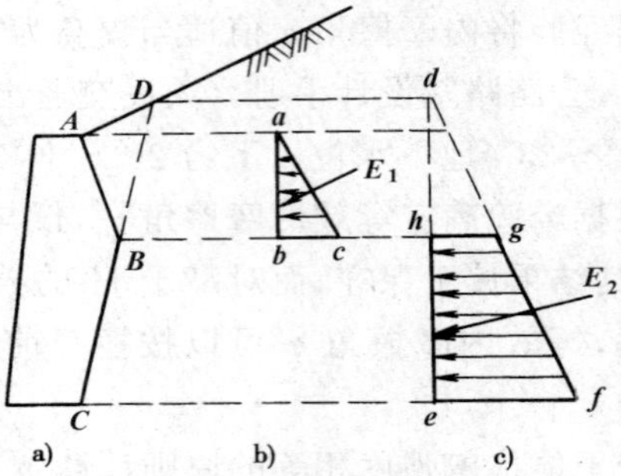

图 8-26 墙背为折面时的土压力计算

6. 填土表面为折面时的土压力

如图 8-27 所示的挡土墙，填土表面为折面时，先按填土面倾角为 β 时，求出 μ_{a1} 及其土压力强度分布图，如图 8-27a) 所示；其次按虚设墙背 $A'B$ 及填土面为水平时，求出 μ_{a2} 及其土压力强度分布图，如图 8-27b) 所示。设深度 z_1 处两种方法求出的土压力强度相等，则由 $\gamma z_1\mu_{a1}=\gamma(z_1+h)\mu_{a2}$，可得 $z_1=\frac{\mu_{a2}}{\mu_{a1}-\mu_{a2}}h$。图 8-27a) 中 z_1 以上的三角形 abc 和图 8-27b) 中 z_1 以下的梯形 $bcde$，合并成图 8-27c)，即为该挡土墙承受的土压力分布图。求出图 8-27c) 的面积即为该挡土墙承受的土压力值，作用点为该面积的形心。

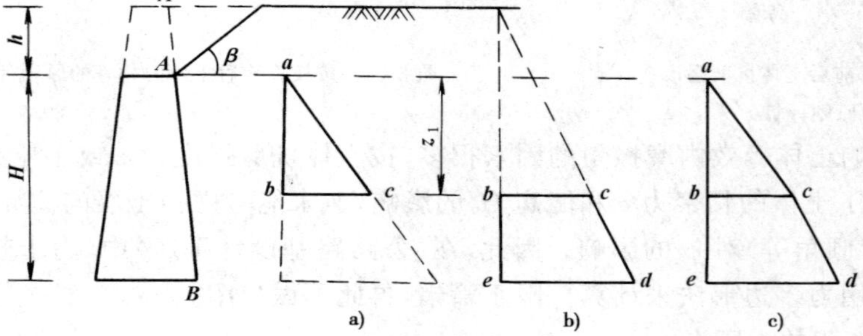

图 8-27 路堤式挡土墙的土压力计算

7. 墙背后填土为多层土时的土压力

如图 8-28 所示，当墙背填土为多层时，可采用如下简化方法计算土压力：先分层绘出水平土压力强度分布图，并由分布图面积求出各层的水平土压力 E_{az} 及相应的作用点位置（各层面积的形心），最后求出各层的竖向土压力 E_{az} 及相应的作用点位置。

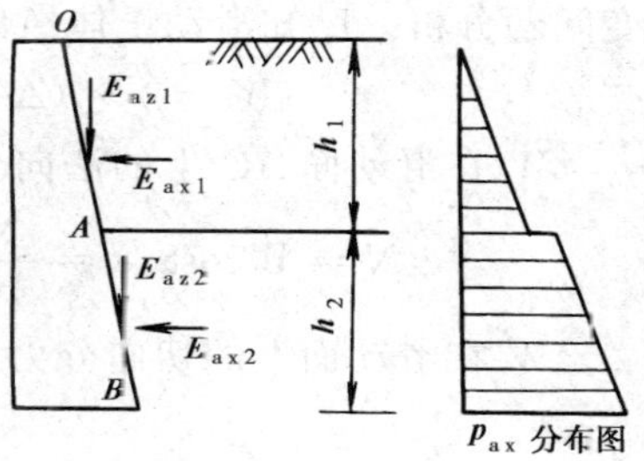

图 8-28　成层土的库伦土压力计算

在工程实践中，当遇到很复杂或者精度要求更高的土压力的计算，可参考有关的专著或计算手册，本教材不再详述。但应该指出，土压力的计算是一个十分复杂的问题，它涉及墙身、填土和地基三者之间的共同作用。因此，有时计算结果于实际相差很大，如库伦被动土压力的计算结果常常偏大，并且随着 α、δ 和 β 值的增而迅速增大。另外，由于产生被动极限平衡状态时的位移量太大，是挡墙设计所不允许的，所以实际的被动土压力也达不到理论计算值。如果设计中考虑土的被动土抗力时，应对库伦被动土压力的计算值进行大幅度的折减。

第五节　土坡稳定分析

在道路、桥梁等土建工程中经常会遇到路堑、路堤或基坑开挖时边坡的稳定问题。如图 8-29 所示，土坡在自身重力作用下，有可能发生边坡失稳破坏，即土体 $ABCDEA$ 沿着土中某一滑动面 AED 向下滑动而产生破坏，土坡滑动失稳的原因一般有以下两种：一是土的抗剪强度由于受到外界各种因素的影响而降低，使土坡失稳破坏，如雨水的侵入使土湿化，使得土坡强度降低；温度的变化使土产生冻结与融化，使得土坡变松强度降低；土坡附近的外力作用，引起土的液化或触变，使得土的强度降低。二是土坡内原来的静力平衡状态由于受到外力的作用而破坏，使土坡失稳破坏。如路堑或基坑的开挖，是因为土自身的重力发生变化，改变了土体原来的应力平衡状态；土坡面上有外荷载作用，或土坡内水的渗流力、地震力的作用，破坏了土体原有的应力平衡状态。

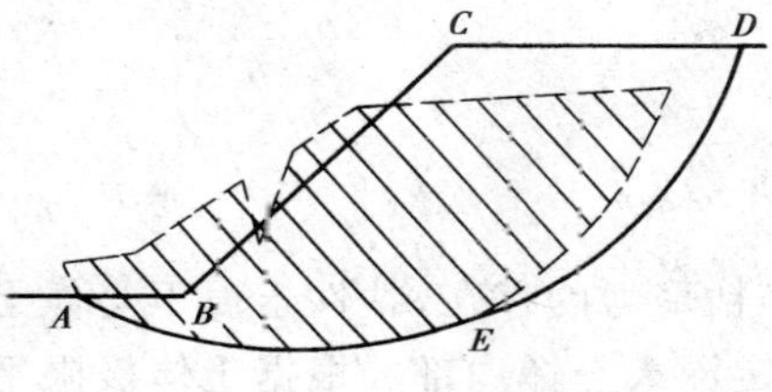

图 8-29　土坡滑动破坏

研究路堑、路堤或基坑开挖时边坡的稳定问题，其目的是分析所设计的土坡断面是否安全与合理。通常缓坡可增加其稳定性，但会使土方量增加；而陡坡虽然可减少土方量，但有可能会发生坍滑，使土坡丧失稳定性。土坡的稳定安全度是用稳定安全系数 K 表示的，它是指土的抗剪强度 τ_f 与土坡中可能滑动面上产生的剪应力 τ 间的比值，即 $K=\frac{\tau_f}{\tau}$。

土坡稳定问题尚有一些不定因素有待研究。如滑动面形式的确定；抗剪强度指标如何按实际情况合理取用；土的非均匀性和土坡内有水渗流时的影响等。本节主要介绍土坡稳定分析的基本原理。

一、无粘性土坡的稳定分析

由粗粒料堆筑的土坡称无粘性土坡，如图 8-30 所示，已知土坡高度为 H，坡角为 β，土的容重为 γ，土的抗剪强度 $\tau_f=\sigma\tan\varphi$。若假定滑动面是通过坡脚 A 的平面 AC，AC 的倾角为 α，

则可计算滑动土体 ABC 沿 AC 面上滑动的抗稳定安全系数 K 值。

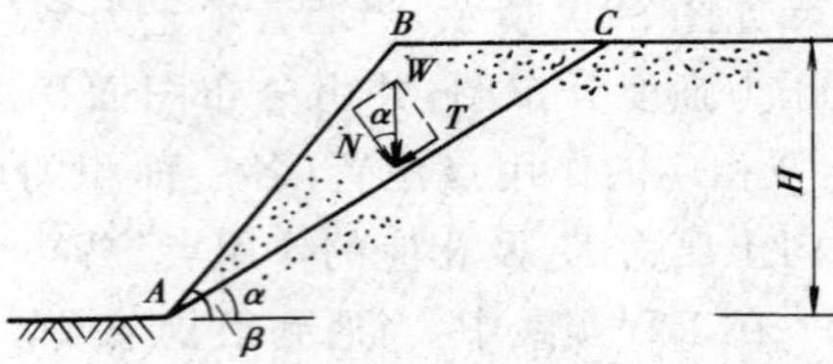

图 8-30 砂性土的土坡稳定计算

沿土坡长度方向截取单位长度土坡，作为平面应变问题分析。已知滑动土体 ABC 的重力为：

$$W = \gamma \times (\Delta ABC)$$

W 在滑动面 AC 上的法向分力及正应力为：

$$N = W\cos\alpha, \sigma = \frac{N}{AC} = \frac{W\cos\alpha}{AC}$$

W 在滑动面上的切向分力及剪应力为：

$$T = W\sin\alpha$$

$$\tau = \frac{T}{AC} = \frac{W\sin\alpha}{AC}$$

土坡滑动的稳定安全系数 K 为：

$$K = \frac{\tau_f}{\tau} = \frac{\sigma\tan\varphi}{\tau} = \frac{\dfrac{W\cos\alpha}{AC}\tan\varphi}{\dfrac{W\sin\alpha}{AC}} = \frac{\tan\varphi}{\tan\alpha} \tag{8-27}$$

从公式(8-27)可见，当 $\alpha=\beta$ 时，滑动稳定安全系数 K 最小，即土坡面上的一层是最易滑动的。因此，砂性土的土坡滑动稳定安全系数为：

$$K = \frac{\tan\varphi}{\tan\beta} \tag{8-28}$$

一般要求 $K>1.25 \sim 1.30$。

二、粘性土坡的稳定分析

粘性土的抗剪强度是由内摩擦力和粘聚力组成。由于粘聚力的存在，粘性土坡不会像无粘性土土坡一样最易滑动面为土坡表面，其危险滑动面必定深入土体内部。根据土体极限平衡理论，可以推出均质粘性土坡的滑动面为对数螺线曲面，近似圆弧面。因此，在研究粘性土坡的稳定分析时，常假定滑动面为圆弧面。其形式一般有下述三种：一是圆弧滑动面通过坡脚 B 点，如图 8-31a)所示，称为坡脚圆；二是圆弧滑动面通过坡面上 E 点，如图 8-31b)所示称为坡面圆；三是滑动面发生在坡脚以外的 A 点，如图 8-31c)所示，称为中点圆。

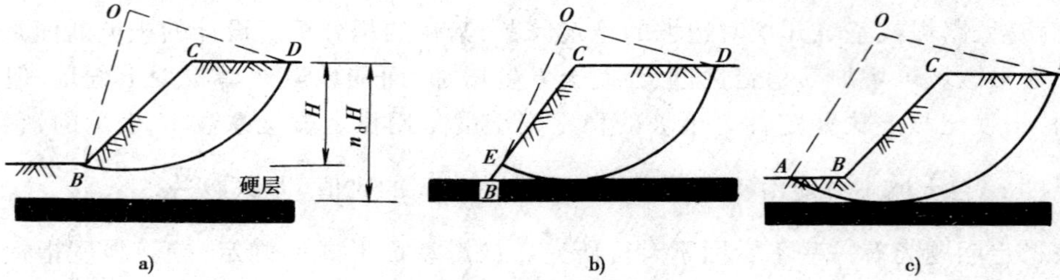

图 8-31 均质粘性土土坡的三种圆弧滑动面

a)坡脚圆；b)坡面圆；c)中点圆

圆弧滑动面的采用首先由彼德森(K. E. Petterson)1916 年提出，此后费伦纽斯(W. Fellenius,1927)和泰勒(D. W. Taylor,1948)又做了研究和改进。可以将他们提出的分析方法分成两种：一是称为土坡圆弧滑动体的整体稳定分析法，主要适用均质简单土坡，所谓简单土坡是指土坡上、下两个土面是水平的，坡面 BC 是一平面；二是称为土坡稳定的条分法分析法，适用于外形复杂的土坡、非均质土坡和浸于水中的土坡等。

1. 圆弧滑动体的整体稳定分析法

1）基本概念

如图 8-32 所示，若可能的圆弧滑动面为$\widehat{AD}$，其圆心为 O，半径为 R。分析时在土坡长度方向截取单位长土坡，按平面问题分析。滑动土体 $ABCD$ 的重力为 W，它是促使土坡滑动的力；沿着滑动面$\widehat{AD}$上分布的土的抗剪强度 τ_f 是抵抗土坡滑动的力。将滑动力 W 及抗滑力 τ_f 分别对滑动面圆心 O 取矩，得滑动力矩 M_s 及稳定力矩 M_r 为：

$$M_s = W \cdot a \tag{8-29}$$

$$M_r = \tau_f \hat{L} R \tag{8-30}$$

式中：W——滑动体 $ABCDA$ 的重力；

a——W 对 O 点的力臂；

τ_f——土的抗剪强度，按库仑定律 $\tau_f = \sigma\tan\varphi + c$；

$\hat{L}$——滑动圆弧$\widehat{AD}$的长度；

R——滑动圆弧面的半径。

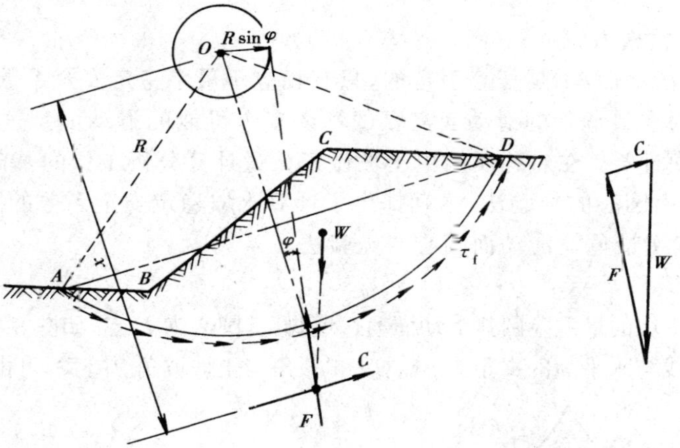

图 8-32 土坡的整体稳定分析

土坡的稳定安全系数 K 也可以用稳定力矩 M_r 与滑动力矩 M_s 的比值表示，即

$$K = \frac{M_r}{M_s} = \frac{\tau_f \widehat{LR}}{W \cdot a} \tag{8-31}$$

上式中土的抗剪强度 τ_f 沿滑动面$\widehat{AD}$上的分布是不均匀的，因此直接按公式(8-31)计算土坡的稳定安全系数有一定误差。

2）摩擦圆法

摩擦圆法由泰勒提出，他认为如图 8-32 所示滑动面$\widehat{AD}$上的抵抗力包括土的摩阻力及粘聚力两部分，它们的合力分别为 F 及 C。假定滑动面上的摩阻力首先得到充分发挥，然后才由土的粘聚力补充。下面分别讨论作用在滑动土体 $ABCDA$ 上的三个力：

第一个力是滑动土体的重力 W，它等于滑动土体 $ABCD$ 的面积与土的容重 γ 的乘积，其作用点位置在滑动土体面积 $ABCD$ 的形心。因此，W 的大小和作用线都是已知的。

第二个力是作用在滑动面 AD 上粘聚力的合力 C。为了维持土坡稳定，沿滑动面 $\overset{\frown}{AD}$ 上分布的需要发挥的粘聚力为 c_1，可以求得粘聚力的合力 C 及其对圆心 O 的力矩臂 x 分别为：

$$C = c_1 \cdot \overline{AD} \tag{8-32}$$

$$x = \frac{\overset{\frown}{AD}}{\overline{AD}} \cdot R$$

式中 $\overset{\frown}{AD}$ 及 $\overline{AD}$ 分别为 AD 的弧长及弦长。所以 C 的作用线是已知的，但其大小未知（因为 c_1 是未知值）。

第三个力是作用在滑动面 $\overset{\frown}{AD}$ 上的法向力及摩擦力的合力，用 F 表示。泰勒假定 F 的作用线与圆弧 $\overset{\frown}{AD}$ 的法线成 φ 角，也即 F 与圆心 O 点处半径为 $R \cdot \sin\varphi$ 的圆（称摩擦圆）相切，同时 F 还一定通过 W 与 C 的交点。因此，F 的作用线是已知的，其大小未知。

根据滑动土体 $ABCDA$ 上三个作用力 W、F、C 的静力平衡条件，从图 8-32 所示的力三角形中求得 C 值，再由公式(8-32)可求得维持土坡平衡时滑动面上所需要发挥的粘聚力 c_1 值。这时土坡的稳定安全系数为：

$$K = \frac{c}{c_1} \tag{8-33}$$

式中：c 为土的实际粘聚力。

上述计算中的滑动面 $\overset{\frown}{AD}$ 是任意假定的，只有相应于最小稳定安全系数 K_{min} 的滑动面才是最危险的滑动面，为求最危险的滑动面需要试算许多个可能的滑动面。这样以来计算工作量是很大的，为了方便计算，在对均质简单土坡做了大量计算分析工作的基础上，费伦纽斯提出了确定最危险滑动面圆心的经验法，泰勒提出了计算土坡稳定安全系数的图表法。

3）费伦纽斯确定最危险滑动面圆心的经验法

（1）土的内摩擦角 $\varphi=0$：

费伦纽斯认为土坡的最危险圆弧滑动面通过坡脚，其圆心为 D 点，如图 8-33 所示。BD 线与坡面的夹角为 β_1，CD 线与水平面的夹角为 β_2。β_1 和 β_2 角与土坡坡角 β 有关，可由表 8-7 查得。

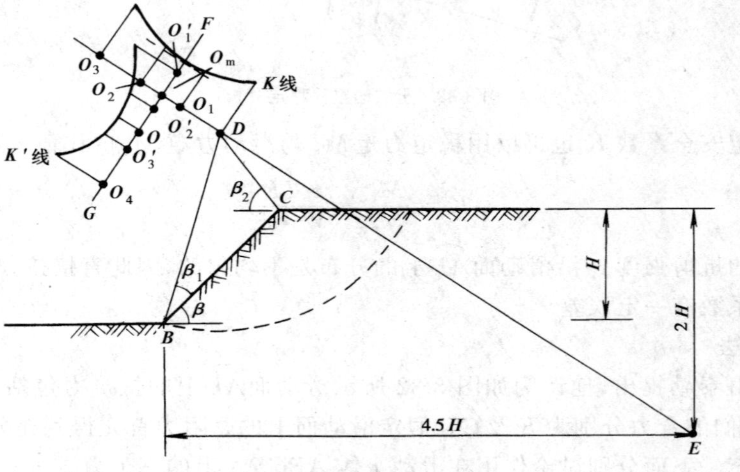

图 8-33　确定最危险滑动面圆心位置

β_1 和 β_2 角与土坡坡角 β 的关系　　表 8-7

土坡坡度(竖直∶水平)	坡角 β	β_1	β_2
1∶0.58	60°	29°	40°
1∶1	45°	28°	37°
1∶1.5	33°41′	26°	35°
1∶2	26°34′	25°	35°
1∶3	18°26′	25°	35°
1∶4	14°02′	25°	37°
1∶5	11°19′	25°	37°

(2) 土的内摩擦角 $\varphi>0$：

费伦纽斯认为最危险滑动面仍通过坡脚，其圆心在 ED 的延长线上，如图 8-33 所示。E 点的位置距坡脚 B 点的水平距离为 $4.5H$，竖直距离为 H。φ 值越大，圆心越向外移。计算时从 D 点向外延伸取几个试算圆心 Q_1、Q_2…，分别求得其相应的滑动稳定安全系数 K_1、K_2、…，绘出 K 值曲线可得到最小安全系数值 K_{min}，其相应的圆心 Q_m 即为在危险滑动面的圆心。

实际上土坡的最危险滑动面圆心位置有时并不一定在 ED 的延长线上，而可能在其左右附近，因此圆心 Q_m 可能并不是在危险滑动面的圆心，这时可以通过 Q_m 点作 DE 线的垂线 FG，在 FG 上取几个试算滑动面的圆心 Q'_1、Q'_2…，求得其相应的滑动稳定安全系数 K'_1、K'_2、…，绘出 K' 值曲线，相应于 K'_{min} 值的圆心 O 就是最危险滑动面的圆心。

4) 泰勒计算土坡稳定安全系数的图表法

泰勒认为圆弧滑动面的三种形式是同土的内摩擦角 φ 值、坡角 β 以及硬层的埋置深度等因素有关。泰勒经过大量的计算分析后提出：

当 $\varphi>3°$，滑动面为坡脚圆，其最危险滑动面圆心位置可根据 φ 及 β 角值，从图 8-34 中的曲线查得 θ 及 α 值作图求得；

当 $\varphi=0°$，且 $\beta>53°$ 时，滑动面仍是坡脚圆，其最危险滑动面圆心位置，同样可从图 8-34 中的 θ 及 α 值作图求得；

当 $\varphi=0°$，且 $\beta<53°$ 且时，滑动面可能是中点圆，也可能是坡脚圆或坡面圆，具体形式取决于硬层的埋藏深度。设土坡高度为 H，硬层的埋藏深度为 $n_d H$。若滑动面为中点圆，则圆心位置在坡面中点 M 的铅直线上，且与硬层相切，如图 8-35a) 所示，滑动面与土面的交点为 A，A 点距坡脚 B 的距离为 $n_x H$，n_x 值可根据 n_d 及 β 值由图 8-35b) 查得。若硬层埋藏较浅，则滑动面可能是坡脚圆或坡面圆，其圆心位置需通过试算确定。

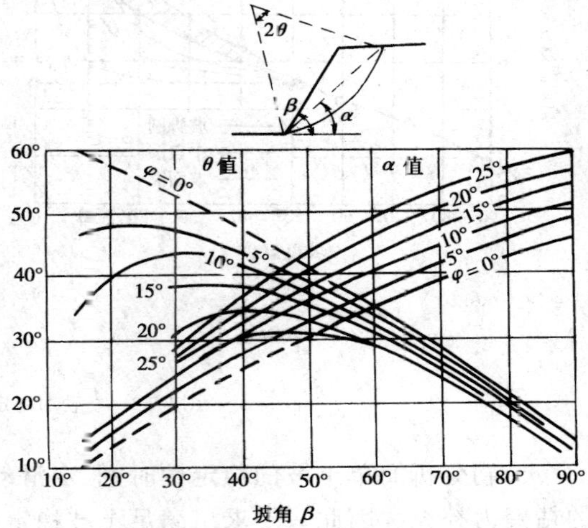

(当 $\varphi>3°$ 或 $\varphi=0°$ 且 $\beta>53°$ 时)

图 8-34　按泰勒方法确定最危险滑动面圆心位置

泰勒提出在土坡稳定分析中共有五个计算参数，即土的容重、土坡高度、坡角以及土的抗剪强度指标，若知道其中四个参数时就可以求出第五个参数值。为了简化计算，泰勒把三个参

数组成一个新的参数，称为稳定因数，即

$$N_s = \frac{\gamma H}{c} \tag{8-34}$$

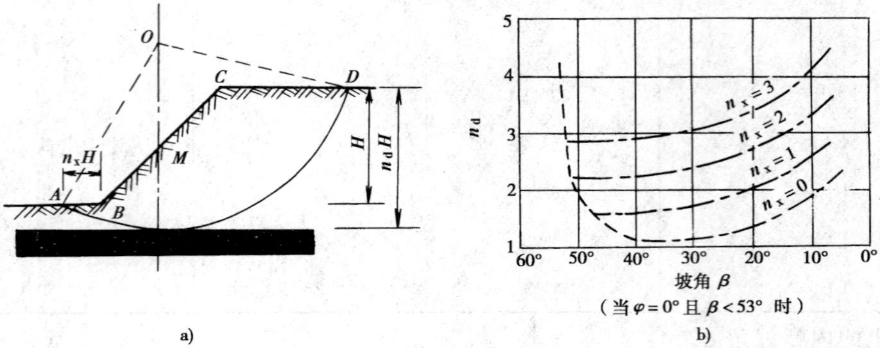

图 8-35　按泰勒方法确定最危险滑动面圆心位置

通过大量计算可以得到 N_s 与 φ 及 β 间的关系曲线，如图 8-36 所示。图 8-36a) 给出了 $\varphi=0°$ 时，稳定因数 N_s 与 β 的关系曲线；图 8-36b) 给出了 $\varphi>0°$ 时，N_s 与 β 的关系曲线。从图中可以看到，当 $\beta<53°$ 时滑动面形式与硬层埋藏深度 n_d 值有关。

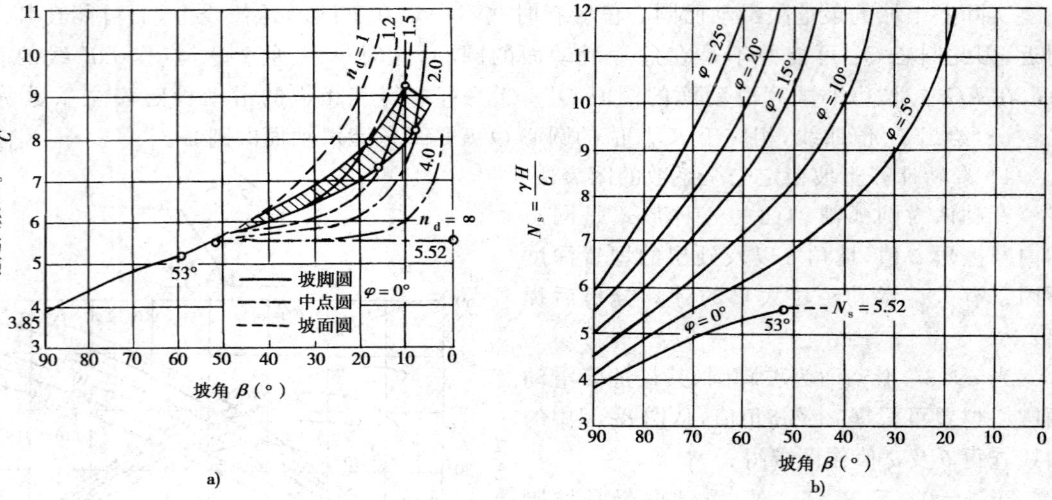

图 8-36　泰勒的稳定因素 N_s 与坡角 β 的关系

a) $\varphi=0°$；b) $\varphi>0°$

泰勒分析简单土坡的稳定性时，假定滑动面上土的摩阻力首先得到充分发挥，然后才由土的粘聚力补充。因此只要求出满足土坡稳定时滑动面上所需要的粘聚力 c_1 后，再与土的实际粘聚力 c 进行比较，即可求出土坡的稳定安全系数。

【例题 8-7】　如图 8-37 所示，有一个均质粘性土简单土坡，已知土坡的高度 $H=8$m，坡角 $\beta=45°$，土的性质为：$\gamma=19.4\text{kN/m}^3$，$\varphi=10°$，$c=25$kPa。试用泰勒的稳定因数曲线计算土坡的稳定安全系数。

解　当 $\varphi=10°$，$\beta=45°$ 时，由图 8-37b) 查得 $N_s=9.2$。由公式 (8-34) 可求得此时滑动面上所需要的粘聚力 c_1 为：

$$c_1 = \frac{\gamma H}{N_s} = \frac{19.4 \times 8}{9.2} = 16.9\text{kPa}$$

土坡稳定安全系数为：

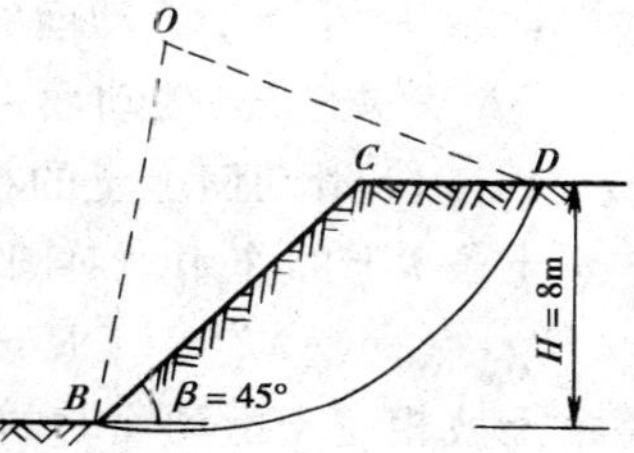

图 8-37　例题 8-7 图

$$K = \frac{c}{c_1} = \frac{25}{16.9} = 1.48$$

2. 条分法分析土坡稳定

前述圆弧滑动体的整体稳定分析法适用均质简单土坡，它对于外形复杂的土坡、非均质土坡和浸于水中的土坡等均不适用。费伦纽斯提出的条分法可以解决这类问题，此法至今仍应用较广。

1）基本原理

如图 8-38 所示土坡，取单位长度土坡按平面问题计算。假设可能滑动面是一圆弧 AD，圆心为 O，半径为 R。将滑动土体 $ABCDA$ 分成许多竖向土条，土条宽度一般可取 $b=0.1R$，则任意一土条 i 上的作用力包括：

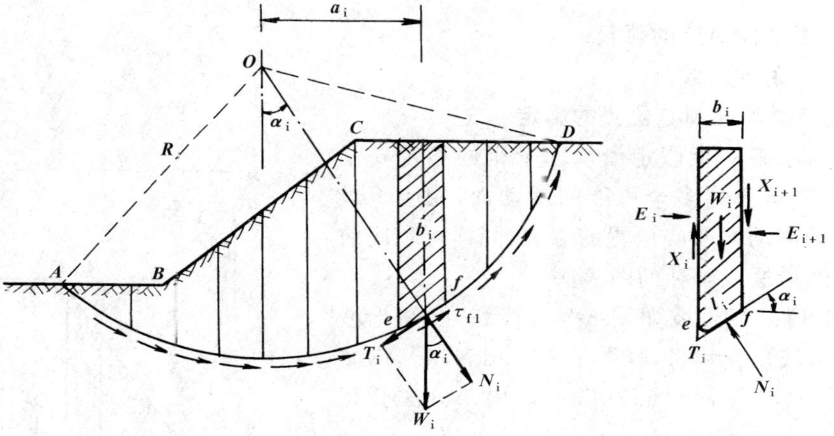

图 8-38　费伦纽斯提出的条分法计算土坡稳定

(1) 土条的重力 W_1，其大小、作用点位置及方向均已知；

(2) 滑动面 ef 上的法向反力 N_i 及切向反力 T_i，假定 N_i、T_i 作用在滑动面 ef 的中点，它们的大小均未知；

(3) 土条两侧的法向力 E_i、E_{i+1} 及竖向剪切力 X_i、X_{i-1}，其中 E_i 和 X_i 可由前一个土条的平衡条件求得，而 E_{i+1} 和 X_{i+1} 的大小未知，E_{i+1} 的作用点位置也未知。

从上面的分析可以知道：土条 i 的作用力中有五个未知数，但只能建立三个平衡条件方程，故无法直接求解。为了求得 N_i、T_i 值，必须对土条两侧作用力的大小和位置作出适当假定。费伦纽斯条分法是不考虑土条两侧的作用力，也即假设 E_i 和 X_i 的合力等于 E_{i+1} 和 X_{i+1} 的合力，同时它们的作用线重合，因此土条两侧的作用力相互抵消。这时土条 i 仅有作用力 W_i、N_i 及 T_i，根据平衡条件可得：

$$N_i = W_i \cos\alpha_i$$

$$T_i = W_i \sin\alpha_i$$

滑动面 ef 上土的抗剪强度为：

$$\tau_{fi} = \sigma_i \tan\varphi + c_i = \frac{1}{l_i}(N_i \tan\varphi_i + c_i l_i) = \frac{1}{l_i}(W_i \cos\alpha_i \tan\varphi_i + c_i l_i)$$

式中：α_i——土条 i 滑动面的法线（亦即半径）与竖直线的夹角；

l_i——土条 i 滑动面 ef 的弧长；

c_i、φ_i——滑动面上土的粘聚力及内摩擦角。

土条 i 上的作用力对圆心 O 产生的滑动力矩 M_s 及稳定力矩 M_r 分别为：

$$M_s = T_i R = W_i R \sin\alpha_i \quad M_r = \tau_{fi} l_i R = (W_i \cos\alpha_i \tan\varphi_i + c_i l_i) R$$

整个土坡相应于滑动面时的稳定安全系数为：

$$K = \frac{M_r}{M_s} = \frac{R\sum_{i=1}^{i=n}(W_i \cos\alpha_i \tan\varphi_i + c_i l_i)}{R\sum_{i=1}^{i=n} W_i \sin\alpha_i} \tag{8-35}$$

对于均质土坡，$\varphi_i = \varphi$、$c_i = c$ 则有：

$$K = \frac{\tan\varphi \sum_{i=1}^{i=n} W_i \cos\alpha_i + c\widehat{L}}{\sum_{i=1}^{i=n} W_i \sin\alpha_i} \tag{8-36}$$

式中：$\widehat{L}$——滑动面 AD 的弧长；

n——土条分条数。

2）最危险滑动面圆心位置的确定

上面是对于某一个假定滑动面求得的稳定安全系数，因此需要试算许多个可能的滑动面，相应于最小安全系数的滑动面圆心位置的方法，同样可利用前述费伦纽斯经验法或泰勒的图表法。

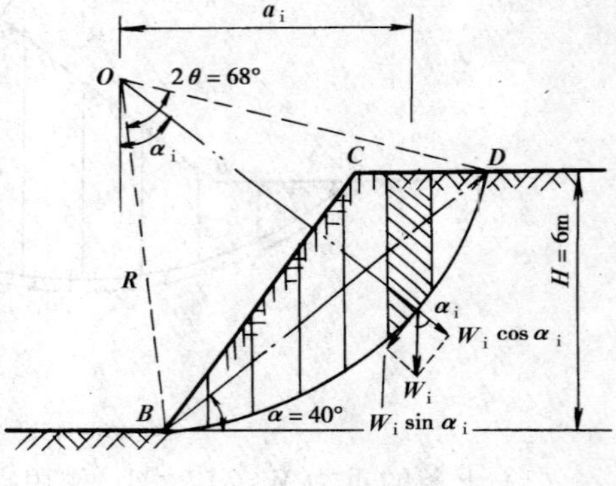

图 8-39　例题 8-8 图

【例题 8-8】　某土坡如图 8-39 所示。已知土坡高度 $H = 6$m，坡角 $\beta = 55°$，容重 $\gamma = 18.6$kN/m^3，内摩擦角 $\varphi = 12°$，粘聚力 $c = 16.7$kPa。试用条分法验算土坡的稳定安全系数。

解　①按比例绘出土坡的剖面图：采用泰勒的图表法确定最危险滑动面圆心位置。

由已知 $\varphi = 12°$，$\beta = 55°$，确定土坡的滑动面是坡脚圆，其最危险滑动面圆心的位置，可从图 8-35 中的曲线得到：$\alpha = 40°$，$\theta = 34°$，以此结果作图求得圆心 O，如图 8-40 所示。

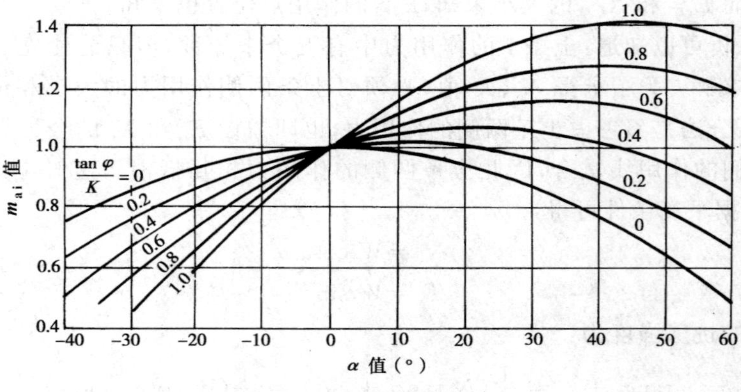

图 8-40　m_{ai} 值曲线

②将滑动土体 $BCDB$ 划分成若干竖直土条：滑动圆弧 BD 的水平投影长度为 $H \cdot \cot\alpha = 6 \times \cot 40° = 7.15$m，把滑动土体划分为 7 个土条，从坡脚开始编号，把第 1－6 条的宽度均取为 1m，而余下的第 7 条的宽度则为 1.15m。

③计算各土条滑动面中点与圆心的连线同竖直线间的夹角值，可按下式计算：

$$\sin\alpha_i = \frac{a_i}{R}$$

$$R = \frac{d}{2\sin\theta} = \frac{H}{2\sin\alpha \cdot \sin\theta} = \frac{6}{2 \times \sin 40° \cdot \sin 34°} = 8.35\text{m}$$

式中：a_i——土条的滑动面中点与圆心 O 的水平距离；

R——圆弧滑动面 BD 的半径；

d——BD 弦的的长度，$d = \dfrac{H}{\sin\alpha}$；

θ、α——求圆心 O 位置时的参数，其意义见图 8-35。

将求得的各土条 α_i 值列于表 8-6 中。

④从图中量取各土条的中心高度 h_i，计算各土条的重力 $W_i = \gamma b_i h_i$、$W_i \sin\alpha_i$ 和 $W_i = \cot\alpha_i$ 值，其结果列于表 8-8。

土坡稳定计算结果　　表 8-8

土条编号	土条宽度 b_i(m)	土条中心高 h_i(m)	土条重力 W_i(kN)	α_i (°)	$W_i\sin\alpha_i$ (kN)	$W_i\cos\alpha_i$ (kN)	$\widehat{L}$ (m)
1	1	0.60	11.16	9.5	1.84	11.0	
2	1	1.80	33.48	16.5	9.51	32.1	
3	1	2.85	53.01	23.8	21.39	48.5	
4	1	3.75	69.75	31.6	36.55	59.41	
5	1	4.10	76.26	40.1	49.12	58.33	
6	1	3.05	56.73	49.8	43.33	36.62	
7	1.15	1.50	27.90	63.0	24.86	12.67	
			合　计		186.16	258.63	9.91

⑤计算滑动面圆弧长度 $\widehat{L}$：

$$\widehat{L} = \frac{\pi}{180} 2\theta R = \frac{2 \times \pi \times 34 \times 8.35}{180} = 9.91\text{m}$$

⑥用公式(8-36)计算土坡的稳定安全系数 K：

$$K = \frac{\tan\varphi \sum_{i=1}^{7} W_i \cos\alpha_i + c\widehat{L}}{\sum_{i=1}^{7} W_i \sin\alpha_i} = \frac{258.63 \times \tan 12° + 16.7 \times 9.91}{186.6} = 1.18$$

3. 毕肖普条分法

费伦纽斯条分法不考虑土条间的作用力，一般说这样得到的稳定安全系数是偏小的。在工程实践中，为了改进条分法的计算精度，大家都认为应该考虑土条间的作用力，以求得比较合理的结果。目前已有许多解决方法，其中毕肖普(A. W. Bishop，1955)提出的简化方法是目前被认为最简便、实用和可靠的方法。

如图8-39所示土坡，通过前面的分析已经知道任意一土条 i 上的作用力中有五个未知量，但只能建立三个方程，故属二次静不定问题。毕肖普在求解时补充了假设条件：忽略土条间的竖向剪切力 X_i 及 X_{i+1} 的作用；对滑动面上的切向力 T_i 的大小作了规定。

根据土条 i 的竖向平衡条件可得：

$$W_i - X_i + X_{i+1} - T_i \sin\alpha_i - N_i \cos\alpha_i = 0$$

即

$$N_i \cos\alpha_i = W_i + (X_{x+1} - X_i) - T_i \sin\alpha_i \tag{8-37}$$

若土坡的稳定安全系数为 K，则土条 i 面上的抗剪强度 τ_{fi} 也只发挥了一部分，毕肖普假设 τ_{fi} 与滑动面上的切向力 T_i 相平衡，即

$$T_i = \tau_{fi} l_i = \frac{1}{K}(N \tan\varphi_i + c_i l_i) \tag{8-38}$$

将式(8-38)代入式(8-37)，整理得：

$$N_i = \frac{W_i + (X_{i+1} - X_i) - \dfrac{c_i l_i}{K}\sin\alpha_i}{\cos\alpha_i + \dfrac{1}{K}\tan\varphi_i \sin\alpha_i} \tag{8-39}$$

由公式(8-35)得土坡的稳定安全系数为：

$$K = \frac{M_r}{M_s} = \frac{\sum (N_i \tan\varphi_i + c_i l_i)}{\sum W \sin\alpha_i} \tag{8-40}$$

将式(8-39)代入式(8-40)得：

$$K = \frac{\sum\limits_{i=1}^{n} \dfrac{[W_i + (X_{i+1} - X_i)]\tan\varphi_i + c_i l_i \cos\alpha_i}{\cos\alpha_i + \dfrac{1}{k}\tan\varphi_i \sin\alpha_i}}{\sum\limits_{i=1}^{i=n} W_i \sin\alpha_i} \tag{8-41}$$

由于上式中 X_i 及 X_{i+1} 是未知的，故求解尚有困难。毕肖普假定土条间的竖向剪切力均略去不计，即 $(X_{i+1} - X_i) = 0$，则上式(8-41)可简化为：

$$K = \frac{\sum\limits_{i=1}^{n} \dfrac{1}{m_{ai}}[W_i \tan\varphi_i + c_i l_i \cos\alpha_i]}{\sum\limits_{i=1}^{i=n} W_i \sin\alpha_i} \tag{8-42}$$

式中：

$$m_{ai} = \cos\alpha_i + \frac{1}{K}\tan\varphi_i \sin\alpha_i \tag{8-43}$$

公式(8-42)就是简化的毕肖普计算土坡稳定安全系数的公式。由于式中 m_{ai} 也包含 K 值，因此公式(8-42)须用叠代法求解。即先假定一个 K 值，按公式(8-43)求得 m_{ai} 值，代入公式(8-42)求出 K 值，若此 K 值与假定值不符，则用此 K 值重新计算 m_{ai} 求得新的 K 值，如此反复叠代，直至假定的 K 值与求得的 K 值相近为止。为了计算方便，可将公式(8-43)的 m_{ai} 值制成

曲线，如图8-40所示，可按 α_i 及 $\frac{\tan\varphi_i}{K}$ 值直接查得 m_{ai} 值。

最危险滑动面圆心位置的确定方法，仍可按前述经验法或图表法确定。

【例题 8-9】 用简化的毕肖普条分法计算例题8-7土坡的稳定安全系数。

解：土坡的最危险滑动面圆心 O 的位置以及土条划分情况均与例题8-7相同。

由公式(8-42)计算各土条的有关各项列于表8-9中。

第一次试算假定 $K=1.20$，计算结果列于表8-9，按公式(8-42)求得稳定安全系数：

$$K=\frac{\sum_{i=1}^{n}\frac{1}{m_{ai}}[W_i\tan\varphi_i+c_i l_i\cos\alpha_i]}{\sum_{i=1}^{i=n}W_i\sin\alpha_i}=\frac{221.55}{186.6}=1.187$$

第二次试算假定 $K=1.19$，计算结果列于表8-7，按公式(8-42)求得稳定安全系数：

$$K=\frac{221.33}{186.6}=1.186$$

此计算结果与假定接近，故得土坡的稳定安全系数 $K=1.19$。

土坡稳定计算表　　表8-9

土条编号	α_i (°)	l_i (m)	W_i (kN)	$W_i\sin\alpha_i$ (kN)	$W_i\tan\varphi_i$	$c_i l_i\cos\alpha_i$	m_{ai}		$\frac{1}{m_{ai}}(W_i\tan_i\varphi_i+c_i l_i\cos\alpha_i)$	
							$K=1.20$	$K=1.19$	$K=1.20$	$K=1.19$
1	9.5	1.01	11.16	1.84	2.37	16.64	1.016	1.016	18.71	18.71
2	16.5	1.05	33.48	9.51	7.12	16.81	1.009	1.010	23.72	23.69
3	23.8	1.09	53.01	21.39	11.27	16.66	0.986	0.987	28.33	28.30
4	31.6	1.18	69.75	36.55	14.83	16.78	0.945	0.945	33.45	33.45
5	40.1	1.31	76.26	49.12	16.21	16.73	0.879	0.880	37.47	37.43
6	49.8	1.56	56.73	43.33	12.06	16.82	0.781	0.782	36.98	36.93
7	63.0	2.68	29.70	24.86	5.93	20.32	0.612	0.613	42.89	42.82
合计				186.60					221.55	221.33

思考题

1. 何谓静止土压力、主动土压力、被动土压力？
2. 静止土压力计算原理是什么？
3. 朗金土压力理论的计算原理和适用条件是什么？
4. 库伦土压力理论的计算原理和适用条件是什么？
5. 当填土面上有连续均布荷载作用时，如何用库伦理论求主动土压力？
6. 何谓等代土层厚度？当填土面上有车辆荷载作用时，如何用库伦理论求主动土压力？

7. 土坡稳定分析的目的是什么？何谓稳定安全系数？

8. 在研究均质粘性土的稳定分析时，一般圆弧滑动面的形式有哪几种？

9. 圆弧滑动体的整体稳定分析法的计算步骤如何？

10. 毕肖普条分法的计算步骤如何？

习题

1. 如图 8-41 所示，挡土墙墙背填土分两层，填土面作用有连续均布荷载，试用朗金理论求主动土压力。(浙江大学 1998 硕士生入学考试试题)

2. 如图 8-41 所示，若考虑墙背与土间的摩擦力，$\delta=\frac{1}{2}\varphi$，其余的条件不改变，试用库仑理论求主动土压力。

3. 某挡土墙如图 8-42 所示，已知 $H=6\text{m}$，$\alpha=16°$，$\beta=25°$，$\gamma=20\text{kN/m}^3$，$\delta=15°$，$\varphi=30°$，$c=0$，试求作用于挡土墙上的主动土压力(大小、方向和作用点高度)。

4. 如图 8-42 所示，当 α 变为 0°、−16°时，其它条件不变，求作用于墙背上的库伦主动土压力。

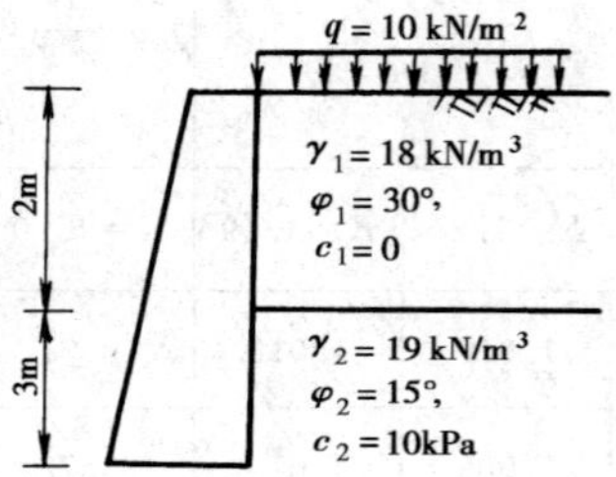

图 8-41

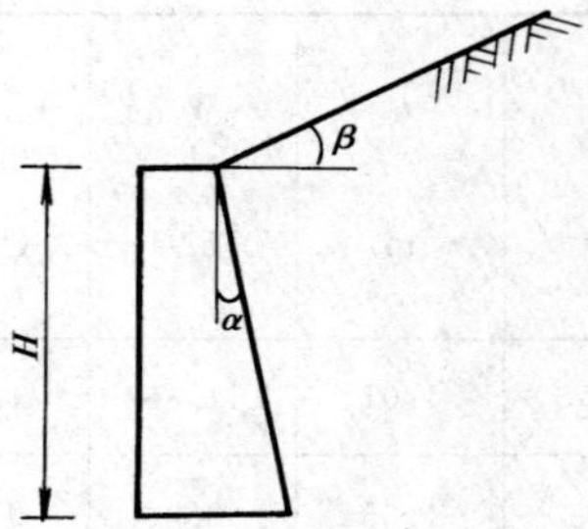

图 8-42

5. 图 8-43 所示的挡土墙，已知挡土墙分段长度为 15m，求作用于墙背上的主动土压力。

6. 某土坡如图 8-44 所示，已知土坡高度 $H=5\text{m}$，坡角 $\beta=55°$，容重 $\gamma=18\text{kN/m}^3$，内摩擦角 $\varphi=15°$，粘聚力 $c=20\text{kPa}$。试用毕肖普条分法验算土坡的稳定安全系数。

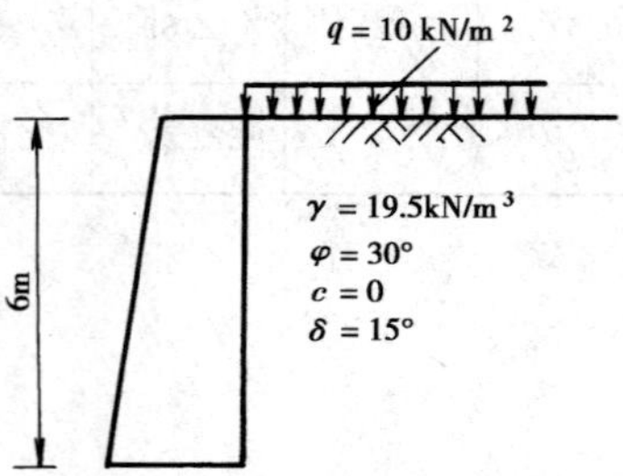

图 8-43

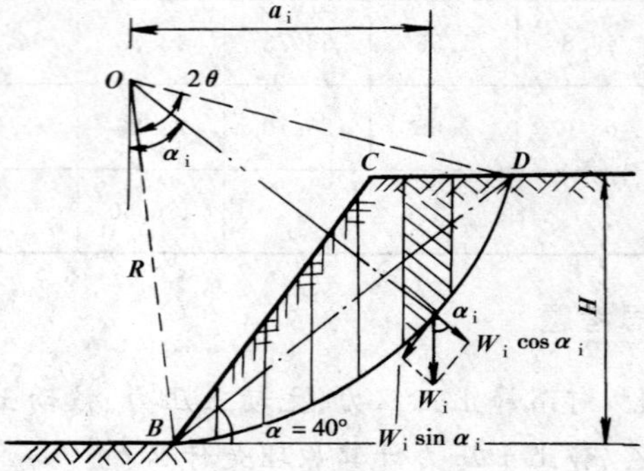

图 8-44

第九章 土的动力性质和压实性

本章学习要点：

1. 认识土在动荷载作用下的变形和强度性质；

2. 理解砂土振动液化机理，了解砂土振动液化给工程带来的危害和防治措施；

3. 掌握土的压实性，完成击实试验。

本章以前所研究的问题，不论是土体的变形问题，还是稳定性问题，都认为荷载是静止的，不随时间而变化，称为静力问题。即便在土压力和边坡稳定分析中，考虑地震力作用时，也是把惯性力当成静力处理。严格地说，大多数实际荷载都不是静止不变的，只是它对被作用体系所引起的动力效应很小，可以忽略不计。动荷载则是指荷载的大小、方向、作用位置随时间而变化，而且对作用体系所产生的动力效应不能忽略。

第一节 土在动荷载作用下的变形和强度性质

一、作用于土体的动荷载和土中波

车辆的行驶、风力、波浪、地震、爆炸以及机器的振动都可能是作用在土体的动荷载。这类荷载的特点，一是荷载施加的瞬时性；二是荷载施加的反复性。一般将加荷时间在10s以上者都看作静力问题，10s以下者则应作为动力问题。反复荷载作用的周期往往短至几秒、几分之一秒乃至几十分至一秒，反复次数几次、几十次乃至千万次。由于这两个特点，在动力条件下考虑土的变形和强度问题时，往往都要考虑速度效应和循环（振次）效应。考虑前者时将加荷时间的长短换算成加荷速度或相应的应变速度。土的加荷速度不同，土的反应也不同。如图9-1所示，慢速加荷时土的强度虽然低于快速加荷，但承受的应变范围较大。循环（振次）效应是指土的力学特性受荷载循环次数的影响情况。图9-2是说明振次效应的一个实例。图中σ_f表示静力破坏强度，σ_d为动应力幅值，σ_s是在加动应力前对土样所施加的一个小于σ_f的竖向静力偏应力。由图可见，振次愈少，土的动强度愈高。随着动荷载反复作用，土的强度降低，当反复作用100次时，土样的动强度（$\sigma_d+\sigma_s$）几乎与静强度σ_f等同，再加大作用次数，动强度就会低于静强度。所以，对于动荷载除了须考虑其幅值大小以外，尚应考虑其所包含的频率成分和反复作用的次数。

汽车、火车分别通过路面和轨道时，将动荷传到路基上，它们荷载的周期不规则，约从0.1s

到数分钟，其特点是一次一次加荷，而且循环次数很多，往往远大于 10^3 次。因此，必须从防止土体反复产生疲劳的角度考虑其性质变化。地震荷载也是随机作用的动载，一般约为 0.2～1.0s 的周期作用，次数不多。

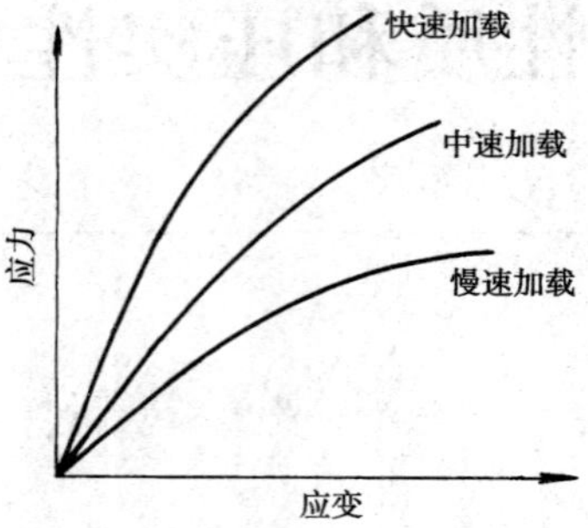

图 9-1　加荷速度对土应力应变关系的影响

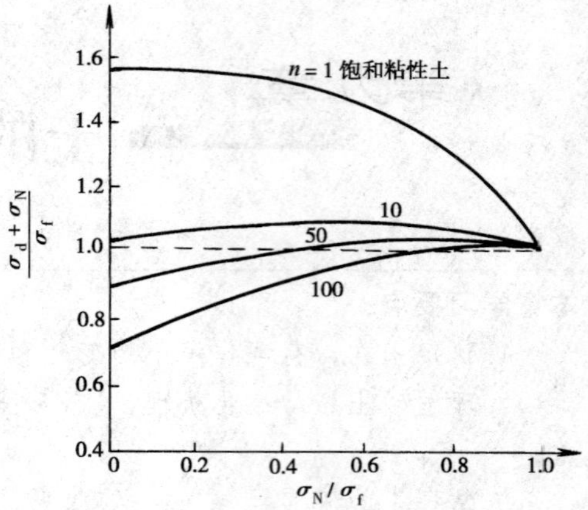

图 9-2　荷载振次对土体强度的影响(饱和粘土)

位于土体表面、内部或者基岩的振源所引起的土单元体的动应力、动应变，将以波动的方式在土体中传播。土中波的形式有以抗压应变为主的纵波、以剪应变为主的横波和主要发生在土体自由界面附近的表面波(瑞利波)。作用于地表面的竖向动荷载主要以表面波的形式扩散能量。水平土层中传播的地震波，主要是剪切波。波动能量在土体表面和内部层面处将发生反射、折射和透射等物理现象。

二、土的动力变形特性

在周期性的循环荷载作用下，土的变形特性已不能用静力条件的概念和指标来表征，而需要了解动态的应力应变关系。影响土的动力变形特性的因素包括周期压力、孔隙比、颗粒组成、含水量等，同时它还受到应变幅值的影响而且又以后者最为显著。同一种土，它的动力变形性状将会随着应变幅值的不同而发生质的变化。日本石原研而的研究指出，只有当应变幅值在 10^{-6}～10^{-4} 及以下的范围内时，土的变形特性才可认为是属于弹性性质。一般由火车、汽车的行驶以及机器基础等所产生的振动的反应都属于这种弹性范围。这种条件下土的应力应变关系及相应参数可在现场或室内进行测定研究。当应变幅值在 10^{-4}～10^{-2} 范围内时，土表现为弹塑性性质，在工程中，如打桩、地震等所产生的土体振动反应即属于此，可以用非线性的弹性应力应变关系来加以描述。当应变幅值超过 10^{-2} 时，土将破坏或产生液化、压密等现象，此时土的动力变形特性可用仅仅反复几个周期的循环荷载试验来确定。

最简单的反复荷载下土的应力应变关系可如图 9-3 所示。这是在静三轴仪中确定弹性模量所作的加卸荷试验曲线。图 9-4 则是动力试验中所得到的土在粘弹性阶段的应力—应变关系曲线。

静三轴加卸荷试验所确定的模量以及用动三轴试验得到的模量都可以用来表示土在动力条件下的变形特性。前者是以静代动的方法，只要应变幅值对应，将拟静法确定用于动力分析，不会有太大的问题。

在动三轴试验仪或动单剪仪上对土样进行等幅值循环荷载试验，动态应力应变曲线为一斜置闭合曲线，称为滞回圈(图 9-4)。滞回圈的特征可由两个参数——模量和阻尼比来表示，它们就是表征土体动力变形特性的两个主要指标。土的弹性模量 E(剪切模量 G)是指产生单位动应变所需要的动应力，亦即动应力幅值 σ_d(τ_d)与动应变幅值 ε_d(γ_d)的比值。它可由滞回圈顶点与坐标原点连线的斜率来定出，即如式(9-1)和式(9-2)所示。

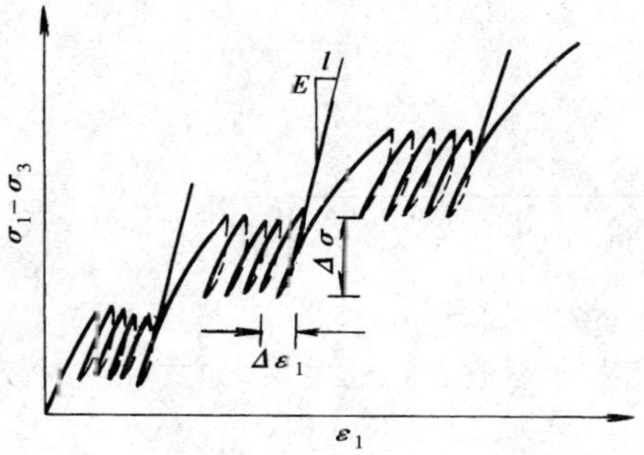

图 9-3　三轴试验确定土的弹性模量

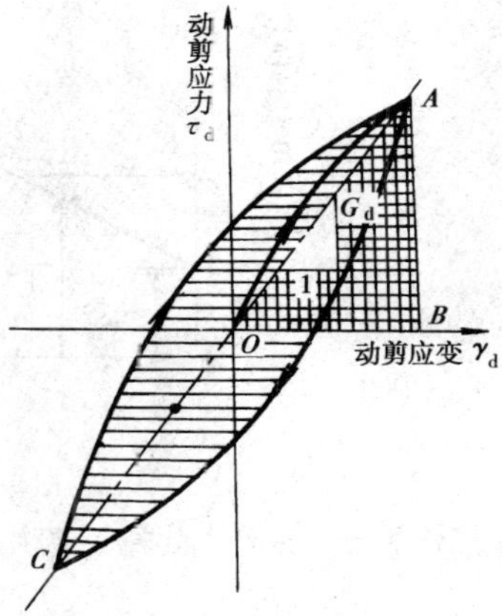

图 9-4　动力试验得到的应力～应变曲线

$$E=\frac{\sigma_d}{\varepsilon_d} \tag{9-1}$$

$$G=\frac{\tau_d}{\gamma_d} \tag{9-2}$$

E 和 G 之间一般符合下列关系：

$$G=\frac{E}{2(1+\mu)} \tag{9-3}$$

式中：μ——土的泊松比。

滞回圈所表现的循环加荷过程中应变对应力的滞后现象和卸荷曲线与加荷曲线的分离，反映了土体对动荷载的阻尼作用。这种阻尼作用主要是由土粒之间相对滑动的内摩擦效应所引起，故属于内阻尼。作为衡量土体吸收振动能量的能力的尺度，土的阻尼比由滞回圈的形状所决定。如图 9-4 所示，土的阻尼比 λ 由式(9-4)求出：

$$\lambda=\frac{A_0}{4\pi A_T} \tag{9-4}$$

式中：A_0——滞回圈所包围的面积，表示在加卸荷一个周期中土体所消耗的机械能；

A_T——$\triangle AOB$ 的面积，表示在一个周期中土体所获得的最大弹性能。

动力试验表明土的动应力动应变关系具有强烈的非线性性质，滞回圈位置和形状随动应变幅值的大小而变化。一般而言，当动应变幅值小于 10^{-5} 量级时，参数 E(G)和 λ 可视作常量，即作为线性变形体看待。随着动应变幅值的增大，土的模量逐步减小，阻尼比逐步加大。因此，为土体动力分析选用变形参数时，应考虑土的这种非线性特点，对应于动应变幅值的不同量级，选用不同的模量和阻尼比。

试验研究表明(图 9-5)，对于某个既定土样而言，在一定的变化范围内，动应变幅值对模量值的影响可用式(9-5)和式(9-6)近似地表示。

$$\frac{1}{E}=\frac{1}{E_0}+b\varepsilon_d=a+b\varepsilon_d \tag{9-5}$$

$$\frac{1}{G}=\frac{1}{G_0}+b\gamma_d=a+b\gamma_d \tag{9-6}$$

式中：E_0、G_0——外推到 $\varepsilon_d\to 0$ 或者 $\gamma_d\to 0$ 时的弹性模量、剪切模量，亦称初始模量；

a、b——试验统计常数。

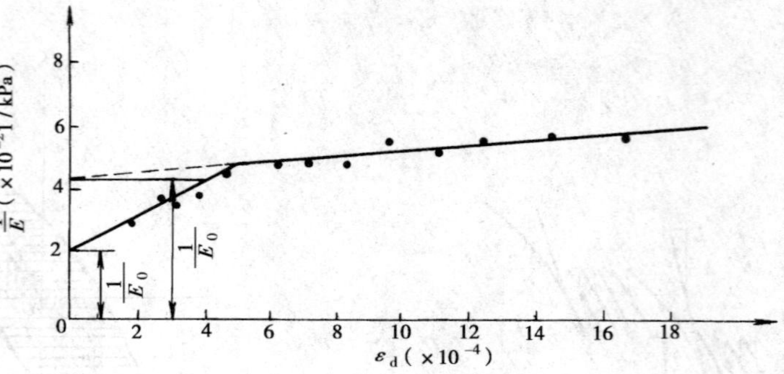

图 9-5　弹性模量与应变幅值的关系曲线

试验研究进一步得出关于初始模量与土的物理力学参数之间的关系，如式(9-7)所示。

$$E_0=c\frac{(d-e)^2}{1+e}(\bar{\sigma}_0)^{\frac{1}{2}} \tag{9-7}$$

式中：e——土的孔隙比；

$\bar{\sigma}_0$——土的平均固结压力(kPa)；

c、d——试验统计常数。

关于初始剪切模量 G_0 可以得到完全类似的表达式。E_0 和 G_0 的确定除了通过经验统计公式外，还可以通过室内共振柱试验或现场波速试验实测得到。

三、土的动强度

土在动荷载下的抗剪强度，即动强度问题，它不同于静强度，由于存在速度效应和循环效应，以及动静应力状态的组合问题，土的动强度试验确定比静强度远为复杂。循环荷载作用下土的强度有可能高于或低于静强度，要看土的类别、所处的应力状态以及加荷速度、循环次数等而定。图 9-6 和图 9-7 定性地反映了这种影响。图 9-6 表明，如果对于给定的土样，在固结后施加动应力之前，先在轴向加上不同的静应力(偏应力)，然后再施加相同大小的动应力，则各土样到达破坏时的循环次数就各不相同。静偏应力愈大，破坏所需之振次愈少；反之，就愈大。此外，若对各个土样施加同样大小的静应力，但由于动应力不同，则各土样达到破坏的振次也不一样，它将随动应力的增加而减少(图 9-7)。

试验研究还表明，粘性土强度的降低与循环应变的幅值有很大关系。例如，当应变幅值的大小不超过 1.5%时，即使是中等灵敏的软粘土，在 200 次循环荷载作用下，其强度亦几乎等于静强度。

综合国内外的试验来看，对于一般的粘土，在地震或其它动荷载作用下，破坏时的综合应力与静强度比较，并无太大的变化。但是对于软弱的粘性土，如淤泥和淤泥质土等。则动强度会有明显降低，所以在路桥工程遇到此类地基土时，必须考虑地震作用下的强度降低问题。

土的动强度亦可如静强度一样通过动强度指标 c_d、φ_d 得到反映。粘性土的动强度指标是指粘性土在动荷载作用下发生屈服破坏或产生足够大的应变(例如可以用综合应变达到 15%

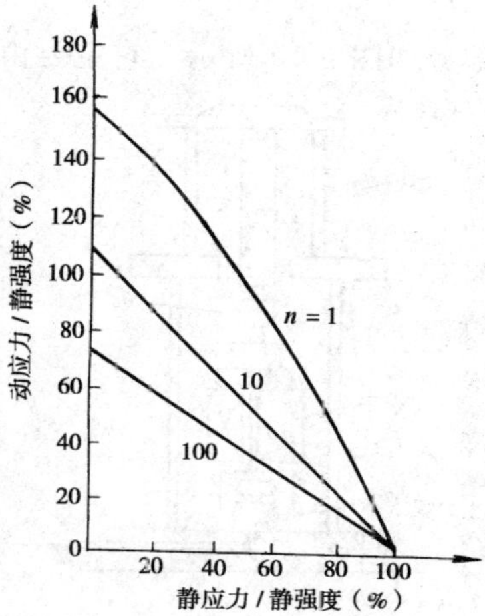

图 9-6　粘性土动强度(一)

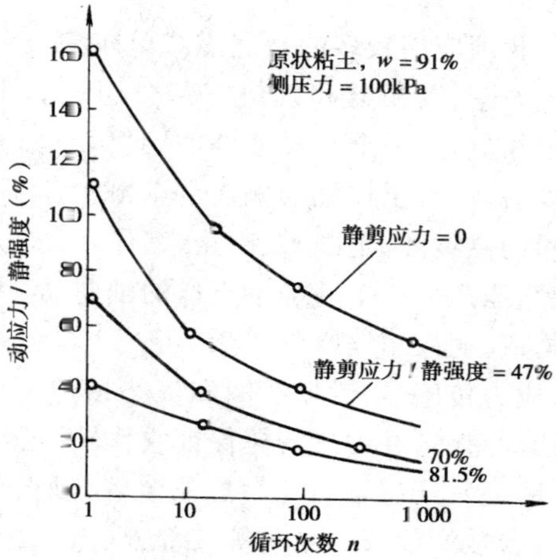

图 9-7　粘性土动强度(二)

作为破坏标准)时所具有的粘聚力和内摩擦角。动强度指标的确定方法示例于图 9-8。须注意,破坏状态应力圆是在初始状态(偏压固结)应力圆基础上加动应力 σ_d 得到的,图中还注明了破坏标准 ε_f 和达到破坏标准的动荷载作用次数 N_f。这说明所谓的动强度指标 c_d、φ_d,对于同一土样来讲也是随各方面条件而变,不是唯一的。进行挡土墙动土压力、地基动承载力和边坡动态稳定性等待定问题分析时,常可用土样达到某一破坏标准 ε_f 所需振次 N_f 与动应力比 $\frac{\sigma_d}{\sigma_{3c}}$ 的关系曲线 $\left(N_f \sim \frac{\sigma_d}{\sigma_{3c}}\right)$ 来表示土体的动强度(图 9-9)。在这种动强度曲线中,当然仍需要表明破坏标准 ε_f 和土样的固结应力比 $K_c = \frac{\sigma_{1c}}{\sigma_{3c}}$。

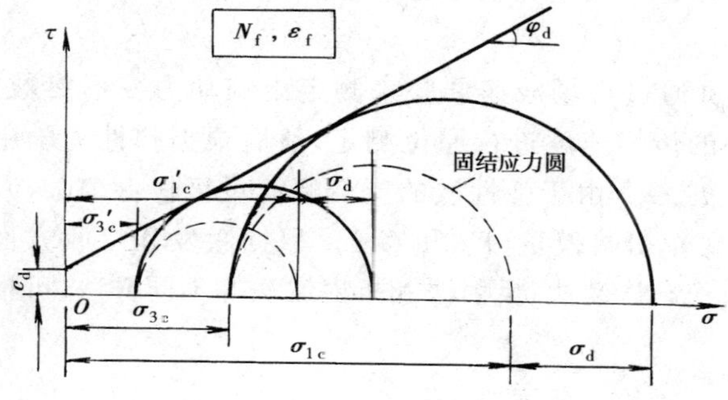

图 9-8　动态应力圆和动强度指标

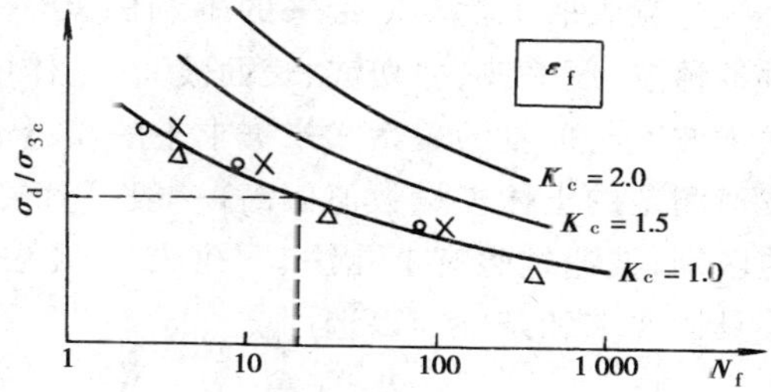

图 9-9　动强度曲线

四、土动力性质试验

1. 振动三轴试验

振动三轴仪是室内土动力性质试验的重要仪器,土的动强度、弹性模量都可用它进行试验测定。

振动三轴仪的种类很多,按动荷载施加的方式区分,可以分为气动式、液压式、惯性式和电磁式;按动荷载作用方向的不同又可分为单向式和双向式。单向式的仪器只能在土样的竖轴方向施加动荷载,而周围压力 σ_3 恒定的。双向式的仪器则不仅能施加轴向脉动荷载,而且 σ_3

也是脉动荷载。

我国应用较多的是电磁式单向激振震动三轴仪，其主要部分如图 9-10 所示。它主要由土样压力室、激振器和气垫三部分组成。土样压力室和静力三轴仪相似，是一个有机玻璃的圆筒，里面充入压缩空气和压力水以后，可对土样施加侧向静荷载。激振器包括激振线圈(动圈)、励磁线圈(定圈)及磁路，其作用是输入一定频率的电信号以后，能产生一个施加于土样的轴向动荷载。气垫由金属波纹管构成，通入压缩空气以后，可对土样施加轴向静荷载。下活塞、应力传感器、激振线圈和气垫顶部由传为轴联成一个刚性的活动整体，并由导向轮保证它作轴向运动。震动三轴仪除主机外，通常还有轴向动力控制装置、轴向和侧向静力控制系统以及参数测读仪表系统等三部分(图 9-10 中未表示)。

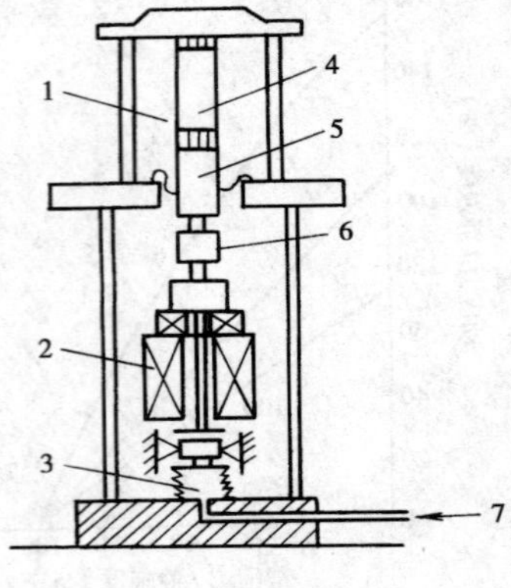

图 9-10　震动三轴仪主机示意图

1-压力室；2-激振器；3-气垫；4-土样；5-土样活塞；6-压力传感器；7-压缩空气

2. 其它室内试验方法

为使土样应力状态的模拟更符合地震波在土层中的传递过程，动单剪试验也经常被用于测定土的动力性质。土样被置于水平刚度很小而竖向抗压刚度很大的容器内(如叠环式土样盒)，进行 K_0 条件下的固结，然后施加水平向的动剪应力，同时测定动剪应变和孔隙水压力。试验项目和成果整理方面，动单剪试验与动三轴试验比较接近。

动三轴试验和动单剪试验中，土样的动应变幅值一般不可能小于 10^{-4} 量级。共振柱试验则可以在动应变幅值等于 10^{-3}～10^{-6} 条件下测定土的动力变形参数。共振柱试验是令置于压力室内的柱状土样发生轴向或扭转向的高频(几十到几百赫兹)强迫振动，固定输入功率而改变激振频率，根据对土样振动反应的测量，确定其相应的共振频率 f_n 方自由振动对数衰减率。根据一维杆件的波动理论和振动原理可以进一步换算土样的模量和阻尼比。

3. 现场波速试验

为克服取土扰动所带来的不利因素，常可通过现场波速试验来测定土的动力变形参数。对各种波(压缩波、剪切波、表面波)在土体中的传播速度进行原位测定，然后根据弹性力学中关于波速与模量的关系式来推求土的模量 E 或 G。由于弹性波的应变幅值量级极低(10^{-7})，波速测定的土体模量数值偏高，一般可直接视作初始模量(E_0 和 G_0)。根据激发和接收方面的区别，波速试验有上孔法、下孔法、跨孔法、稳态振动法、反射法和折射波法等不同方法，可根据具体要求和条件加以选用。

第二节　砂土和粉土的振动液化

一、土体液化现象及其工程危害

土体液化是指饱和状态砂土或粉土在一定强度的动荷载作用下表现出类似液体的性状，完全失去强度和刚度的现象。

地震、波浪、车辆、机器振动、打桩以及爆破等都可能引起饱和砂土或粉土的液化，其中又以地震引起的大面积甚至深层的土体液化的危害性最大，它具有面广、危害重等特点，常能造成场地的整体性失稳。因此，近年来引起国内外工程界的普遍重视，成为工程抗震设计的重要内容之一。

砂土液化造成的灾害的宏观表现主要有：

1. 喷砂冒水。液化土层中出现相当高的孔隙水压力，会导致低洼的地方或土层缝隙处喷出砂、水混合物。喷出的砂粒可能破坏农田，淤塞渠道。喷砂冒水的范围往往很大，持续时间可达几小时甚至几天，水头可高达 2～3m。

2. 震陷。液化时喷砂冒水带走了大量土颗粒，地基产生不均匀沉陷，使建筑物倾斜、开裂甚至倒塌。例如 1964 年日本新泻地震时，有的建筑物结构本身并未损坏，却因地基液化而发生整体倾斜。又如 1976 年唐山地震时，天津某农场高 10m 左右的砖砌水塔，因其西北角处地基土喷砂冒水，水塔整体向西北倾斜了 6°。

3. 滑坡。在岸坡或坝坡中的饱和砂粉土层，由于液化而丧失抗剪强度，使土坡失去稳定，沿着液化层滑动，形成大面积滑坡。1971 年美国加州 San Fernando 坝在地震中即发生上游坝坡大滑动。研究证明这是因为在地震即将结束时，在靠近坝底和粘土心墙上游面处广阔区域内砂土发生液化的缘故。1964 年美国阿拉斯加地震中，海岸的水下滑带走了许多港口设施，并引起海岸涌浪，造成沿海地带的次生灾害。

4. 上浮。贮罐、管道等空腔埋置结构可能在周围土体液化时上浮，对于生命线工程来讲，这种上浮常常引起严重的后果。

二、液化机理及影响因素

饱和的、较松散的、无粘性的或少粘性的在往复剪应力作用下，颗粒排列将趋于密实（剪缩性），而细、粉砂和粘土的透水性并不太大，孔隙水一时间来不及排出，从而导致孔隙水压力上升，有效应力减小。当周期性荷载作用下积聚起来的孔隙水压力等于总压力时，有效应力就变为零。根据有效应力原理，饱和砂土抗剪强度可表达为：

$$\tau_f = (\sigma - \mu)\tan\varphi' = \sigma'\tan\varphi' \tag{9-8}$$

可见，当孔隙水压力 $\mu=\sigma$ 即 $\sigma'=0$ 时，没有粘聚力的砂土的强度就完全丧失。同时，土体平衡外力的能力，即模量的大小也是与土体的有效应力呈正比关系，如剪切模量：

$$G = K(\sigma')^n \tag{9-9}$$

式中：K、n 为试验常数。

显然，当 σ' 趋向于零的时候，G 也趋向于零，即土体处于没有抵抗外荷载能力的悬浮状态，这就是所谓的“液化”。

在地震时，土单元体所受的动应力主要是由从基岩向上传播的剪切波所引起的。水平地层内土单元体理想的受力状态如图 9-11 所示。在地震前，单元体上受到有效应力 σ'_v 和 $K_0\sigma'_v$ 的作用（K_0 为静止土压力系数）。在地震时，单元体上将受到大小和方向都在不断变化的剪应

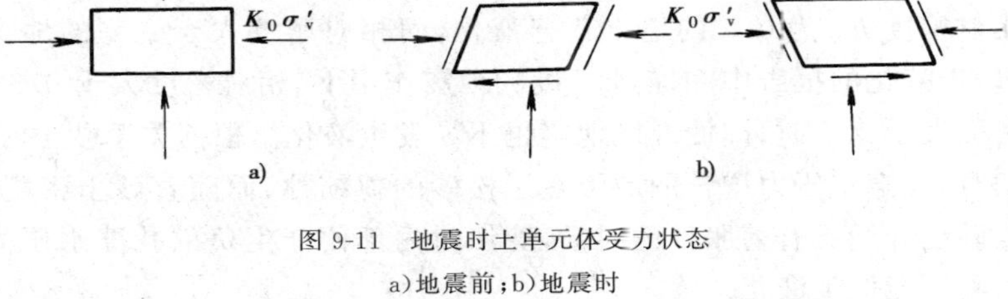

图 9-11　地震时土单元体受力状态

a)地震前；b)地震时

力 τ_d 的反复作用。在试验室里通过模拟上述受力情况进行试验研究有助于揭示液化的机理，其中动三轴试验和动单剪试验是被广泛使用的两种方法。试验中土样是在不排水条件下，承受着均匀的周期荷载。当然，地震时实际发生的剪应力大小是不规则的，但经过分析认为可以转换为等效的均匀周期荷载，这就比较容易在试验中重现。

图 9-12 是饱和粉砂的液化试验结果。从图中的周期偏应力 σ_d、动应变 ε_d 和动孔隙水压力 u_d 等与循环次数 n 关系的曲线可以看到，即使偏应力在很小的范围内变动，每次应力循环后都残留着一定的孔隙水压力；随着应力循环次数的增加，孔隙水压力积累而逐步上升，有效应力逐步减小；最后有效应力接近于零，土的刚度和强度骤然下降至零，试样发生液化。应变幅的变化在开始阶段很小，动应力 σ_d 维持等幅值循环，孔隙水压力逐渐上升；到了某个循环以后，孔隙水压力急剧上升，应变幅急剧放大，动应力幅值开始降低，这说明已在孕育着液化，土的刚度和承载力正在逐渐丧失；当空隙水压力与固结压力几乎相等时，土已不能再承受荷载，应变猛增，动应力缩减到零，此后进入完全的液化状态，土全部丧失其承载能力。

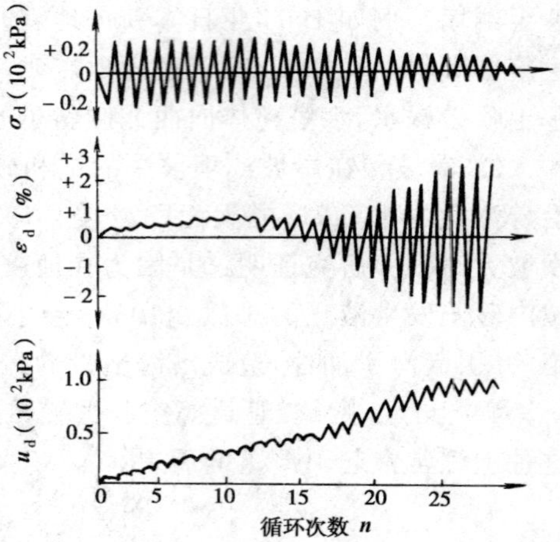

图 9-12 饱和粉砂液化动三轴试验记录

研究与观察发现，并不是所有的饱和砂土和少粘性土在地震时都一定发生液化现象，因此，必须了解影响砂土液化的主要因素，才能作出正确的判断。

影响砂土液化的主要因素有：

1. 土类

土类是一个重要的条件。粘性土由于有粘聚力 c，即使孔隙水压力等于全部有效应力，抗剪强度也不会全部丧失，因而不具备液化的内在条件。粗粒砂土由于透水性好，孔隙水压力易于消散，在周期荷载作用下，孔隙水压力亦不易积累增长，因而一般也不会产生液化。只有没有粘聚力或粘聚力相当小、处于地下水位以下的粉细砂和粉土，渗透系数比较小，不足以在第二次荷载施加之前把孔隙水压力全部消散掉，才具有积累也隙水压力并使强度完全丧失的内部条件。因此，土的粒径大小和级配是一个重要因素。试验和实测资料都表明：粉、细砂土和粉土比中、粗砂土容易液化；级配均匀的砂土比级配良好的砂土容易发生液化。有文献提出，平均粒径 d_{50}=0.05～0.09mm 的粉细砂最易液化。而根据多处震害调查实例却发现，实际发生液化的土类范围更广一些。可以认为，在地震作用下发生液化的饱和土的平均粒径 d_{50}一般小于 2mm，粘粒含量一般低于 10%～15%，塑性指数 I_p 常在 8 以下。

2. 土的密度

松砂在振动中体积易于缩小，孔隙水压力上升快，故松砂比较容易液化。1964 年日本新泻地震表明，相对密度 D_x 为 0.5 的地方普遍液化，而相对密度大于 0.7 的地方就没有液化。关于海城地震砂土液化的报告中亦提到，7 度的地震作用下，相对密度大于 0.5 的砂土不会液化；砂土相对密度大于 0.7 时，即使 8 度地震也不易发生液化。根据关于砂土液化机理的论述可知，往复剪切时，孔隙水压力增长的原因在于松砂的剪缩性，而随着砂土密度的增大其剪缩性会减弱，一旦砂土开始具有剪胀性的时候，剪切时内部便产生负的孔隙水压力，土体抗阻反而增大了，因而不可能发生液化。

3. 土的初始应力状态

在地震作用下，土中孔隙水压力等于固结压力是初始液化的必要条件。固结压力越大，则在其他条件相同时越不易发生液化。试验表明，对于同样条件的土样，发生液化所需的动应力将随着固结压力的增加而呈正比例地增加。显然，土单元体的固结压力是随着它的埋藏深度和地下水位深度而直线增加的，然而，地震在土单元体中引起的动剪应力随深度的增加却不如固结压力的增加来得快。于是，土的埋藏深度和地下水位深度，即土的有效覆盖压力大小就成了直接影响土体液化可能性的因素。前述关于海城地震砂土液化的考察报告指出，有效覆盖压力小于 50kPa 的地区，液化普遍且严重；有效覆盖压力介于 50～100kPa 的地方，液化现象较轻；而未发生液化地段，有效覆盖压力大多大于 100kPa。调查资料还表明，埋藏深度大于 20m 时，甚至松砂也很少发生液化。

除了上述因素以外，还有地震强度和地震持续时间这两个动荷载方面的因素。室内试验表明，对于同一类和相近密度的土，在一定固结压力时，动应力较高则振动次数不多就会发生液化；而动应力较低时，需要较多振次才发生液化。宏观震害调查也证明了这一点。

三、土体液化可能性的判别

关于砂土液化可能性评价的方法很多，归纳起来大致有现场试验、室内试验及经验对比法三大类，本书仅介绍现场试验判别方法。由于地震时影响砂土液化的因素较复杂，因此在现场作试验判别砂土液化能够比较全面地综合反映影响砂土液化各因素。

我国地震工作者根据我国 20 世纪 60 年代、70 年代初发生的 8 次强地震和海城、唐山大地震中液化场地的调查资料，经过统计分析，在《建筑抗震设计规范》(GB50011—2001)中提出基于现场标准贯入试验结果的经验判别式：

在地面下 15m 的深度范围内，液化判别标准贯入锤击数临界值可按下式计算：

$$N_{cr}=N_0[0.9+0.1(d_s-d_w)]\sqrt{\frac{3}{\rho_c}} \tag{9-10a}$$

在地面下 15～20m 的深度范围内，液化判别标准贯入锤击临界值可按下式计算：

$$N_{cr}=N_0(2.4-0.1d_s)\sqrt{\frac{3}{\rho_c}} \tag{9-10b}$$

式中：N_{cr}——液化判别标准贯入锤击数临界值；

N_0——液化判别标准贯入锤击数基准值，应按表 9-1 采用；

d_s——饱和土标准贯入点深度(m)；

d_w——场地地下水位(m)；

ρ_c——土中粘粒含量百分率，当小于 3 或为砂土时采用 3。

标准贯入锤击数基准值 表 9-1

设计地震分组	7 度	8 度	9 度
第一组	6(8)	10(13)	16
第二、三组	8(10)	12(15)	18

注：括号内数值用于设计基本地震加速度为 0.15 和 0.30 的地区。

当实测标准贯入锤击数 N 小于 N_{cr} 时，相应的土层即应判为可能液化。

由于标准贯入试验技术和设备方面的问题，贯入击数一般比较离散，为消除偶然误差每个场地钻孔应不小于5个，每层土中应取得15个以上的贯入击数，并根据统计方法进行数据处理以取得代表性得数值。

四、场地液化危害性防治措施简介

为保证承受场地地震危害的建筑物的安全，必须采用相应的工程措施。

防止液化危害从加强基础方面着手，主要是采用桩基或沉井、全补偿筏板基础、箱形基础等深基础。采用桩基时，桩端深入液化深度以下稳定土层中的长度应按计算确定，且对碎石土，砾、粗、中砂，坚硬粘性土不应小于0.5m，对其他非岩石不应小于2m。采用深基础时，基础底面埋入液化深度以下稳定土层中的深度不应小于0.5m。对于穿过液化土层的桩基，其桩周摩阻力应视土层液化可能性大小，或全部扣除，或作适当折减。对于液化指数不高的场地，仍可采用浅基础，但应适当调整基底面积，以减小基底压力和荷载偏心；或者选用刚度和整体性较好的基础型式，如十字交叉变形基础、筏板基础等。

从消除或减轻土层液化可能性着手，则有换土、加密、胶结和设置排水系统等方法。加密处理方法主要有振冲、挤密砂桩、强夯等。加密处理或换土处理以后土层的实测标准贯入击数应大于规范规定的临界值。胶结法包括使用填加剂的深层搅拌和高压喷射注浆。设置排水通道往往与挤密结合起来做，材料可以用碎石或砂。对于排水系统的长期有效性，一般还有不同看法。

在选用和确定抗液化措施的过程中，应综合考虑方法的可行性、经济性和次生影响（比如对结构静力稳定性的影响等），具体权衡场地勘察结果的确实性、防治方法的技术效果、造价、长期维护可能性、环境影响等方面的因素，从风险水平和花费代价两方面的平衡出发来进行决策。

第三节　土的压实性

一、土的压实性对工程的意义

在工程建设中，经常遇到填土和软弱地基，为了改善这些土的工程性质，常采用压实的方法使土变得密实，这往往是一种经济合理的改善土的工程性质的方法。这里所说的使土变密实的方法即土的压实性，是指采用人工或机械对土施以夯实、振动作用，使土在短时间内压实变密，获得最佳结构，以改善和提高土的力学强度的性能，或者称为土的击实性。它即不同于静荷载作用下的排水固结过程，也不同于一般压缩过程，而是在不排水条件下，由外部的夯压功能使土在在短时间内得到新的结构强度，包括增强粗粒土之间的摩擦和咬合，以及增加细粒土之间的分子引力以改善土的性质。

工程建设中经常会遇到需要将土按一定要求进行堆填和密实的情况，如路堤、土坝、挡土墙、埋没管道、基础的垫层以及回填土等，都是把土作为建筑材料，按一定要求和范围进行堆填而成。填土不同于天然土层，因为经过挖掘、搬运之后，原状结构已被破坏，含水量亦已变化，堆填时必然在土团之间留下许多大孔隙。未经压实的填土强度低，压缩性大而且不均匀，遇水易发生陷坍、崩解等都是显而易见的。为使其满足工程要求，必须按一定标准压实。特别是象道路路堤这样的土工构筑物，在车辆的频繁运行和反复动荷载作用下，可能出现不均匀或过大的沉陷或坍落甚至失稳滑动，从而恶化运营条件以及增加维修工作量。所以路堤、机场跑道等填土工程必须按一定标准压实使之具有足够的密实度（所谓“足够的密实度”，是指通过在标准压实条件下获得压实填土的最大干密度和相应的最佳含水量），以确保行车平顺和安全。对于松散土层构成的路堑地段的路基面，为改善其工作条件也应予以压实。

土的压实性也用在地基处理方面，如用重锤夯实处理松软土地基使之提高承载力。早先的重锤夯实多用于地基表层松软或地基的设计荷载较小时。目前对于松软地基土较厚或设计荷载较大时也可以用高功能的夯压法即所谓强夯法（这方面的详细内容在地基处理中讲授）。

实践表明，由于土的基本性质复杂多变，不同土类对外界因素作用的反应当然也不同。因此就土的压实而言，同一压实功能对于不同状态的土的压实效果可以完全不同，而为了达到同样的压实效果又可能要化费相当大的不符合技术经济要求的代价。因此为了技术上可靠和经济上的合理，就需要了解土的压实特性与变化规律，以利工程实践。本章从土质学与土力学的角度介绍土压实的机理、压实土的力学特性与指标及压实特性在现场填土中的应用。至于其它有关土压实中的问题，如土料选择、堆填要求、施工方法等内容将在以后的专业课程中介绍，在此均不涉及。

在此还应指出，土的压实性或称击实性与土的压缩性，不仅因荷载性质决定了概念上的差异，而且两者在试验的目的、要求和方法上以及所要获取的指标数据等方面也是不同的。

二、击实试验与土的压实特性

1. 击实试验

击实试验是研究土的压实性能的室内基本试验方法。击实是指对土瞬时地重复施加一定的机械功能使土体变密的过程。在击实过程中，由于击实功是瞬时地作用土，土中气体有所排出，而土中含水量则基本不变，因此土样可以预先调制成所需含水量，再将它击实成所需要的密度。

击实试验所用的主要设备是击实仪。目前我国通用的击实仪有两种，即轻型击实仪和重型击实仪，并根据击实土的最大粒径，分别采用两种不同规格的击实筒。击实仪的规格见表9-2，不同规格的击实筒示意图见图9-13，图中大击实筒适用于最大粒径为38mm的土，小击实筒适用于最大粒径为25mm的土。击实仪的基本部分都是击实筒和击实锤，前者是用来盛装制备土样，后者对土样施以夯实功能。击实试验时，将含水量为一定值的土样分层装入击实筒内，每铺一层后都用击实锤按规定的落距锤击一定的次数；然后由击实筒的体积和筒内被击实土的总质量算出被击实土的湿密度 ρ，从已被击实的土中取样测定其含水量 w，由式(9-11)算出击实土样的干密度 ρ_d（它可以反映出被击实土的密度）。

击实仪的规格　　表9-2

击实仪型号	锤质量(kg)	锤底直径(cm)	落高(cm)	击实功(kJ/m³)	每层击数	层数	击实筒		
							直径(cm)	高度(cm)	容积(cm³)
轻型Ⅰ	2.5	5	30	598	27	3	10	12.7	997
轻型Ⅱ	2.5	5	30	598	59	3	15.2	12	2177
重型Ⅰ	4.5	5	45	2687	27	3	10	12.7	997
重型Ⅱ	4.5	5	45	2687	98	5	15.2	12	2177

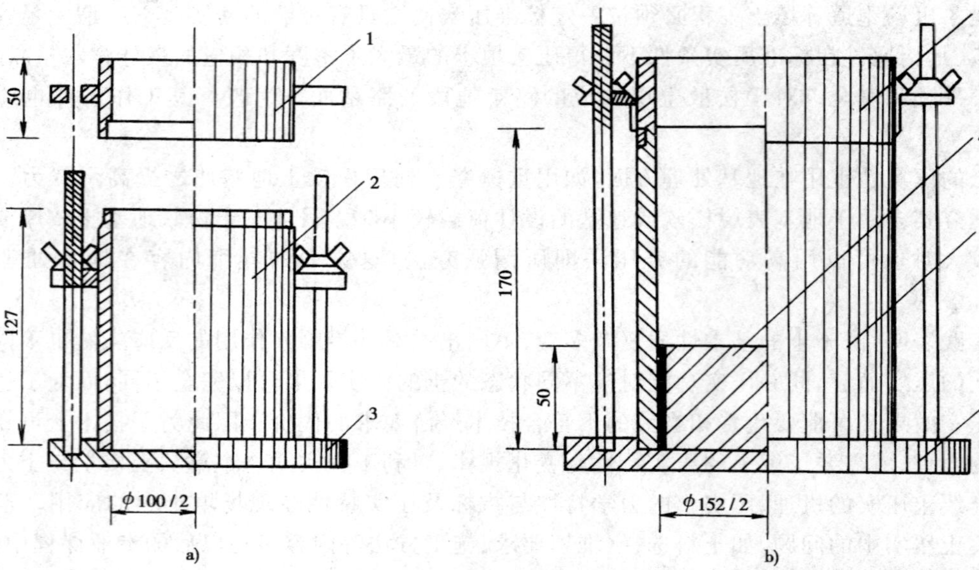

图 9-13　击实筒示意图(尺寸单位:mm)
a)小击实筒;b)大击实筒
1-套筒;2-击实筒;3-底板;4-垫块

$$\rho_d = \frac{\rho}{1+\omega} \tag{9-11}$$

这样通过对一个土样的击实试验就得到一对数据,即击实土的含水量 ω 和干密度 ρ_d。对一组不同含水量的同一种土样按上述方法作击实试验,便可得到一组成对的含水量和干密度,将这些数据绘制成击实曲线如图 9-14 所示,它表明在一定击实功作用下土的含水量与干密度的关系。

有关击实试验的详细内容,请参见《公路土工试验规程》有关内容。

试验时,将调制好的 6 个不同含水量土样编号,逐个分层盛入击实筒中,按一定功能进行击实,使土加密到约高于击实筒,取去上套刮平余土,脱去卡环,称土样重(m),并以击实筒的体积(V)除之,即该号土样的湿密度(ρ),然后按测定含水量的方法测出该号土样的含水量 w,按公式 $\rho_d = \dfrac{\rho}{1+w}$,求出该号土样的干密度 ρ_d。

逐次对 6 个不同含水量的土样,按上述方法进行试验,即可得到 6 个点所相应的 ρ_d 和 w;再将其 6 个相应的坐标值点绘在以纵坐标为 ρ_d,横坐标为 w 的直角坐标系的图上,然后将 6 个点连成匀滑曲线,即得击实曲线。如图 9-14 所示。

2. 土的压实特性

(1) 压实曲线性状

击实试验所得到的击实曲线(图 9-14)是研究土的压实特性的基本关系图。从图中可见,击实曲线(ρ_d-w 曲线)上有一峰值,此处的干密度为最大,称为最大干密度 ρ_{dmax}。与之对应的制备土样含水量则称为最佳含水量 w_{op} (或称最优含水量)。峰点表明,在一定的击实功作用下,只有当压实土料为最佳含水量时,压实效果最好,土才能被击实至最大干密度,达到最为密实的填土密度。而土的含水量小于或大于最佳含水量时,所得干密度均小于最大值。

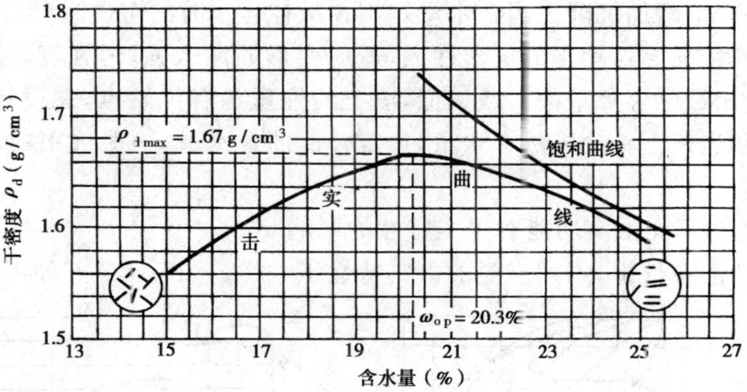

图 9-14　击实曲线

最佳含水量 w_{op} 和最大干密度 ρ_{dmax} 这两个指标是十分重要的，对于路基设计和施工都是很有用处的。最佳含水量与塑限 w_p 相接近。在击实度验时可取 $w_{op}=w_p$ 或 $w_{op}=w_p+2$，也可用经验公式 $w_{op}=(0.65\sim0.75)w_L$（此即最佳含水量与塑限含水量的关系）等作为选择合适的制备土样含水量范围，在缺乏试验资料时参考采用。

表 9-3 给出了塑性指数 $I_p<22$ 的土的最佳含水量的经验数值。

最佳含水量经验数值表　　表 9-3

塑性指数 I_p	最大干密度 ρ_d(g/cm³)	最佳含水量 w_{op}(%)
<10	>1.85	<13
10～14	1.75～1.85	13～15
14～17	1.0～1.75	15～17
17～20	1.65～1.70	17～19
20～22	1.60～1.65	19～21

从图 9-14 的曲线形态还可看到，曲线左段比右段的坡度陡。这表明含水量变化对于干密度的影响在偏干（指含水量低于最佳含水量）时比偏湿（指含水量高于最佳含水量）时更为明显。

在 ρ_d—w 曲线图中还给出了饱和曲线（图 9-14），它表示当土处于饱和状态时的 ρ_d—w 关系。从饱和曲线与击实曲线的位置关系可看出，击实曲线在峰值以右逐渐接近于饱和曲线，并且大体上与它平行。在峰值以左，则两根曲线差别较大，而且随着含水量减小，差值迅速增加，击实土是不可能被击实到完全饱和状态。试验证明，粘性土在最佳击实情况下（即击实曲线峰点），所相应的饱和度约为 80％左右。这一点可以这样来理解：当土的含水量接近和大于最佳值时，土孔隙中的气体越来越处于与大气不连通的状态，击实作用已不能将其排出体外，亦即击实土是不可能被击实到完全饱和的。因此当干密度相同时击实曲线上各点的含水量都小于饱和曲线上相应的含水量，也就是击实曲线必然位于饱和曲线的左下侧而不可能与饱和曲线有交点。还可注意到，这里讨论的是粘性土，粘性土的渗透性小，在击实碾压的过程中，土中水来不及渗出，压实的过程可以认为含水量保持不变，因此，对于饱和曲线来说必然是含水量愈高得到的压实干密度愈小。

（2）填土的含水量的控制

由于粘性填土存在着最佳含水量，因此在填土施工时应将土料的含水量控制在最佳含水量左右，以期用较小的能量获得最好的密度。当含水量控制在最佳含水量的干侧时（即小于最佳含水量），击实土的结构具有凝聚结构的特征。这种土比较均匀，强度较高，较脆硬，不易压密，但浸水时容易产生附加沉降。当含水量控制在最佳含水时的湿侧时(即大于最佳含水量)，土具有分散结构的特征。这种土的可塑性大，适应变形的能力强，但强度较低，且具有不等向性。所以，含水量比最佳含水量偏高或偏低，填土的性质各有优缺点，在设计土料时要根据对填土提出的要求和当地土料的天然含水量，选定合适的含水量，一般选用的含水量要求在 $w_{op}\pm(2\sim3)\%$ 范围内。

(3) 不同土类与不同击实功能对压实特性的影响

在同一击实功能条件下，不同土类的击实特性不一样。图9-15是五种不同土料的击实试

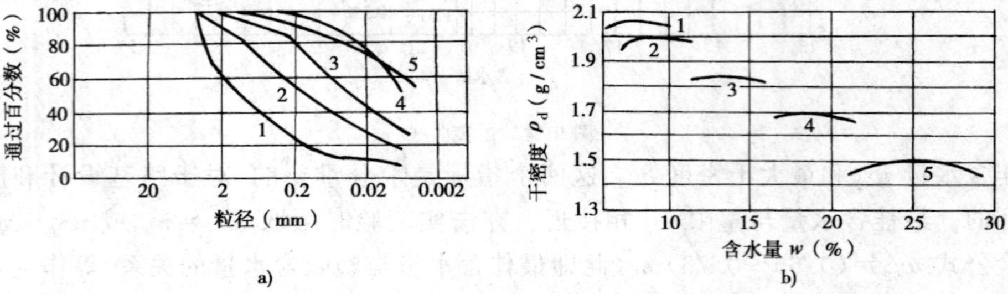

图 9-15　各种土的击实曲线

验结果。图 9-15a)是其不同的粒径曲线，图 9-15b)是 5 种土料在同一标准击实试验中所得到的 5 条击实曲线。从图可见，含粗粒越多的土样其最大干密度越大，而最佳含水量越小，即随着粗粒土增多，曲线形态虽不变但峰点向左上方移动。图9-16的变化也反映出土粒状态不同(表 9-4)对击实结果的影响。从图中可见，在击数相同时，图中 b 比图中 a 具有高得多的最大干密度和低得多的最佳含水量，而图中 b 的粘粒含量及塑性指数均比图中 a 小。

土料的物理指标　　表 9-4

土料编号	土粒容重 γ_s(kN/m³)	粒度组成(%)			塑性界限			土名
		>0.05	0.05～0.005	<0.005	液限	塑限	塑性指数	
a	27.0	9	58	33	37%	21%	16	重亚粘土
b	26.9	54	29	17	23%	13%	10	轻亚粘土

同一种土，在不同的击实功能作用下得到的压实曲线如图 9-17 所示。曲线表明，随着压实功能的增大，击实曲线形态不变，但位置发生了向左上方的移动，即 ρ_{dmax} 增大了而 w_{op} 却减小了。所以，对于同一种土，最佳含水量和最大干密度并不是恒定值，而是随着击实功能而变化。图中的曲线形态还表明，当土为偏干时，增加击实功对提高干密度的影响较大，偏湿时则收效不大，故对偏湿的土企图用增大击实功的办法提高它的密度是不经济的。

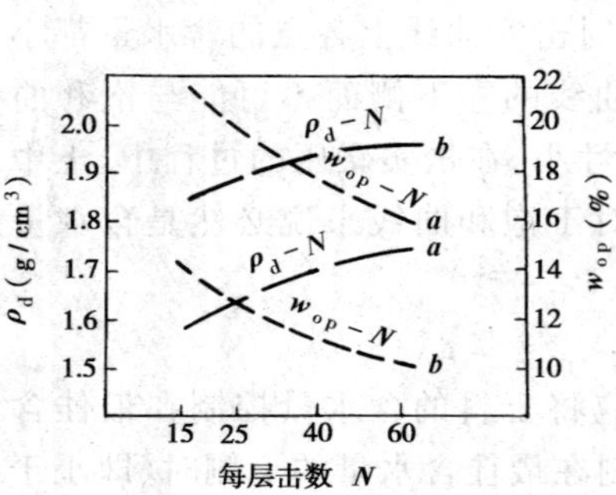

图 9-16　不同土料的压实效果

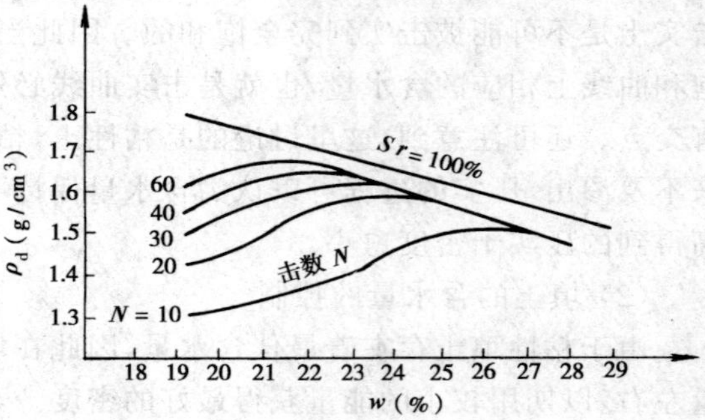

图 9-17　压实功能对压实曲线的影响

(4) 土的压实特性的机理解释

上述击实曲线所反映的变化说明土压实性的复杂，其内在机理解释或者所谓压实理论尚在发展中。由于有些因素无法或难以测定，以致自普罗特在 20 世纪 30 年代提出水膜润滑理论至今，虽然已作了一些有一定实用意义的推理，但还没有公认的完整的压实理论。直至 20 世纪 70 年代经过学者们不断研究和探索，基本上认为土的压实特性同土的组成、结构、土粒的表面现象、毛细管压力、孔隙水和孔隙气压力等均有关系，所以因素是复杂的。但可以这样简要地理解：压实的作用是使土块变形和结构调整以致密实。在松散湿土的含水量处于偏干状态时，由于粒间引力（可能还包括了毛细管压力）使土保持着比较疏松的状态或凝聚状态，土中孔隙大都相互连通，水少而气多，在一定的外部压实功能作用下，虽然土孔隙中气体易被排出，密度可以增大，但由于水膜润滑作用不明显以及外部功能也不足以克服粒间引力，土粒相对移动便不显著，因之压实效果比较差；含水量逐渐加大时，水膜变厚、土块变软，引力也减弱，施以外部压实功能则土粒移动（加以水膜之润滑）而挤密，压实效果渐佳。在最佳含水量附近时，虽然土中孔隙更少连通或不连通，孔隙中的水和气处于封闭状态而不能排出以及击实时土内产生的孔隙水压力和孔隙气压力虽也减低了击实功能作用，但试验结果却证明，这时土中所含的水量，最有利于土粒受击实时发生相对移动使土变密，以至能被击实至最大干密度，或者说，在最佳含水量时土的密度达到了该压实功能下的极限值，干密度不再提高；当含水量再增加到偏湿状态时，孔隙中出现了自由水，击实时不可能使土中气体排出而孔隙压力却更为显著，抵消了部分击实功，所以击实功效反而下降。这便出现了如图 4-2 中的右段击实曲线所示的干密度下降的趋势及结果。

压实作用对土的结构的调整，还可如图 9-14 中两个小圆中所示意的土料结构变化来说明。图中左小圆内表示的是击实前的土粒结构（所谓片架结构）示意。在击实作用中，无论是在现场或是室内试验，作用力均来自一个方向，击实作用会使粘土的片状颗粒沿一个方向排列起来，当含水量增多时，润滑作用也促使了结构转变为较为紧密的所谓片堆结构，如图 9-14 中之右小圆所示。

由上述可见，构成土的压实特性变化的外观因素主要有三个方面：即土类、制备含水量（反映土的原始物理状态）和外部击实功能大小。这三者的不同组合与作用通过土的颗粒变位，结构调整，引力和孔隙压力（包括水和气）的作用等内在因素表现出不同的结果。

(5) 压实特性在现场填土中的应用

上述所揭示的土的压实特性均是从室内击实试验中得到的。但工程上的填土压实如路堤施工填筑的情况与室内击实试验在条件上是有差别的，例如现场填筑时的碾压机械和击实试验的自由落锤的工作情况就不一样。前者大都是碾压而后者则是冲击。现场填筑中土在填方中的变形条件与击实试验时土在刚性击实筒中的也不一样，前者可产生一定的侧向变形，后者则完全受侧限。目前还未能从理论上找出二者的普遍规律。但为了把室内击实试验的结果用于设计和施工，必须研究室内击实试验和现场碾压的关系。图 9-18 是羊足碾不同碾压遍数的工地试验结果与室内普氏击实仪

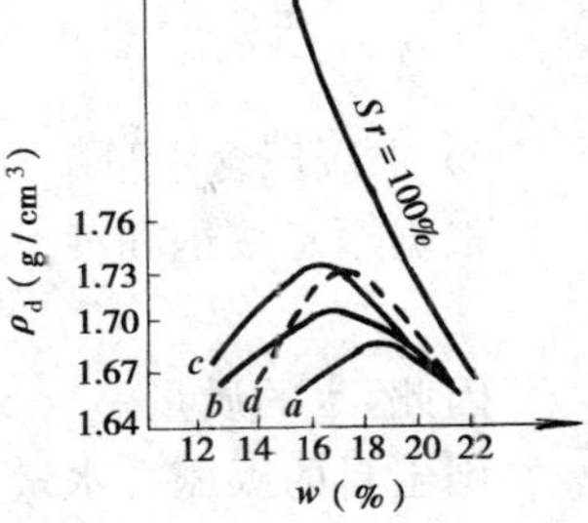

图 9-18 工地试验与普氏击实试验的比较

a-羊足碾碾压 6 遍；b-羊足碾碾压 12 遍；c-羊足碾碾压 24 遍；d-普氏击实仪

试验结果的比较。图 9-19 则是某坝工地羊足碾试验结果与南实处型击实仪试验结果的比较。

上二图的比较说明用室内击实试验来模拟工地压实是可靠的。为便于工地压实质量的施工控制，工程上采用压实度这一指标。压实度的定义是

$$D_c = \frac{\text{填土干密度}}{\text{室内标准功能击实的最大干密度}} \times 100\% \tag{9-12}$$

D_c 值越接近于 1，表示对压实质量的要求越高，这应用于主要受力层或者重要工程中；对于路基的下层或次要工程，D_c 值可取得小一些。具体内容将在以后的专业课中讲授，在此不再详述。

从工地压实和室内击实试验对比可见，击实试验既是研究土的压实特性的室内基本方法，而又对于实际填方工程提供了两方面用途：一是用来判别在某一击实功作用下土的击实性能是否良好及土可能达到的最佳密实度范围与相应的含水量值，为填方设计（或为现场填筑试验设计）合理选用填筑含水量和填筑密度提供依据；另一是为制备试样以研究现场填土的力学特性时，提供合理的密度和含水量。

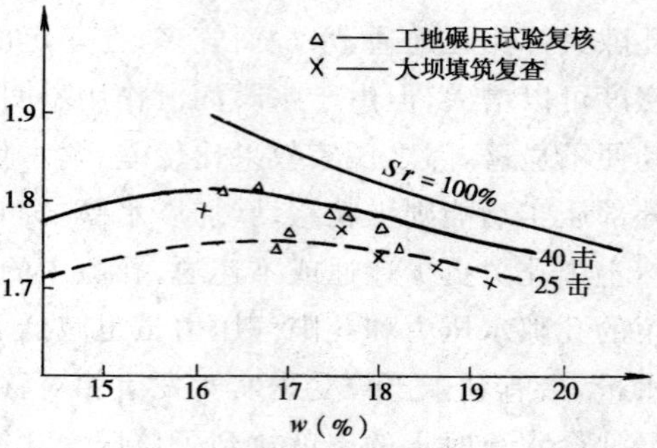

图 9-19　工地试验与击实试验对比

【例 9-1】 某土料场土料的分类为低液限粘土"CL"，天然含水量 $w=21\%$，土粒比重 $G_s=2.70$。室内标准功能击实试验得到最大干密度 $\rho_{dmax}=1.85\text{g/cm}^3$。设计中取压密度 $D_c=95\%$，并要求压实后土的饱和度 $S_x \leqslant 0.9$。问土料的天然含水量是否适于填筑？碾压时土料应控制多大的含水量？

解：1）求压实后土的孔隙比 e

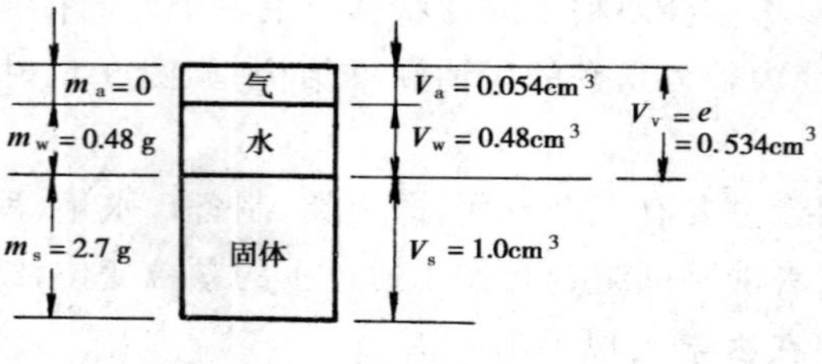

图 9-20　例 9-1 三相草图

由式(9-12)可得填土的干密度 $\rho_d = \rho_{dmax} \times D_c = 1.85 \times 0.95 = 1.76\text{g/cm}^3$

绘三相草图，见图 9-20，设 $V_S=1.0$，根据干密度 ρ_d，由三相草图求孔隙比 e

$$\frac{G_s}{1+e} = 1.76$$

$e=0.534$，则孔隙体积 $V_v = e \times V_s = 0.534 \times 1.0 = 0.534\text{cm}^3$

2）求碾压含水量

根据题意按饱和度 $S_x=0.9$ 控制含水量。孔隙中水的体积

$$V_w = S_x V_v = 0.9 \times 0.534 = 0.48\text{cm}^3$$

因此，水的质量　$m_w = \rho_w V_w = 0.48\text{g}$

则土料的碾压含水量

$$w = \frac{m_w}{m_s} = \frac{0.48}{2.70} = 17.8\% < 21\%$$

即碾压时土料的含水量应控制在 18%左右。料场含水量高 3%以上，不适于直接填筑，应进行翻晒处理。

思考题

1. 土的压实性和压缩性有何区别？击实试验和压缩试验所要取的指标是哪些？

2. 击实曲线能表明什么问题？它对工程实践有何意义？

3. 工程上的填土压实和室内击实试验在条件上有何差别？

4. 击实试验中计算干密度 ρ_d 时采用的含水量是击实前土样的含水量还是击实后土样的含水量？

5. 击实试验的干土法土样重复使用中为何要每次增加2%～3%的含水量？

6. 试分析土中水对压密性的影响。若在粘性土中掺加砂土，对最佳含水量和最大干密度有何影响？

7. 同一种土，其最佳含水量和最大干密度为定值，这种说法是否正确？为什么？

8. 试从式(9-10)分析影响土体振动液化的因素主要有哪些，它们各有什么样的影响？

习题

1. 某粘性土土样的击实试验成果如表 9-5。

表 9-5

含水量(%)	14.7	16.5	18.4	21.8	23.7
干密度(g/cm³)	1.59	1.63	1.66	1.65	1.62

该土的土粒容重 $\gamma_s = 27.0\text{kN/m}^3$，试绘出该土的击实曲线，确定其最佳含水量 w_{op} 与最大干密度 ρ_{dmax}，并求出相应于击实曲线峰点的饱和度与孔隙比各为多少？

2. 某料场的天然含水量 $w = 22\%$，土粒比重 $G_g = 2.70$，土的压密标准为 $\rho_d = 1.70\text{g/cm}^3$，为避免过度碾压而产生剪切破坏，压密土的饱和度不宜超过 0.85，问这料场的土料是否适于填筑？如果不适合，建议采取什么措施？

附录一　《土质与土力学》课程教学大纲

一、本课程的性质和任务

本课程是交通土建类专业的一门技术基础课。

土质学与土力学研究的对象是土。土质学属于地质学科的一个分支，它是从土的成因出发，研究土的物理、化学性质和影响土的性质变化的主要原因，并根据土的主要工程性质进行科学的分类；土力学属于工程力学的一个分支，它是从土的力学性能（土的压缩性、渗透性和抗剪强度）角度，研究土在外荷载作用下引起的力学方面的变化规律，解决地基的承载力、基础的沉降量和作用在建筑物上的土压力等工程实际问题。

二、本课程的基本要求

1. 对能力培养的要求

学完本课程之后学生能够：

(1)完成土的三大指标测定实验；

(2)换算土的物理指标；

(3)计算土中的自重应力和附加应力；

(4)计算土压力；

(5)完成土的压缩实验和抗剪强度实验；

(6)计算地基承载力；

(7)计算基础沉降量；

(8)完成土的击实实验；

(9)进行边坡稳定性分析；

(10)进行土的工程分类。

2. 本课程的重点和难点

重点是土压力、地基承载力和基础沉降量计算。

难点是进行边坡稳定性分析。

三、课程内容

1. 教学基本内容

绪　论

第一章　土的物理性质

第二章　特殊土简介

第三章　土的工程分类及野外鉴别

第四章　土中水的运动规律

第五章　土中应力计算

第六章　土的压缩性和沉降计算

第七章　土的抗剪强度与地基承载力

第八章　土压力与土坡稳定

第九章　土的动力性质和压实性

2. 课外作业

安排计算题、思考题和实验报告

3. 实验项目

安排土的三大指标测定、土的压缩实验、土的抗剪实验和土的击实实验。

4. 集中实习安排

无。

四、学时分配

课程内容	学时数				备注
	总学时	讲授	实验	上机	
绪论	1	1			
土的物理性质	11	5	6		
特殊土简介	4	4			
土的工程分类及野外鉴别	4	4			
土中水的运动规律	6	6			
土中应力计算	8	8			
土的压缩性和沉降计算	10	8	2		
土的抗剪强度与地基承载力	10	8	2		
土压力与土坡稳定	8	8			
土的动力性质和压实性	6	4	2		
合计	68	56	12		

五、大纲使用说明

1. 先修课程要求

已学完高等数学、工程制图、测量学、工程力学、工程地质和桥涵水力水文等课程。

2. 教学方法提示

课堂讲授。

3. 考核方式

考试课。

六、教材及主要参考书

1. 教材

《土质与土力学》(第二版)，孟祥波主编，人民交通出版社。

2. 主要参考书

(1)《土质学与土力学》(第二版)，洪毓康主编，人民交通出版社；

(2)《土质学与土力学》(第三版)，高大钊、袁聚云主编，人民交通出版社；

(3)《公路地基与基础设计规范》(JTJ 024—85)，人民交通出版社；

(4)《公路土工试验规程》，人民交通出版社。

附录二　《土质与土力学》课程试验教学大纲

一、试验课名称

公路土工试验

二、试验课性质

不独立设课

三、适用专业

交通土建类

四、采用教材及参考书

《土质与土力学》(第二版),孟祥波主编,人民交通出版社;
《土质学与土力学》(第三版),高大钊、袁聚云主编,人民交通出版社;
《土质学与土力学》,洪毓康主编,主编人民交通出版社;
《公路土工试验规程》,人民交通出版社。

五、学时学分

课程总学时:68;试验课总学时:12;

六、试验项目名称和学时分配

序号	试验项目名称	学时分配	每组人数	必开/选开
1	含水量试验和密度试验	2	3～6	必开
2	颗粒大小分析试验	2	3～6	必开
3	液限塑限联合试验	2	3～6	必开
4	压缩试验	2	3～6	必开
5	直剪试验	2	3～6	必开
6	击实试验	2	3～6	必开

七、试验教学的目的和要求

本门试验课总的目的是使学生认识和掌握土木工程试验的方法和要求,为今后从事土木工程工作和科学试验打下良好的基础。试验中,要求学生正确理解实验原理,掌握规范的操作程序;了解各种仪器的使用性能参数、适应范围、使用方法和注意事项等。

八、试验项目的内容和要求

1. 含水量试验和密度试验

含水量试验以烘干法为室内的标准方法。在野外如无烘箱设备可采用比重法、酒精燃烧法和炒干法等。要求学生掌握常用的烘干法和酒精燃烧法。含水量试验是取原状土样15～20g，放入称量盒内立即盖好用天平称重(湿土重)，然后放入烘箱烘干再称出恒重(干土重)，计算后可知其土样的含水量和密度。若将放入称量盒内用天平称好重的湿土(原状土)倒入酒精燃烧后使其变干，再称其土重(干土重)也可计算出土样的含水量和密度。称其为酒精燃烧法。

要求学生掌握试验的原理、适用条件和方法，并注意用电和用火安全。最后正确计算出土的密度和含水量，写出试验报告。

试验应配合的主要设备名称和台件数

序　号	设 备 名 称	每组应配台件数	备　注
1	烘箱	1个	
2	天平	10台	
3	称量盒	30个	
4	酒精	5kg	

2. 颗粒大小分析试验

土的粒度成分是指土中各种不同粒组的相对含量(以干土重量的百分比表示)。或者说土是由不同粒组以不同数量的配合，故又称为"颗粒级配"。

目前，我国常用的粒度成分分析方法有：对于粗粒土(即粒径大于0.074mm的土)，用筛分法直接测定；对于粒径小于0.074mm的土，用沉降分析法。当土中粗集粒兼有时，可联合使用上述两种方法。

(1)筛分法：适用于分析粒径大于0.1mm的土；将所称取的一定质量风干土样放在筛网孔逐级减小的一套标准筛上摇震，然后分层测定各筛中土粒的质量，即为不同粒径粒组的质量，并计算出每一粒组占土样总质量的百分数。并可计算小于某一筛孔直径土粒的累计重量及累计百分含量。

(2)比重计法：适用于分析粒径小于0.1mm的土；

(3)移液管法：适用于分析粒径小于0.1mm的土；

要求学生掌握经验的原理、适用条件和方法。

试验应配备的主要设备名称和台件数

序　号	设 备 名 称	每组应配台件数	备　注
1	标准筛	10套	
2	天平	10台	
3	摇筛机	2个	
4	移液管	10个	
5	分析天平	10	
6	恒温水槽	10	

3. 液限塑限联合试验

本试验是联合测定土的液限和塑限，为划分土的类别，计算天然稠度、塑性指数，供工程设计和施工使用。

试验将制备好的土样分层装入土样试杯，装满刮平，将其放到液限塑限联合测定仪可升降台座上，待锥尖与土面刚好接触时停止升降，按动下降钮，尖锥锥入土中，读出锥入深度。改变锥尖与土面接触的位置，重复上述步骤，取深度的平均值。再将同组其它两个含水量不同的土样重复上述试验，可的到 3 组不同含水量和深度数据。在双对数坐标纸上，以含水量为横坐标，锥入深度为纵坐标，连接三点应呈一条直线。在此图上锥入深度为 20mm 所对应的横坐标的含水量即为该土样的液限。再根据液限与塑限时入土深度的关系曲线查得该土样的塑限。

要求学生掌握土的液限和塑限的测定方法，并能与其它法比较。最后求出该土样的液限和塑限，写出试验报告。

试验应配备的主要设备名称和台件数

序　号	设备名称	每组应配台件数	备　注
1	液限塑限联合测定仪	10 台	
2	天平	10 台	
3	土样试杯	30 个	

4. 压缩试验(固结试验)

室内压缩试验使用的仪器称固结伙或压缩仪。其主要部分为圆筒形的刚性容器。先用环刀切取原状土，连同环刀放入容器，土样上下两面均有透水石，使土样受压缩时，孔隙水可从上、下两面排出。另配有加压设备，通过传压活塞给土样施加压力，土样的变形用测微表（百分表)测量。在无侧向膨胀的条件下，对土样分级施加竖向压力，并测出在不同压力作用下，土样变形稳定时的压缩量，从而算出相应的土的孔隙比。

整理试验结果，以孔隙比 e 为纵坐标，压应力 σ 为横坐标，在直角坐标系中绘出，即可得到 $e-p$ 曲线，此关系曲线又被称为压缩曲线，它反映了土的压缩变形过程和土的压缩性质：土的压缩变形过程表现为土的孔隙比随着压应力增加而逐渐减小；土的压缩性质表现为不同的土孔隙比随着压应力增加而逐渐减小的变化程度不同。

要求学生掌握试验的适用条件和方法，并绘出其压缩曲线，写出试验报告。

试验应配备的主要设备名称和台件数

序　号	设备名称	每组应配台件数	备　注
1	压缩仪	10 台	
2	天平	10 台	
3	环刀	30 个	

5. 直剪试验

直接剪切试验是应用较早的一种测定土的抗剪强度指标的方法，由于其试验原理易于理解，试验设备简单、操作方便，故应用较为广泛。

试验先按要求制备试样，每组试样不得少于 4 个，用环刀仔细切取土样，并测定土的密度与含水量，要求同组试样之间的密度差值不大于 0.03 g/cm^3，含水量差值不大于 2%。然后安装试样；测记初始读数；施加竖向压力；施加水平剪切荷载；同组试样竖向压力由第一个试样为 100kPa，逐级增加到第二个试样变为 200kPa，第三个试样为 300kPa，第四个试样为 400kPa，分别重复上述试验步骤。每组试验不得少于四个试验数据。如其中一个试样异常，则应补做一个试样。

要求学生掌握试验的原理、适用条件和方法。最后绘制剪应力与剪切位移的关系曲线和绘制抗剪强度与垂直压力的关系曲线，写出试验报告。

6. 击实试验

试验应配备的主要设备名称和台件数

序号	设备名称	每组应配台件数	备注
1	应变控制式直剪仪	10台	
2	环刀	30个	

击实试验是研究土的压实性能的室内基本试验方法。击实是指对土瞬时地重复施加一定的机械功能使土体变密的过程。在击实过程中，由于击实力是瞬时地作用土，土中气体有所排出，而土中含水量则基本不变，因此土样可以预先调制成所需含水量，再将它击实成所需要的密度。

试验时，将调制好的6个不同含水量土样编号，逐个分层盛人击实筒中，按一定功能进行击实，使土加密到约高于击实筒，取去上套刮平余土，脱去卡环，称土样重(m)，并以击实筒的体积(V)除之，即该号土样的湿密度(ρ)，然后按测定含水量的方法测出该号土样的含水量ω，按公式$\rho_d = \frac{\rho}{1+\omega}$，求出该号土样的干密度$\rho_d$。

逐次对6个不同含水量的土样，按上述方法进行试验，即可得到6个点所相应的ρ_d和ω；再将其6个相应的坐标值点绘在以纵坐标为ρ，横坐标为ω。的直角坐标系的图上，然后将6个点连成匀滑曲线，即得击实曲线。

要求学生掌握试验的原理、适用条件和方法，并注意安全。最后绘出击实曲线，求出该土样的最大干密度ρ_d写出试验报告。

试验应配备的主要设备名称和台件数

序号	设备名称	每组应配台件数	备注
1	标准击实仪	10台	
2	烘箱	[illegible]台	
3	台秤	[illegible]个	
4	天平	10台	
5	圆孔筛	10套	

九、试验课考核方式

1. 试验报告：每位学生课后交试验报告一份，数据要原始，计算要准确。
2. 考核方式：根据学生的试验报告和试验过程的表现给成绩，占平时成绩的一半。

注：试验内容可根据各校实验室设备情况和各专业要求选开。

附录三　《土质与土力学》试验指导书

试验一、含水量试验和密度试验

(一)试验目的

1. 含水量试验采用酒精燃烧法,目的是快速测定细粒土的含水量

2. 密度试验采用环刀法,目的是测定细粒土的天然密度。

(二)试验内容

1. 用环刀取原状土;

2. 将放入称量盒内用天平称好重的湿土(原状土)倒入酒精燃烧后使其变干,再称其土重(干土重),可计算出土样的含水量和密度。

(三)仪器设备

1. 环刀:内径 6～8cm,高 2～3cm,壁厚 1.5～2mm。

2. 天平:感量 0.01g。

3. 酒精:纯度 95%。

4. 其它:调土刀、火柴、凡士林等。

(四)试验步骤

1. 环刀内壁涂一薄层凡士林,刀口朝下放在土样上取土。

2. 用修土刀削去两端余土,擦净环刀外壁。

3. 用天平称环刀与土合质量 m_1。

4. 计算湿密度和干密度。

5. 取环刀内原状土 5～10g 放入称量盒内称重。

6. 倒入称量盒内酒精燃烧后使其变干。

7. 用天平称干土质量。

8. 计算含水量。

(五)注意事项

1. 取土不要破坏原状土的结构。

2. 注意用火安全。

试验二、颗粒大小分析试验

(一)试验目的

采用筛分法,目的是测定分析粒径大于 0.074mm 的土。

(二)试验内容

将所称取的一定质量风干土样放在筛网孔逐级减小的一套标准筛上摇震,然后分层测定各筛中土粒的质量,即为不同粒径粒组的土质量,并计算出每一粒组占土样总质量的百分数。也可计算小于某一筛孔直径土粒的累计重量及累计百分含量。

(三)仪器设备

1. 标准筛:粗筛;细筛。

2. 天平:称量 200,感量 0.2g;称量 1000,感量 1g;称量 5000,感量 5g。

3. 摇筛机。

4. 其它:烘箱、筛刷、烧杯等。

(四)试验步骤

1. 按规定称取试样,将试样分批过 2mm 筛。

2. 将大于 2mm 的试样从大到小的次序,通过大于 2mm 的各级粗筛。将留在筛上的土分别称量。

3. 2mm 筛下的土如数量过多,可用四分法缩分为 100~800g。将试样从大到小的次序,通过小于 2mm 的各级细筛。可用摇筛机振摇。

4. 顺序取下各筛,分别称量。

5. 计算出每一粒组占土样总质量的百分数并计算小于某一筛孔直径土粒的累计重量及累计百分含量。

(五)注意事项

1. 留在各级筛上的土样用毛刷刷净。

2. 振摇时间一般不小于 10~15min。

试验三、液限塑限联合试验

(一)试验目的

本试验目的是联合测定土的液限和塑限,为划分土的类别,计算天然稠度、塑性指数,供工程设计和施工使用。

(二)试验内容

将制备好的土样分层装入土样试杯,装满刮平,将其放到液限塑限联合测定仪可升降台座上,待锥尖与土面刚好接触时停止升降,按动下降钮,尖锥锥入土中,读出锥入深度。改变锥尖与土面接触的位置,重复上述步骤,取深度的平均值。再将同组其它两个含水量不同的土样重复上述试验,可得到 3 组不同含水量和深度数据。在双对数坐标纸上,以含水量为横坐标,锥入深度为纵坐标,连接三点应呈一条直线。在此图上锥入深度为 20mm 所对应的横坐标的含水量即为该土样的液限。再根据液限与塑限时入土深度的关系曲线查得该土样的塑限。

(三)仪器设备

1. 液限塑限联合测定仪。

2. 天平:称量 200,感量 0.01g。

3. 盛土杯:直径 5cm,深度 4~5cm。

4. 其它:筛(孔径 0.5mm)、调土刀、筛刷、凡士林等。

(四)试验步骤

1. 取 0.5mm 筛下的土样 200g,分别放入三个盛土皿中,加不同数量的蒸馏水,土样含水量分别控制在液限、略大于液限和二者的中间状态。用调土刀调匀,盖上湿布,放置 18h 以上。

2. 将制备好的土样分层装入土样试杯,装满刮平,将其放到液限塑限联合测定仪可升降台座上,待锥尖与土面刚好接触时停止升降,按动下降钮,尖锥锥入土中,读出锥入深度。

3. 改变锥尖与土面接触的位置,重复上述步骤,取深度的平均值。

4. 再将同组其它两个含水量不同的土样重复上述试验,可得到 3 组不同含水量和深度数据。

5. 在双对数坐标纸上,以含水量为横坐标,锥入深度为纵坐标,连接三点应呈一条直线。

在此图上推入深度为20mm所对应的横坐标的含水量即为该土样的液限。

6. 再根据液限与塑限时入土深度的关系曲线查得该土样的塑限。

(五)注意事项

1. 制备的土样应充分搅拌均匀。

2. 读数应准确。

试验四、固结试验

(一)试验目的

本试验目的是测定土的 $e-p$ 曲线,进一步计算可得到压缩系数、压缩模量等。

(二)试验内容

先用环刀切取原状土,连同环刀放入容器,土样上下两面均有透水石,使土样受压缩时,孔隙水可从上、下两面排出。另配有加压设备,通过传压活塞给土样施加压力,土样的变形用测微表(百分表)测量。在无侧向膨胀的条件下,对土样分级施加竖向压力,并测出在不同压力作用下,土样变形稳定时的压缩量,从而算出相应的土的孔隙比。

整理试验结果,以孔隙比 e 为纵坐标,压应力 σ 为横坐标,在直角坐标系中绘出,即可得到 e-p 曲线,进一步计算可得到压缩系数、压缩模量等。

(三)仪器设备

1. 固结仪。

2. 环刀:直径61.8mm和79.8mm,局度20mm。

3. 透水石。

4. 百分表:量程10mm,最小分度0.01mm。

5. 其它:天平、秒表、烘箱、刮土刀、铝盒等。

(四)试验步骤

1. 用环刀切取原状土,连同环刀放入容器内。土样上下两面均有透水石,使土样受压缩时,孔隙水可从上、下两面排出。

2. 在无侧向膨胀的条件下,对土样分级施加竖向压力,并测出在不同压力作用下,土样变形稳定时的压缩量,从而算出相应的土的孔隙比。土样的变形用测微表(百分表)测量。

3. 整理实验结果,以孔隙比 e 为纵坐标,压应力 σ 为横坐标,在直角坐标系中绘出,即可得到 e-p 曲线,进一步计算可得到压缩系数、压缩模量等。

(五)注意事项

1. 试验中,应避免水分蒸发。

2. 第一级荷载可用25kPa,余者等级规定为50kPa、100kPa、300 kPa、400kPa。

3. 读数应准确。

试验五、直剪试验

(一)试验目的

本试验目的是测定土的抗剪强度线,得到其抗剪强度指标。

(二)试验内容

按要求制备试样,每组试样不得少于4个,用环刀仔细切取土样,并测定土的密度与含水量,要求同组试样之间的密度差值不大于0.03g/cm³,含水量差值不大于2%。然后安装试样;测记初始读数;施加竖向压力;施加水平剪切荷载;同组试样竖向压力由第一个试样100kPa,逐级增加到第二个试样变为200kPa,第三个试样为300kPa,第四个试样为400kPa,分别重复上述试验步骤。每组试验不得少于四个试验数据。如其中一个试样异常,则应补做一个试样。最后绘制抗剪强度与垂直压力的关系曲线即可得到抗剪强度指标。

(三)仪器设备

1. 应变控制式直剪仪。

2. 环刀:内径64mm,高度20mm。

3. 天平:称量500g,感量0.1g

4. 百分表:量程5～10mm,最小分度0.01mm。

5. 其它:滤纸、秒表、刮土刀等。

(四)试验步骤

1. 用环刀仔细切取土样,并测定土的密度与含水量,要求同组试样之间的密度差值不大于$0.03g/cm^3$,含水量差值不大于2%。然后安装试样。

2. 测记初始读数。

3. 施加竖向压力(第一个试样为100kPa)。

4. 施加水平剪切荷载,逐渐增大直到剪坏土样,记录剪坏土样时的荷载值,并由此计算出剪应力值。

5. 重复上述试验,但竖向压力第二个试样变为200kPa,第三个试样为300kPa,第四个试样为400kPa。

6. 整理试验结果,以剪应力τ为纵坐标,压应力σ为横坐标,在直角坐标系中绘出四点并连接,即可得土抗剪强度线,并由此得到其抗剪强度指标。

(五)注意事项

1. 首先对准上下盒。在下盒内放洁净透水石和滤纸各一。

2. 剪后将仪器擦洗干净,在上下盒接触面上涂一层机油。

试验六、击实试验

(一)试验目的

本试验目的是研究土的压实性能,测定土的最大干密度和最佳含水量。

(二)试验内容

将调制好的6个不同含水量土样编号,逐个分层盛入击实筒中,按一定功能进行击实,使土加密到约高于击实筒,取去上套刮平余土,脱去卡环,称土样重(m),并以击实筒的体积(V)除之,即该号土样的湿密度(ρ),然后按测定含水量的方法测出该编号土样的含水量ω,按公式$\rho_d=\dfrac{\rho}{1+0.01\omega}$,求出该编号土样的干密度$\rho_d$。

逐次对6个不同含水量的土样,按上述方法进行试验,即可得到6个点所相应的ρ_d和ω;再将其6个相应的坐标值点绘在以纵坐标为ρ_d。横坐标为ω。的直角坐标系的图上,然后将6个点连成匀滑曲线,即得击实曲线。击实曲线上的峰值即为该土样的最大干密度ρ_d,与之对应的含水量即为最佳含水量。

(三)仪器设备

1. 标准击实仪。

2. 台秤：称量 10000g，感量 5g。

3. 天平：称量 500g，感量 0.01g

4. 烘箱。

5. 其它：圆孔筛、拌和工具、刮土刀、盛土盘、推土器等。

(四)试验步骤

1. 将调制好的 6 个不同含水量土样编号，取出一个分层盛入击实筒中，按一定功能进行击实，使土加密到约高于击实筒，取去上套刮平余土，脱去卡环，称土样重(m)，并以击实筒的体积(V)除之，即该号土样的湿密度(ρ)

2. 测定该号土样的 ω，按公式 $\rho_d=\dfrac{\rho}{1+0.01\omega}$，求出该号土样的干密度 ρ_d。

3. 按上述方法，逐次对 6 个不同含水量的土样进行试验，即可得到 6 个点所相应的 ρ_d 和 ω；

4. 将 6 个相应的坐标值点绘在以纵坐标为 ρ_d，横坐标为 ω 的直角坐标系的图上，然后再将 6 个点连成匀滑曲线，即得击实曲线。击实曲线上的峰值即为该土样的最大干密度 ρ_d，与之对应的含水量即为最佳含水量。

(五)注意事项

1. 注意安全，小心砸伤。

2. 制备的土样应充分搅拌均匀。

参 考 文 献

1 李瑾亮.地质与土质.北京:人民交通出版社,1995

2 高大钊、袁聚云.土质学与土力学(第三版).北京:人民交通出版社,2001

3 洪毓康.土质学与土力学(第二版).北京:人民交通出版社,1993

4 陈希哲.土力学地基基础.北京:清华大学出版社,1997

5 陈仲颐、周景星、王洪瑾.土力学.北京:清华大学出版社,1994

6 王经羲.土力学地基与基础.北京:人民交通出版社,1998

7 刘成宇.土力学和基础工程.北京:中国铁道出版社,1981

8 陈忠达.公路挡土墙设计.北京:人民交通出版社.1999

9 张振营.土力学题库及典型题解.北京:中国水利水电出版社,2001

10 公路路基设计手册.北京:人民交通出版社,1982

11 朱建德.地质与土质实习实验指导.北京:人民交通出版社,2001

12 中华人民共和国行业标准.公路土工试验规程(JTJ 051—93),北京:人民交通出版社,1993

13 中华人民共和国行业标准.公路桥涵地基与基础设计规范(JTJ 024—85),北京:人民交通出版社,1985

14 中华人民共和国行业标准.公路桥涵通用设计规范(JTG D60—2004),北京:人民交通出版社,2004

15 中华人民共和国国家标准.建筑抗震设计规范《GB 50011—2001),北京:中国建筑工业出版社,2001